U1014130

舵手证券图书
www.zqbooks.com

知识领航财富人生

舵手俱乐部 www.duoshou108.com

波浪原理高级教程

下

社济学——人类社会行为中的波浪理论

小罗伯特·R. 普莱切特 / 著
楚立峰 / 译

谨以本书献给拉尔夫·尼尔森·艾略特（Ralph Nelson Elliott），
当之无愧的现代社会科学之父。

山西出版传媒集团
山西人民出版社

图书在版编目(CIP)数据

波浪原理高级教程.下 / (美) 普莱切特著 ; 楚立峰译. -- 太原 : 山西人民出版社, 2015.9
ISBN 978-7-203-09073-1

Ⅰ. ①波… Ⅱ. ①普… ②楚… Ⅲ. ①股票市场-市场趋势-教材 Ⅳ. ①F830.91

中国版本图书馆 CIP 数据核字(2015)第 117491 号
著作权合同登记号: 图字:04-2015-035

波浪原理高级教程.下

著　　者: (美) 罗伯特 · 普莱切特
译　　者: 楚立峰
责任编辑: 员荣亮　席　青

出 版 者: 山西出版传媒集团 · 山西人民出版社
地　　址: 太原市建设南路 21 号
邮　　编: 030012
发行营销: 0351-4922220　4955996　4956039
0351-4922127(传真)　4956038(邮购)
E-mail : sxskcb@163.com　发行室
sxskcb@126.com　总编室
网　　址: www.sxskcb.com

经 销 者: **山西出版传媒集团 · 山西人民出版社**
承 印 者: 三河市利兴印刷有限公司

开　　本: 787×1092　1/16
印　　张: 26
字　　数: 460 千字
印　　数: 1-6000 册
版　　次: 2015 年 9 月　第 1 版
印　　次: 2015 年 9 月　第 1 次印刷
书　　号: ISBN 978-7-203-09073-1
定　　价: 72.00 元

前言：社会情绪经济学宣言

几千年来，人们一直致力于预测人类行为。在社会预测的漫长历史里，根据当前趋势推断未来——线性思维导致人们执迷不悟、错误不断。这一几乎普遍存在的方法源自一个假设：支配着台球行为的定律也支配着人类行为。简单地说，经济学家相信，人类与运动中的物体有着同样的特性，会沿着可计算的道路前进，直到一个新的外界影响——一个力量或者阻碍——改变其轨迹。一直以来令我惊奇的是，人们经常问我，什么事件会使（或者，改个形式说，什么“刺激因素”会“造成”）市场、政治或者经济的方向发生改变。这一问题的基础是一个未加质疑的假设：人类历史的记录以某种方式依赖外界影响的慈悲。通常，这一问题不是在真正外界影响的情况下提出的，这些情况有地震、火山和洪水；而是关于一个假定的社会影响所产生的假定的结果。然而，社会力量不可能是个“外界影响”，因为社会力量居于人类社会经历之中，社会经历之中的所有要素都是相互联系的。然而，外在因果关系的基本假设依旧大行其道，结果造成了长盛不衰的咄咄怪事：对于生活中的一些领域，未来占有重要地位，在这些领域的大多数人浪费时间去争论趋势的各种潜在“原因”并奢望就此作出预言。他们总是推断，具有任何可靠性的预测都是空中楼阁。但他们自己却沉浸其中，不可自拔！对未来事件的成功预料是可能的。然而，必须要有一个知识作为前提条件：人类行为变化不是外力的产物，而是内力的产物。

一般说来，人类心智分为两个部分，推动两种行为。理性的、有意识的心理过程所导致的行为可以制造飞机、电脑和摩天大楼。无意识心理过程不产生商品和服务，而会产生密切相关的情绪信号，触发冲动行为。这些情绪信号通过漫长的进化发展而来，因此它们推动的各种行为涉及低等动物中常见的事务，比如，地盘占有天性、打架、逃跑和性。（艺术的产生可能涉及这两个心理方面，因此，艺术提供的经历最为丰富）下意识的一个工作就是通过模仿提高生存几率，从众冲动反映了这一点。这一事实为社会情绪经济学提供了生物学和心理学基础。

传统经济学家面临着一个错误：金融趋势源自第一种思维活动，也就是理性的、有意识的思维活动。这是一个错误前提，已开始被质疑。在 20 年的时间里，学术经济学家先是认为市场是内在价值的理性的、高效的计算器——因而是随机的——然后又认为心理偶尔会与金融估价的短期极值相关。有朝一日，大多数学术经济学家肯定会逐渐理解随机性和心理的混合体并不能解答整个金融市场行为。在新的理解的前线是迈初威斯特医疗中心（波斯顿）精神病学科长（Chairman of Psychiatry）约翰·肖特博士。约翰·肖特博士还是哈佛医学院和塔夫茨大学医学院讲师，一位成功的资金经理。甚至对于个人实际投资这个主题，他还是清楚地说道，“情绪是中心，情绪是整个活动中心。”① 对于许多个人来说，情绪肯定是整个活动中心，所以，当极少数投资者明智理性的个体决策相互抵消时，股市图上剩下的就是共同情绪趋势的记录，体现的是群体情绪。

接受停滞并对停滞表示满意，并不是人类的社会本性。如果有关于社会情绪的常数，那就是社会情绪的连续变化。然而，像许多人所假定的那样，社会情绪是永远变化的这一事实并不妨碍预测；这一事实是预测的关键。R. N. 艾略特在 20 世纪 30 年代和 20 世纪 40 年代的调查研究产生了关键知识：社会行为不是随机变化的，而是根据形式变化的。社会情绪确实有持久性，但它是一个动态持久性。社会情绪、经历和条件的程度随时间和地点而变化，但是，使趋势发生逆转的行为形式并不随时间和地点而变化。要成功对社会变化进行可靠预料，人们就必须明白社会内在动力的一贯形式。

社会情绪趋势显然源自集体心理互动过程内源力量。这些力量并不理性，而是冲动的，可能来自由基底核和边缘系统支配的从众行为，基底核和边缘系统系统是脑的前理性部分。这一动力创造了社会态度，即时地反映于投资趋势、政治情绪、流行文化符号特点、诸如此类的表现流行社会趋势的其它形式。这些态度根据波浪原理波动，是由斐波那契数学支配的强分形。

个体边缘系统的自然程式化互动支配着社会情绪的动力，因此它最终迫使有意识的集体社会行为发生。一般认为，集体社会行为具有历史意义。重要的非社会事件，比如自然

① Schott, John W. and Arbeiter, Jean S. (1998). *Mind Over Money*. Boston: Little Brown & Co., p. 3

灾害，显然不会影响程式化的社会动力，与程式化的社会动力无关。在另一方面，社会行为暂时遵循程式化的社会动力，并与程式化的社会动力协调一致。最符合这些数据的结论是，动力本身塑造了人类社会行为，是人类社会行为的主要风格激发因素。

社会行为有两种。第一种是集体行为，也就是以组群为基础的行为，比如，工人罢工。组群或者组群领袖进行有目的的合作或者作出多数派决策，进而产生以组群为基础的行为。第二种是合计行为，也就是个体行为的总和，比如吸烟的趋势。两种社会行为都遵循波浪原理，因为它们有着同样的基础。在任何一种情况下，人们的行为决策主要不是基于独立理性，而主要基于他人的重大影响。与他人的互动和联系导致了共同的态度，或者“社会情绪”，“社会情绪”引起集体共同观点，集体共同观点引起和塑造了社会行为。

所有的经济发展、政治发展和文化发展都是由人类社会行为的波浪原理所塑造和指引的。它是万事万物的发动机，驱动着大众狂热、时尚、创造历史的集体行为事件。黄金分割率（斐波那契比率，或“黄金”比率）是自然界许多过程的基础。这些过程包括生长和衰败、扩张和收缩、进步和退步。黄金分割率（斐波那契比率，或“黄金”比率）支配着一个原则。社会情绪动力的展开就是根据这个原则，因此，我们能够看到人类社会经历反映了生命过程和整个宇宙过程的基本方面。

一旦理解了社会情绪变化的基础性，你就接近了社会情绪经济学的真知灼见：对于社会因果关系的传统假设不仅不对，还与实际情况背道而驰。与广泛假定的情况相反，社会事件并不推动社会情绪；事实是，社会情绪的形式推动社会事件。比如，经济状态并未驱动社会情绪；社会情绪驱动经济状态。政治不影响社会情绪；社会情绪影响政治。人口统计数据不决定股市趋势，决定股市趋势的社会情绪决定人口统计数据。上涨中的股票趋势不会提升人们的情绪；人们提升中的情绪使股价上涨。流行艺术和娱乐的类型不影响社会情绪，社会情绪决定了各种流行艺术和娱乐的类型的人气。战争无法冲击股票趋势；支配股票趋势的情绪决定了战争的倾向。诸如此类。

不管人们是否为社会动力创造了一个观察和反应标准，社会动力还是展开了。但是，当一个标准（比如道琼斯工业平均指数）被创造出来，并被广泛遵守时，人们就把标准本身植入了心理互动过程之中。对于个体参与者而言，它是一个有意识的参考点；对于社会动力而言，它是一个无意识的参照点。那么，标准成分中有意识进行的变化与一个更重要的事实无关。这个更重要的事实是，别管标准的成分如何，无意识动力都把标准作为一个参照。

人们没有注意到社会动力的活动，因为他们没看。实际上，即使有机会，他们也会直截了当地拒绝这个想法，因为社会动力与人们对社会（更严格地说，市场）进步和退步所做的假设相反。几乎所有人都不知道这些过程，或者拒绝这些过程，他们的活动也因而有了先决条件。这些原理支配着社会动力。只有看不到这些原理的人才能采取行动创造社会动力，因为只有在这时，他们才会热情积极地参与到社会动力之中。

社会趋势席卷了一个个体的同伴，这样，这个个体就能观察到同伴们的活动。跟不具备这种条件的人相比，这个能置身于社会趋势之上的个体有着不可估量的优势。这个个体有一个基础来预料未来，虽然不是每次都管用而且也不是完美无瑕，但已经相当出色且价值巨大了。人类好像总是无法预料社会未来，直到现在依然如此，不是因为这个任务无法完成，而是因为要完成这一任务，需要详细了解社会行为形式，还需要思考能力。另外，还需要与蒙昧的人类本性背道而驰。原始的脑干和边缘系统指引着蒙昧的人类本性。有了程式化社会行为的知识，一个英明的个体就可以训练自己的理性大脑皮层来认出自己受情绪驱动的思维过程，从而在天上（Olympus）平静地观察组群和社会的活动。他无法避开人类社会，因而无法避开社会动力。然而，他可以作出有意识的、理性的决策，以便促进自己的繁荣，有时甚至可以提高生存几率。而其他人完全无意识地参与到动力之中，文饰情绪化决策，为情绪化决策辩护，一次也没见过树木组成的森林，甚至不知道可以看到一个森林。

只是接受社会流动这个事实就在以某种方式为未来做好了准备，线性思想家无法企及。即使在这一原始的理解水平，预测者也有更好的机会去避开群体错误，不去追逐一个有一个投资狂热，不在经济扩张的顶点负债，不在萧条的底部卖出高效益资产，也不陷入最近的政治趋势之中，也不去进行战争。相反，当线性思想家把今天的情况当成未来的远景时，线性思想家恰好犯下了能导致酝酿过激行为的错误，因而正好导致他们所否定或者未意识到的周期性。

只有在概率的基础上，成功的社会预测才是可能的。情况经常是这样，当知识充足的时候，就能确切地说出这些概率。从长期来说，根据最可能的未来形势行动会导致更成功的人生。不幸的是，人们往往要求预测确定无疑，而且如果不能如愿的话，他们就不改变行为。一直以来，这都是个人招祸之道，未来也将如此。1929 年，有些人没有为暴跌和大萧条做好充足的准备；有些人抵押地干干净净，寄希望于进一步的扩张；有些人确信“新时代”已经拉开了帷幕。这些人最终都只能靠救济过活，或者跳出了窗户。1980 年，有些人没有为繁荣时期做好充足的准备；有些人把钱全都投进黄金、白银和瑞士法郎（Swiss francs）；有些人确信复苏不可能到来。这些人最终都失去了许多财富，错过了20年的大成功。社会情绪经济学认为，今天可能是最好的时代之一，但大多数人还是没有为另一次巨变做好准备。

至少，社会气候变化和经济气候变化的心理准备，应当被当作一个有价值的目标。即使下跌不会发生，对于下跌的金融准备和身体准备应当被当作一个合理的保险成本。另一方面，如果事件确实按照最大的概率发生，那么，无论是在新的上升趋势之中还是在新的下降趋势之中，对于你、你的家庭、甚至你的后代，提前做好的准备都是无价之宝。

本书是关于利用社会情绪经济学评估社会形势并做社会预测。预言涉及两个层面的复杂性：未来事件的基本性质、具体事件本身。社会动力主要方面是其形式逻辑规则，形式逻辑规则支配着未来事件的基本性质，社会动力的混沌过程支配着具体事件本身。

在形式逻辑系统之中，事件的基本原因是形式的规则，而不是先前事件或形势的规则，也不是外界影响的规则。（要讨论形式逻辑系统这个术语，请看《波浪原理高级教程（上）》第17页、第399页-400页。）社会情绪趋势独立于社会事件因果关系之外，也必须独立于社会事件因果关系之外，因为社会情绪趋势的主要记录器——整个股价记录——和波浪原理一样是程式化的。社会情绪趋势，因此还有社会行为性质的趋势，因而都是由形式逻辑决定的，而不是由以往的事件决定的。

具体社会事件存在于社会情绪趋势的结果之中。社会情绪经济学认识到，具体社会事件有着具体的往事，并源自社会活动的混沌方面。作为区别的一个例子，社会善意趋势对比好战趋势是由形式逻辑决定的，但是，这些冲动的具体表现形式——哪些和平条约会被提出或者签定、哪些领导人会敌人交战、等等——源自有先例的混沌活动。

跟混沌发展相比，形式逻辑发展很容易确定也很容易预言。然而，形式逻辑发展提供了一个背景。在这个背景之中，具体事件发生了，而且也帮助预料各种细节。预言社会行为性质的趋势和变化是一种能力，只有那些完全吸收了社会情绪经济学真知灼见的人才拥有这种能力。因此，持有这种真知灼见的人也有更好的基础，可以预言具体社会环境的趋势和变化。在一头扎进这些文章之前，你至少应该熟悉波浪原理的基本原理，《波浪原理高级教程（上）》的第1章讲解了这些基本原理。《波浪原理高级教程（上）》的其余部分至少提供了一个合适的基础去欣赏这里搜集的研究报告。另一方面，在发展和应用这些想法的早期，循“规”蹈“矩”是有一定风险的。

本书主要记录了我和皮特·肯德尔在1985年和2002年所做的研究和预测，既有实时社会现状和未来的各种形式逻辑方面，也有实时社会现状和未来的一些具体表现形式。我还收录了一些重要客座评论。人类经历，尤其是总体人类经历，包含了喜悦、痛苦、智慧和愚蠢，所以这里的许多研究报道读起来都生动活泼。我们希望你在读这本书的时候可以乐在其中，就像我们写这本书时一样。

——小罗伯特·R. 普莱切特，2002年12月

目 录

流行文化

普莱切特

《艾略特波浪理论家》

1979 年 8 月 3 日

【与这一评论并置在一起的还有一个多年的对称波浪形式展示，这一对称波浪形式有一定的数学特性。整个报告在《新千年市场分析》（2002）中重印。】

怎么了？

我在这里讲述的波浪结构相当清楚地展示了其形式，无论什么战争、能源危机、演讲、暗杀、水门事件之类的丑闻、花生门之类的丑闻、强烈呼吁或者天气。在一个惊人的程度上，道琼斯工业平均指数好像确切地知道自己身处何方，去过哪里，或者要去往何方。但是，在一次又一次展示这些结构现象的时候，30 个【主要工业】股票的平均指数为何如此可靠？在一百年的时间里，投资者注意到，市场之外的事件好像经常对市场进步没有影响。市场一直在波浪中展开，波浪之间通过形式和比率相互联系。有了这个知识，我们就能明白，股市之外的事件为什么和股市几乎没有联系。市场有着自己的生命。现在，是什么最终导致了这一特定的市场生命形式，成为一个可以讨论的问题了？然而，可以推测，把自己的变化体现在道琼斯工业平均指数这一气压计里的是群体性人类心理。这一想法帮助解释了未来事件的原因：群体情绪观点的变化。这是最重要的。无论这些力量是什么，市场都反映了这些力量。在市场竞技场内外，这些力量都在影响着人类。市场并不“洞悉未来”；它反映了未来的原因。越来越乐观的人扩张业务；越来越消沉的人收缩业务。结果在日后表明是一个“预计到的”未来。并不是政治家采取经济健康发展政策，英勇地“拯救”熊市。是由市场反映的群体情绪环境强迫政治家在关键时刻采取行动。事件并不是塑造市场的力量；是市场背后的力量塑造了事件。

普莱切特

《艾略特波浪理论家》

1985 年 8 月

流行文化和股市

大多数人相信股市运动是由基本经济和政治形势和事件引起的。有经验的股市观察者已经认出，这些事件“提前预示了”股票交易。然而，即使是经验丰富的市场研究者也假定，股市预示事件，因为“精明的资金”在正确地猜测未来事件。这一报告旨在证明另外一个解释的合理性①。原因如下：

1）流行艺术、时尚和道德观念是对主流集体情绪的反映。

2）股市与情绪的这些表现形式一起改变方向，所以，股市是主流集体情绪及其变化的又一个同步记录器。

3）情绪朝着积极或消极方向的巨变预示着公认重要历史事件的特点，因此，我们必须认为，如果情绪变化不是很可能是继起事件的基本原因，也可能是继起事件的基本原因。

对股市的研究以及对大众态度趋势的研究支持着一个结论：在投资领域，甚至在整个社会，整个股价运动是情绪和情绪变化的直接记录。显然，流行文化趋势的极值与股

① 这一报告旨在粗略介绍一个想法，而不是做出最终陈述。我的意图是指出一个研究领域，其他人可能会感兴趣。这里提供的所有事实都经过了检查，大多数都是第一手资料，但也有一些第二手资料（尤其是那些 20 世纪 50 年代之前的数据），可能产生了错误。如果你指出我的错误，我要感谢你，并在以后任何印刷中进行纠正。

价极值同步，因为在反映大众情绪时，它们同时登顶和触底。股市是研究情绪变化的最好的地方，因为只有在这个群体行为领域里才有具体、详细、丰富的数字数据。只有利用这些数据，R. N. 艾略特才能发现波浪原理，波浪原理揭示了一个事实：群体情绪变化是自然的、有节奏的和精确的。股市确实是一幅图画：群体情绪的刻度是如何倾斜的。下跌表明总的说来渐增的“消极”情绪，发展表明总的说来渐增的“积极”情绪。

人们经常认为有些重大历史事件对未来有着深远影响（即经济活动、立法、战争），但这些重大历史事件不是变化的原因；它们是业已发生的群体情绪变化的结果。这些事件是情绪变化的滞后指标。其原因是需要大量的时间和民众情绪的剧变来让共同的情绪变化产生这些事件。比如，要推动一个社会或者代表社会的团体采取集体行动制定全新的法律、选择新的政体或者开战等等，新的情绪就必须在社会的主体里生根并达到极端比例。

在一些情况下，情绪极值所允许的行动把结构（通常是政治性的）刚性强加到了社会之上。这一制度化的结果持续时间长，因为需要时间才能推动机器，并把一开始在群体情绪极点所采取的行动的作用发挥出来。比如，1933 年德国的集体情绪非常消极，这种情绪的表达使阿道夫·希特勒攫取了政权。从那时起，由股价所反映出来的基本集体情绪正在向不那么消极的方向发展，但这一大众行为的结果在 12 年之后才显示了出来，因为低点消极大众情绪的代表攫取了如此强大的政治力量。1933 年，美国集体情绪也达到了消极极值。这一年，萧条触底。然而，与德国的经历相反，最极端的政治力量从没有控制政治，所以，正在改善的情绪就能够在接下来的几年里表现出来。

任何在本质上迅速反映人类整体感觉变化的活动都是社会情绪变化的一个同步指标，因而也是重要社会事件的一个发展指标。一个人表达情绪可以有下列的方式：播放一个唱片，挑选一部电影，投票，决定观看什么体育活动，或者选择一本书来阅读。选举中的振幅表明，许多人投票是基于当时盛行的情绪，而不是基于理性思维。自由社会中，大量的书籍、唱片、流行式样、娱乐活动、候选人，遍地开花以供挑选，为可靠详细数据的获得提供了必要条件。当前流行式样的相对流行性又反映了主流情绪。需要强调的是，对整个社会变化的记录，不一定会表明一个个体或者特定集体会怎么感受或者行动。这种记录表明了整个社会的“净”情绪（显然有时表明了整个人类的“净”情绪）。对于那些表达自己的整个情绪变化，所有需要的是，一些非常多疑的人必须经历情绪巨变，而且/或者大多数人必须经历一些情绪变化。对本书作者来说，后一种解释更令人信服。十年来，本书作者在观察股市涨落中的个体行为。在这种情况下，心态躁动、极为容易采取行动的人会被激发付诸行动。这只是情绪微变的结果，会使他人跨过门槛。集体情绪的振幅越大，被激发付诸行动的人就越多。

如果群体情绪变化确实导致了即将到来的社会事件，而且群体情绪变化的表现形式是一个可见指标，那么对于那些想窥探社会事件未来的人来说，情绪变化的证据就是独一无二的最为重要的发现领域。在流行文化世界里，必须仔细观察时尚之人和先锋派，因为他们的想法经常是集体情绪前沿的表现形式。

文化领域	上涨中的转变	顶点积极情绪	下跌中的转变	顶点消极情绪
校园趋势	努力工作，有娱乐	带有积极心态的、立志拯救世界的社会关怀	反叛、愤怒的社会关怀	从暴乱到突然沉寂
创造性	积极情绪创造性	积极情绪创造性趋势完全实现	消极情绪创造性；缺乏创造性	消极情绪创造性趋势完全实现；破坏
跳舞	舞伴在一起，速度加快，舞伴分开	舞伴分开，快速	舞伴再重新回到一起，速度下降	舞伴在一起
家庭生活	婴儿受欢迎，以家庭为中心，婚姻	趋势达到极值	孩子是消极价值，离婚，“单亲”生活受青睐	趋势达到极值
时尚（颜色）	各种颜色出现	亮色居统治地位	灰暗色调出现	灰暗颜色居统治地位
时尚（覆盖物）	男人的领带变窄	身体暴露在外，女人穿短裙和比基尼，男人穿紧身裤	男人的领带变宽	身体被遮盖住，贴地衣服，灯笼裤
时尚（式样）	强调“衣着得体”	男女都张扬个性	反时尚潮流	保守服装回归
健康	健康的生活方式，身体健康得到了贯彻和鼓励	身体崇拜。身体塑造达到了顶点。不吸烟，不吃“垃圾”食品	健康狂热迅速消退。社会关怀取代了个人关怀	“精疲力竭”已经落伍

文化领域	上涨中的转变	顶点积极情绪	下跌中的转变	顶点消极情绪
善对比恶	坏人对比好人（电影、职业摔跤）英雄受到赞美	人人都是好人	没有好人，也没有坏人。英雄遭毁弃	人人都是坏人
判断	答案黑白分明	所有都是好的	谁要判断？	所有都是恶的
电影/电视/文学	大众级主题，冒险	赞美生命；积极向上的、娱乐性的主题	社会关怀，象征主义，沉重不堪，猥琐人物	以恐怖和绝路为主题
怀旧	怀念黑白分明的价值	关注现在	怀念神秘的、更简单的时代（回归尘土）	关注现在
诗歌	有结构	感情丰富的	不合规范的	丑陋
政治家（对其看法）	力量被放大，弱点被忽视、原谅或者否定	政治家得到尊崇（约翰·肯尼迪统治时期、“与批评绝缘的特氟隆式总统”）	弱点被放大，力量被忽视或者否定	政治家遭到憎恨或者神化
政治	相对稳定性	保持现状的愿望	旧有类型失败了	极端政党和解决方法
流行艺术	有结构，传统	丰富多彩，天马行空，“活灵活现”.	不合规范的——大杂烩	故意做得丑陋、沉重、庄重
流行音乐（改编）	简约性达到顶点，复杂性回归		复杂性达到顶点，简约性回归	
流行音乐（形象）	肮脏，幸福	干净，幸福	干净，愤怒	肮脏，愤怒
流行音乐（歌词）	任何非消极主题都可以	欢乐的庆典，爱情歌曲	焦虑，社会意识主题出现	充斥着绝望、仇恨和暴力的歌曲；还有幸福的否定
流行音乐（旋律）	旋律作为关键因素出现	欢快、复杂、有创造性的旋律与和声	旋律被各种各样的要素所淡化。这些要素是节奏和改编	几乎没有旋律或者和弦结构

文化领域	上涨中的转变	顶点积极情绪	下跌中的转变	顶点消极情绪
流行音乐（情绪）	上拍，大调	上拍，大调和小调	小调，下拍，附庸风雅	杂乱无章的声音，无调性，不协和音
流行哲学	成就是可能的、可取的	爱会拯救世界	成就是浪费时间	仇恨和破坏会让世界受到应得的报应。
宗教	保守宗教，但是越来越式微	宗教宽容和包容	宗教遭到公开质疑、被激动地再次引入	
性形象	“男人味”男人和“女人味”女人	异性恋形象达到顶点	“女人味的”、体贴的男人；“男人味的”、被解放的女人	关注同性恋
运动	干净的“好人”运动		粗野的“坏人”运动	
股市（对高效益企业的流行估价）	上涨中的	正在登顶	下跌中的或者正在校正的	正在触底
战争	旧战争进行、结束	几乎没有冲突	较多冲突；新战争开始	新战争开始或者加剧

音乐、电影、时尚、文学、电视、流行哲学、体育活动、跳舞、汽车设计、道德观念、性取向、[①] 家庭生活、校园活动、政治、诗歌，都包含着趋势，这些趋势都反映了流行情绪，有时是以一种微妙的方式来反映。诸如电影行业之类的慢热媒体一旦有显著变化，就能更迅速地揭示趋势的较高级数变化，比如循环级数的变化。更敏感的媒体，比如电视，变化迅速，足以反映大众情绪在大型趋势上的变化。热门歌曲遵循中型趋势和小型趋势，可以随着人们情绪的变化在销量图上迅速上下。当然，所有的这些表现情绪的媒体都受各个级数（即范围和时间跨度）情绪变化的影响。所表达出来的净印象

① 在牛市之中，男人更加“男性化”，女人更加“女性化”。在校正之中，“女权主义”得势，比如20世纪50年代的超循环波浪（II）、大约在第一次世界大战时候的（III）的循环波浪IV、20世纪70年代的（V）的循环波浪IV。

是特定时刻所有这些领域的力量混合和控制的结果。

运用波浪原理知识①，研究趋势各个级数上“积极情绪”和“消极情绪”②表现形式相关力量的记录，就能最好地完成对情绪变化本身的预测。股市能够可靠精确地测量情绪和情绪变化，可能一直是唯一最佳指标。虽然如此，其他的社会现象还是可以详述、量化、研究，并用来预测社会事件，甚至可以在达到极值的时候预测情绪趋势变化本身。如果有了可靠的社会活动数据而不是股票估价，我们就无疑可以以类似的可靠性级数图示解读社会事件和情绪趋势变化本身。跟评估股价不同，评估情绪指数非常缺乏社会“科学家”产生的精确数字数据。体育运动的参与人数、流行旋律的音符数量、流行旋律音符数量的变化、流行歌曲的歌词内容、流行书籍的故事内容、裙子离地高度、领带宽度、鞋跟高度、时尚和流行艺术中不同颜色的突出、汽车设计中棱角分明对比圆润、不同建筑风格的建筑、大众情绪的大量其他反映，都可以进行精确的可测量的细化，根据销量来权衡。这样，我们就能像现在读整个股价图那样，读大众情绪图。通过对比股价运动证据，它们的含意就能得到评估，这里提供的基本假说也就能得到验证。有一点非常有可能：以每天为基础的如此多种多样的流行文化要素净存在和控制图，与整个股价图会非常相似，并反映波浪原理。需要多年的研究项目才能搜集到这些数据。所以，现在，一些笼统的说法就足够了。

时尚

股票经纪人拉尔夫·罗特内姆相当随意地说，股价的长期趋势好像与女性裙子离地高度一致。在20世纪20年代和20世纪60年代，裙子高度上升为迷你裙，两度与股价同时登顶。在20世纪30年代和20世纪70年代，拖地服装成为时尚（长裙），两度与股价一起触底。这不像是个轻浮的言论。在我看来，这并不是一个不合理的假设：裙子离地高度和股价反映了民众日益活泼和大胆的总趋势，而下跌则反映了民众活泼和大胆程度的下降。裙子长度的是有限的（分别是地板和大腿根）因此到达极限就意味着极度积极情绪的发生，或者意味着极度消极情绪的发生。

---

① 历史表明，所有领域（企业、哲学、文学、科学、音乐等等）都与第三个波浪一起到达顶点。

② 这些方向性力量的证据支持了东方的阴阳这些理念。然而，需要西方的心智框架方法来搜集和解读证据，以便证实阴阳概念。

类似的变化出现在时尚颜色之中。亮色与市场顶点相联系，而单调灰暗的颜色与市场底部相联系。一般来说，裙子或者泳装越小，颜色越亮，从颜色和市场的联系来类推这也不是巧合。拖地时尚经常与灰暗的深色，比如褐色、黑色和灰色，联系在一起。这些时尚元素反映了同样的基本情绪。领带宽度、鞋跟高度、裤腿样式、男人时尚中的艳丽和保守【还记得吗，1968 年，价值线指数到达顶点，伦敦的卡尔纳比街（Carnaby Street）的影响力也达到了顶点。】也符合股市中的趋势。

有一种想法：外部事件会导致裙子高度的上升趋势。从表面上看，这个想法就显得滑稽可笑。林登·约翰逊宣布伟大社会的组成，由此创造了奔放。裙子离地高度并不是因为林登·约翰逊的这一举动突然跃上膝盖。裙子高度已经持续上升了数年，只是在沿着既定的趋势前进，就像有些趋势是朝向亮色衣服和比基尼。伟大社会项目的宣布只是一个表现形式：在过去的 20 年里，奔放情绪达到了什么程度？达到的程度是，公众代表想把奔放情绪制度化。同样，假定外部事件导致了股市上涨是不是滑稽可笑？显得更理智的想法是，上涨中的股价所反映的情绪是后续大规模事件的推动力。

流行艺术

20 世纪 60 年代末造就了彼得·马克斯，他擅长用明亮的原色装饰公众消费品。颜色的明亮与日辉牌荧光漆（Day-Glo）海报艺术一起达到了顶点。在紫外线照射下，日辉牌荧光漆闪闪发光。令人啼笑皆非的是，日辉牌荧光漆艺术的目的是在漆黑一片的环境下观看，经历的这种混合令人好奇（最黑暗环境里的最亮颜色）。这并不奇怪，这种经历出现在转型期，1966 年到 1969 年，从顶点积极情绪到熊市转变。20 世纪 70 年代的流行艺术，产生于 1969 年-1982 年的长期熊市之中，基本上由又黑暗又沉重的巨大雕塑组成，其中大多数都因丑陋而受到厌恶并在之后被移除。在这两种情况下，一个共同的问题是，“这真的是艺术吗？”先锋派总是被质疑（确实如此），但我们关心的不是到底是不是艺术，而是这是否表达了愉快、明亮、积极的情绪或者沉重、黑暗、消极的情绪。愉快、明亮、积极的情绪出现于牛市之中，出现于市场顶点的极值之中；沉重、黑暗、消极的情绪出现于熊市之中，出现于市场底部的极值之中。（或许，一个即将到来的顶点会有亮丽的激光艺术相伴。）

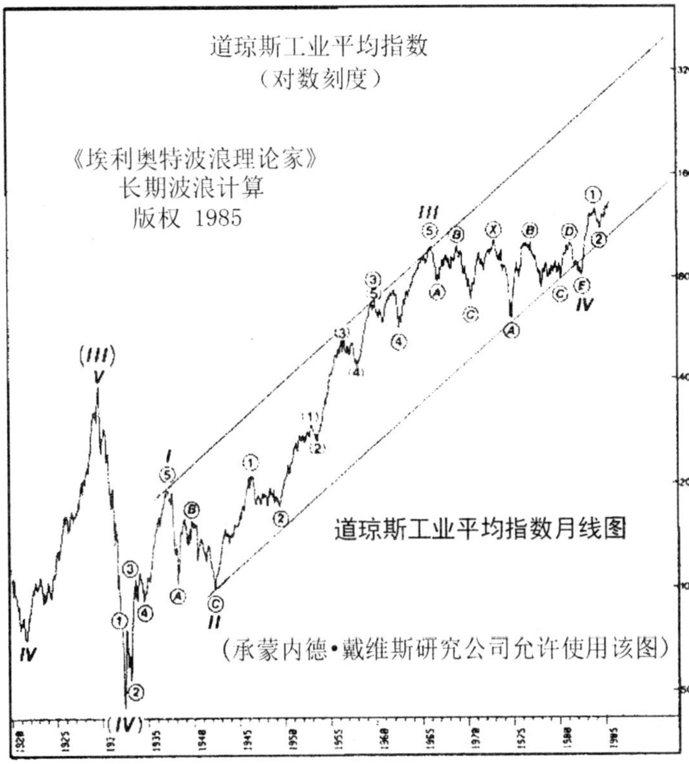

电影

音乐喜剧、冒险活动、喜剧存在于电影这种形式之中，但是，与股市相互关系的一个非常明显的例子是由恐怖片提供的。1930 年–1933 年，恐怖片降临在美国的银幕上。这些年正是道琼斯工业平均指数暴跌之时。仅仅不到 3 年的时间，就生产了 5 个经典恐怖片。1931 年，大熊市的中间，《弗兰肯斯坦》和《德库拉》首映。1932 年，《杰基尔博士和海德先生》公开发行。就在这一年，大熊市触底。也只是在这一年，恐怖片演员获得了奥斯卡奖。1933 年，《木乃伊》和《金刚》上映，当时是股价的低点，也是大萧条的低点。这是经久不衰的经典恐怖片，还有 20 世纪 70 年代的新型恐怖片，都大受欢迎。这些怪物影片的寓意好像是人们有着非人、恐怖的一面。1933 年，希特勒被推上了统治地位（几十年来集体情绪最黑暗的表现形式）并应验了这个幻象。在 13 年的时间里，只略晚于 1942 年股市触底的时间，充斥在电影里的是弗兰肯斯坦怪物、吸血鬼、人狼和未死的木乃伊。具有讽刺意味的是，1935 年牛市的时候，好莱坞试图引入一个新的怪物，但是《伦敦狼人》归于失败。1941 年，电影制造商又尝试了一次，此时深陷熊市，《狼人》大获成功。

股市于 1942 年触底之后不久，电影以稳操胜券的方式放弃了黑暗不祥的恐怖：哈哈大笑。当阿博特和科斯特洛遇到弗兰肯斯坦的时候，恐怖没有力量。那个十年为电影观众呈上了爱国战争电影和爱情主题。20 世纪 50 年代给我们提供了科幻冒险，庆祝人类的能力；同时，股票的牛市大行其道。20 世纪 60 年代早期引入了激动人心的詹姆斯·邦德冒险活动和幸福的音乐喜剧。在牛市岁月里，恐怖风格较为温和，人气也有限，与熊市岁月中形成了鲜明对比。

《活死人之夜》①

凶杀影片②

然后，变化出现了。股市正在登顶的时候，电影制造商变得喜好内省、狐疑不定、愤世嫉俗。电影情绪变化达到了什么程度？直到 1969 年 - 1970 年才变得完全明朗。1969 年 - 1970 年，《活死人之夜》和《德州电锯杀人狂》首演。看一下道琼斯指数图，你会看到情绪的暴跌促成了这些电影。20 世纪 70 年代的趋势已定，大卸八块恐怖片登上银幕。还出现了一连串重拍的德库拉和弗兰肯斯坦故事。但是作为一个主流主题，弗兰肯斯坦不能淡出银幕；我们不再害怕弗兰肯斯坦。好莱坞必须吓唬我们，以便让我们满足，好莱坞做到了。血腥的杀人狂电影是 30 年代怪物电影的升级加强版，而同样血淋淋的僵尸电影则有了现代色彩。在 20 世纪 30 年代，人们心存恐惧，德库拉正好象征了这种恐惧，贵族在吸食普通人的

① 这幅图片的内容是对《活死人之夜》的介绍和定价等等——译者注。
② 这幅图片的内容是对一些凶杀电影的介绍和定价——译者注。

血液。在20世纪70年代，恐怖片里是一群吃活人的恶魔，不是单个的怪物。一大群吃肉的行尸走肉吞食每个看到的活人，正好象征了当时的新恐怖：狼吞虎咽的政府、福利国家、由此给大多人带来的压力。

流行音乐

流行音乐几乎也和道琼斯工业平均指数亦步亦趋。这份报告将要着眼于这一现象的细节，以便阐明这一关系（另外还有上文讨论的方面）存在的程度。

在《华尔街日报》的一篇文章里，一位搜集留声机唱片的人说，音乐反映了美国“生活的每个纤维”。对于那些定位于年轻人（年轻人能够最为迅速地接纳新的时尚）的主流流行音乐家来说，他们的职业生涯盛衰与股市的起起伏伏高度一致。在价格发生转折的时候（因而情绪也发生转折），当时的主流流行歌手和组合迅速变得默默无闻，并被反映新情绪的风格所取代。

20世纪20年代牛市给了我们急速舞曲和爵士乐。20世纪30年代的熊市带来了乡村音乐哀歌（“老兄，能给我10美分吗？（Buddy, Can You Spare a Dime?）”）以及柔和的舞厅舞曲。1932年-1937年的牛市带来了生动活泼的“摇摆”音乐。1937年，安德鲁姐妹（Andrew Sisters）崭露头角。1937年-1942年的校正年月是她们最成功的时候（“女孩组合”可能是校正波浪现象；稍后详述）。20世纪40年代的特色是快速大乐队音乐，在1945年-1946年的市场顶点之前一直处于统治地位。接下来的20世纪40年代晚期股市校正特色是“冷爵士乐”和柔和的爱情民歌歌手，有男的也有女的，他们的风格都反映了沮丧的集体情绪。

战后牛市一开始的发展波浪是1929年直到1953年的波浪（1）。在这一波浪之中，许多新的群众风格音乐登上了销量图。在此期间，49个乡村（Country）或者西部（Western）音乐唱片每一个的销量突然都超过了百万，“种族”音乐销量强劲，因而在业界内杂志里需要自己的销量图。在牛市的最初几年里，白人对于更加强大的黑人音乐兴趣倍增，因此，克利夫兰（Cleveland）流行音乐唱片节目播音员艾伦·弗里德（Freed）在1953年3月安排了一个“摇滚乐聚会（Rock and Roll Party）”节目。具有讽刺意味的是，节目取消了，因为30000人（其中三分之二是白人）要求坐在有10000座位的场地里。直到秋天，波浪③的（3）恰好启动的那个月，才重新上演。在股市波浪结构中，波浪③的（3）是上涨加速时期。

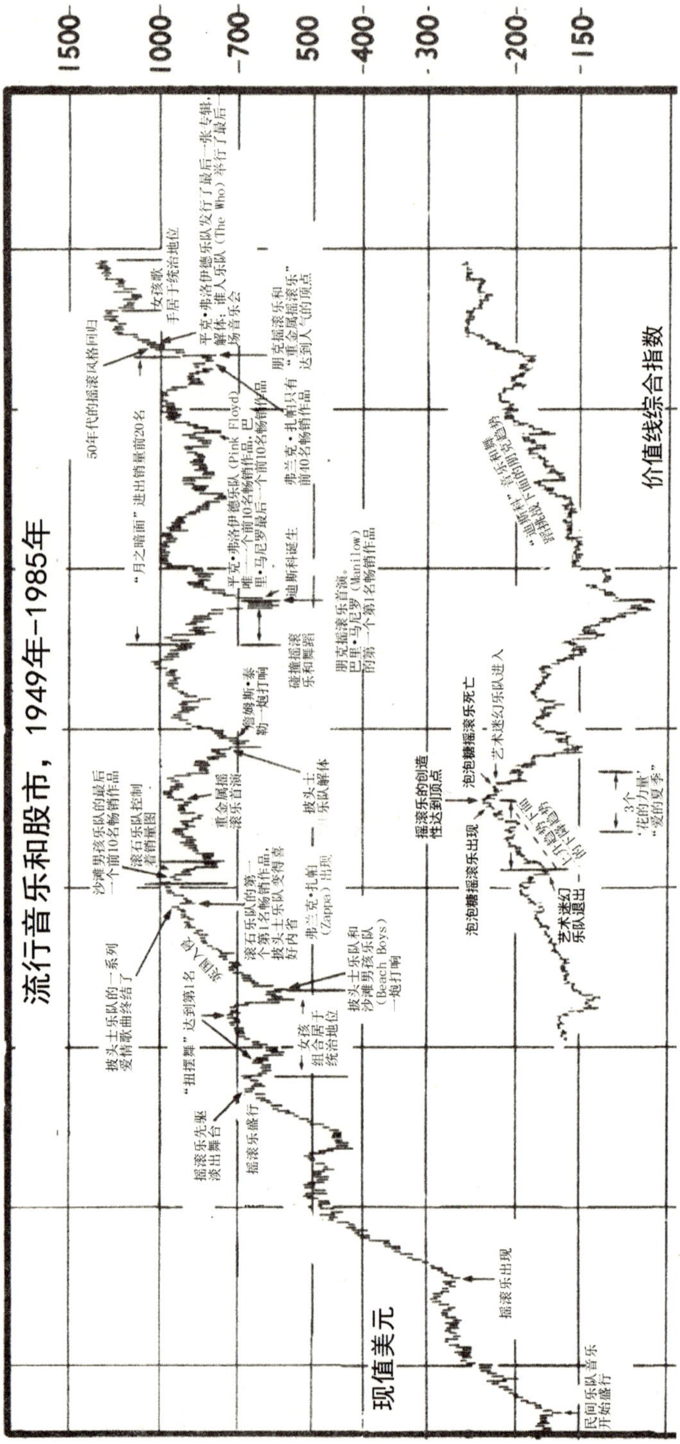
流行音乐和股市，1949年-1985年
现值美元
价值线综合指数
1500
1000
700
500
400
300
200
150
民间乐队音乐开始盛行
摇滚乐出现
摇滚乐盛行
摇滚乐先驱淡出舞台
披头士乐队解体
迪斯科诞生
泡泡糖摇滚乐出现
泡泡糖摇滚乐死亡
艺术迷幻乐队进入
艺术迷幻乐队退出

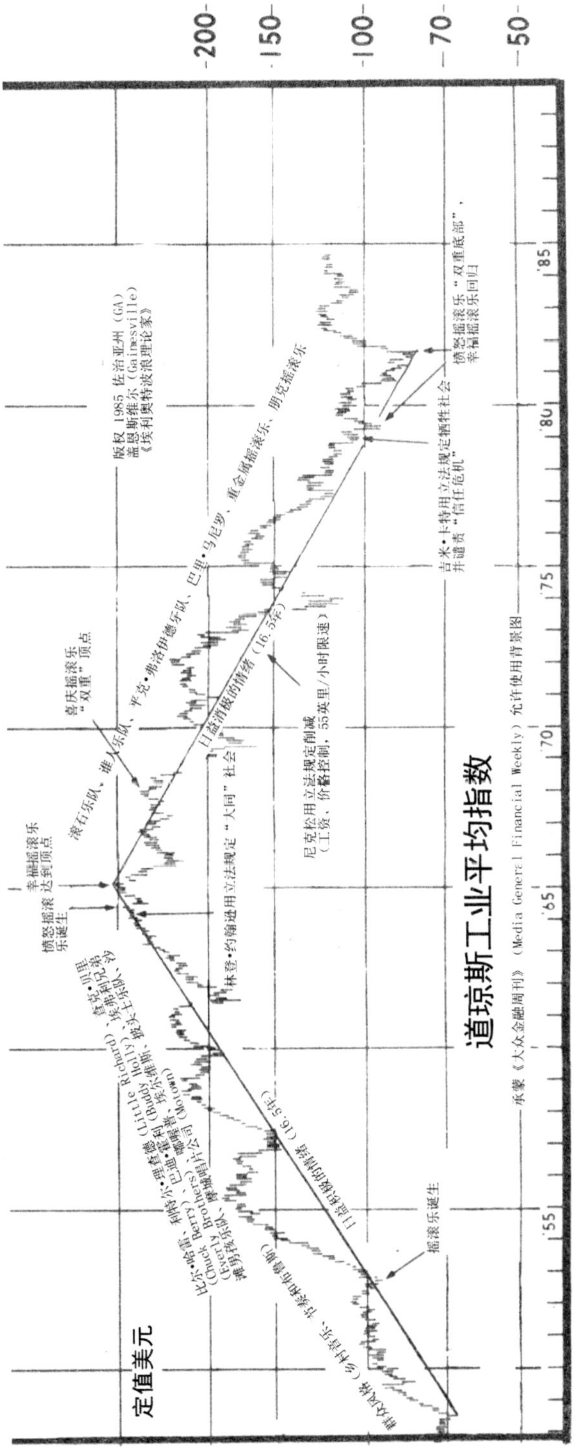
定值美元
200
150
100
70
50
'55
'65
'70
'75
'80
'85
群众风格（乡村音乐、节奏和布鲁斯）
摇滚乐诞生
日益积极的情绪（16.5年）
比尔•哈雷、利特尔•理查德（Little Richard）、查克•贝里（Chuck Berry）、巴迪•霍利（Buddy Holly）、埃弗利兄弟（Everly Brothers）、嘟喔普、埃尔维斯、披头士乐队、沙滩男孩乐队、摩城唱片公司（Motown）
愤怒摇滚乐诞生
幸福摇滚乐达到顶点
林登•约翰逊用立法规定“大同”社会
滚石乐队、谁人乐队、平克•弗洛伊德乐队、巴里•马尼罗、重金属摇滚乐、朋克摇滚乐
喜庆摇滚乐“双重”顶点
日益消极的情绪（16.5年）
尼克松用立法规定削减（工资、价格控制，55英里/小时限速）
版权 1985 佐治亚州（GA）盖恩斯维尔（Gainesville）《埃利奥特波浪理论家》
吉米•卡特用立法规定牺牲社会并谴责“信任危机”
愤怒摇滚乐“双重底部”，幸福摇滚乐回归
道琼斯工业平均指数
承蒙《大众金融周刊》（Media General Financial Weekly）允许使用背景图

从这时起，集体情绪日益高涨、兴奋异常、不可抑制。群众音乐的各个风格开始合并，摇滚乐炙手可热。在几年之内，时尚之人像疯子一样跳吉特巴舞，发泄集体情绪高点。在50年代晚期之前，一些嘟喔普歌曲速度极快，歌手和音乐家仅仅能跟上拍子。1959年波浪③到达顶点。也就是在这一年，所有欢快、喜庆摇滚乐艺人的职业生涯都戛然而止。有的死了【巴迪·霍利、埃迪·科克伦（Eddie Cochran）、瑞奇·瓦朗（Ritchie Valens）、J. P. 理查德森（J. P. Richardson）】，有的应征入伍（埃尔维斯·普雷斯利），有的隐退（小理查德、查克·贝里），有的迅速丧失了人气【布·迪迪利（Bo Diddley）、杰里·李·刘易斯（Jerry Lee Lewis）以及一百个东北部（Northeast）嘟喔普组合。】

摇滚乐历史学家认为，从1959年到1962年，流行音乐进入了一个稍显停滞（产生了许多伟大的歌曲，但是几乎没有创新）的时期。此时恰好是波浪④股市校正时期。① 股价校正和流行音乐创新“校正”高度一致。这一阶段的标志是流行音乐和舞蹈领域的3个现象：华而不实的、由唱片公司捧红的“明星”，他们得以推广的基础是漂亮的脸蛋或者电视人气，他们生搬硬套，不做创新；“女孩组合”在销量图上的出现；交谊舞会发生根本性改变，扭摆舞盛行（稍后详述）。扭摆舞之王查比·柴克（Chubby Checker）【一个由唱片公司捧红的明星，名字借自法兹·多米诺（Fats Domino）②，畅销作品窃自汉克·巴拉德（Hank Ballard）】以及其他生搬硬套之人从1960年到1962年在销量图上遥遥领先，然后突然失去了统治力。③ 从1960年到1962年，查比·柴克的人气高涨，他的畅销作品“扭摆舞”两度占据了排行榜（Billboard）第一的位置，一次是在1960年8月，另一次是在1961年11月，其成就前无古人，后无来者。如果研究道琼斯工业平均指数，你会看到，这两个月恰好是大型校正波浪④之中的B波浪顶

---

① 瑞奇（Ricky）·尼尔森、博比·韦、埃弗利兄弟等艺术家走红。他们那甜蜜的旋律与和声使他们在1959年到1962年的校正中受人推崇。他们那一连串的畅销作品结束于1962年，甜蜜的旋律与和声都宣告终止了。

② 查比（Chubby）和法兹（Fats）都有“胖”的意思，

③ 在1964年披头士乐队走红之前，“女孩组合”继续推出畅销作品，并在较小级别上持续到1966年1月的正统顶点；此后，能在摇滚乐领域成功的女人都比男人更为狂野，如格雷丝·斯利克（Grace Slick）、贾尼斯·乔普林（Joplin）。

点。《艾略特波浪原理》的读者知道，“B”波浪反映了应激性，扭摆舞让人们表达了出来。① 柴克的最后一个前10名畅销作品在1962年9月的销量图上达到了顶点，比3年股市校正的正统底部早了一个月。

结果是，大型波浪③直到1959年所一直展示出的高能积极情绪只是个热身运动而已。随后是令人欢欣鼓舞的情绪。披头士乐队、“英国入侵”和美国乐队那优美和谐的音乐，都表现了这种欢欣鼓舞的情绪。从1962年到1966年的大型波浪⑤，这些乐队占据了销量图。沙滩男孩乐队的第一个畅销作品在1962年9月登上了销量图。披头士乐队的第一个畅销作品几乎同时发行于1962年10月，处于股市的正统底部。直到1963年1月，披头士乐队发行了下一部作品时，才急遽上升到英国第1名的位置，并开始主导流行音乐世界。在同一个月，查比·柴克的最后一个前10名畅销作品开始跌出销量图。(尽管他在接下来的年月里继续努力，但他的信息已经“过时”了，公众不愿意再买。) 3个月后，沙滩男孩乐队创下了第一个前10名畅销作品，人气在美国飙升。在波浪⑤的（3）（图中没有显示）这个加速时期，“欢乐音乐”现象爆发，就像波浪③的（3）的摇滚乐本身一样。1964年1月，英国的幸福音乐涌入美国。在2月份，披头士乐队占据了美国唱片销量的60%。在3月份，《遭遇披头士》（Meet the Beatles）成为历史上最畅销的专辑。在整个大型波浪⑤期间，公众想要关于爱情和欢乐的欢欣鼓舞的高能量歌曲。在3年的时间里，他们心想事成，有披头士乐队（1964年16个畅销作品中的12个在歌词中有“爱情”这个单词）、沙滩男孩乐队（沙滩男孩乐队的畅销歌曲包括“跳舞、跳舞、跳舞（Dance，Dance，Dance）”和“欢乐、欢乐、欢乐（Fun，Fun，Fun）”）、各种“英国入侵”乐队、摩城唱片公司艺术家、兄弟会（Frat Party）乐队等等。这一情绪和牛市一样迅速终结。

滚石乐队的第一个第1名畅销作品出现在1965年6月。就在这一个月出现了校正低点，随后是向股票低点的最后趋势。努力了一年多之后，作为大众情绪的先锋派表现者，滚石乐队最终开始占据了有利地位。他们的信息起初是不满意和不耐烦，关于公众所愿意经历的极强的消极态度。在这个月，披头士乐队出现了喜剧性的风格变化，原先是喜好反省的时期，现在是为期3年的“天真爱情歌曲”时期，分别由1965年8月和

---

① 灵魂音乐歌手在1969年过气了，所以，他们的统治覆盖了股票的双重顶点时期。

10月的“帮助（Help）”和“昨天（Yesterday）”所引入。① 就是这几个月开创了3年的黑人锋芒毕露“灵魂”音乐，甚至把鲍勃·迪伦（Dylan）的插科打诨变成了畅销作品。这些事件预示了牛市顶点。几个月之后，也就是1966年1月，牛市顶点出现。1966年，滚石乐队突然在前10名（Top Ten）畅销作品中超越了披头士乐队，主题是毒品、心理崩溃、哭泣和死亡，他们当年的最后一部畅销作品出现在10月。看看从1966年1月到10月的股价暴跌，查看股价暴跌是如何精确地反映了新的群体情绪。到了1966年年中，菲利普·诺曼在《呐喊》中说，“当今的各个默西组合都回家安顿下来了，成为杀猪屠夫和防潮层工程师。”没有改变音乐方向的其他幸福音乐乐队也有了同样的遭遇，比如沙滩男孩乐队、赫尔曼的隐士乐队（Herman's Hermits）、加里·刘易斯和花花公子乐队（Gary Lewis & the Playboys）等等。这些乐队有着一连串的前10名畅销作品，但却在1966年戛然而止。② 公众现在正在寻找其他的东西。滚石乐队、鲍勃·迪伦【他预言性地唱起一首歌，“变革时代（The Times, They Are A-Changein'）”】、灵魂音乐、更世俗的英国和圣弗朗西斯科乐队等等，让公众心想事成。与此同时，有节奏的流行音乐的名字变了，从“摇滚乐（rock and roll）”变成了简单的“摇滚乐（rock）”，这一新的名字正确地表明了新音乐风格的硬度。

披头士乐队创新不已，没有退休，而是与时代亦步亦趋。1966年8月，当年的股票暴跌底部出现两个月之前，披头士乐队宣布不再进行现场演出，并发行了一个专辑封面，描绘了四分五裂的玩具娃娃和血腥的大肉块。公众的情绪发生了戏剧性的变化，因此，作为一个组合，披头士乐队遭遇了世界范围内的仇恨运动（所述的理由不相关），即使披头士乐队为新情绪做出改变也无济于事。并不是出于巧合，1966年底牛市回归的时候，“屠夫”专辑封面（现在是收藏家的藏品）迅速被想起并被一个温和的照片所取代。1967年6月，披头士乐队“自杀”，宣布他们作为一个新的乐队【萨金特·佩珀的孤心俱乐部乐队（Sargent Pepper's Lonely Hearts Club Band）】再生了，有着复杂的身份，反映了新兴迷幻“花的力量”时代的和平/爱情情绪，还反映了他们的前两个专

---

① 在“帮助!”中，约翰·伦农唱道，“如果可以，帮帮我，我感到沮丧；帮我重新立足大地；你可以帮助我吗，可以吗?”在“昨天”中，保罗·麦卡特尼唱道，“昨天，一切烦恼好像都远在天边；现在看起来却像是近在眼前……”

② 直到1968年底–1969年初，这些乐队在销量图的低位上继续，与牛市的第二个顶点一起突然结束。沙滩男孩乐队的领袖布赖恩·威尔逊离群索居，患有心理问题。

辑里所表达的更为世俗的风格。这一情绪混合物准确反映了牛市/熊市在华尔街的大战，有着和道琼斯工业指数相悖的朝向新高点的二级指标，尤其是就实际美元而言。道琼斯工业指数的正统高点出现在 1966 年 1 月，并已经在下跌。在反映这些年发生的多次情绪巨变时，就革新、创造性、精妙和复杂性而言，摇滚乐有意识地具有了艺术和花色。吉米·亨德里克斯（Jimi Hendrix）、芝加哥乐队（Chicago）、桑塔纳乐队（Santana）、快银乐队（Quicksilver）、杰斐逊飞机乐队（Jefferson Airplane）、大哥乐队（Big Brother）、奶油乐队（Cream）、谁人乐队、灵魂乐队（Spirit）、感恩而死乐队（The Grateful Dead）、血汗泪乐队（Blood Sweat & Tears）以及大量其他乐队的组成与排列都证明了这一点。

然后，在 1968 年秋，二级股票牛市即将登顶，“重金属摇滚乐”登场，铁蝴蝶乐队（Iron Butterfly）、深紫乐队（Deep Purple）、荒原狼乐队（Steppenwolf）同时进入了销量图。这一新风格在校正底部突然大受欢迎，然后就是最后的顶点。新风格大受欢迎预示着 1968 年 12 月股市顶点。无独有偶，1965 年后半年的滚石乐队的两个第 1 名畅销作品预示着 1966 年 1 月的顶点。

迷幻时代爱好和平的情绪与股市的最后一次激动同步。股市在一场投机狂热中达到了顶点，价值线指数创下了历史新高（代表了二级股票的统治地位）。一般会在牛市中出现的好意也同时达到了顶点，出现了一连串由录音室制作的“泡泡糖摇滚乐”畅销作品，这是趋势的病态甜蜜极值。尽管能够灵活地追随最新情绪变化，披头士乐队显然还是一个“牛市”乐队。保罗·麦卡特尼尤其是与牛市的最后一口气同步，牛市使二级股票指标达到了新的高点。在另一方面，约翰·伦农迅速有力地转向新的情绪。1965 年之后，他的歌曲风格变得日益黑暗。直到 1968 年，他灌制了白专辑（White Album），唱片套上有这样的（赞美性的）小段说明文字：

“意象令人毛骨悚然；‘老鹰叼走了我的眼睛/虫子舔舐我的骨头。’黑鸟、乌云、断翼、蜥蜴、毁灭。最怪诞的是，有一首可怖的歌曲，名字就叫作‘革命 9（Revolution 9）’，组成部分是音响效果、无意中听到的流言蜚语、倒带、混沌文明的潜意识记忆的噪声。残忍、妄想狂、燃烧、极度痛苦、绝望，都有一个匿名的宾戈声音表现了出来，这个声音一直在重复‘第九、第九、第九’——直到你尖叫。”

作为一个时尚之人，伦农的大众生涯开始于 1962 年（有效地），随着一声简单有力的宣言，“牛市正在进行！”这里，伦农简明扼要且愈加有力地说，“熊市正在进行，”

这个开始于1965年8月的“帮助!”1969年1月，就在股价下行而且熊市开始稳定之后，乔治·哈里森退出压力重重的《顺其自然》（Let It Be）集会，预示着披头士乐队的最终解体。披头士乐队的最后一份录制品已经在制作之中，于当年的晚些时候发行。

摇滚乐中的革新、音乐创造性和复杂性同时达到了顶点，一大批闪亮登场的乐队突然销声匿迹。新音乐的发行持续到了下一年，动力持续了下去，产生了那一年夏天的伍德斯托克节，场面一片混乱，就像是在庆祝熊市反弹。纽约美国广播公司（ABC）的电台名人后来在《华尔街日报》头版文章中直截了当地说，“摇滚乐在1969年达到顶点”。

在接下来的整整一年里，披头士乐队内斗不已，最终于1970年4月分崩离析，股市正在向多年的低点暴跌。《顺其自然》①是一部电影，记录了披头士组合的摩擦（与此形成戏剧性对比的是，在1964年和1965年的电影中，他们和善友好、相互谦让）。《顺其自然》首映于1970年5月20日。几天之内，股市暴跌至底部，肯特州立大学的学生遭到枪击。在同一时期，塑造了登顶阶段的大批流行音乐组合和明星突然人气锐减，退出，解体，或死亡【吉米·亨德里克斯、卡斯（Cass）·艾略特、贾尼斯·乔普林（Joplin）、吉姆·莫里森（Morrison）、杜安（Duane）·奥尔曼】。

节奏的明显变化出现于20世纪70年代；好像有人把一桶烂泥扔进了流行音乐机器之中。许多歌曲采用了半速节奏【每4拍1个基调强节奏，而不是每2拍1个基调强节奏，比如“那晚，他们击溃了南军（The Night They Drove Old Dixie Down）”、“我枪击了警长（I Shot the Sheriff）”、“孤独之人（Lonely People）”】。从前的一些畅销作品以低得多的节奏翻录【比如，“难分手（Breaking Up Is Hard to Do）”、“勤杂工（Handy Man）”、“越来越高（Higher and Higher）”】。民歌的演唱比以前的平均值低了1个八度，或者演奏的速度极慢，就好像音乐家已经筋疲力尽（比如詹姆斯·泰勒和巴里·马尼罗）。“登顶时期”乐队一退出，这些艺术家就出现了。1970年股票暴跌底部一出现，詹姆斯·泰勒【令人啼笑皆非的是，詹姆斯·泰勒是由披头士乐队发现的，由苹果唱片公司（Apple）录制的】有了第一个畅销作品，“Fire and Rain（火和雨）”，而披头士乐队刚刚解体几个月。（和许多“消极情绪”艺术家一样，詹姆斯·泰勒的最

① 披头士乐队的最后一张专辑，也采用这个名字，标示的不是一个青苹果标志，而是一个红苹果标志，这一简单的变化表明，和其他许多自我毁灭的组合不同，披头士乐队清楚地知道“身处何方”。简单的变化还表明，他们在某种程度上知晓自己的乐队死亡的重要性。

后一个畅销作品出现在1981年，接近消极情绪时期的终点。）1974年12月，巴里·马尼罗第一个哀乐一样的畅销作品飙升到第1名的那个星期，出现了主要股市底部，结束了情绪暴跌。情绪暴跌的部分表现形式是，公众对理查德·尼克松盲目憎恨，理查德·尼克松由于大量丑闻而被迫离职。（马尼罗前10名畅销作品于1980年3月底跌出了销量图；当时，股市的最后一次“大屠杀”触底；直到1983年，他依旧徘徊在销量图的低位。）1974年，舞曲也突然变慢，这一年是暴跌的底部。这一年，一个被叫作“碰撞”摇滚乐的现象发挥了功能：把舞伴带回到一起。“碰撞”摇滚乐只是尝试性的碰碰屁股，但为后来出现的“迪斯科”舞蹈铺平了道路。“迪斯科”舞蹈需要充分合作的舞伴，是接近校正波浪终点时的典型事件。

民歌的购买者和舞者觉得沮丧，孩子们觉得愤怒。熊市出现于1966年，在1969年加速，熊市支持那些腔调消极的乐队。滚石乐队得以繁荣的主题是战争、性和魔鬼。重金属摇滚乐乐队起初只是满足于提供吵闹不祥的声音，现在则在录制品和表演中采用精心计划的剧场方法，采用花里胡哨的名字：黑色安息日（Black Sabbath）、蓝色牡蛎膜拜（Blue Oyster Cult）、女王乐队（Queen）、交直流乐队（AC/DC）、蝎子乐队（The Scorpions）、亲吻乐队（Kiss）。这些剧场方法和名字表明黑暗、性模糊、一团糟。在一个相关发展中，早期迷幻“车库乐队”让位给一些组合，这些组合专注于漫长、催眠的作品，主题是消极的情绪。其中，最有成就、最为成功的是平克·弗洛伊德乐队，组成于波浪IV熊市开始后不久，最终成为“沮丧主题”历史中销量最好的组合，歌曲的内容是自我毁灭、斧头杀人犯、拼命挣钱、战争、精神错乱，声音都麻木地令人舒服或者佶屈聱牙。从1973年到1982年（按实值计算，1982年是熊市的最后一年），他们的经典专辑《月之暗面》一直处于20名销量图之中。从1973年到1982年，这个组合的人气开始减弱。

20世纪70年代中期，最极端的音乐发展是朋克摇滚乐的出现。就像《南方党人》（The Southern Partisan）副主编汤姆·朗德斯（Landess）所指出的那样，这些乐队作品的歌词就像T. S. 艾略特（T. S. Eliot）的经典诗歌“废地（The Waste Land）”。这首诗歌写于青少年时期，当时，最后一个循环波浪IV校正正在进行（在那个时候，世界范围内的消极情绪让共产主义者控制了俄国）。背景音乐是反“音乐的”（即非旋律的，依靠1个或者两个弦、两个或者3个音符、尖叫元音，没有和声、不谐和音和噪音），就像20世纪30年代鲍尔托克的作品一样。如果被人要求改变弦或者在音阶上唱多于两个音符，朋克摇滚乐表演者会心脏病发作吗？并不是这样，事实是，作为艺术家，他们想成为非音乐极简抽象派艺术家，并重视创造丑陋。来自英国和加拿大的早期朋克摇滚乐人比重金属摇滚乐乐队更善于表达恐怖形象，因为他们抛弃了剧院的所有装饰，并把他们的信息作为现实来呈现，宣扬暴力和无政府主义，挥舞着万字旗。他们的名字——约翰尼·罗滕（Johnny Rotten）、锡德·维舍斯（Sid Vicious）、纳粹狗乐队（Nazi Dog）、该死的乐队（The Damned）、邪恶之声乐队（The Viletones）等等——和他们的歌名与歌词——“无政府主义在英国（Anarchy in the U. K.）”、“奥斯威辛抽筋舞（Auschwitz Jerk）”、“闪电战博普爵士乐（The Blitzkrieg Bop）”、“你说你解决了我们所有的问题？你才是问题！你才是问题！”以及“没有未来！没有未来！没有未来！”——是对英国无效的福利中央集权制的反动抨击，还是对靠救济生活的命运的反动抨击。20世纪20年代和30年代，德国动荡不安，纳粹也做出了类似的强烈反应。实际上，当然，什么情况受到了攻击并不要紧。20世纪30年代以来最消极的情绪（股市行为表明了这一点）需要释放，就是这样。对于这些极值，20世纪60年代中期的流行组合采取温和的情绪；而同样是对于这些极值，朋克摇滚乐乐队采取了激烈的情绪。①20世纪60年代中期的公众感觉到的是欢乐、善意、无畏和爱情，他们要求在电波中出现欢乐、善意、无畏和爱情。20世纪70年代晚期的公众感觉到的是痛苦、愤怒、恐惧和仇恨，他们心想事成，听到了想要的东西。（幸运的是，朋克摇滚乐人反映的仇恨不是制度化的，然而，这只是循环波浪低点，不是1932年那样的超循环波浪低点。）歌曲的速度通常极快，消极情绪极深。20世纪50年代末的嘟喔普也速度极快，标志着波浪③的高能情绪的顶点。出乎意料的是，甚至朋克摇滚乐听众也有自己的方法重新引入“舞伴接触”

---

① 许多有社会意识的人攻击消极情绪电影、摇滚乐、文学和艺术，认为它们导致了盛行的消极心理。这是对关系的逆反。有人想知道，它们是否能证明同样风格的艺术表现形式导致了20世纪50年代和20世纪60年代初的好感。内在情绪之所以表现出来的唯一原因是，西方文化崇尚表达的自由。没有表达的自由，就没有表现形式，但并不会消除表现形式背后的现实，现实就只能通过其他途径发泄出来。可以认定一个事实，消极情绪的音乐表现形式、艺术表现形式、文学表现形式和体育表现形式是健康的释放，其他一些可能的释放则不够健康。比如，消极情绪音乐和运动的存在并不会使听众或者观众感觉糟糕。如果是这样的话，就卖不出去了。相反，消极情绪音乐和运动使人们感觉良好，因为人们的情绪得到了反映。当你感到愤怒的时候听一首幸福的歌曲，会让你恼怒。实际上会让你感觉更糟。一首愤怒的歌唱道，“去吧，感受你的愤怒，”可能有助于耗散愤怒。想一想，在一个只允许电梯音乐的刻板社会里，你会有什么样的感受。你真的会整天走来走去，脸上挂着和蔼的微笑，还是会最终想要尖叫着猛烈抨击？

舞蹈风格，风格独特狂热，舞伴的身体的正面相互碰撞，称作“碰碰舞”。（熊市底部用某种方法把舞伴带回到一起！）这些乐队对电波的统治持续到 20 世纪 80 年代初期，开始于 1966 年的循环波浪 IV 大熊市结束了。①

总之，音乐中的“我感觉良好，我爱你”情绪与股票牛市平行；而含糊不清的、心情愉快的“啊，呀，我感觉很好，我爱每一个人”情绪（比如在 60 年代晚期）是情绪的主要卖出信号，因而也是股票的主要卖出信号。相反，音乐中的“我觉得沮丧，我恨你”情绪反映了熊市；而毫无生气、备受煎熬的，“啊！我痛苦不堪，我恨每一个人”情绪（比如在 70 年代早期）是主要买进信号。②

直到今天

循环波浪 IV 是个拖沓的过程，有两个顶点（1966 年 1 月和 1968 年 12 月），它的终结也有两个底部（1974 年 12 月和 1982 年 8 月③）。两个顶点之间的音乐场景就像善恶之间的一场复杂的战役。在某种意义上，确实如此。两个底部之间的音乐场景也是相互矛盾的：迪斯科音乐竭力确认幸福积极的因素，而重金属摇滚乐断言愤怒消极因素居于主导地位。在 20 世纪 80 年代早期，消极情绪表现形式达到了极值，标志着一个大底部，而真正积极的力量（不包括迪斯科本身，就像扭摆舞一样是个转型期现象）一个接一个力挽狂澜，取得重大胜利。

整个积极情绪力量的第一个大胜是公众采取了“引导”心理，好像人们厌倦了消极情绪，每一个个体都想脱离消极情绪。第一个暗示是慢跑狂热，慢跑狂热变成了身体锻炼的全面狂热。1980 年，传播狂热的方法是电视。猜一猜，在类似的一年里，什么在流行（稍后详述），1920 年：健身音乐。这一时期的最新技术为我们提供了留声机唱

---

① 朋克（在美国被重命名为“新波浪”，这个音乐的购买者不像英国远亲那样愤怒）组合的最后一口气之一是设法在两年前推出了这个唱片，显然自己的名字都拼写错了：

斐卜那契乐队（Fibonnaccis），斐卜那契乐队（未解之谜）：美国最默默无闻的另类乐队发行了一个 12 英寸 45rpm 唱片，里面有 3 首歌曲。

② 流行音乐从 1954 年到 1974 年的性进展好像又在 20 世纪 80 年代早期开始了。

③ 同样的高潮也好像出现在 1980 年初，与 3 个年度股市“大屠杀”的最后一个同步。自从 1974 年的低点，道琼斯工业指数达到了历史最低值；就 1932 年以来的黄金而言，也达到了股票的最低值。

片，可以随着留声机唱片做运动。20 世纪 80 年代早期出现了新的能量积累，人类必须通过跑步、举重和上蹿下跳来表达出来。这是新兴的股票牛市的同步指标。（1970 年，几乎没有人锻炼身体。）这一同样的“我讨厌听到消极情绪！”心理由电影《洛奇》（Rocky）的巨大人气所反映。《洛奇》的巨大人气表现了新的情绪：“如果你竭尽所能、发挥到极限，你就能成功（或者至少避免自然的失败状态）。”4 年后，“引导”总统被选了出来。

变化的另一个巨大暗示是，怀旧狂热出现。突然之间，社会场景变了，20 世纪 50 年代几乎所有的风格都回归了。在美国，家庭价值、迪士尼电影、雷朋（Ray-Ban）太阳眼镜、校园平静、童子军（Boy Scout）的人气、棒球运动的人气、礼节、男子汉、西部片、婚姻和孩子，都卷土重来。甚至讨厌鬼也变得酷起来。科学开始取代社会学，成为研究的热点。50 年代的流行音乐表演者开始再度巡回演出“怀旧”音乐会。不管是死是活，50 年代的流行音乐表演者也开始在电视节目中出现【杰里·李·刘易斯、埃尔维斯、查克·贝里、卡尔·珀金斯（Perkins）等等】。新的乐队直接照搬 20 世纪 50 年代的风格，因而受到欢迎【流浪猫乐队（Stray Cats）】。像极了 20 世纪 50 年代时尚达人的表演者（总是采用 80 年代的扭摆舞）变成了明星【迈克尔·杰克逊回应埃尔维斯·普雷斯利的喘息声元音以及让女孩着迷的肢体动作；小理查德狂野不羁，他的歌词公然把性表现了出来，普林斯（Prince）回应了小理查德的这一特色】。尤其是 1983 年出现了大批关于时尚、艺术和文化的文章，反映了“保守”时光，让人想起了 20 世纪 50 年代和 20 世纪 20 年代，当时牛市还年轻。

同时，基督摇滚乐（Christian rock music）【埃米（Amy）·格兰特等等】火爆登场，人气骤升。“电子合成流行音乐”乐队的声音反映了活跃的电影时代；使余波荡漾的朋克影响磨钝了锐角。重金属摇滚乐乐队亲吻乐队甚至在 20 世纪 80 年代初期也放弃了恐怖剧场化妆。旋律并未回到流行音乐的主流角色，但是仇恨的元素正在耗散。

在 80 年代早期，流行歌曲的歌词也发生了清楚的转变。中型股市出现底部的那个月，“我们只是风中的尘埃……”还在回应 1978 年 2 月的堪萨斯乐队（Kansas）的畅销作品。① 1980 年，约翰·伦农还处于情绪的棱角上，他发行了一个大获成功的专辑，专

---

① 中型高点和低点也和畅销歌曲相关。保罗·麦卡特尼的“幼稚的情歌”（“有人想让这个世界充斥着幼稚的情歌——错在哪里了？”）是 1976 年最畅销的作品。1976 年出现了道琼斯指数重要的中型顶点。

辑里是给他的家人的甜蜜情歌。1982 年 10 月，实际上出现了社会评论风格的畅销作品，上拍、乐观。1982 年 10 月实际上还在庆祝电脑和运输革命，推断出，“这会是个多么美丽的世界；多么辉煌的自由时刻”，另外还提到了“星条旗（Stars and Stripes）”加以佐证。当 1982 年-1983 年牛市起飞时，就算没有成为流行畅销作品的主导型主题，情歌也成了流行畅销作品的主题。70 年代“沮丧主题”音乐的早期领袖卢·里德（Lou Reed）甚至也跳出来唱道，“我爱你，苏珊（Suzanne）”！1983 年，历经 10 年人气不衰之后，平克·弗洛伊德乐队发行了最后一份专辑，乐队解散。谁人乐队是一个咄咄逼人、相对无政府主义的摇滚乐组合。在消极情绪趋势刚开始的时候，谁人乐队的音乐依然畅销（起初是靠自毁舞台行为赢得关注。这些行为包括，毁坏吉他、扬声器和鼓，放烟幕弹）。此刻也举办了最后一场音乐会，解散了。①【在接下来的几年里，这两支乐队都曾短暂重组，进行巡回演出和录制现场专辑。——编者】这两个组合，以及无数朋克乐队，都在新趋势的压力下筋疲力尽。1966 年的各支“欢乐”乐队是这样，1970 年的披头士乐队也是如此。

1983 年，大型波浪①到达顶点。此后，50 年代音乐狂热开始减弱。20 世纪 50 年代的风格依然随处可见，但却已经把主导权让位给了 20 世纪 60 年代早期的风格，尤其是 1960 年-1962 年的风格。1960 年-1962 年是股票的下一个大牛市发展之前的转型期。在舞蹈和音乐领域，1984 年开始盛行的主要趋势是霹雳舞、女孩组合和矫揉造作、生搬硬套的摇滚乐人。

---

① 伦农 70 年代早期的音乐采用锋芒毕露的声音：刺耳的抗议歌曲、伦农妻子那富有特色的号叫的漫长录制品。70 年代晚期的 5 年退隐之后，伦农于 1980 年再度火爆登场，以一曲“从头再来【(Just Like) Starting Over】”，先于群众宣告了另一个牛市的启动。一个月之后，他被谋杀了。谋杀他的那个人还陷在死气沉沉的一年里，无法自拔。一年半之后，死气沉沉的岁月才宣告结束。

想来点来劲的东西吗？5人组合，会让你微笑。试试新版本

Chief, I think I've found someone for the new bubble-gum campaign. I know you wanted the Jacksons, but let's face it, they're going to be pricey. So how about New Edition? It's a five-kid group from Boston's Roxbury ghetto, and their music is known as—get this—bubble-gum soul. Perfecto, no?

The kids sign, sing, and poppo! zoom to No. 1 on the black-singles chart. Sure, the lyrics are kind of drippy—*You look so sweet/You're a special treat*—but they might be just the thing for the TV spots, eh, chief? But here's the capper: These kids are *nice*. They come from working-class families, don't do drugs ("We were raised differently," says Ralph) and even travel with a tutor. In fact, our only problem might be that they're *too* popular right now. Some 5,000 fans showed up for an October autograph-

生活处在快车道：美国不管55英里/小时

More motorists are ignoring the 55-mph speed limit

U.S. Department of Transportation surveys show an average of 42 percent of us drove faster than 55 last year. On rural interstates, 3 of 4 sped.

"People are driving faster. There's no doubt about it," said DOT spokesman Bob Beasley.

"Interstates are designed for 70 miles an hour. People get on 'em and go like hell," said Bob Sherman, aide to Vermont Gov. Madeleine Kunin.

Sweaters set wi... daring ...

NEW ... Bold ... son's sw... tradition... signs sh... patterns ... out geo... squiggles ... bounty o... tinues th... and brill... ing yell...

撤销对股票信贷的管制规定

For more than 50 years Federal regulators have told stockbrokers how much credit they can extend to their customers to purchase stock, a practice known as buying on margin. Under the rules in effect since the Depression, investors had to post at least 40 percent, using the stock as collateral for the balance.

The Federal Reserve Board suggested last week that changes in the market had rendered those rules obsolete. The board wants to turn over responsibility for regulating credit to the stock exchanges, and Treasury Secretary Donald T. Regan suggested they should consider abolishing requirements completely.

Congress restricted the purchase of stock on margin in 1934 partly in an effort to control dramatic fluctua-

SEC Approves Increased Limits On Option Position...

WASHINGTON—The Securities and E... change Commission gave four exchang... approval to increase their limits on optio... positions, enabling investors to hold mo... options contracts.

The new position limits will

—8,000 contracts on stocks with a s... month trading volume of 40 million sha... or a 30 million-share volume and a pub... float of 120 million shares outstanding

—5,500 contracts on stocks with a s... month volume of 20 million shares or a ... million-share volume and 40 million sha... outstanding.

—3,000 contracts on less active sto...

卡特里娜和乐队成员真的在"阳光上漫步"

"I think the timing was just right," she says. "People are ready for a good band singing down-to-earth pop songs, and people are in the mood for summer."

"It's going to be in the same vein," Miss Leskanich says. "Maybe a bit more rocked up, but we're going to keep the innocent, honest, band-next-door approach.

"I like to think we come off sounding friendly — like we're nice people. Even if that might get us labeled a pop band — which some people think is a derogatory status — success is success."

June 8, 1985

'幼稚的情歌'　席卷美国

If you turn your radio dial carelessly these days, you may well come across a station that promises you "Love Songs—Nothing but Love Songs." Like fast food and other forms of mush, the "love song" format that has emerged recently is a uniquely American invention. Although it is aimed at the age 25-49 market, the explosion of love-song programming suggests some interesting trends in popular music. At the very moment when West European rock music is becoming more and more political, American pop has become dominated by love songs that are increasingly banal

In the Silicon Valley, L'Enfant Terrible Is

① 对比正文内容就可以明白这些剪报的意义：流行文化和股市的平行关系。译者注。

也是小富孩

SCOTTS VALLEY, Calif.—The spotlight shivers on a fuming wall of dry ice. A drum roll sounds, the crowded ballroom falls silent. Even the guests ripping slabs of meat from the whole roast pig on the buffet turn to watch.

Eventually, the night's host glides into center stage, his considerable girth draped in a purple and gold tent—er, toga—and a wreath of grape leaves on his head. "All hail Bacchus," someone bellows. He hoists his saxophone in salute and begins to play.

The saxophonist and host is Philippe Kahn, the founder and owner of Borland International and the self-appointed court jester of Silicon Valley. Even here, where extravagant indulgence and eccentricity are commonplace, the expansive software publisher has become a legend within two years of his arrival from his native France.

His toga party is costing him $45,000, with a gluttonous mob of 600 on hand, including an ersatz satyr wearing little more than a shepskin loincloth and a pair of horns. A trapeze artist performs, and merrymakers pelt one another with balloons filled with shaving cream.

A local newspaper subsequently calls the affair "a drunken orgy." Mr. Kahn replies, with a melodramatic sigh, "I can't quarrel with the drunken part. I only wish I remembered the orgy."

"I have all the money I need," he says. "Now, I dedicate myself to fun."

当通货膨胀率是116 000%时，价格每个小时都在变

Bolivians aren't yet lugging their money about in wheelbarrows, as the Germans did during the legendary hyperinflation of the Weimar Republic in the 1920s, when prices increased 10 billionfold. But Bolivia seems headed in that direction.

"This isn't even good as toilet paper," says pharmacist Ruth Aranda, holding up a 100-peso bill. Indeed, she points out, admission to a public toilet costs 300 pesos.

Three years ago, she says, she bought a new luxury Toyota auto for what she now sells three boxes of aspirin for.

"We're headed for the garbage can."

回归优雅

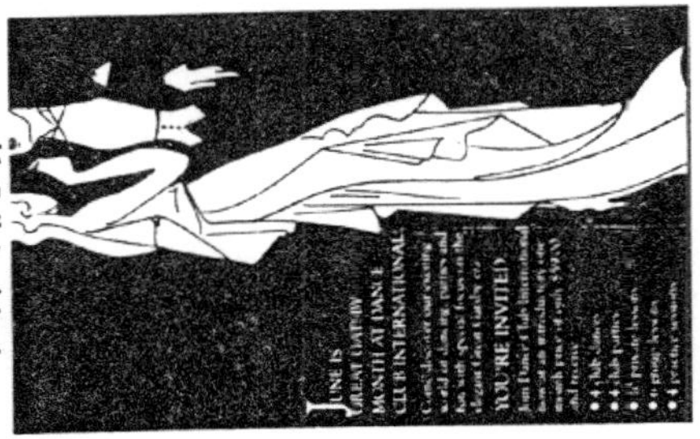

tions in the market. The sale of stock on credit with only a fraction of the price paid in advance was widely blamed for having inflated prices during the unregulated days of the 1920's. A slight decline in value could wipe out a customer's investment, with his collateral for the balance (the stock) declining as well. A crash, as occurred in 1929, could break thousands of investors and leave the creditors to collect only a few cents on the dollar.

In a study of margin requirements released last week, the board argued that the market had largely outgrown the dangers of these leveraged purchases.

"My concern is that the exchanges might compete on margins," said Nicholas Giordano, president of the Philadelphia Stock Exchange. "Traders would like to have no margin at all, and it puts us in a difficult position. The stock exchanges are competing with the options and financial futures markets, so they could be pressured to go to the lowest common denominator so they can compete."

流行摇滚乐人嗷嗷叫！

Wham! Just like that, they've got the No. 1 record in the USA.

How did an obscure British dance band manage to push past such heavyweights as Prince and Stevie Wonder?

It's simple, says the band's lead singer. "We're cute," explains George Michael, who, along with guitarist Andrew Ridgeley, turned *Wake Me Up Before You Go-Go* into one of the most lightweight, but infectious, pop hits of the year.

"You have to have a strong rhythm track to make a hit pop record. *Wake Me Up* has a lightweight, sing-along melody but it also has an intense rhythm track. ...

Michael, who produces, arranges and writes the music, feels Wham! has a formula for success. "Our songs may seem familiar because we've used as our foundation some of the great commercial artists, especially the Motown sound. The melodies we have are very simple and easy to hum."

fall fashion scene

Thursday, August 1, 1985

designs and color

YORK, N.Y. — graphics make this season's sweaters stand out from the al crowd of the past. Deow a new daring with that range brom blocked-metrics, to new wave, tapestry mosaics and a f fancy florals. Color con-ie emphasis on boldness ance. Electric blue, jolt-ow, fiery red and stark black and white add to the vivid appeal of this year's sweater set.

One clear winner, *Seventeen's* fashion editors predict, will be an updated Aztec graphic in the attention-getting color combination of black, white and grey zapped with bright yellow. Worn with a white and yellow striped cotton shirt and stop-light yellow mini skirt, the look is sure to end up in the fashion spotlight.

与时尚结缘

1923…1962…1985?

Much to the surprise of the store — which expected the avant-garde look to have limited appeal — the $125 sweater by designer Andrew Fezza immediately sold out.

Other USA stores — such as Marshall Field's in Chicago and Macy's in New York — also report that the most fashion-forward men's looks are selling faster than traditional ones. Men, it seems, are beginning to cotton to clothes like never before.

"Anything dabbled in by women is now dabbled in by men. Men are much more experimental with fabrics, silhouettes and color," says Howard Sussman, Macy's men's fashion coordinator. "There's never been a time like this in men's fashion."

USA TODAY · THURSDAY, APRIL 4, 1985

《阴阳魔界》

HOLLYWOOD — This fall, the mystery anthology format is back big.

Out of favor since the glory days of *Alfred Hitchcock Presents* and *The Twilight Zone* and off the tube entirely since ABC's *Darkroom* in 1982, the style will enjoy a rebirth with CBS' *Twilight Zone* and Steven Spielberg's *Amazing Stories* on NBC.

Compared to the old series, "some things have changed and some haven't," he says.

Of the first shows, all the segments are new stories except two remakes:

■ "Night of the Week." A 1960 Rod Serling teleplay featuring Art Carney as a drunken department store Santa Claus who "enters a strange kind of North Pole … part of the magic that can only be found in the *Twilight Zone*."

■ "Dead Man's Shoes." In 1962, Warren Stevens played a bum who steals shoes from a dead gangster, puts them on and becomes the gangster. In the new version, the bum will have his gender changed to a burnette.

靴子爱好者又喜欢上了中高跟长统靴

By Elizabeth Sporkin
USA TODAY

NEW YORK — With miniskirts and lace stockings reviving 1960s style, can go-go boots be far behind?

on Broadway in March. DeMora snapped up eight pairs for the opening number; dancers will wear them with miniskirts and midriff tops.

"They should never have gone away," says deMora of

"Anything dabbled in by women is now dabbled in by men. Men are much more experimental with fabrics, silhouettes and color," says Howard Sussman, Macy's men's fashion coordinator. "There's never been a time like this in men's fashion."

两件套泳装沙滩再现

By Elizabeth Sporkin
USA TODAY

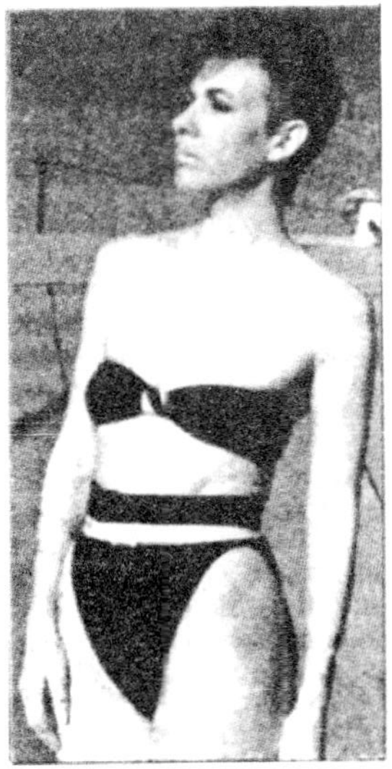

NEW YORK — 1985's most stylish swimmers will shun the long-popular maillot for a splash from the past: the two-piece.

Not a teeny bikini, mind you, but a suit that covers a little more hip, thigh and stomach.

"There's a whole generation who have never seen these suits before," says Doug Arbetman, spokesman for Cole of California, which offers a style that can be rolled up or down for more or less coverage. "They really have a fun fashion look."

After three years of one-piece predominance, "This is a natural evolution," says designer Norma Kamali.

ing 1960s style, can go-go boots be far behind?

"There's definitely an upswing" in interest in white boots, says Lois Kopf of Courreges, the Paris design house that first introduced the mid-calf-high go-go boot in 1964.

This year, Courreges has brought back restyled versions in white and silver, with cut-outs at the tops — to some of its 15 USA boutiques. "They're selling like crazy in Beverly Hills and there has been growing interest in New York," Kopf reports.

One customer was Bob deMora, costume designer for *Leader of the Pack!*, a musical set in the 1960s that will open

"They should never have gone away," says deMora of the boots.

Shoe manufacturer Two City Kids also will bring out updated go-go boots with a punch-out design that allows stockings to show through.

"Fashion is cyclical and things do repeat themselves," says avant-garde shoe designer Kenneth Cole, who late this spring will bring out a new version of the go-go boot: short white boots that are tight around the ankle. Some have high heels; some are flat.

"I think miniskirts call for something that comes up the foot," he says. "It just feels right again."

Women's Wear Daily has ushered in the new spring season with "The Short Age." The fashion mag places the "in" hems about four inches above the knee.

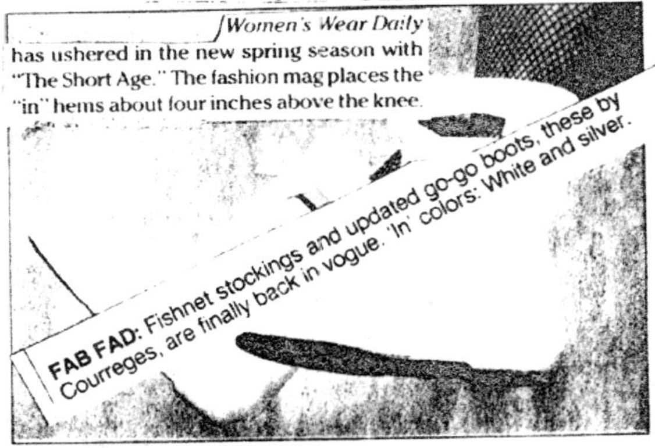

FAB FAD: Fishnet stockings and updated go-go boots, these by Courreges, are finally back in vogue. 'In' colors: White and silver.

41岁的福尼切洛：与迪斯尼一起焕发青春

Some things never change. The sun rises in the East. April showers bring May flowers. And Annette Funicello exudes as much exuberance about life at 41 as she did in her Mouseketeer years — "When I heard the name Disney, I jumped at the chance," says Funicello. Her last Disney film was *Monkey's Uncle* nearly 20 years ago.

"I have the kids that watched the Mickey Mouse Club that are now my age, the kids that watched the

家庭生活成为‘时尚’

1950's return

家长再度重视礼节

For some children, learning to say "please" and "thank you" is as difficult as learning to eat with a knife and fork — and about as much fun. When parents nag them to do or say things "correctly," they are hard pressed to understand what all the fuss is about.

Today, parents are making more of a fuss over manners — the art of doing things correctly — than they did during the free-for-all 1960s.

Respect for age, wisdom and the establishment are back, and an emphasis on good manners is part of this return to more traditional values.

校园随意性行为减少

PALM SPRINGS, Calif.

FRIDAY, FEBRUARY 8, 1985 · USA TODAY

今天，童子军活动75岁了，还在发展

From a peak of 4.9 million in 1972, BSA's youth membership fell by more than a third to a low of just 3.3 million in 1979. The number of adult volunteers also dropped dramatically. "It was the tenor of the times," Chief Scout Executive Ben H. Love said. "There was rebellion against anything that had traditional values. Some of the things we believe in — patriotism, duty to God — were being challenged."

In the past five years, the organization has managed to reverse its slide. Preliminary 1984 figures show youth membership at nearly 3.7 million, a 2.5 percent increase over 1983. Scouting is benefiting, Love said, from what he sees as a national return to "basic values and basic beliefs." (Scouts, after all, still take an oath to be "physically strong, mentally awake and morally straight.")

By MICHAEL POLLOCK
Press Staff Writer

OCEAN CITY — They were a product of the late 1950s and 1960s, a time of prosperity and two-car garages. The stock market appeared to be a bull market that would ride forever and small investors wanted to ride the bull in their own tiny herds.

Investment clubs were chic and novel, as popular as outdoor barbecues and "The Donna Reed Show."

There may not be as many investment clubs around today as there were in the 1960s, but there are still a reported 25,000 such clubs active in the United States.

Investment clubs are gatherings of people with a common interest: investing in the stock market.

The National Association of Investment Clubs, based in Royal Oak, Mich., reports that the average member invests $43 a month. The entire association, representing 115,000 investors in 5,900 clubs, invests $4.4 million a month.

"It's not a get-rich-quick program," warned Thomas O'Hara, association chairman and cofounder. "It's an accumulation program."

O'Hara credited the bull market which began in August 1982 with renewing much of the interest in investment clubs. The NAIC, which had nearly 14,000 members in 1969, was down to fewer than 4,000 in 1980.

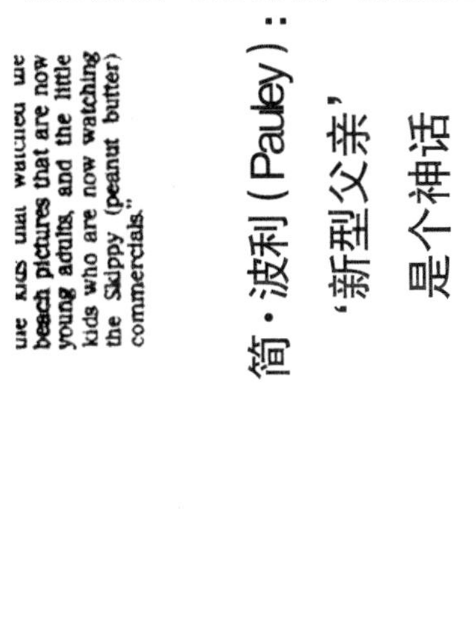

I may be wrong, but there seems to be a mood in America at the moment which is reflected in the kind of television that America produces. And something of the spirit of that is reflected in this miniseries."

And what mood is that? "A sort of patriotism," he said. "A feeling that there is hope, that one can press forward and achieve. Above anything else, Christopher Columbus was a great achiever. And there's great respect, I think, in America for the achiever, for the man who brooks no obstacle and is determined to achieve his end. And I think that's something that American audiences will relate to."

60年代的装扮成为时尚

AUGUST 18, 1985

By Betsa Marsh
USA TODAY

Skirts are short, pants are pegged and shoes are pointed.

The time is now, but the look is unmistakably 1960s.

Twenty years and one generation after fishnet stockings, miniskirts and turtleneck dickeys blasted onto the fashion scene, they're back — thanks to the sons and daughters of the men and women who wore them the first time around.

Teens and college students are scouring the secondhand shops for '60s garb and completing the look with dramatic eye makeup, teased hair and flashy sunglasses.

"Most of the kids are 16 to 18," says Jon Bok of Cowboys and Poodles boutique in Los Angeles, where the '60s fashion fad seems to be hottest.

For several months, he says, $20 paisley shirts and $20 miniskirts — unused clothing from manufacturers' and retailers' overstocked warehouses — have been selling out.

"The kids are into '60s music, like the Monkees and the Shangri-Las," Bok says, "and that sort of led them into the clothes."

Until last summer, sales were roughly 80 percent from '50s clothes and 20 percent from '60s styles, Bok says. The '60s sales "skyrocketed" when school was out. Now, '60s clothes are 80 percent of the sales.

Especially popular are Beatles boots, polka dots, op-art designs, go-go boots and oversized jewelry in Day-Glo colors.

In New York, the '60s fad ... been "definitely there, but ... a major influence," says ... Goodman of Trash and ...deville.

By Barb Kinney, USA TODAY

PAST IS PRESENT: A dickey, pegged pants for him; a minidress, fishnet stockings for her. Classic Clothing, Washington, D.C.

Unless you have been sequestered in a cave for the past few months, you must know that stirrup pants are the latest trousers for young fashionables to sport on the streets. Slim and narrow, they bring the legs into focus, with an emphasis on fit. Stirrups first sauntered onto the fashion scene for skiing in the early '20s, boasting jodhpur-type legs. Gradually the legs got slimmer and sleeker, thanks to innovations in fabrics, especially of the stretch variety.

During the '40s, noted Italian fashion designer Emilio Pucci brought out sleek-looking stirrup pants, according to Sol Kent, Rich's fashion director, who to this day doesn't have much use for them. "At that time, everyone looked like hookers in these pants," he said, "wearing them with high-heeled mules. Ellen Melinkoff quoted several women who wore stretch stirrups during the '60s. One said, "I remember hating ski pants or stretch pants even though I wore them.

However, women clung to these pants and by 1961, they made their first general appearance in the stores for street wear. Called stretch pants —

923…1962…
1985?

霹雳舞热袭击美国

West Germany (AP) — Break dancing, the street sensation of the South Bronx, has boogied across the Atlantic to Germany.

West German youngsters are doing the supple falls, gyrations and gymnastics of break dancing for tips in shopping malls, and some department stores are luring customers with break dance exhibitions. Cinemas, television and magazines also are featuring the acrobatic steps.

Dancers dazzle onlookers with their spins and struts in Frankfurt's main shopping district, and earn about $78 a day in small change.

A local disco called the No Name holds weekly break dance competitions. The winner gets a prize of $196.

"It's like a fever right now," said Peter Boehm, 32, who works at the City Music store in downtown Frankfurt.

Break dancing is the latest fad in a country where successive generations of teen-agers since World War II have been quick to adopt American styles in music, dance and clothes.

The West German Dance Teachers' Association estimates that 360,000 young Germans are caught up in the craze.

在朋克时代，伦敦变得整洁

LONDON—Punk is passé. Prim is in.

That's the message London's young, trendy women are sending out these days.

Outrageous outfits are giving way to grown-up gowns. Suddenly young women have taken to looking like their moms: Elbow-length gloves, black cocktail dresses, high heels, severe hairdos, lots of costume jewelry, bright lipstick, heavy mascara.

Nowhere is the new look more evident than at Hyper Hyper, the market-stall designer hall opened a year ago as a showcase for young English designers.

Some 70 of these stalls are found in Hyper Hyper, which is much larger and more sophisticated than the Kensington Market, another designer market across the street. Kensington, which got its start in the 1960s, faded in the 1970s and is currently undergoing a revival.

短裙，短装统治了巴黎时装展

PARIS (AP) — Short skirts got the nod at Karl Lagerfeld's summer ready-to-wear show Saturday, and designer Claude Montana unveiled hot pants and micro-skirts from beneath long duster coats.

There were even white cuffed shorts in Lagerfeld's bridal wear.

Lagerfeld also showed some long pleated skirts, but his clear preference was for leg-revealing minis and micros.

春季狂欢：短裙

When it comes to skirts for spring, the thigh's the limit.

After a winter of sidewalk-sweeping hemlines, "It's time to see a little bit of leg," says designer Perry Ellis. His spring 1985 collection features above-the-knee skirts after four years of predominantly long styles. "Suddenly, the short skirts and soft shapes look refreshingly feminine."

Other USA designers shortening skirts (and showing leg-revealing shorts): Calvin Klein, Ralph Lauren, Willi Smith and Norma Kamali, who unveil their collections Oct. 29-Nov. 9 in New York.

Will they sell? "I think they're real cute as long as they're not too short, and as long as they look good on you," says Edwina Richard, 21, a model from Tucson, Ariz.

■ Europe also goes short 3D

“舞伴接触”的迪斯科舞蹈持续了10年。此后，新的风格“霹雳舞”有一次卷土重来，尽管医生提出了警告，尽管家长感觉惊恐。“霹雳舞”就是新的“扭摆舞”。1960年，扭摆舞是一件大事，是舞蹈风格的基本变化，从舞伴接触到舞伴分离。① 好像每个舞者都能量过剩，待在一起就太危险了。扭摆舞受到了医生的谴责，医生认为扭摆舞会对骶髂关节造成潜在的破坏。但不管怎么样，舞者们还是热爱扭摆舞。在最近的过渡时期中，是“霹雳舞”使舞伴们放弃了舞伴接触迪斯科舞蹈传统，并把每个舞伴都变成了旋转的托钵僧，把医生的警告抛到了脑后。又一次，“现场”的所有人都喜欢霹雳舞，达到了这样的程度：几个霹雳舞电影变成了票房畅销作品。今天，主要时段电视节目的舞蹈又一次都成了舞伴分开的，与20世纪70年代大量舞伴接触的迪斯科节目形成了对比。女孩组合现象几乎不需要细说。女性流行歌手大量回归，又一次成功侵占了传统男性风格。最近，流行音乐界的一些最为成功的人物都是女性，包括格格丝乐队（Go-Go’s）、姐妹乐队普安特姐妹（Pointer Sisters）、麦当娜（Madonna）、辛迪·劳珀（Cyndi Lauper）、蒂娜·特纳（Tina Turner）、帕特·贝纳塔尔（Pat Benatar）等等。她们拥有了电波，就像20世纪60年代早期一样。作为60年代早期的最后一个平行线，乏善可陈的生搬硬套摇滚乐人嗷嗷叫！【就像1960年-1962年的博比·韦（Vee）等人】出售唱片、穿着“选择生活（Choose Life）”T恤衫在录像带里嬉戏。经过这些年之后，埃弗利兄弟举办了人山人海的“重聚”音乐会，查比·柴克再度巡回演出。这都仅仅是巧合吗？

我们现在身处何方？

表明另一个情绪变化的重要之处在于，女性在流行音乐中的统治地位好像已经在那一年达到了极值。辛迪·劳珀给3月4日的《新闻周刊》封面增添了光彩，封面特别刊载的是开篇文章，“摇滚乐：女性的力量（Rock and Roll：Woman Power）。”在1月，《今日美国》引用了帕蒂·拉贝尔（Patti LaBelle）（她于1962年有了自己的第一个“女孩组合”畅销作品）的话“我们（女性）在接管这个时代”。5月27日，麦当娜登上了《时代》的封面。保罗·蒙哥马利研究了杂志封面，保罗·蒙哥马利的研究表明女

---

① 1984年，在大型波浪②低点附近，在喜欢柔情民歌和舞伴接触舞厅舞蹈的老一代人之中，琳达·龙施塔特曾短暂复兴。

孩组合的人气肯定会在这一年达到顶点。

现在让我们着眼目前。《花花公子》（Playboy）和《阁楼》（Penthouse）杂志努力去利用女孩歌手狂热，希望凭借麦当娜的裸照卖光8月的版次。一个有趣的事情发生了。销售良好，但不像希望的那样好。还记得吗，7月29日公共事业股票（Utility stocks）一日暴跌的那些标题？“23年来公共事业最糟糕的日子”，标题写道，指的是1962年5月28日，股票波浪④校正的价格低点出现一个月之前，正统底部5个月之前。好像是终结了“未婚女性”作为流行形象的命运，上个星期五晚上，麦当娜结婚了（8月16日）。同时，开始于1980年并突然流行又突然过气的上拍情歌趋势再度卷土重来。甚至沙滩男孩也再度巡回演出。① 从1982年底到现在，涌动着一个幸福流行音乐的暗流。根据这个模型，幸福流行音乐的暗流会在现场作为主流风格爆发，特点是旋律、和声与相对创造性。来自当今流行音乐状态的信息是，不确定的校正阶段即将结束，情绪的成熟的投机牛市跃跃欲试。

一个类似于股票下跌之后的差收益报告的“基本”（即在市场本身之外的，但好像有关的）事件，是一个突如其来的新主张：流行音乐专辑采用评价系统。如果歌词变得如此恶心，人们最终做出了反应，那么，消极歌词的顶点就过去了。这一基本事件并不像国会1973年-1974年熊市期间的措施：把美国的消极速度程式化，规定全国限速55英里/小时。这样的法律只是表明，极值已经达到，因而趋势即将改变。缺少强硬的军事措施，（是一个选择）这样的法律肯定无法阻止急于自我表现的趋势。

这个月，另一个吸引人眼球的事件发生了，电影《活死人归来》（Return of the Living Dead）公开发行，是对僵尸恐怖片的嘲弄。换句话说，阿博特和科斯特洛遇见了僵尸。现在，恐怖片的力量即将消失，强烈地表明《月光光心慌慌》第17部、《黑色星期五》第32部绝不会拍摄。②电影主题的最新趋势是，科学和智慧并不讨厌，而是酷酷的。比如《摩登保姆》（Weird Science）、《穿梭三千年》（My Science Project）、《真正的科学》（Real Science）之类的电影、以电脑为导向的冒险故事，都与孩子们操作电脑和控制科技的新愿望同步，与20世纪60年代末和20世纪70年代形成了鲜明的对比。

---

① 记得詹姆斯·瓦特（Watt）（此“瓦特”不是改良蒸汽机的发明家瓦特。译者注）的尴尬吗？为了排除“不良元素”，他取消了沙滩男孩乐队在华盛顿市的音乐会。每个人都嘲笑他，因为沙滩男孩乐队并没有吸引不良元素——他们是一支牛市乐队。

② 在下一个将于20世纪90年代【21世纪。——编者】到来的超循环（或者大超循环）暴跌的底部，甚至更为恐怖的大批电影和歌曲会公开发行。有许多迹象表明，极坏的情况将要到来。比如，艾滋病的出现是自中世纪以来最为严重的类似瘟疫的威胁。

这些情况都表明好日子就在前头。

Rarely have so many women performing rock had so many hit records on the charts. Never have so many women with such strong images so dominated the music videos shown on MTV, the rock-and-roll cable network (page 54). Madonna's new album, "Like a Virgin" (Sire), recently No. 1 for three weeks, is already "triple platinum." In 14 weeks it's sold some 3.5 million copies—a staggering amount, particularly since her first tour doesn't start until April. Turner, the Pointer Sisters, Pat Benatar and Chaka Khan all have current albums that have topped the million mark. And after 63 weeks, Cyndi Lauper's album, "She's So Unusual" (Portrait), is still charted in the Top 30, with nearly 4 million copies sold. Lauper's recordings have earned five Grammy nominations and her album has produced four Top Five singles—a new record for female singers.

The first big break for women in rock came in the early '60s, with girl groups like the Shirelles, the Ronettes and the Crystals. The songs the girls sang, like "Be My Baby" and "(Today I Met) The Boy I'm Gonna Marry," may have given marriage a false glow of paradise. But their bee-hive hairdos and stiletto heels gave the game away. The boy they wanted to marry was probably a biker.

Some insiders point to Madonna's steamy image and argue that little has really changed for women in rock and roll since the days of "girl groups" like the Ronettes.

"I get so much bad press for being overtly sexual," sighs Madonna. "When someone like Prince, Elvis or Jagger does the same thing, they are being honest, sensual human beings. But when I do it: 'Oh, please. Madonna, you're setting the women's movement back a million years'." Lauper agrees: "How can you criticize a woman for having a sexuality when men for years and years have been singing about nothing else? She's just doing her thing. My thing happens to be different. Women have a sexuality that shouldn't be suppressed."

Rodgers, her current producer, concocted a relentless rhythm track for "Like a Virgin" that suggests a bright, major-key version of Michael Jackson's "Billie Jean." The lyrics—all about how true love makes a girl feel "shiny and new, just like a virgin"—fit like a glove. So does Madonna's vocal. Her singing evokes the pie-eyed kid in "Bobby's Girl," the pert Marcie Blane hit of 1962. But when Madonna summons a nervous, fey hiccup on the chorus, she sounds more like the giddy vixen of the video version. It's a perfect pop epiphany—pure erotic fluff.

Even Madonna's staunchest fans would not claim that their idol is a radical ground-breaker: Indeed, the most beguiling aspect of Madonna is the way in which she is a throwback to interesting "girl" vocalists of years past.

LaBelle started singing in a more innocent era. In the early '60s, she led Patti LaBelle and the Bluebells in her native Philadelphia. The combo, which included former Supreme Cindy Birdsong, scored its first hit in 1962 with *I Sold My Heart to the Junkman*.

In the '70s, Patti and Bluebells Nona Hendryx and Sarah Dash transformed themselves into Labelle. A blazing fusion of sexy space-funk, raw rock power and provocative social commentary, Labelle was ahead of its time — and paid the price for it.

"It was something too different; something nobody was willing to accept," says LaBelle. "There was no category for three outrageous women at the time. . . . We were saying things that women were afraid to say — sexual, political, whatever we felt."

When the group split up in 1977, LaBelle's solo career was launched. She's pleased with the changes that have come for women over the years: "We're takin' over the charts," she jokes. And she's still carrying the hot stuff — right onto Broadway.

承蒙《新闻周刊》和《今日美国》允许使用这些摘录

与音乐和电影一样，现在就把时尚趋势看作主要顶点的典型还为时太早。时尚设计师一直在努力重新引入迷你裙，但是公众还未群起购买。就长期趋势而言，女性在缓慢地提高裙子离地高度，但是就像一篇文章所说的那样，“它们（短裙）有销路吗？‘我认为它们真的漂亮，只要不是太短，’图森（Tucson）的一个模特说。”不，这还不是20年代晚期或者60年代！两件套泳装沙滩再现，但是在沙滩上还是只有少数人才穿暴露的比基尼。一些时尚设计师引入了“大胆的颜色”，而股市校正的时候，反对派在努力重新引入长裙。明亮的颜色和较短的裙子离地高度应该能赢得这场战役，但战役还在进行，新引进的风格还没有登上《时代》和《新闻周刊》的封面，新引进的风格也还未在步行街随处可见。因此，牛市还有一段路要走。

1921年直到1929年经历了股票的第五个循环级数波浪，和当前牛市的波浪标示和级数相同。按道琼斯工业指数，当前牛市可以追溯到1982年8月。事实越发明显：今天的情况与20世纪20年代（这一时期类似于20世纪60年代早期）平行。近些年出现了许多平行经济现象：1980年通货膨胀的终结，符合1920年的通货膨胀顶点；1982年定值美元道琼斯指数熊市终结，符合1921年的同样事件；南美洲目前通货膨胀，符合1923年德国的同样现象；提出消除股票购买的合法保证金要求，大家都认为20世纪20年代牛市中的投机顶点需要这样的先决条件。然而，更重要的是，今天的社会场景开始类似于20世纪20年代中期的场景：“了不起的盖茨比（Great Gatsby）”聚会广告；关于电脑行业巨富的文章，这些巨富的最新目标就是整夜聚会。然而，到目前为止，还无法证明聚会成风、迷你裙到处走的20年代晚期卷土重来。当循环波浪V结束的时候，时尚之人就会达到这一点，复制20年代晚期和60年代中晚期的生活模式。

有许多迹象表明，循环波浪V是个怀旧波浪，在竭力再创过去的辉煌（我不知道20世纪20年代是否也表现出了同样的趋势）。在股票之中，循环波浪V要和循规蹈矩的道琼斯工业指数一起结束，提供最后的趋势。在政治之中，回归“旧日价值观念”的渴望选出了一位总统。在时尚之中，怀旧起到了重大影响，循环波浪III的时尚加速重演，会再度达到20世纪60年代顶点时期的风格：超短裙、矫揉造作、狂热。“今天的发型时尚肯定受了60年代的影响。”维达尔·沙宣（Vidal Sasson）的一个代表在电视上说，“不是复制，而是承袭了一些特色……”20世纪40年代【琳达·龙施塔特（Linda Ronstadt）的舞会王后音乐再生】、20世纪50年代和20世纪60年代，流行音乐界经历了趋势再生。实际上，20世纪60年代组合的重组、小规模的巡回演出和在电视上露面，都已经开始。

作为一种推进性的文化力量，怀旧意味着什么？波浪原理研究得出的一个观察资料是，日益有利的“基本”新事件伴随着第三个波浪，而相对来说，第五个波浪的基础不那么令人印象深刻。无独有偶，50 年代和 60 年代的音乐产生于第三个波浪，是一大进步，因为它是革新的，而 80 年代的音乐不那么令人印象深刻，因为它是派生的。（毋庸置疑，伟大的交响乐产生于超循环和/或大超循环级数第三个波浪的后半段。）对于那些经历过 20 世纪五六十年代的人，现代的回应是空洞的。与之相同，股票牛市也不像 1942 年-1966 年牛市那样步履坚定、幅度（股票上涨百分比）宽大。换句话说，所有的迹象都表明，开始于 1982 年的情绪发展是第五个（循环波浪 V）。最终，从各种表现形式来说，循环波浪 V 肯定会走向股票和情绪的另一次暴跌。同时，要享受其中，从中牟利，不要抛得太早。

应用社会观察资料的一些例子

（重印自罗伯特·普莱切特的《艾略特波浪原理》）

1983 年 2 月 7 日

今天的社会场景怎么样？喧嚣的 20 年代聚会、30 年代风格黑社会“畅销作品”、失业者的流浪营地、正在下跌的价格、保守价值观念、渐增的宗教活动、“清除第 42 街（42nd Street）”的行动、来自 20 年代和 50 年代的时尚。这些情况都是长期牛市初期的典型社会背景。

拿出圆形裙和骑车女裤；50 年代漫步归来

值得敬重的裙子离地高度理论怎么说？裙裤是 70 年代晚期的分裂的市场的完美符号，但现在已经“过时”了。保守的服装“流行起来”，迷你裙还是无处可见。记住，上升中的裙子离地高度，不是高起的裙子离地高度，与健康的女士同步。如果迷你裙回归，可能就表明正在接近的牛市顶点（上一次，迷你裙在 1967 年出现在英格兰，在 1968 年袭击美国）。换句话说，社会和群体心理极值一起出现。如果迷你裙能回归一段时间，你就要感到高兴了。

1983 年 8 月 18 日

波浪原理下市场的位置直接反映了人们对未来的预期。有些波浪位置与过去出现的相似。这些波浪经常伴随着类似的公众态度，因而也有类似的艺术和时尚界现象。艺术和时尚界现象高度响应了公众情绪的走向。当前波浪位置与 20 世纪 20 年代早期有些相仿，因为那是循环级数第五个波浪的开始；也与20世纪30年代中期相仿，因为波浪V在时间、程度和结构上应该类似波浪I；也与20世纪40年代和20世纪50年代相仿，因为那是循环级数最近波浪的初期。社会场景应该反映这些相似性，我认为确实如此。（请看下一页的剪报）。然而，在顶点，当前社会场景的怀旧保守主义会让位给20世纪20年代晚期和20世纪60年代晚期特有的无拘无束。

乡村摇滚乐风靡一时

Old and new

Delta's 6,000 flight attendants will be wearing new jet-age uniforms — with a touch of propeller-age styling — starting March 1. After a decade during which attendants of major airlines were attired in what mostly looked like sportswear, Delta has decided to return to more structured uniforms. In that respect, the new fashions are similar to those worn by Delta's first attendants in 1940 (above). Although the new uniforms will be all-season clothes, they are the same color as the winter version of the '40 style, navy blue. Both men and

Chloé suit, Calvin Klein dress: Tailored '20s chic, '50s flair

NEWSWEEK/JUNE 27, 1983

If some influential high-fashion designers—led by Karl Lagerfeld of Chanel and Chloé—have revived the long-line, tailored silhouettes of the '20s, complete with luxurious accessories like gloves and brimmed hats, some designers are also bringing back the look of the '50s: returning to herringbone patterns, circle skirts, nipped-in waists, wide belts and strapless cocktail dresses.

At the heart of this revival, of both the '20s and the '50s, is an inventive, freewheeling geometry inspired by the original modern movement.

1950s rock '83 teen fashions

Clothes for today's young Gidgets are rolling out of the 1950s to rock around the 1980s — at least around spring '83.

Teenyboppers can choose from all the former groovy favorites: Bobby sox, pedal pushers, cropped tops, shorts, bowling skirts, bandstand skirts, sorority sweater sets and more.

Some trends stores have even set up special departments to house these 1950s fashion reincarnations. And don't be surprised to see Marilyn Monroe shops featuring adaptations of the sexy lady's clothes — Bloomingdale's in New York has one.

龙施塔特摇摆回从前

Linda Ronstadt is kicking off her rock 'n' roll shoes come summer's end.

Ronstadt, rock's leading female vocalist for the past decade, will release an album of Sinatra-style pop standards next month and will follow it up with September performances on both coasts in which she will be backed by a full orchestra.

"It's a period that's really fascinated me ever since I was a kid," says Ronstadt of the 1930s, '40s and '50s tunes she features on the new album.

CROONER: Linda Ronstadt is releasing Sinatra-style album.

Goin' All the Way

A giggle-jiggle film, owned of those who pigged-out on "Porky's." As the title suggests, the plot concerns the efforts of a high school senior to get his girlfriend into bed. The '80s are sounding more like the '50s every day. Ows.

The Elliott Wave Theory, says Prechter, holds that mass psychology creates waves of optimism and pessimism in the economy, which determine — rather than result from — prevailing economic indicators. Gold prices, stock market averages and hemlines all are measures of that confidence.

"When people are feeling more optimistic, friskier and more energetic, men wear louder ties and women let their hemlines rise," Prechter pointed out.

"Gold is very reflective of how human beings feel about the future, it's virtually a barometer. I don't know the mechanism for it, why people change, but they do.

旧就是新！

Update '80s styles back to '50s chic

By PATRICIA WEISS
Times/Gannett News Service

Maybe it's just a fad, this obsession with Marilyn Monroe, pedal pushers, poodle skirts and fabulous '50s chic.

Long-lived or not, the latest fashion craze is a revival, not something new. That means economical dressing — turning castaways from your closet or the thrift shop into high-fashion finds.

Perhaps you don't still fit into your red tulle and taffeta prom dress from 1955. But surely you have a cardigan sweater to wear buttoned up the back. The problem is not finding the basic necessities, but knowing how to put them together.

To this end, Susan McGraw is traveling around the nation to promote the "deja vu" concept of dressing.

尼尔•扬最近的摇滚乐把时钟拨回到了50年代

EAST TROY, Wis. — Like a magician possessed, Neil Young continues to pull rabbits out of his amazing career. The latest surprising phase for the veteran rocker is mid-'50s rock 'n' roll, as represented by Bobby Freeman's *Betty Lou's Got a New Pair of Shoes* and *Do You Want to Dance?* and such early Elvis Presley hits as *It's All Right, Mama*.

• • •

The SEC proposes to temporarily limit exchanges to trading only two new stock-index option instruments. The limit is designed to prevent the new instruments from multiplying more quickly than they can be handled by brokers.

从埃尔维斯到流浪猫乐队

Pop music periodically recycles itself, drawing on the styles of earlier periods for musical as well as sartorial inspiration. Until recently, the latest stratum to be excavated in detail was the 1950's, which provided the original models for pop phenomena as disparate as the current rockabilly revival and the ascension to television-rerun valhalla of the Fonz and "Happy Days." But the 1960's are next on the agenda. In fact, though it may seem a bit premature, a 1960's revival is already upon us.

年轻人减少毒品服用

在流行音乐中，20世纪60年代的复苏已经开始

1984 年 8 月 6 日

社会场景依然反映了整个波浪结构之中市场的假定位置。如果 1 月的高点是 1929 年或者 1968 年那样的顶点，大熊市紧随其后，那么，社会行为可能就类似疯狂幸福的 20 世纪 20 年代晚期或者 20 世纪 60 年代晚期。这是些伟大的时代，从个人经历推断（至少就 60 年代而言！）我们还没有达到如此顶点。今天的欢乐和时尚还是保守时代的特征（请看下一页的剪报）。

1985 年 11 月 4 日

不幸的是，《艾略特波浪理论家》没有版面在每个月都指出那日渐明确的证据：流行文化趋势与股市趋势平行。然而，我要费些笔墨澄清一个误解。许多持有误解的人士在 8 月和 9 月撰文，担心会出现消极情绪的各种表现形式。我在特别报道指出的不是文化狂热先于心理变化，而是文化狂热是心理的直接反映，市场的位置和趋势也是如此。大众情绪的表现形式不是股票趋势的先导指标，而是同步指标。换句话说，迷你裙的大受欢迎并未预测顶点，它就是顶点。因此，这个夏天所出现的暗色时尚颜色（显然被时尚之人的粉色网球鞋所抵消，只是表明他们不太在意运动黑色）、长裙、《纽约时报》书评上的消极主题书籍等等，并不是下跌的标志，只是情绪校正的文化反映。华尔街上也有这种现象：正在下跌的价格、创历史纪录的买进。目前，这些现象的唯一预测价值是，流行文化趋势的观察资料清楚地表明，公众情绪，因此还有市场，并未达到历史性的主要顶点。因此，尽管证据表明有下跌的可能性，但 1929 年那样的暴跌还是概率极低。对于未来只能得出这些看法，但是，这些看法是具有一定价值的知识。

我禁不住要说点什么。整个社会反映了谨慎的情绪，但一些可能的时尚之人或许看穿了表面现象。滚石乐队的米克·贾格尔（Mick Jagger）在 1968 年的顶点愤怒地喊出，“正好到了街头混战的时刻。”他当前的畅销作品以一种非贾格尔风格宣布，“正好到了街头跳舞的时候！”《场外交易股票杂志》（OTC Stock Journal）的彼得·肯德尔问道，米克是在说华尔街吗？

COVER STORY

礼节的细节并未过时

Once again, boys and girls are learning the right way to walk, talk, eat and dress

By Ellen Brown
USA TODAY

OCONOMOWOC, Wis. — This classroom is a luncheon table. And served with the soup is a lesson on the proper way to eat it: From the center of the bowl, lift the spoon up and away from you, then bring it to the lips. Never, ever, lean toward the bowl.

Jenny Hepp, 14, from Plymouth, Wis., and 15-year-old Julie Pekar of Cudahy, Wis., listen while Janet Sherkow, an instructor for Menars Studios at the Olympia Spa here, details tried-and-true table manners at the four-day, $600 Teen Finishing course — a 4-month-old program born from a rising interest across the USA in teaching manners to the young.

"For a few decades people dropped what they thought wasn't important at the time," says Sherkow. "You can always eat a hamburger at McDonald's, but you'll feel more confident if you know which is the fish fork, and the proper way to gracefully eat a Napoleon."

■ Last month, 14 young gentlemen in the making and six budding young ladies, ages 8 to 14, attended the first Emily Post Summer Camp at the posh Breakers Hotel in Palm Beach, Fla. They learned telephone and thank-you-note manners, "dressing for the occasion," and ballroom dancing.

大学生联谊会回来了——处于麻烦之中

By Barbara Palmer
and Richard Price
USA TODAY

Social fraternities and sororities, which faded from campus life in the early 1970s, are enjoying a big comeback — and stirring controversy again, too.

The latest battleground: Amherst, Mass., where G. Armour Craig, acting president of Amherst College, was booed Monday during a chapel assembly as he tried to explain why the board of trustees has voted to abolish the school's coeducational frats.

By Rick Friedman
AMHERST MAN: Keith Dawson 'devastated.'

传统盛行。经典的精品成为新婚夫妇的新宠。广告商回忆起了这一刻

By Elizabeth Sporkin
USA TODAY

Never mind the age or background of the bride. When it comes to setting up house, "tradition has come back," says Bride's magazine editor Barbara Tober. "Everybody wants more elegance."

The pot-luck suppers of the 1960s and '70s have given way to more formal dinners at home, Tober says, and brides want to host them in style. So woks and fondue pots, while still on wish lists, have been eclipsed by formal serving pieces, tableware and linens.

帽子回来了

Easter may be the celebration of everlasting life, but one thing associated with it, the Easter bonnet, almost expired permanently.

Almost, that is. But fitting to the season, it is a style that is being resurrected.

That's especially true in California. "Even little women there wear brims out to their shoulders. They look sometimes like toadstools," he chuckles. Californians also go to lunch sporting huge cabbage roses and ostrich plumes, like in the good old hat days of the 1950s.

According to fashion, the market ain't crashin'!

After years of selling Comet cleanser on TV, Josephine the Plumber finally piped down in 1973. If you thought she'd not be heard from again, you were sadly mistaken.

Bert and Harry, the beer-selling Piel brothers, were a popular success — and a marketing flop — in the mid-60s. They were retired — but not forever.

Speedy Alka-Seltzer left the advertising scene in 1963. Was he all fizzled ou? Hardly. Ad-

广告和营销

BY ROBERT GARFIELD

vertising is not like real life. The qualifications for resurrection are modest.

A parallel case: the famous Hathaway man. After serving as the persona of C.F. Hathaway & Co. dress shirts since 1951, the man with the eye patch vanished in the mid-1970s. After two aborted revivals, he seems to be back

雷朋：我们在50年代就做出了这样的太阳眼镜

By Richard David Story
USA TODAY

Ray Ban Wayfarers — popularized by Buddy Holly in the '50s, favored by the late blues singer Muddy Waters, and donned by jaunty Tom Cruise in the summer smash Risky Business — are once again the rage.

The dark glasses, designed by Bausch & Lomb in the '50s, have seen waves of popularity. "(John) Belushi and (Dan) Aykroyd wore them in their Blues Brothers skits," says Lee Hill of Bausch & Lomb.

18,000 Wayfarers were sold in 1981; so far in 1983, more than 250,000. Next spring, watch for the Wayfarer Woody, timed to coincide with "rediscovery" of the 1950s wood-paneled station wagon.

1987年8月10日

最重要的文化事件不仅出现在美国，还出现在俄国。在流行文化方面，苏联通常落后于西方大约30年（他们不是大约30年之前正式接受爵士乐吗?）现在，开放性可能已经过犹不及。开放私人出租车和裁缝是一回事。但现在，苏联人（Soviets）已经让摇滚乐的一只脚迈进了门。西方社会热爱自由，西方社会的欢乐令人向往，苏联人渴望更多地了解西方的自由和欢乐，这种渴望难以扭转。下一页重印了埃德娜·冈德森（Edna Gundersen）发表在《今日美国》上的佳作，这一佳作说明了一切问题。就好像美国1957年的场景……

乔尔的摇滚乐响震俄国

MOSCOW — The man at the piano spoke in broken Russian: "Hi, my name is Billy Joel. I'm nervous."

He had reason to be. Sunday night's 2½-hour concert at the Olympic Sports Complex began sluggishly. About 20,000 Soviets sat politely in silence as the first USA rock star to tour the U.S.S.R. energetically belted out one hit after another.

But an hour into the show, Joel pointedly invited the audience to join him at the stage, and the night was transformed. Thousands streamed from the stands to stomp and cheer and whistle and — flouting house rules — dance with abandon.

The performance grew more dramatic and surprising with each slickly performed tune. During *Angry Young Man*, a Soviet boy in Adidas high-top sneakers raised a USA flag. Others quickly joined him. Joel prompted roars of approval when he dedicated *Honesty* to the late Vladimir Vysotsky — the Soviet Bob Dylan — a balladeer revered for his brazen social commentary.

(Saturday, Joel visited Vysotsky's gravesite, along with 4,000 Muscovites. "It touched me deeply that a man that successful could find the time to see my son's grave," said Maximava Vysotsky after Sunday's concert.)

But most of the show's notes were joyous. The barbershop harmonies of *For the Longest Time* set the crowd clapping, and the hard-rocking treatment of *A Matter of Trust* brought even stern-faced parents to their feet.

Joel was a tornado of vitality. He introduced songs with earnest jokes and bittersweet speeches, explaining the inspiration behind the distinctly back-home *Allentown* and *Goodnight Saigon*.

Sweat streaming down his neck, he twirled and strutted, at one point leaping into the throng to grasp the hands of startled onlookers.

Gradually, the shell-shocked Soviets answered the call to rock 'n' roll. Girls shimmied; boys stood on their feet and shouted.

And when the band let loose with a full-throttled *Still Rock and Roll to Me*, starch-collared crowd-control soldiers clapped and danced, throwing caution to the sudden wind of change. Even the military guards who had first attempted to blockade the stampede surrendered to Joel's spell with toe-tapping and rare smiles.

Though Joel earlier complained of a sore throat brought on by an unplanned jam session in Tbilisi, he sang with dizzying passion and bravado. His grinning musicians rocked with unstoppable glee. Crowd-wowing saxophonist Mark Rivera and drummer Liberty DeVitto were especially luminous.

Joel's wife, Christie Brinkley, also was flushed with pride. Wearing a ruffled denim miniskirt and white sneakers, she snaked through crowded aisles unescorted, a video camera on her shoulder.

The one sobering snag in this intoxicating conquest came when Joel said goodnight and the audience, unschooled in the art of commanding encores, obediently shuffled to the exits. Joel returned anyway, and perplexed fans scurried back for roof-raising renditions of *Back in the U.S.S.R.* and *Big Shot*.

By Edna Gundersen
USA TODAY

莫斯科的魔术

Roll over Beethoven, tell Tchaikovsky the news: Billy Joel has Moscow rockin'.

■ Vladislav Basnin, 20, a soldier assigned to crowd control, was quaking. "It was so energetic. This rock 'n' roll — it's beautiful."

■ Sergei, 24, another soldier, was afraid to give his last name, but said: "I'm not bothered they (Soviet fans) are waving the American flag. I like the spirit, the freedom and, most of all, the possibilities to dance."

■ Student Dina Pavlinkova, 18, was overwhelmed. "We're not allowed to dance at rock concerts, but when Billy invited us, that made it easier. I've never seen such dancing in my life!"

■ Moscow rock journalist Andrei Orlov said the rush to the stage was "instantaneous. And the volume! People have never heard anything this loud."

■ Moscow rock critic Artyom Troitsky called the concert "a big achievement. Musically, it is exactly what Soviet cultural authorities can accept and appreciate: smooth and safe."

普莱切特

《艾略特波浪理论家》

1995 年 10 月 27 日

社会情绪在宗教中的反映

宗教事件和趋势反映了社会情绪高点。标题已经指出教皇约翰·保罗二世（Pope John Paul II）对“大众的感染力”超越了教派的界限。一群群的人聚集在纽约城的亚古德赛马场（Aqueduct Race Track）和新泽西州（New Jersey）的巨人体育场（Giant Stadium）坐在那儿心醉神迷、欢欣鼓舞，不怕下了几个小时的雨。一个典型的粉丝说，她无法形容自己有多么的“兴高采烈、精神振奋”。《时代》杂志问道“这些天主教徒为什么这么幸福？”只有社会情绪的顶点可以解释，表明，对社会而言，事件又一次没能决定情绪。在过去，在纽约城对教皇热烈欢迎之后，华尔街就紧接着暴跌。第一个访问新世界的教皇是教皇保罗六世（Pope Paul VI），他对400万人做了演讲。那是1965年10月，比1966年2月的循环波浪III高点早了4个月。1979年10月，教皇约翰·保罗（Pope John Paul）首访美国，大众情绪迸发欢迎教皇，股市立即开始了一次著名的10月“大屠杀”。约翰·保罗的下一次访问是在1987年9月，此后不到一个月就出现了当年臭名昭著的暴跌。根据新闻报道，信徒当时也是心醉神迷，但现在的兴奋更为强烈。

1995年10月22日

圣笑

报纸说，也陷入了时代精神之中的其他一些教派，“在上帝面前发笑。”敬神者倒在教堂的地板接收圣灵，由此进入了无法控制的“圣笑”之中。这一现象就在1994年1月3日股市高点之前起源于多伦多，传遍了北美所有的教堂会众。

虽然已经过去了6½个世纪，群体情绪在宗教领域的这些表现形式，还是近乎完美地反映了长期艾略特波浪结构的位置，以及该位置所表明的集体情绪状况。今天，和其他社会团体一样，宗教团体心醉情迷、飘飘欲仙，因为大超循环级数社会情绪趋势的顶点即将到来。理论上，下一个大超循环的底部会在几十年之后出现（请看《在浪潮的顶点》）。在下一个大超循环的底部，宗教团体——和许多其他团体——会又一次表现出备受煎熬的社会情绪。

2002年新加部分

还有一些证据表明，随着熊市的进行，宗教变得对人们更加重要；随着牛市的进行，宗教变得不那么重要。在1857年波浪（III）股市低点，1835年波浪（I）顶点22年之后，报纸报道，纽约城的人们第一次排起了长达几个街区的长队去加入教堂。相反，在20世纪60年代晚期，接近几十年的股市顶点的时候，一个全国性报纸在封面问道，“上帝死了吗？”在社会萧条的伸展时期，比如中世纪，宗教一般是人们生活的中心方面。在社会奔放的漫长时期，宗教扮演着次要角色。因此，社会情绪好像不仅影响着宗教活动，还影响着宗教本身的重要性。

肯德尔
《艾略特波浪理论家》
1998年3月27日

餐馆的社会情绪经济研究

品位大超循环顶点的证据

当人们感觉良好时，他们喜欢出去，吃美味食品，和别人一起喝酒。这使餐馆成为牛市情绪表达方式的焦点。在我们的城镇，连锁餐馆现在好像每次都会开上一批，让我们发掘餐馆行业历史下面的大事。

数据表明，在大超循环牛市期间，外出就餐冲动等同于购买股票的冲动。第一个真正的餐馆是伦敦大餐馆（Grande Taverne de Londres），大约1782年建立于巴黎。我们相信，大约也就是在这一年，超循环波浪（I）开始了。美国的第一家餐馆多尔摩尼哥餐厅（Delmonico’s）建立于超循环波浪（I）的最后一段时期。根据一本书《从包食宿旅馆到夜总会》（From Boarding House to Bistro）从多尔摩尼哥餐厅建立到1835年股票顶点这段时期，多尔摩尼哥兄弟和其他两个业主，首先实现了下列做法：“经营作为复杂有机体的多个餐馆——采用同样的名字、几乎相同的菜单、类似的基因一致性以便产生克隆体。”在 19 世纪中期，餐馆变得更为普遍，但是，动荡不定的股市由高失败率反映了出来。从 1850 年到 1860 年，纽约城的 497 个不同地址中，只有 11 个，或者 2%，是由同一个业主经营了两年。真正的连锁店出现在美国内战之后，当超循环波浪（III）开始稳步发展的时候。哈维屋（Harvey House）最终成长为高度标准化的由 50 家餐馆组成的连锁企业。1875 年，在波浪（III）的中间，哈维屋给本行业带来了革命。“和多尔摩尼哥兄弟一样，弗雷德（Fred）·哈维处于正确的地点和正确的时间，”《美国外出就餐》（America Eats Out）这样记载。《美国外出就餐》是餐馆行业的历史。“【它的】影响对民众有直接影响，传遍了全国，【设定了】烹饪历史的道路。”在 20 世纪 20 年代的牛市里，自助餐馆、非法经营酒店、白堡（White Castle）汉堡包连锁店迅速在美国传播。霍华德·约翰逊酒店（Howard Johnson）、马里奥特公司（Marriott Corp.）以及无数其他“白箱子”汉堡包售货处迎合了白堡所引发的群体诉求。下一个革命叫作“快餐”，《从包食宿旅馆到夜总会》把快餐的历史追溯到 1949 年。就在 1949 年，通货膨胀-调整股价的超循环波浪（V）开始了。当时，麦当劳（McDonald）兄弟建起了流动汉堡包售货处。在许多方面，“麦当劳的故事是 20 世纪 20 年代【白堡系统】的再现。”1954 年，“第三个波浪的第三个”进入了加速时期，雷·克罗克（Ray Kroc）购买了特许经销权，给这个行业引入了速度、效率和群体营销，由此获得有可能是美国第一的品牌。麦当劳经历了 10 年的快速发展。在 1965 年成为了第一个大规模上市的餐馆，比波浪 III 的顶点早了几个月。

在大超循环牛市的头二百年里，餐馆行业相对零碎和跟风的本质使得大多数餐馆无法在证券交易所挂牌。麦当劳依然占据标准普尔指数餐馆指数的 80%，因为它依然是仅有的 4 个优秀连锁餐馆股票之一。然而，恰当地说，在这发展的最后 10 年里，公众承担了许多风险：几乎是食客的口味决定了餐饮股票的兴衰。在 20 世纪 90 年代，餐馆股票的上市数量激增到一百多家，为餐馆行业的成长注入了资金，带来了史无前例的繁荣。现在，花在食物上的钱有 45%是花在餐馆里。在一些多功能企业中，餐饮已经上升为全感官体验，叫作“美食享受”。在热带雨林餐馆（Rainforest Café）里，主顾们就餐是“环境幽雅的‘家庭冒险’，特色是活蹦乱跳的热带鸟类、仿真自然界声音、瀑布、香味、礼品零售区。”行星好莱坞酒店（Planet Hollywood）的饮食氛围围绕着电影明星、体育明星和音乐明星。热带雨林餐馆和行星好莱坞酒店都公开交易。

股市是一个发展预警手段。所以，这两个公司的股票大幅下跌就有着重大影响。实际上，难以找到一个依旧置身牛市的餐馆股票。甚至麦当劳也在挣扎着重获“其点金术”。在过去的两年里，麦当劳股票业绩平平，而标准普尔指数增加了70%。突然之间，“这家曾经好像领先流行文化半步的公司”甚至“做不出来诱人的新款午餐三明治”。我们的观点是，麦当劳和餐馆行业是积极社会情绪的强大反映。餐馆的数量、花样和渐增的复杂性，反映了牛市的同样方面。它们的股价跟不上牛市的步伐，说明餐馆行业即将紧缩。这又预示着，支持餐馆成功的长期经济上升趋势将要结束。

肯德尔

《艾略特波浪金融预测》（Elliott Wave Financial Forecast）

2000年3月31日

布罗街

下面是百老汇影剧院年度总收入图，表现了一个明显的画面：上涨中的社会情绪与大众舞台节目的相互关系。在过去的半个世纪里，百老汇票房销售业绩随股市循环级数趋势涨落。就和股票一样，票券销售额曾长期上涨，达到了1966年和1968年的双重顶点（现场观众人数在1966年达到顶点，收入在1968年达到顶点），在1974年达到大底部，并经过另一个长期发展直到20世纪90年代末。百老汇最近的收入额表明趋势变化在即。据推测，截至5月31日，今年的放映收入只会略增一百万美元。这种缓慢增长符合我们的艾略特波浪案例：股市至少要出现循环级数的下跌。

给这一量化评价提供支持的是更为定性的分析，出现在1997年8月版次的《艾略特波浪理论家》。通过研究过去顶点的纽约城影剧院区域，可以看到一个明显的趋势：以盛大的活动和演出结束长期发展。“跨越1835年超循环顶点和1929年超循环顶点的娱乐行业历史表明，华而不实、肤浅薄弱的戏剧是循环级数第五个波浪中反复出现的主题。”在描述百老汇早期和近期第五个波浪顶点时，同一个单词“奇观”一再出现。“百老汇有两种节目——旧剧重演和同类的音乐喜剧，一遍又一遍，都是演出，”斯蒂芬·桑德海姆（Sondheim）哀叹道。最近，斯蒂芬·桑德海姆被称作“百老汇音乐喜剧的最后一位大师。”“跟以前相比，百老汇更多的是在演出，而不是在表演真正的戏剧或者真实的情绪，更多的是给观众一种‘体验’”。就像百老汇票券销售额数字一样，第

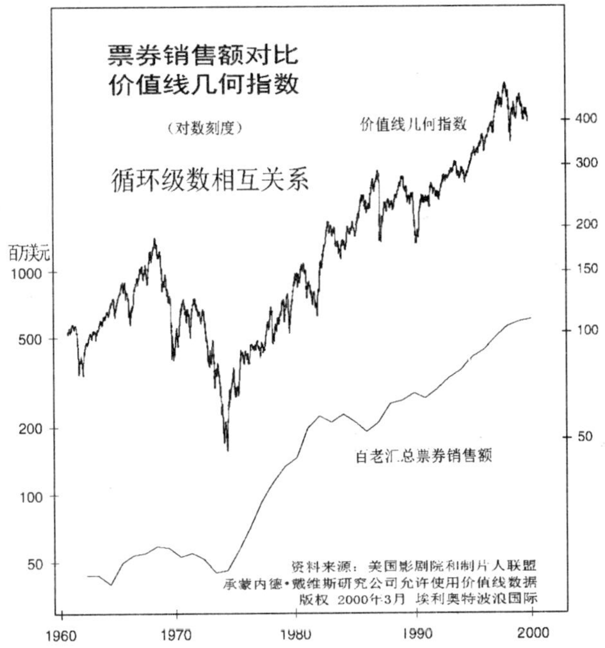

五个波浪的这一更为主观的证明也带有一个明显的迹象：第五个波浪即将结束。“百老汇历史上上演时间最长的剧目《猫》（Cats）将于6月25日告终，”《纽约时报》报道。“《猫》基本上重塑了百老汇的景色，创始了大型音乐喜剧：盛大浮夸的演出，几乎不需要舞台常识和英语知识就可以欣赏。”1982年10月7日，《猫》来到百老汇，1982年8月的股市上升几个星期之后。6月25日，帷幕落下，《猫》的许多批评者肯定会鼓掌，但可能不会长时间鼓掌。“在1930年，”纽约城（NYC）地区的历史《时代广场》（Times Square）指出，“20世纪20年代轻浮让位了给严肃的音调。这个音调就算不严酷，也是严肃的。”1932年，百老汇只有6个节目在上演。但是，比一比，1928年历史高点的时候有294个！节目会继续下去，但是，音调会巨变，数量会剧减。

社会因果关系

普莱切特

《艾略特波浪理论家》

1999 年 11 月

社会情绪经济学概览

理解社会情绪经济学需要懂得两个假设之间的对比：

（1）标准推测：社会情绪受经济、政治和文化趋势和事件影响。这些事件的新闻影响社会情绪，社会情绪又影响人们的投资倾向。

（2）社会情绪经济假说：社会情绪是人类互动的自然产物，根据波浪原理，有形式可依。社会情绪的趋势和程度决定了社会行为的性质。社会行为包括经济、政治和文化。

这两个立场的对比可以归结如下：标准推测是，在社会环境之中，事件支配情绪；社会情绪经济假说是情绪支配事件。在这两种情况下，股市都被看作了高效机制。在第一种情况下，标准推测对事件做出反应，可能持续且理性的重估股票；在第二种情况下，当独立社会情绪变化的时候，社会情绪经济假说持续且冲动地重估股票。我们现在要研究 5 个假定的“外力”，看看它们与股市的关系支持哪种观点。

经济

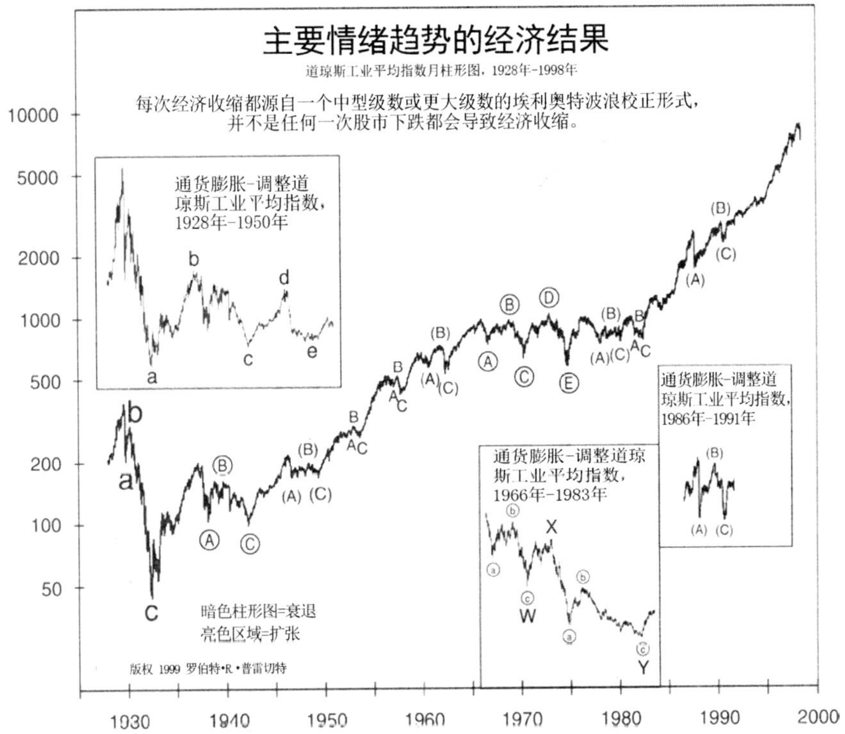

图 1

标准推测是，经济状况是股市趋势的关键决定因素。整整一天在金融电视上，年复一年在金融印刷媒体上，投资者们争论经济状况，以便了解股市的未来走向。如果这一假定的因果关系确实存在，那么，就有一些证据表明经济领导股市。相反，几十年来，联邦政府商务部已经把股市确定为经济的先导指标。事实确实如此。

如果标准推测是正确的，那么，经济变化就会与整个股价趋势变化同步，或者先于整个股价趋势变化。然而，图 1 的研究将要表明，经济变化与整个股价趋势变化同步，或者晚于整个股价趋势变化。除了 1946 年衰退的发生时间（两种情况都不支持），所有的经济收缩都与整个股价下跌同步，或者晚于整个股价下跌；所有的经济复苏都与整个·

股价上升同步，或者晚于整个股价上升。① 在不止一种情况下，收缩或者复苏都先于整个股价的同类变化。如果投资者实际上对经济趋势和事件做出反应，这种情况更是多次出现。这一先后顺序可以追溯到19世纪，数据只能追溯到那个时候。

社会情绪经济假说解释了这一数据。股市变化立刻反映了内源社会情绪变化。当社会情绪变得越来越积极时，生产活动增加；当社会情绪变得越来越消极时，生产活动减少。这些结果表现在滞后经济统计资料之中，表现为扩张和衰退。标准推测无法解释这两个现象的相对发生时间。

政治

标准推测是，政治趋势是股市趋势的关键决定因素。当选举临近的时候，评论员讨论选举结果对股价的影响。投资者争论哪一个候选人可能会影响市场上升或者下降。“如果谁谁当选，对市场有利/有害，”我们经常听到这种说法。如果这一因果关系站得住脚，那么就可以证明，一个政党领袖到另一个政党领袖的力量变化影响股市。也可以证明，某些政党或者政策肯定会产生牛市或者熊市。恰恰相反，没有研究表明存在这种关系。

在另一方面，一个社会情绪经济学家可以指出相反的因果关系在其作用。仔细观察图2，注意，股市的强力持续趋势决定了在职总统在选举中能否大获全胜还是惨败而归。在职总统大获全胜的所有情况下，股市趋势都是向上的。在职总统惨败离职的所有情况下，股市趋势都是向下的。② 在不止一种情况下，在职总统获得连任，尽管股市低迷；或者在职总统一败涂地，尽管股市红火。③

社会情绪经济学给出这样的结论：当社会情绪积极向上时，持续上涨的股价反映了社会情绪积极向上的趋势，选民想让象征选民上拍情绪的领袖留任，选民认为现任领袖促成了相伴而生的形势。当社会情绪变得更加消极时，持续下跌的股价反映了社会情绪

---

① 我们还可以说，至少是循环级数的整个股价的每一次下跌都产生了经济收缩，只要我们把“整个股价下降”界定为一个艾略特波浪校正的开始。（请看图1中的字母标示）。其后，由此产生的衰退可能会出现在波浪A、波浪C或者两者之中。

② 这个结论中，我们还可以加上理查德·尼克松。道琼斯工业平均指数升到历史高点时，理查德·尼克松大获全胜，连任总统。但在1973年-1974年的熊市中被迫辞职。

③ 实力接近的选举有时取决于短期市场趋势和/或滞后经济表现，杜鲁门（Truman）和布什就是这种情况。

的消极趋势，选民们决定让象征选民下拍情绪的在职总统下台，选民认为现任领袖促成了相伴而生的形势。在职总统及其挑战者的政治政策与这一动力无关。关键是变化的欲望本身，而不是什么类型的变化。标准推测无法解释这些现象之间的融洽关系。

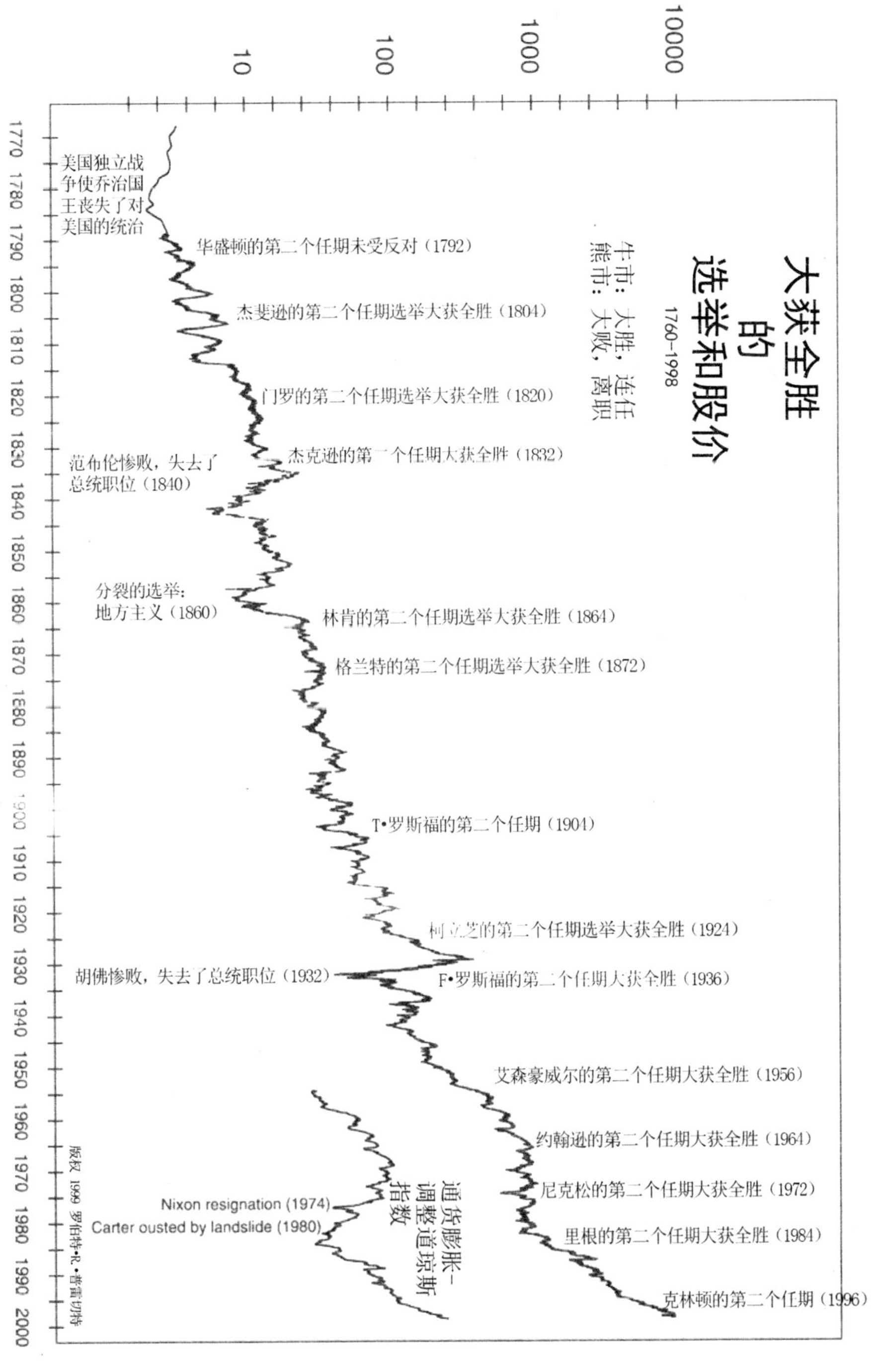

图2

和平与战争

“当然，”传统观点的支持者说，“如果战争爆发，就会影响社会情绪和股市。”这一评论会是，而且是，纯粹的假设。这一评论没有得到论据和历史的支持。至于论据，许多人假设，战争是一个危险的公司，会使忧虑的投资者卖出股票。在另一方面，许多历史学家认为，战争对经济有益，按照传统观点就会对股市有益。这一推理是矛盾的，历史记录也是矛盾的。美国独立战争完全发生在英国股市下跌时期。美国内战完全发生在美国股市上涨时期。第一次世界大战的时候，股市在前半段上涨，在后半段下跌。第二次世界大战相反，股市在前半段下跌，在后半段上涨。在越南战争期间，股市上涨、下跌、上涨、下跌、上涨，最后几乎原地踏步。总之，没有数据支持传统观点，所有的数据放在一起是与传统观点相抵触的。

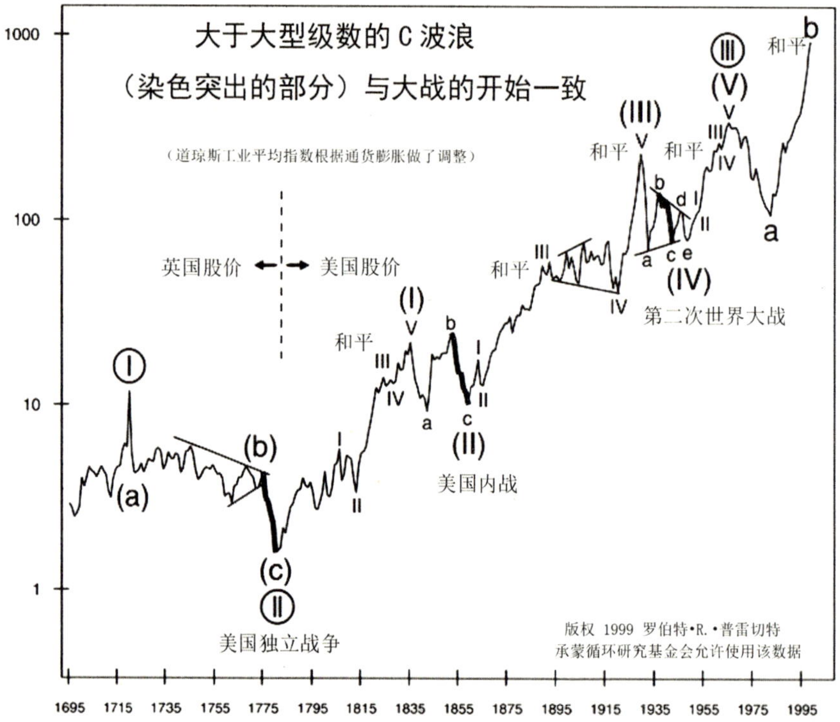

图 3

相反，社会情绪经济学用一贯的逻辑依据指出了一贯的相互关系。因为社会情绪支配着社会活动的性质，所以，反映渐增的善意和社会和谐情绪的持续上涨的股市，应该一贯产生和平；反映渐增的恶意和社会冲突情绪的持续下跌的股市，应该一贯产生战争。图 3 证实了这一预计。股市的长期上涨肯定会导致和平气候。与之类似，我们发现，大战几乎总是爆发在循环级数以上艾略特波浪校正“C”波浪之中，或者紧随其后。美国独立战争发生在 1720 年至 1784 年大超循环熊市波浪（c）之中。美国内战爆发的时候，1835 年到 1959 年的超循环熊市的波浪 c 刚刚结束。第二次世界大战开始于 1929 年到 1949 年超循环熊市（就通货膨胀-调整而言）波浪 c 之中。在每种情况下，一个上涨中的社会情绪最终都结束了战争。①

人口统计数据

当前有一个时髦的理念：人口统计数据决定股市趋势。在股市图的顶点来回滑动出生数据的时候，人们发现，当出生数据向前②滑动 46-49 年时，有 40 年的相互关系。粗略地说，对于这一相互关系的解释是，在四十多岁的时候，人们花钱较多，投资也较多，所以，股市的涨跌和四十多岁人口的比例相关。对于传统观念来说，全体美国人都接受这个观点好像是合情合理的。

这种情况的第一个问题是，当数据可以自由移动时，明显的相互关系经常出现。当我可以滑动移民数据和股市以便让两者相符合时，在移民数据和股市之间，我可以发现相互关系的 3 个不同的几十年时间，这种情况的第二个问题是，20 世纪 50 年代以前的现有数据与这一假设分歧巨大，因而不能证明任何因果关系。至少 4 个研究报告③④⑤⑥

---

① 因此，历史学家会形成一个怪诞的观念：战争对经济有益。实际上，每场战争都是由情绪的极低点触发的，通常是在经济萧条气候期间。然后，社会情绪自然逆转，并导致生产力上升，并最终导致和平。

② 英国国家中，时间的“前”是“未来”，不是“从前”或者“以前”。译者注。

③ *Bank Credit Analyst.*（1997，January and 1999，March）. Toronto.

④ Holt，Derek.（1997，June 20）. Royal Bank of Canada，as quoted on Bloomberg.

⑤ Poterba，James M.（1998，October）.“Population age structure and asset returns：An empirical investigation.” Cambridge：Massachusetts Institute of Technology.

⑥ Prechter，Robert R.，Jr.（1999，September 17）. Debate with Harry S. Dent，presented by Bill Good Marketing，Chateau Elan，Braselton，GA.

批判了这一论断。

社会情绪经济学怎么看人口统计因果关系？想一分钟。我们已经看到，社会情绪决定经济趋势、政治趋势、和平形势和战争形势。社会情绪也决定人口统计数据吗？

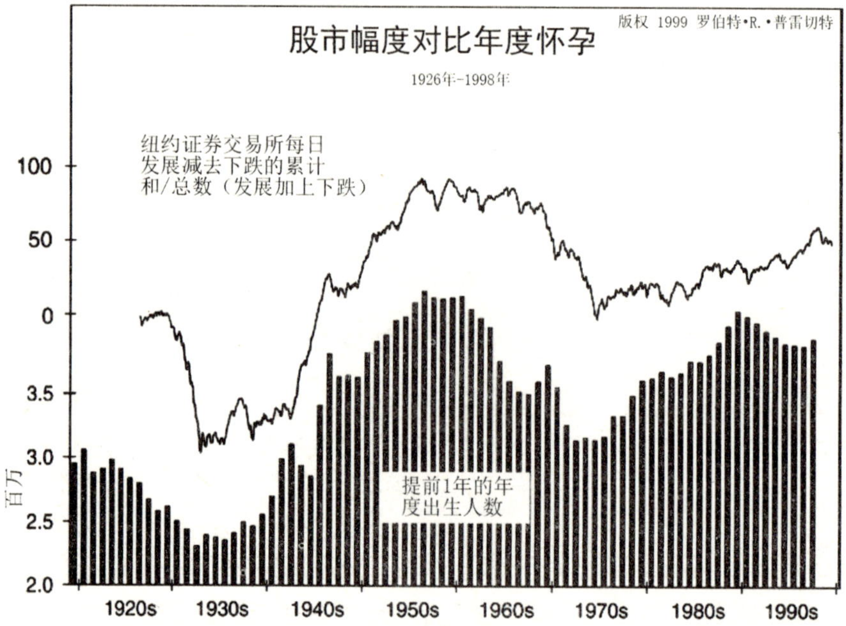

图 4

图 4 表明，人口统计数据几乎与股市如影随形，尤其是当用发展-下跌线来表示人口统计数据的时候。发展-下跌线能反映有多少股票上涨，有多少股票下跌。发展-下跌线是一个宽泛的标准，因此，在与全国人口统计数据相比较和对比时更为有用（与经济数据相对，只有为数不多的行业领袖就能推动经济）。柱形图表现的数据是年度出生人数数据，滞后了 1 年，以便反映（在 3 个月之内）年度怀孕的数量。1932 年和 1974 年的主要股市低点恰好与生育活动的大低点同步。生育活动的顶点与发展—下跌 线的顶点相符。

没有足够的数据确定因果关系。但是，跟让许多人深信不疑的“人口统计数据决定股价”案例相比，上述相互关系几乎有两个那么长。更重要的是，与“人口统计数据决定股价”案例相反，这一相互关系适用于所有的现有数据，怀孕可以追溯到 1908 年，发展-下跌 线可以追溯到 1926 年。没有数据与之相抵触。社会情绪经济假说可以解释这一相互关系。当整个人类觉得精力更加充沛、更有信心、更加幸福的时候，就会有更多的孩子。相反，当整个人类觉得更懈怠、恐惧和害怕的时候，就会有较少的孩子。又一次，社会情绪经济假说言简意赅、切中肯綮，解释了这个数据。

核爆炸

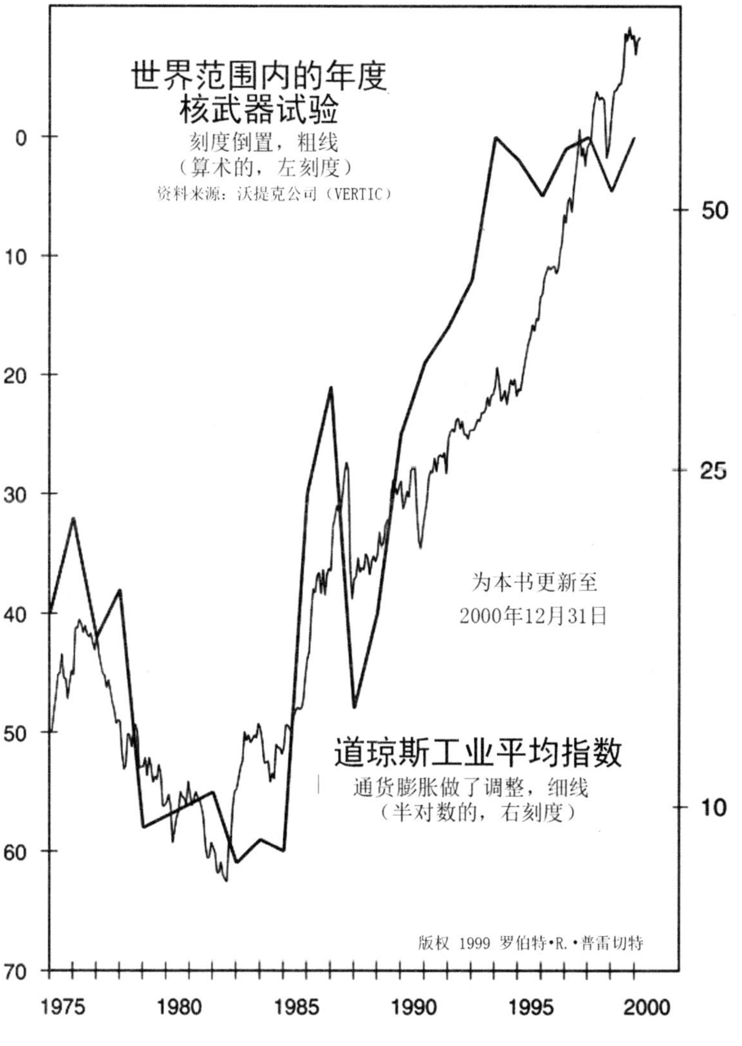

图 5

“好的，鲍勃，”一个怀疑论者可能说，“或许，我可以认可社会情绪决定经济、政治和平和战争，或许甚至还有出生率。但是，你不能说，就像你好像在做的那样，没有外力影响股市。我的意思是，如果突然之间，一个人在大城市引爆了核弹，那会怎么样呢？你不能说那无法影响人们的情绪或者股市！”显然，此人还未完全领会社会情绪经济观点。他说“突然之间”是什么意思？我们已经批判了经济学、政治、和平、战争和人口统计数据之中虚构的“突然之间”，核弹的“突然之间”也没什么两样。每个社会行为都有情绪上的往事，所以，核爆炸也不大可能例外。基于社会情绪的程式化这一事实，我宣称核弹引爆对社会情绪没有影响。而且，因果关系又一次反了过来：社会情绪决定核装置爆炸的倾向。

图 5 表明，社会情绪经济假说甚至也适用于核爆炸。你可以看到，作为社会情绪的直接反映，股市（根据通货膨胀做了调整）几乎与政府引爆核弹的比率严丝合缝。原因如下：当社会情绪变得更加积极时，人们变得更加有信心，更信赖他人，更加满意。他们觉得没有必要准备防守或者进攻力量。当社会情绪变得更加消极时，人们变得更恐惧、狐疑和愤怒，因此他们采取准备措施，保护自己或者进攻敌人。在政治和经济学中，如果你想在这个领域观察未来，就看看社会情绪那最敏锐和精确的反应者——股市。股市的趋势会告诉你，什么时候要预计较多的核爆炸，什么时候要预计较少的核爆炸，及其部署是防守性的还是进攻性的。① 这个世纪最黑暗的情绪发生在 1932 年和 1942 年。1942 年提供了发展核弹的根本社会动力。

情绪变化级数决定结果的级数

社会情绪经济假说表明，社会行为的极值应该是与社会情绪振幅的极值成正比的。事实确实如此。长远、深入、广博的股市上涨反映了增强中的积极情绪。股市的上涨越长远、越深入、越广博，经济扩张就越持久，更多的公民就投票“保持道路不变”，人们会生更多的孩子，由此产生的社会气候也非常和平。

长远、深入、广博的股市下跌反映了朝向消极情绪的较大幅度。股市的下跌越长远、越深入、越广博，经济收缩就越深入，更多的公民就投票“让表现不佳的人下台”，人们会生更少的孩子，由此产生的社会紧张和冲突也就越大。股市小型校正产生衰退，民意测验中的吻合失败、小型战争。比如，1959 年至 1962 年的大型级数校正导

---

① 在过去的 20 年里，艾略特校正波浪级数不大，不能引起核武器试验之上的任何事物。大于循环级数的下一个“C”波浪无疑会推动进攻性核武器的应用。

致了 1960 年的温和衰退和 1962 年的古巴导弹危机（Cuban Missile Crisis）。古巴导弹危机接近一场小型战争。（如果是在选举年，在职总统就会失败。）1987 年–1990 年的大型级数校正导致了 1990 年的温和海湾战争和 1991 年短暂衰退。1992 年，在职总统以较小的差距在选举中失败。相反，1966 年–1974 年较大的循环级数校正导致了两场大衰退（1970 年和 1974 年），总统的辞职下台，相对惨烈的越南战争。较大的股市校正，比如图 3 所强调的那样，导致了萧条、政治动乱和全面战争。千年级数的校正，比如中世纪，摧毁了经济、政治系统和整个国家，战争状态成为常态。反之，小型上升趋势产生温和的益处，而最高级数的上升趋势产生人类最大的社会成果，比如，文艺复兴、工业革命和信息时代（Information Age）。

总结

当社会情绪变得更为积极时，人们买进更多的股票，行为更加高涨，为更多的在职者投票，生育更多的孩子，较少地引爆炸弹，与邻居和平相处。反之，当社会情绪变得更为消极时，人们卖出更多的股票，行为不那么高涨，为更多的挑战者投票，生育较少的孩子，较多地引爆炸弹，对邻居采取敌对行动。所有的这些相互关系都符合一个想法：所有的这些活动都有一个共同的发动机，这个发动机就是社会情绪。当然，社会情绪动力产生无数其他的表现形式，比如，艺术趋势、音乐趋势、娱乐趋势、道德观念趋势、时尚趋势，不一而足。

就像股市形式所揭示的那样，社会情绪变化是根据波浪原理排列的，所以，我们可以提出更大的社会情绪经济假说：波浪原理最终塑造而来所有人类社会活动性质下潜藏的动力。总之，波浪原理是历史的发动机。

普莱切特

《艾略特波浪理论家》

1999 年 9 月

从社会情绪经济学的角度看人口趋势（或者）股票和性

大多数人认为经济是股市的关键决定因素。《波浪原理高级教程（上）和社会情绪经济学这一新科学》的260页直到264页证明，实际上，就像股市趋势所反映的那样，社会情绪趋势决定的经济活动的方向。大多数人认为政治影响股市。《波浪原理高级教程（上）和社会情绪经济学这一新科学》①的272页直到282页表明，就像股市所反映的那样，社会情绪控制着领导人的当选，因此也就控制着政治方向和结果。大多数人认为和平和战争对股市估价影响巨大。《波浪原理高级教程（上）和社会情绪经济学这一新科学》的265页直到270页表明，就像股价所反映的那样，集体情绪变化决定了有助于和平和战争的社会气候。社会情绪经济学这一新科学的基本观点是，根据波浪原理排列的社会情绪是社会行为的发生器，无论这个行为是经济行为、政治行为还是文化行为。社会情绪经济学的关键见解是，社会情绪和社会行为之间的因果关系方向恰好与习以为常的观点相反；社会情绪决定社会行为的性质，而不是反之亦然。

大多数试图把人口统计数据与股市联系在一起的人，都是在一个标准推测下操作的。这个标准推测是，如果有任何关系的话，人口变化（类似于如政治变化、经济情况变化、文化事件等等），会导致股市趋势。在回顾相关研究时，人们一开始会表示完全赞同，随后就坚决反对。有时数据稀少，有时研究人员可以选择滑动两个系列以便找到切合点。当然，在这些情况下，要在某个地方找到汇合点都是相当容易的。② 对于人口统计数据和股市来说，一项基于循环理论的研究假设，股市的反应滞后于出生数字20年。③ 有一个假说：四十多岁的人的消费和投资多于其他年龄段的人。另一项研究基于

---

① Prechter, Robert R., Jr. (1999). *The wave principle of human social behavior and the new science of socionomics*. Gainesville, GA: New Classics Library.

② 有了180年的数据，我可以滑动美国移民比率图和整个通货膨胀-调整股价图，以便表明，领先20年的紧密的为期100年的相互关系、领先2年的紧密的为期35年的相互关系、滞后20年的为期90年的相互关系、滞后80年的为期67年的相互关系。人们可以建立一个貌似有理的“理论”来协调至少其中的3个。

③ Berry, Brian. (1991). *Long wave rhythms in economic development and political behavior*. Baltimore: Johns Hopkins University Press.

这个假说表明，从 1956 年到现在，出生率和股价趋势之间存在着 44 年到 49 年的滞后。①② 另一个研究人员质疑这个说法，指出 44 岁到 49 岁人的数量“就在 1929 年【到 1932 年】的暴跌中持续增加，因此，‘消费波浪’是股市指数这一说法值得怀疑。”为了证明相互关系，他建立了一个“储蓄者/消费者比率”变化率的 5 年移动平均指数，分别与 1948 年和 1965 年以来的美日股票大趋势相互关联，但是之前的相互关联性就不强。③ 至少三项研究，包括一项来自学术界的研究，认为，1956 年之前的数据数量太少，跨文化共性太少，分歧太多，因此，根本不能说明股市和滞后出生趋势之间有着任何关系。④⑤⑥ 显然，支持者研究之间的不同意见、反对者研究的统计分析实际上说明就像反对者研究所推断的那样，几乎没有或者根本没有基础可以证实人口趋势和日后的股市趋势存在因果关系。然而，这是就目前的研究而言，因为社会研究人员无法想到一个基础来调查其他的任何相互关系。

这些研究迥然不同，但共同点就在于一个推测：如果存在任何因果关系的话，那么就是人口统计数据会导致股市趋势。这一立场反映了因果关系的标准误解，即一个想法：社会情绪，因此还有股市，是“外界”影响的奴隶。社会情绪经济学家认为，就人口统计数据而言，这一观点和其他的每一个主要社会现象一样，是非常落后的；前提错了。自然，这一错误地推测给整个结论带来了一片混乱，上面迥然不同的观点就说明了这一点。在研究股票和经济政治原因的相互关系时，这一推测也带来了一片混乱。

我们如何阐述正确的前提以便检测其有效性？我们必须从社会情绪经学的社会因果关系观点着手。我们知道，股市所反映的社会情绪决定了经济扩张和收缩。我们知道，股市极值所反映的社会情绪极值决定了是在职者还是挑战者会赢得压倒性胜利。我们知道，股市所反映的社会情绪变化方向和程度决定了和平的程度，也决定了是否会有促使战争爆发的社会心态。有没有可能想象一下，社会情绪也决定人口统计数据？大多数人不会提出这样的问题；我希望给出答案。

---

① Dent, Harry S. (1993). *The great boom ahead.* New York: Hyperion.

② Dent, Harry S. (1998). *The roaring* 2000*s.* New York: Simon & Schuster.

③ Carder, John. (1997, September). *Encyclopedia of historical charts.* Boulder, CO: Topline Graphics.

④ *Bank Credit Analyst.* (1997, January and 1999, March). Toronto.

⑤ Holt, Derek. (1997, June 20). Royal Bank of Canada, as quoted on Bloomberg.

⑥ Poterba, James M. (1998, October). "Population age structure and asset returns: An empirical investigation." Cambridge: Massachusetts Institute of Technology.

图 1 是一个对比图：1909 年至今的出生率和股市价格。数据没有表现滞后。第一个要注意的事情是，两组数据之间有着相当明显的相互关系。

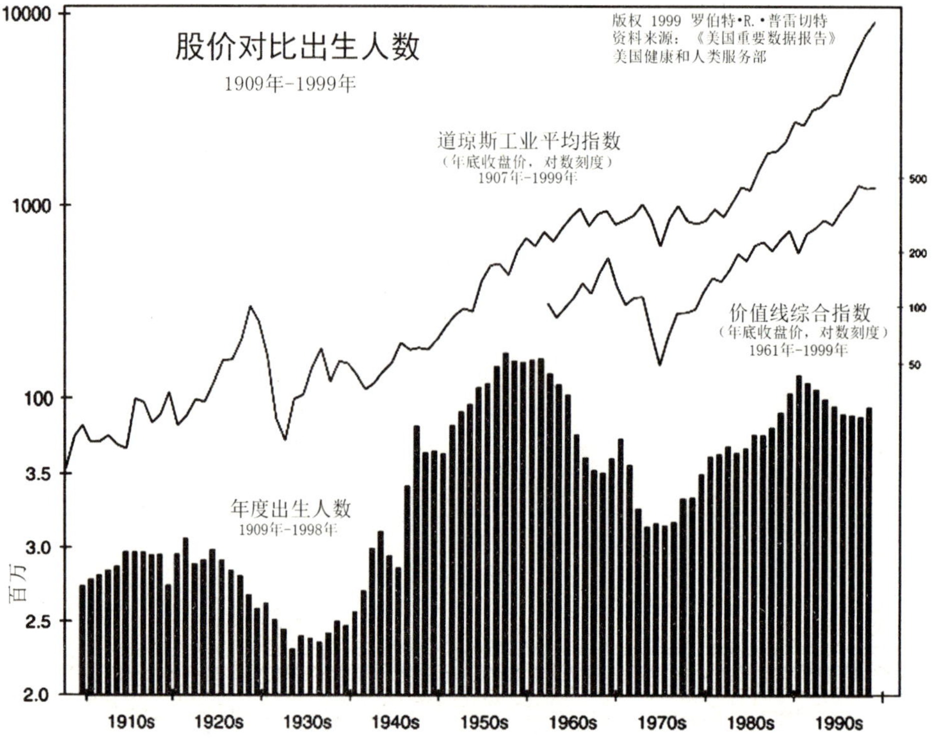

图 1

如果出生人数和股市确实趋势雷同的话，为什么？有时，答案可以在细节中发现。请注意，20 世纪出生人数的最低点出现在 1933 年。这一年是在 20 世纪股市的最低点之后。请注意，出生人数的第二个最重要低点再次出现在 1975 年。比 20 世纪股市的第二个最重要低点晚了一年。会什么会滞后一年？嗯，你能想到任何比出生早大约一年的活动吗？如果有，这一活动与人们的情绪直接相关吗，并因此与股市趋势和水平直接相关吗？《波浪原理高级教程（上）》第 14 章认为，除了别的特点之外，上涨中的社会情绪“活泼好动、勇往直前、信心十足”，而下跌中的情绪具有“严肃、防守和恐惧”的特点。我们现在有了一个含糊的基础，可以在其之上对人口趋势做一个社会情绪经济假说。当活泼好动、勇往直前、信心十足这整个情绪增强时，人们进行更多的性活动，旨在要更多的孩子。当这些情绪减弱时，制造后代的欲望也减弱。生殖冲动和孩子出生之间大约需要 9 个月，所以，至少在市场底部，出生人数年度数据滞后于股市年度数据一年。图 2 表示了同样的数据，反映怀孕的时候滞后了一年。结果不是一个推断或者理论，也不是数据切合时精心活动的结果，就像我们在人口统计数据驱动经济这一假说里常发现的那样。我们知道，生殖决定或者冲动需要在出生 9 个月之前做出，所以，这一数据的重新定位或者重命名之中没有理论推测。① 现在，两个大低点严丝合缝。

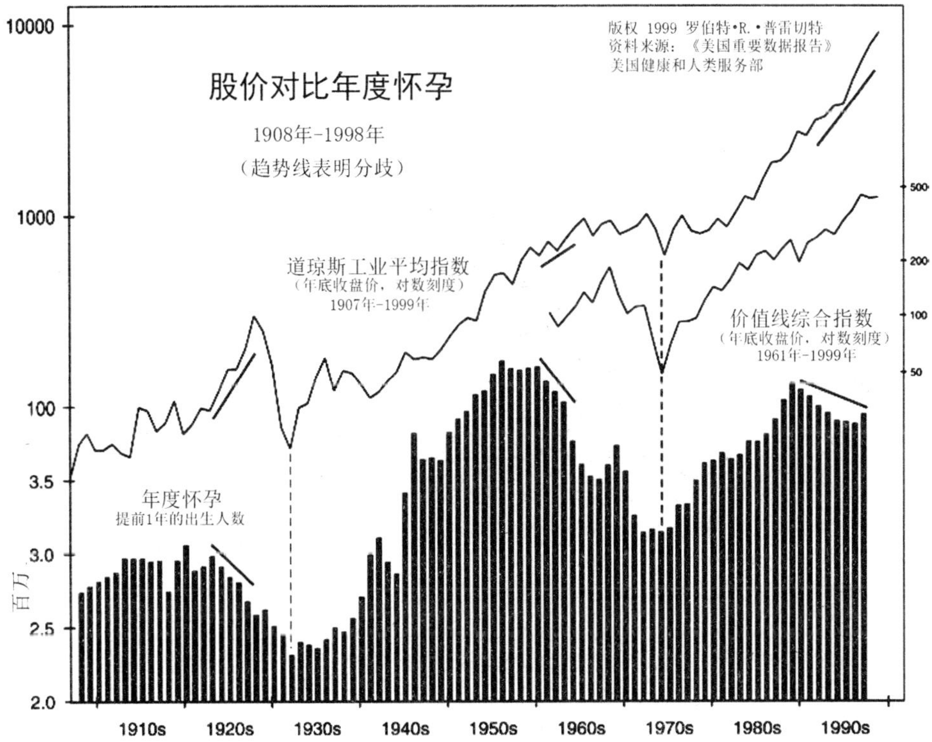

图 2

让我们调查股市顶点的关系。从图 2 所展示的斜线，你可以看到，生殖率在道琼斯工业平均指数的主要顶点之前下跌。市场幅度指数和股票平均指数变化率也表现出了同样的行为。市场幅度指数和股票平均指数变化率总是在主要蓝筹股平均指数达到顶点之前，就登顶并开始下跌。要想象这种相似性，让我们画图展示生殖活动和宏观股市成功

① 显然，这一推断没有解释多个出生人数（双胞胎、三胞胎，等等），多个出生人数会略微减少怀孕数量；这一推断也没有解释堕胎，堕胎会增加怀孕数量。流产不一定是一个因素，原因如下：有可能导致意外怀孕的性行为或许会增加，因为流产得到了法律许可，所以，流产胎儿的总数可能等于在其他情况下不会发生的怀孕总数。如果有谁想花费时间更新出生人数数据以便更精确地反映生殖决定，我欢迎。

之间的关系，而不是局限于蓝筹股。

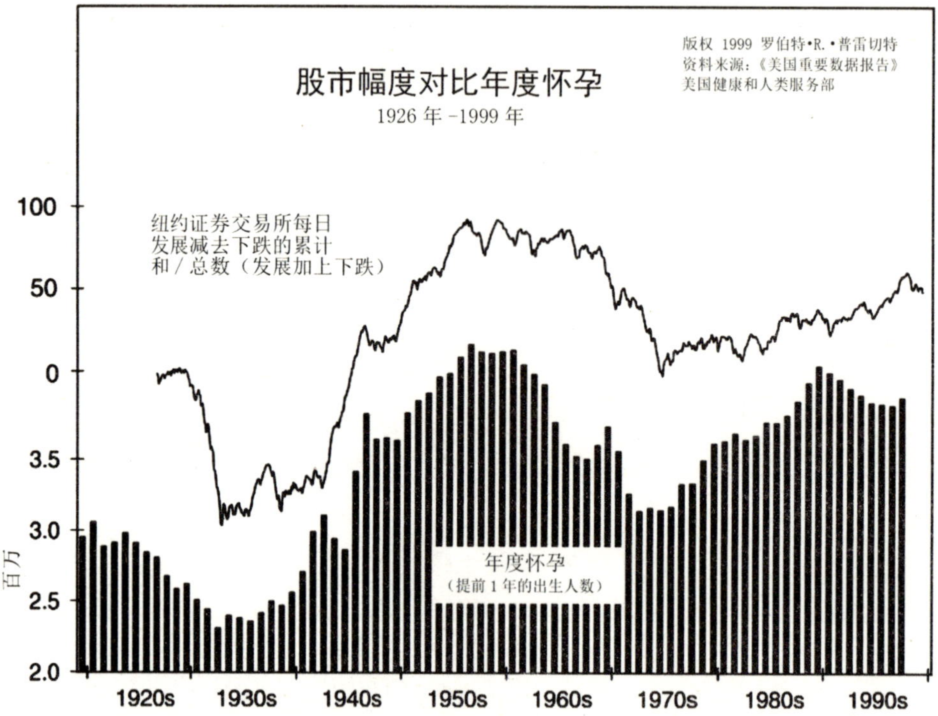

图 3

一个叫作发展—下跌线的股市指数记录了纽约证券交易所每天都在发展和下跌的所有股票的累积交易活动。发展—下跌线反映了整个国家的股价趋势，甚至较小的地方公司也不例外。换句话说，发展—下跌线的反映比道琼斯工业平均指数更深入且更广泛，发展—下跌线反映了整个公司成功的幅度，因此也反映了总的情绪。总的情绪是所有股票间买卖的发动机。或许，发展-下跌线因此能够更好地反映大多数人的情绪，而不仅仅是那些影响发展中的蓝筹股趋势之人的情绪。大多数人可能被诱使做出决定。图 3 是一个对比图：同样的生殖数据和发展-下跌线。你可以看到，这一相互关系更加紧密。鉴于这种关系，人们可以下一个结论：在 20 世纪，股市的发展—下跌线（尽管在这个角色上还不完美）一直相当精确地实时反映了美国配偶的生殖数量。

这一并生关系适用于两组数据中的所有现有数据，时间上比那个滞后数据多得多：73 年对比仅仅 43 年。因此，这两组数据之中有着强烈的相互关系，其他涉及几十年滞后的论点都不如这一个。因此，如果你认为仅从大众“消费者”相互关系 1956 年至今的图片就断定大众“消费者”相互关系有效，那么，单是在持续时间上，你就要把这一相互关系增加至少一倍。另外，这一相互关系的表达方式不仅受到1926年之前幅度数据欠缺的制约，还受到1909年之前出生数据欠缺的制约。跟20世纪50年代之前的滞后数据相比，这种表达方式并没有明显背离这一假说。因此，和“人口统计数据是第一原因”这一论点不同，所有的现有数据都支持社会情绪经济结论，没有相抵触的情况发生。

基于这一有限的证据，至少可以认为，作为驱动股市的发动机，人类社会情绪也控制着生殖的集体冲动。这一发动机是由人类的互动边缘系统点燃的，边缘系统由冲动驱动。如果人口统计数据与股市之间存在着任何联系，那就是，由股市趋势和水平反映的社会情绪决定着人口统计数据，而不是反之。和所有的社会情绪经济言论一样，这一言论揭示了因果关系的正确方向。而形成大多数经济和社会研究错误前提和基础的因果关系与之相反。

人口统计数据与社会情绪经济假说

在一个关键方面，社会情绪经济学不同于传统经济学和社会学：社会情绪经济学认为，社会因果关系恰好与标准推测相反。人多数开始了一个推测：经济、政治、和平和战争、人口统计数据、各种各样其他的文化事件和情况影响着人们的思想，因而也影响着社会情绪，因而也影响着股市趋势。社会情绪经济学认为，社会情绪是内源的、程式化的，是合作冲动人类边缘系统的结果。结果是一系列程式化的人类社会情绪波浪，这一系列的波浪又决定了社会和文化事件的性质。社会和文化事件包括经济状况、政治、人口统计数据、和平、战争、时尚和文化。当采用社会情绪经济前提时，各种文化和社会趋势的正相互关系显而易见。各种互动产物第一次聚集在一起言之成理。与这一结果形成戏剧性对比的是巨量的混沌的不确定性和交叉不适用性。这些不确定性和不适用性弥漫于今天的经济学领域和社会学领域。

这里提供的人口统计数据过于有限，无法下确凿的结论，但是，这些数据无疑符合社会情绪经济假说。人类继承了脑的原始前理性部分。这部分脑负责冲动精神①作用并

---

① MacLean, Paul. (1990). *The triune brain in evolution*. New York: Plenum Press.

控制着对动物生存至关重要的活动：从众、选择领导人、打架和交配。我们的经济活动图片、政治活动图片和文化活动图片证明了所有这些活动的共性。因此，这部分脑确实产生了单一的情绪控制冲动。对于趋势的共性和这些活动的整个性质来说，这种情绪控制冲动就是基础。股市是我们所拥有的最精确的社会计量器，所以，几乎没必要为一个现象感到惊奇。这个现象是，这些数据表现了数据趋势和生殖冲动之间紧密的相互关系。如果进一步的研究表明图 3 描述的人口相互关系适用于各个世纪和所有文化，那么，我们的社会情绪经济假说就会因此而强化。我们的社会情绪假说是社会情绪趋势是人口趋势的起源。

生殖冲动好像是源自“勇往直前、活泼好动、信心十足”的情绪，但是，就生孩子的智慧而言，我们肯定不能假定“信心十足”依赖理性。关键词是情绪，来源于边缘系统。有一个好像有意思的论点：人们少生孩子，是因为当经济收缩时，他们因为贫穷和抚养孩子的成本而限制自己。如果这个思维进入了你的头脑，你就正在进行（可能是在几秒钟之内；我说对了吧?）传统的理性化思维。我们不应该惊奇于下面的情况：社会学家宣布穷国的人们必须多生孩子以便给家里增加劳力并做到老有所养，此时，社会学家在从相反的方向理性化实用主义因素。一方面，他们认为，贫穷诱使人们限制生育；另一方面，他们说贫穷诱使人们增加生育。不用说，矛盾从未使社会因果关系停止传统理论化。传统思维使人们自然地提供这种事件因果论据。然而，它是与社会情绪经济学背道而驰的，肯定是错误的。

是不是有理由说，人们对经济收缩的回应是少生孩子？第一，你可以从图 2 看到，怀孕率的涨跌与发展-下跌线的涨跌同步，发展-下跌线是社会情绪的记录器。这一相互关系意味着怀孕趋势大大早于经济扩张和收缩，经济扩张和收缩通常比发展-下跌线滞后几年。最显著的是，生殖低点与股市低点同步，而不是与经济低点同步，经济低点不久就随之而来。比如，生殖活动在 1932 年和股市一起触底，而不是在 1933 年与经济一起触底。这一先后关系与传统的解释相抵触。第二，就像所发生的情况一样，我们有一些生殖因果关系主题的数据。在古罗马，如果配偶拒绝生规定数量的孩子，奥古斯塔斯·恺撒（Augustus Caesar）就会让这对配偶变穷。这是结果：

公元前 18 年，奥古斯塔斯通过了一系列常被称作“社会”或“道德”改革的法律。奥古斯塔斯控制，或者努力去控制，婚姻和生育。这些法律第一次把通奸定为犯罪……奥古斯塔斯还通过法律鼓励配偶生孩子，主要是通过大额税收处罚不生孩子的人。

这些法律……没起作用……离婚率没有显著下降，出生率没有显著提高……①

换言之，配偶的实用主义与生殖与否几乎没有关系。这一回应支持了我的论点：冲动和生殖息息相关。

在社会整体中，渐增的生殖更多地源自渐增的信心情绪，而不是家庭实际经济状况。总的来说，生殖决定，和股票购买决定以及领导人选举一样，经常是冲动的/情绪的，而不是深思熟虑的/理性的。对生殖来说，生殖是配偶兴奋状态汇合的结果，“让我们生个孩子！”或者“让我们冒个险，可能怀上孩子！”准父母的任何相关讨论大多都是文饰一个他们实际上无法解释的冲动欲望。

整个生殖和整个繁荣本身存在着并列相互关系，因为繁荣源自共同的渐增信心情绪，共同的渐增信心情绪也刺激了生殖冲动。这一社会情绪经济观点表明了经济趋势滞后于股市趋势和生殖趋势。人们必须意识到，经济并不是独立影响生殖决定的孤立外力。所有的社会情绪观察资料都是如此。和利率、政治、军事一样，经济是人类互动的结果；经济是人类社会经历的紧密交织的元素，而不是孤立的外因。

趋势分歧和实际应用

从图2，你可以看到，1920年至1929年、1956年至1966年，股市平均指数渐增，但怀孕却持续下降。1920年至1929年是波浪（III）的V顶点之前的10年，1956年至1966年是波浪（V）的III顶点之前的10年，这两个顶点是20世纪最大的两个顶点。这两段时期之后，整个股价迅速加速生殖趋势，共同下跌。我们可能情不自禁、漫不经心地说，和减弱的市场幅度以及速度一样，减弱的生殖活动是一个以情绪为基础的股市“卖出信号”，因为只有正在接近的主要市场顶点的看涨极值才能让人们对股票更感兴趣，而不是对性更感兴趣。不管怎么说，这是一个好的演讲题材。然而，我相信，基于我们的把股票趋势和政治趋势联系的图片，也基于图3，我们可以更精确地假设，边缘

---

① Vandiver, Elizabeth. (n. d.) "The *Aeneid* of Virgil." Course Number 303, Lecture 3, The Teaching Company audio tape.

系统的生殖冲动和从众冲动之间存在着密切的同步相互关系。① 在讲述社会计量器时，重要的是进行同类型比较；国家生殖率追踪大众情绪，发展—下跌线而不是狭隘得多的道琼斯指数能更好地反映这一点。这两个趋势几乎没有分歧。尽管有我们的假说，主要市场顶点之前的同类型趋势分歧再度出现在1989年到1999年，预示着同样量值的社会情绪逆转。

普莱切特

《艾略特波浪理论家》

1998年2月27日

用人口统计数据来文饰乐观主义

在1月份，《巴伦》的标题大胆宣称："人口统计学就是命运。"还有一个让我们欢欣鼓舞的论点：股市会继续高涨至少另一个10年，今天的970万美国人会在2008年变成4500万。保罗·蒙哥马利（*Universal Economics*，Legg Mason Wood Walker，Newport News，VA）在给编辑的信中做出回应，指出，预计会进入股市的这个部门的1460亿美元，跟股市去年秋季一天之间流失的4500亿美元无法相比。保罗·蒙哥马利没有计算人口大潮的成员会给股市造成什么影响，而是断定人口大潮的成员应该考虑"股市会对他们造成什么影响"。人口统计学的支持者们发起反击：2月16日，《巴伦》的另一个标题（《三重杀（Triple Play）》）。人口统计数据理论的长期支持者发现股市流中还会出现25万亿美元。作者的新研究报告，"巨变——刚刚开始（The Big Shift——Barely Begun）"断言，在接下来的15年里，股市会再度增至原来的3倍，因为作者假定股市会以历史性的年度增长率8%上涨。我们指出，如果国内生产总值同时保持其比较缓慢的年度增长率2.5%，股市的估价就会达到国内生产总值的500%。9月的数字是125%，比1929年8月的老记录高50%。我们要为这些情况担忧吗？"带着满意的神态"文章

① 实际上，生殖可以被看作从众，因为从某种意义上说，生殖增加了从众的规模。另外，因为生殖经历了长期社会趋势，对许多人来说，生殖与否可以是一种从众表现形式。亲戚、邻居和朋友多生孩子或少生孩子会刺激他们生或者不生。

指出，“关于人口统计数据，好事是，只要不发生瘟疫，你就不会错。”所以，对某些人来说，人们所提出的人口统计数据与股市的相互关系不是一个理论，而是自然法则：牛市显然是命运。以前，在《在浪潮的顶点》和《艾略特波浪理论家》中，我们已经讨论了这种情况的瑕疵。最近的统计资料表明，人口大潮成员并没有太多的储蓄，而是采取不同的储蓄方式。以前存入银行或者花在第二寓所上的钱，现在直接投进了股市。我们认为这一行为变化证实了蒙哥马利的观点：投资基于情绪决策，而不是基于机械决策。我们认为，人口统计数据理论最终会证明是对情绪状态的文饰。

普莱切特

《艾略特波浪理论家》

2002年7月

从社会情绪经济学的角度看中央银行因果关系

联邦储备系统的支持者和批评者都认为，美国1913年以来纸币通货膨胀和信贷扩张的第一个原因是美联储。社会情绪经济学家会如何回应这一断言？

社会因果关系的传统声明总是把传说中的原因看作孤立的力量，就好像传说中的原因是凭空产生的，没有自身的先行原因。同样，美联储被看作万有引力定律一样的铁律，所有的结果都从中而来。

美联储肯定是通货膨胀的发动机，因为美联储通过银行系统发行货币并大肆培育信贷。但是，发动机和第一原因是两回事。汽车的发动机产生了运动，但不是运动的原因。有人建造发动机以便产生运动。同样，人们建立美联储以便让信贷变得容易。

社会情绪经济学的真知灼见提供了一个社会因果关系原则，需要逆反传统的因果关系叙述。要逆转这份报告第一段提到的假定的因果关系方向，我们可以推断正确的重述如下：美联储不是货币和信贷膨胀的根源；对货币和信贷膨胀的欲望是美联储的根源。

如果这一重述是正确的，那么，社会情绪经济学家就能够在社会情绪波动结构记录中发现这一重述的证据。整个股价的波动最好地反映了社会情绪波动。我们将会看到，对社会情绪波动结构记录的回顾表明，美联储并不是在一个随意的时间凭空产生的，而实际上是社会情绪力量的产物，社会情绪希望有一个信贷膨胀发动机。我们得出这个结论是因为，在四分之三的情况下，中央银行组建都在波浪结构的几乎同一个位置出现，也就是说出现在社会心理的进展之中。

信贷发动机是第四个和第五个波浪心理

图 1 表示了从 1695 年开始在英格兰开始的股价记录。作为一个社会情绪经济学家，我，如果我忘了提及下面的情况，那是因为我粗心大意。这个情况是，股价报道出现本身就是第四个和第五个波浪社会心理的征兆，就像金融网络电视在 20 世纪 80 年代早期出现一样，这些结果只是那一定位的表现形式。①

在图 1 中，3 个中央银行组建的点用箭头标出。后面的时期包含第四个和第五个波浪，用黑体描绘出来。顺便说一下，图上的标示并未因这里的讨论而改变。在 20 年的时间里，艾略特波浪国际的出版物一直是这样标示波浪结构的。

观察一下，波浪位置和中央银行组建有着显著的相互关系。这些中央银行都在大级数第四个波浪中产生：

——第一个现代银行是英格兰银行，成立于 1694 年。英格兰银行出现在波浪 III 的④之中，就在波浪（V）的 IV 之前。

——美国的第二个中央银行业实验是美国第二银行，特许设立于 1816 年。美——美国中央银行业最近的典型是联邦储备系统，于 1913 年签署成为法律。联邦储备系统出现在波浪（III）的 IV 之中。

对于这三个案例中的每一个案例来说，政府都及时组建中央银行，以便为循环级数第四个波浪的过激行为以及继起的第五个波浪提供信贷。英格兰银行资助正在进行的处于波浪 IV 中的与法国的九年战争（Nine Years' War）【也叫威廉国王的战争（King Williams' War）和大同盟战争（War of the Grand Alliance）】，并资助波浪 V 的南海泡沫。美国第二银行创造了信贷来资助 1812 年战争的债务遗留，并资助波浪 V 和睦时代（Era of Good Feeling）。联邦储备系统创造信贷来支持波浪 IV 期间的第一次世界大战，并资

① 马歇尔·麦克卢汉（McLuhan）说过，“媒体就是信息。”金融新闻网络的形成远比其内容重要。当（如果）金融新闻网络停止广播回应公众的冷漠，那么，股价大底部就在眼前。

助波浪V的喧闹的20年代（Roaring Twenties）。或许因为下一个大校正本身就是第四个波浪波浪（IV），美联储继续采取行动资助就定值美元而言的波浪（IV）的新政（New Deal），并资助波浪（V）的大扩张。波浪（V）的V达到了顶点，出现了二十世纪八九十年代的大资产躁狂（Great Asset Mania）。所以美联储伴随着循环级数第四个和第五个波浪，还伴随着超循环级数第四个和第五个波浪。

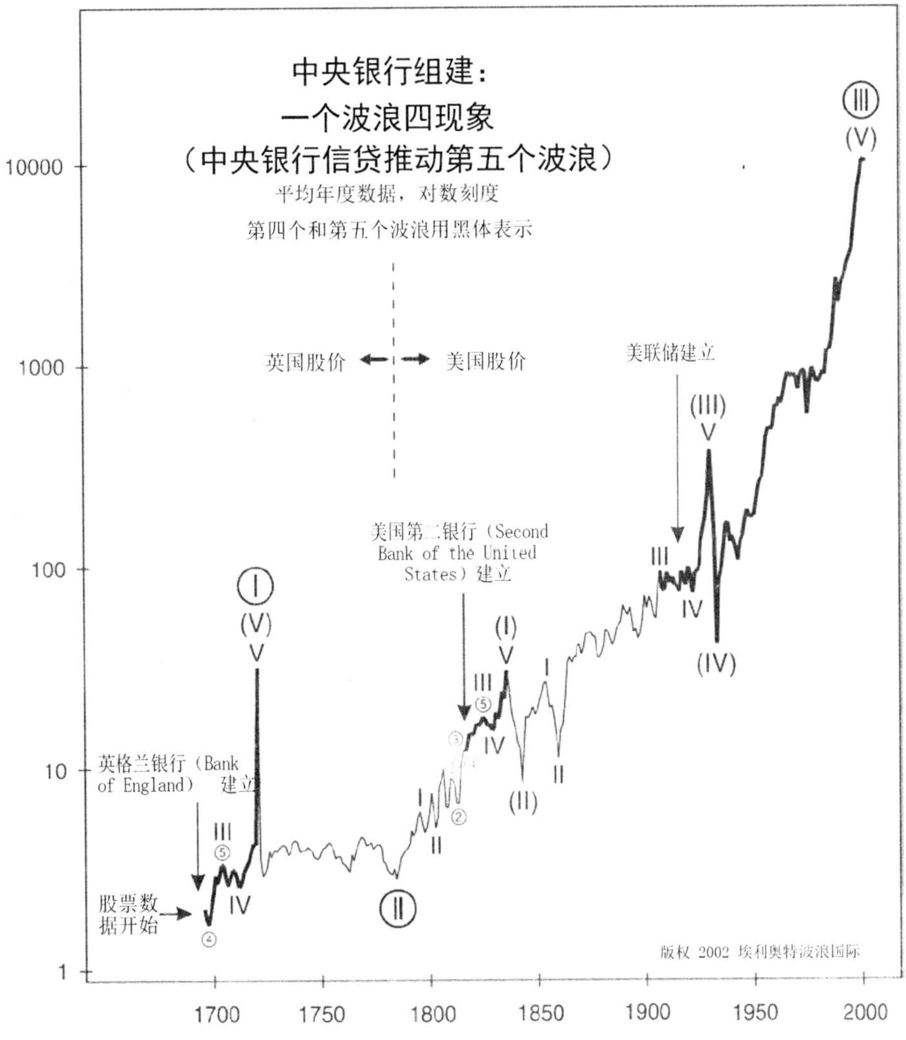

图1

美国第二银行是政治争议的对象。1832年，杰克逊和克莱（Clay）之间的总统竞选活动主要围绕一个问题：再度特许设立第二银行。克莱支持银行，选举失败。美国第二银行运转足够长的时间，资助波浪IV和波浪（I）的V。1836年是顶点之后的第一个下跌之年，美国第二银行20年的许可证到期终止。

不可否认，联邦储备系统也是一定必要社会心理的产物，因为先是有针对中央银行理念的几十年的政治反对，然后才有了中央银行的形成。第二银行到期终止之后的77年里，美国中央银行业的提倡者在所有的战役中败北。1913年，在一个主要第四个波浪之中，抵制冰消瓦解，支持者得到了中央银行。

一个例外

在我们所记录的时期里有一个例外。亚历山大·汉密尔顿于1791年引导组建了第一个美国银行（Bank of United States），美国银行出现在波浪中的位置跟其他三个例子不一样。美国银行基本上组建于经济萧条之中，以便资助美国独立战争所产生的债务。因此，我们可以假设第四个和第五个波浪的社会心理有助于信贷扩张发动机的组建，但是，这种发动机可能会在其他时期出现和运行。有一个或许相关的事实：债务还清之后，国会于1811年关闭了这家银行。在我们证明相反的情况之前，我们可以认为，在第四个波浪组建的中央银行会继续在继起的第五个波浪里运行。在其他时期组建的中央银行，比如第一个美国银行，会相当迅速地消亡，因为没有第四个和第五个波浪的社会需要来推动这些中央银行。

第一原因

我们探索的先后顺序支持社会情绪经济前提：心理是第五个波浪信贷过剩的第一原因。那么，我推断，政府组建中央银行方便信贷，主要回应第四个和第五个波浪的心理要求。第四个波浪诱使社会建立信贷发动机，然后第五个波浪是由信贷发动机推动的。

因为波浪原理是社会事件进程的第一原因，所以，我们有理由推断：如果具体事件没有发生，如果联邦政府没有授权成立中央银行，那么，在波浪（III）的V以及（V）中，其他银行或者金融机构就无论如何都会采用信贷，通过它们自己的巧妙的方法，涉及大多数在整个过程中乐在其中的公众。我们可以安全地假设，无论是什么机制，主要第四个和第五个波浪都孤立轻易信贷，并在轻易信贷的基础上繁荣。

一个道德问题

如果这一论点是正确的，那么，是否有理由反对中央银行垄断？是的，因为一个自由的货币和银行业市场可以让精明的银行独立运作，避开大多数人的轻举妄动。精明的银行会宣传它们的安全服务，精明的人会有机会利用健康的银行进行自我保护。那么，只有那些选择冒险的人会受伤。在中央银行业中，无辜的人受害最大。

未来的前景

关于这个话题，我们可以做什么假设？我们的假设基于这样的现实：在大超循环级数上，股市处于波浪 IV 之中，而波浪 V 随后到期。显然，如果信贷发动机一般出现在主要第四个波浪之中去资助相关的社会放荡和冲突，并调和第五个波浪中典型的投机欲望；如果大级数的第四个和第五个波浪已经到期；那么，我们就可以预料在接下来的二三百年里会为波浪 IV 和 V 出现史无前例的信贷发动机。一些经济学家，比如查尔斯·金德尔伯格（Kindleberger）在其著作《躁狂、恐慌和暴跌》（Manias, Panics and Crashes）的附录中提倡“终极债权人”以便避开通货紧缩。“终极债权人”就是全球超级美联储。这就像提倡吸食强效纯可卡因以便拯救可卡因瘾君子，但是，感官无力对抗形式规则。这一债权人的存在提供了一个借口：人们可以放弃安全假设下的精明，因而推动面向更脆弱债务人的全社会信贷扩张。只有产生比所有先前的货币实验甚至还要大的信贷扩张，这一提议才能预先阻止通货紧缩。继起的暴跌和通货紧缩就会创下历史纪录。

考虑到大超循环波浪 IV 和 V 的规则，我认为，在下一个百年里，当波浪 IV 进行的时候，当局会采纳“终极债权人”提议或者类似的东西。波浪 V 会成为人类历史上最壮观的信贷膨胀，并导致人类历史上最大的信贷破产。此后，波浪位置表明不兑现纸币中央银行业会在大约一千年的时间里式微。

体育运动

普莱切特

《艾略特波浪理论家》

1992 年 8 月 31 日

奥林匹克运动会参赛中的艾略特波浪

奥林匹克运动会（Olympics）创始于 1896 年，如果把创始以来的参赛国家数量画个图，你会看到怎样的一幕？因为参赛国家数目追随人类行为，所以你会看到一个艾略特波浪。①

图 1 是在算术刻度上，翻印自报纸。图 2 在半对数刻度上表现了同样的数据。世界范围内参赛规模的新高是增强中的积极社会情绪的社会情绪经济效果，总是产生和谐的合作。

---

① 这些数据里的波浪 2 的终点低于波浪 1 的起点，进行中的艾略特波浪没有这种情况。然而，标示为波浪 3 的发展伸展是第三个波浪所特有的，证明图中所示的标示方式是合理的。我把诸如此类的全新波浪的起点视作零。1971 年的黄金也出现了同样的情况。波浪 II 以 34.50 美元触底，比 35 美元这一固定价格低 .50 美元。35 美元这一价格已经保持了几十年。较低的低点并不违反波浪原理，因为在波浪 I 上涨之前没有市场。这实质上也是我们在这些数据中的发现。

请注意，波浪 4 大约回拉至波浪 3 第四个分枝波浪的位置，遵循冲动波浪发展的标准。就在这一年，奥林匹克运动会在莫斯科举行，俄国军队在阿富汗。奥林匹克运动会委员会为什么选择在这样情绪化的时刻在莫斯科举办奥林匹克运动会？“原因”是艰深晦涩的，但是决策实现了艾略特波浪关于人类行为的标准。1916 年、1940 年、1944 年奥林匹克运动会因战争而取消。

波浪结构表明，在接下来的三场奥林匹克运动会中，至少又一场会被取消，或者参赛国少于 120 个（先前第四个波浪的顶点），虽然苏联解体使世界上出现了更多的国家。

普莱切特

出版于《艾略特波浪理论家》所示日期

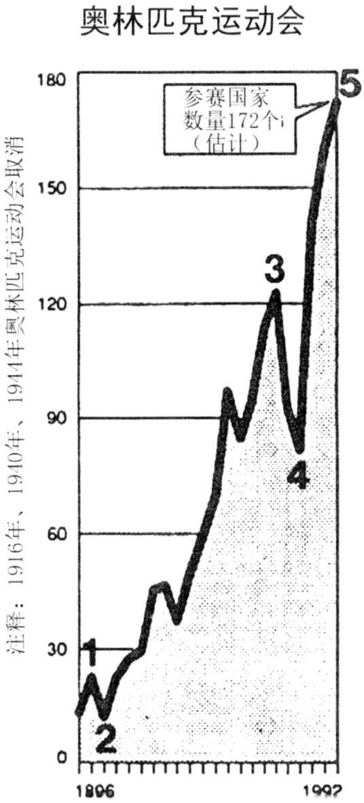

图 1

棒球运动中的历史极值

1991 年 11 月 1 日

体育运动可以为社会上表达的极端情绪提供一个背景。长期读者会记得 1985 年 8 月的特别报道“流行文化和股市（Popular Culture and Stock market）”，其中，橄榄球运动在熊市繁荣，棒球运动在牛市繁荣。在 20 世纪 80 年代早期，在 16 年熊市形式的终点，在定值美元股票的低点，棒球运动处于衰退之中，位于低点，球员罢工。从那时起，棒球运动一直处于强大的“回升”趋势之中，一直延续到今年。实际上，棒球运动员的薪水组成了为数不多的投机市场中的一个，在 1987 年至今的登顶时期的后期创下了新的历史高点。今年，对棒球运动的关注异常强烈。让股市更有趣的是，出席联盟季后赛和世界职业棒球系列赛的群众创造了聚会氛围，并进行了强烈的球迷活动。全国棒球联盟季后赛第三次比赛之前，棒球运动分析师唐·萨顿接受了采访，看他怎么说：

记者："你通常在东南部大学橄榄球比赛上看到如此疯狂的人群。难以相信这是棒球运动，人们会如此激情四射。"

萨顿："亚特兰大成为了与众不同的棒球运动城市。你通常会在芝加哥这样的城市看到如此的情绪外流。在纽约和费城（Philadelphia）会出现消极的活动。如果你去参加圣弗朗西斯科或者洛杉矶的球类运动……你看不到这样的情绪外涌。人们真正被激发起来并沉迷其中的大多数时间，是来自一个消极的立场，而不是积极的立场。在棒球运动28年的历史里，这一幕最令我难忘。"

"在我看来，亚特兰大今天发生的事情最有戏剧性。"

"好极了，妙极了。我感觉良好。我感觉幸福。令人惊奇。"

——球迷语录，《亚特兰大宪法报》

1991年10月

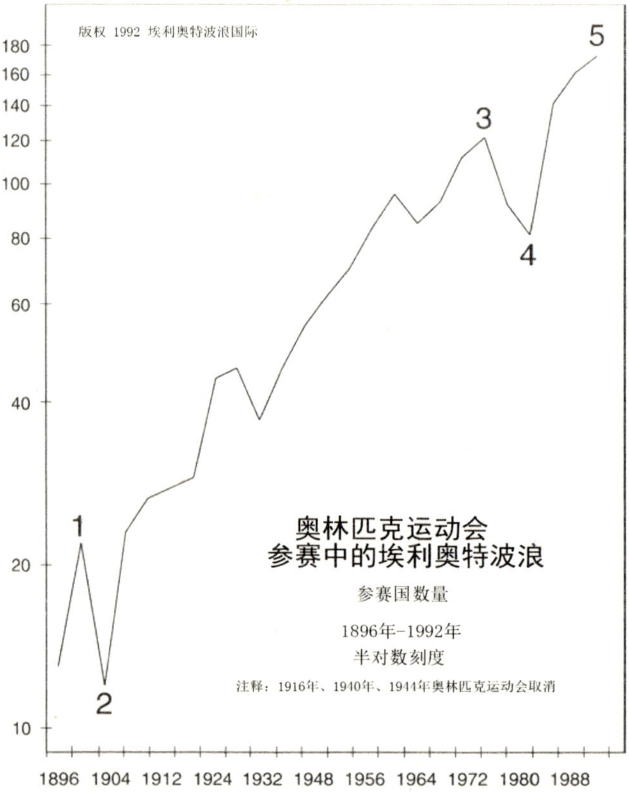

图2

成千上万人整齐划一地表演“勇士战斧之歌”、“印第安人战争之歌”、“本垒打手帕”。四十多岁的人表现得就像二十多岁的人。别管有没有比赛，鼓都敲了几个星期。人们提前几个小时出现在球场上，融入群体之中，感受那种狂热的氛围。这些积极向上的社会仪式直接关系到成千上万人。千千万万的人通过电视间接地参与进来。亚特兰大和明尼阿波利斯（尽管雨雪交加）的胜利庆典吸引了760，000人。亚特兰大的胜利游行上还有彩车和16支乐队，是所有事件之中聚集在闹市区人数最多的一次。比赛之前，一个观察家就在电视上说，“这是体育运动的伍德斯托克音乐节。”

1992年10月30日

棒球运动的顶点？

第一届世界职业棒球系列赛于1903年开赛。今年是第89届世界职业棒球系列赛。围绕着第88届和第89届世界职业棒球系列赛是强烈的情绪。1991年的世界职业棒球系列赛通常被广泛描述为“有史以来最好的世界职业棒球系列赛”。有两支球队展开了对决，这两支球队“从倒数第一变成了正数第一”，比赛的双方都是弱者（总是受人欢迎）。粉丝们唱着歌，“随着勇士战斧之歌的节奏起舞”，就像大学生联谊会的疯子。赛事吸引了高达24.0%的电视观众。系列赛之后举行的家乡游行上，总数接近一百万的人向这两支球队致以问候。1992年的系列赛也同样情绪强烈。尤其是在加拿大，多伦多蓝鸟队披上了国家荣誉的外衣。实际上，亚特兰大勇士队是唯一一支神奇地10年如一日受此荣耀的球队，被称作“美国之队”。这是历史上第一次国家主义世界职业棒球系列赛。

20世纪80年代的价格虚高物品大多已经贬值。棒球运动员的薪水以及棒球卡和其他纪念品是个例外。有理由相信，这些价格刚刚与球迷的情绪一起达到了“尖峰”。这里是一系列微妙的迹象：对于棒球运动的极大不满即将来临。

1）1992年的世界职业棒球系列赛的美国观众人数创下了历史第二最低点。（专家说，有一支球队来自美国之外实际上是个小事。）

2）世界职业棒球系列赛之后的这一年，为亚特兰大勇士队而庆祝的人数跟去年相比下降了97%（根据报纸是24，000人对比750，000人）。

3）到1993年合同结束时，哥伦比亚广播公司在播放世界职业棒球系列赛方面会损失5亿美元。

4）10月17日，名人卢·格里克（Lou Gehrig）的1937年球衫在佳士得（Christie's）拍卖会上流拍。一个米基·曼特尔（Mickey Mantle）卡的售价低于预期。

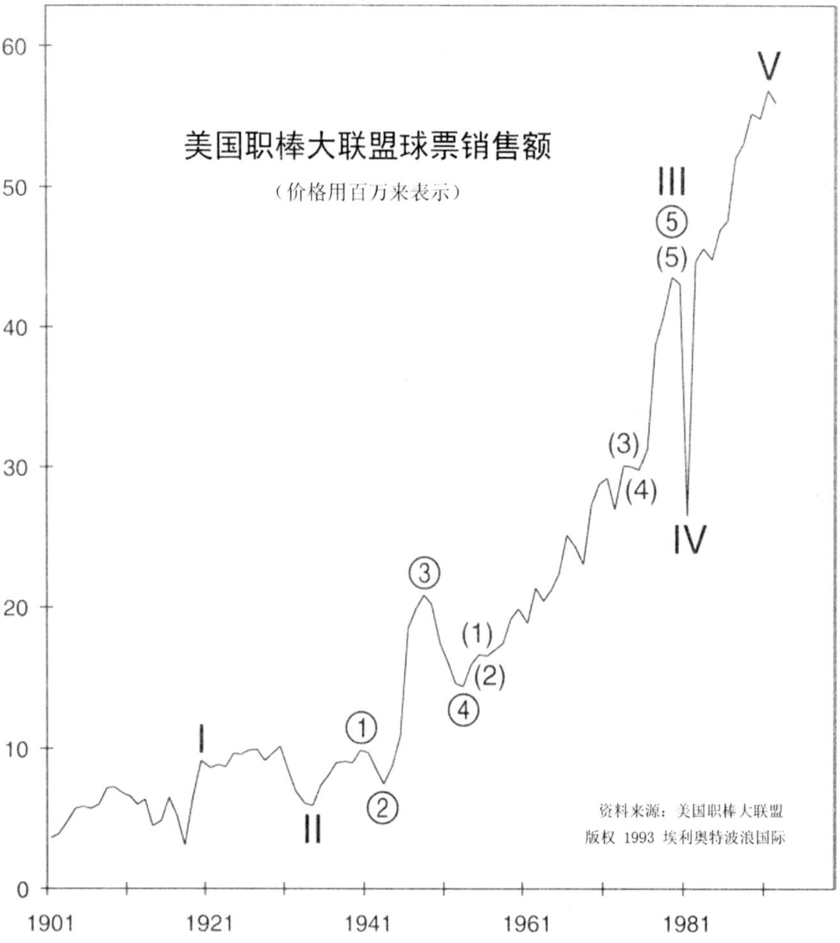

5）资深评论员和作家通过广播和出版物抱怨棒球运动"出售"给了商业主义，证据是世界职业棒球系列赛夜间电视安排、膨胀的薪水、运动员蜂拥而起要求更多的钱财。一个作者说，"我们国家生活中一个独一无二的事件沦为了另一个黄金时间特别节目，"时间太晚，孩子们没法看；时间太晚，父亲没法带孩子去看比赛；因为商业广告而延长了40分钟。"一个轻松随意、不受时间限制的事件……现在充斥着收视率和金钱。"人们对国家的消遣娱乐突然有了不同的看法。球迷对棒球运动的情绪定位出现了巨变，从心情愉快到愤世嫉俗。

6）挣钱肯定是一个美德，但是，棒球运动挣大钱的部分原因可能是今天的成年人像孩子一样热衷此道。如果今天的孩子在没有棒球的环境中成长起来，金钱就会消失。

换句话说，棒球运动可能盲目地高于其资本基础，而不能自拔。

7）你可能会回想起，1985 年的“流行文化”特别报道推断出，棒球运动是个牛市运动（好孩子是好孩子），橄榄球运动是个熊市运动（坏孩子是好孩子）。第一届世界职业棒球系列赛于 1903 年 10 月举行，道琼斯指数处于低点 43 点。在其他的世界职业棒球系列赛中就没有这么低过，创造了 89 年的净上升趋势。如果股票正在像波浪原理所认为的那样在宏观上登顶，那么，棒球运动的上升趋势也是如此。这里是顶点的确凿证据。1966 年，亚特兰大觉得富有，就有了勇士队，这一年出现了股票超循环波浪 III 的顶点。经历了这些之后，亚特兰大现在决定修建一个新的 2. 07 亿美元最高级体育场，开工建设于 1993 年。这一决定进一步证明超循环波浪 V 的顶点到来了。

8）在过去的几年里，好莱坞电影《梦幻之地》、《全垒打王》、《红粉联盟》把棒球运动偶像化。对于一个对象的情绪有时会人气高涨，这种人气高涨经常与群体的一个兴趣顶点同时发生。

在公众喜好方面，棒球运动是否正在经历为期 55 年的下跌？转折的迹象已经出现。如果你是投资者，从棒球卡中获利。如果你是运动员，签订长期合同。如果你是业主，出售你的俱乐部。孩子们很快就会用棒球棒交换头盔（或者冰球、足球，或者将要到来的更加野蛮的运动的装备。）如果你是一个真正的球迷，你还是会发现自己在 20 世纪 90 年代的某个时间抱怨棒球运动。

1993 年 1 月 29 日

10 月 30 日版次的《艾略特波浪理论家》给出了一整页详细的讨论，认为 1989 年之后，棒球运动的渐增人气趋势表现了 8 个主要的登顶迹象。【就在此之后，在赛季之后，球队业主签下了 34 名球员，保证了 2. 58 亿美元。巴里·邦兹（Bonds）一场挣的钱就超过了 4. 5 万美元，超过了以往顶点明星一年挣的钱；谈谈“债券”红利率的锁定……】这一报道显然出现在尖峰时刻，就在戏剧性逆转之前。这里是对后续事件的最新评价。

棒球卡股票受到一则新闻的重创，新闻里说，市场领袖托普斯公司（Topps Co.）将要报道其十多年来第一次季度亏损。

托普斯公司——去年，知情人士大肆抛售——下跌 31%，从 12. 5 美元跌到 8. 5 美元，是通常规模的 7 倍。

昨天，这一声明使运动纪念品行业的几家公司股价暴跌。其中就有惊奇娱乐公司，惊奇娱乐公司是连环漫画册巨人。去年 9 月，惊奇娱乐公司收购了卡片制造商福利尔公司。据分析师分析，惊奇娱乐公司约一半的收入来自福利尔公司。惊奇娱乐公司的股份从下跌了 3.25 美元，也就是 11.5%，下跌到 24.875 美元。

……说，“在新的卡片里，投机泡沫破裂了，”

——《华尔街日报》，1993 年 1 月 27 日

皮特·肯德尔刚获得了 20 世纪棒球运动现场观众人数的数据。从图中，你可以看到，这些数字好像勾画出了一个独特的艾略特波浪，结束于 1991 年的赛季。请注意，1981 年的罢工使现场观众人数降回了先前的第四个波浪，原本也就是这么安排的。当把数据用坐标定点在半对数刻度上时（没显示出来），1916 年低点之后的整个上涨就形成了一个楔形，这就意味着熊市。那么，自从棒球运动成为国家运动以来，至少在现场观众人数方面，棒球运动面临着最大的百分比下跌。在这种时候，我们甚至可以认为，棒球运动会在接下来的几年里急剧下跌，直到失去国家第一运动的位置。

普莱切特

《艾略特波浪理论家》特别报道

1994 年 9 月 29 日

体育运动、市场和预测

“棒球运动面临着现场观众人数的最大百分比下跌，因为棒球运动成了一项国家运动。”

——《艾略特波浪理论家》，1993 年 1 月 29 日

上面引用的预测完全基于【社会情绪经济】技术分析，包括（1）棒球运动现场观众人数，（2）斐波那契时间序列，（3）棒球运动人气和股票牛市之间的文化联系，（4）极端心理，包括现场观众最高人数、最高收入、收藏者和“投资者”之间的棒球卡最高价格、运动员最高薪水、1991 年和 1992 年高度情绪化的世界职业棒球系列赛、大量

棒球运动电影的生产时期。换句话说，当棒球运动“在基础上”处于历史最高点时，转为熊市的时刻也就到了。

就现场观众人数来说，1993 赛季创下了历史最高点，图上的上涨结束了 1918 年以来的“第五个的第五个”波浪。1994 年赛季，熊市情绪盛行，令人惊奇的是，在不到两个月的时间里，这项绅士运动中总共出现了 7 次群殴（情绪和股市在接近 5 月的底部时结束）。然而，1994 赛季估计会创下新的本垒打记录和击球率的现代记录，会让人极度兴奋。本垒打是连续投球的“最高”境界。国家棒球运动心理彻底“爆发”的最后迹象体现在了本·伯恩斯（Ben Burns）18 1/2 小时的公共电视网纪录片《棒球》（Baseball）之中。这部纪录片就完成于 1994 年罢工开始之前，就在长期趋势的顶点。从宏观上以及微观上，伯恩斯的一个言论强烈回应了《艾略特波浪理论家》的说法：“我们可以作为一个国家来衡量健康，衡量的方法是通过棒球运动本身的健康。”伯恩斯的纪录片把棒球运动的历史分成 9 个“回合”，每个回合 10 年。游戏结束了吗？

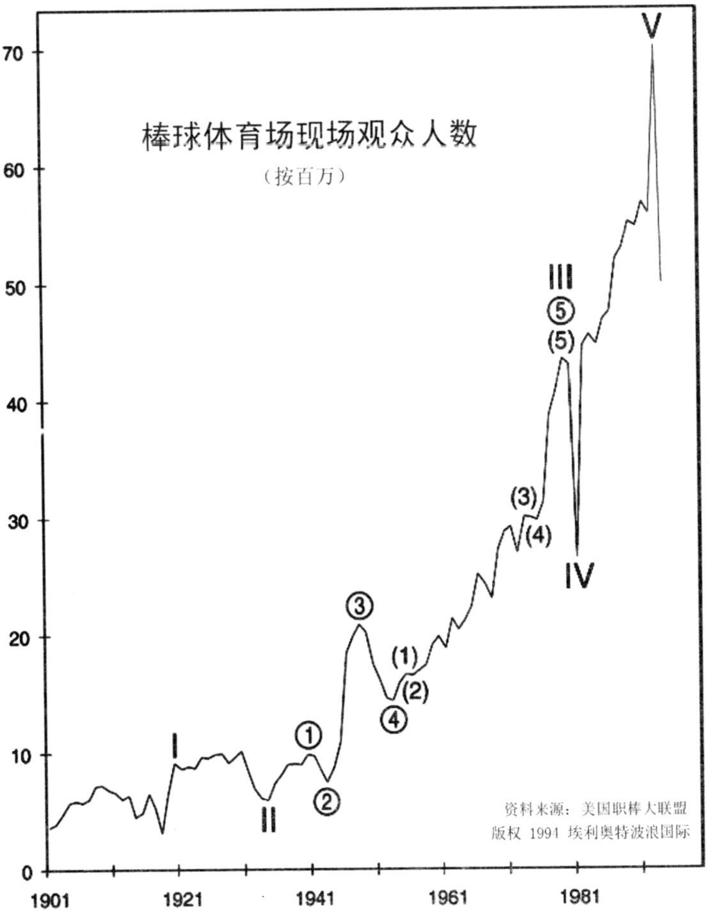

从图中你可以看出，由于全国范围内的球员罢工，棒球运动 1994 年的现场观众人数创下了棒球运动历史上的最大跌幅。这种情况符合我们的预计：棒球运动会出现历史上最大的百分比下跌。据报道，1995 年赛季还是个未知数。如果明年赛季取消或者缩短，预测就实现了。然而，校正波浪经常是复杂的，所以从现在起，没有特定的哪一年是至关重要的。在许多年里，整个趋势是人气持续走低，现场观众人数持续下降（但是在校正形式中，短暂轻微的新高是可能的），恢复旧有的上升趋势面临着重重困难。一年半之前，《艾略特波浪理论家》假设，“在这样的关键时刻，我们甚至可以考虑【棒球运动】可能魅力剧减，不再是美国的第一运动。”这一思维在当时不可思议，在今天令人厌憎，但依然适用。当然，1992 年 10 月的这一警告的有效性已经得到了证实：“如果你是一个真正的球迷，你还是会发现自己在 20 世纪 90 年代的某个时间抱怨棒球运动。”趋势变化之巨大可以从一个事实上看出来，另外只有一个世界职业棒球系列赛被取消，那是 1904 年。

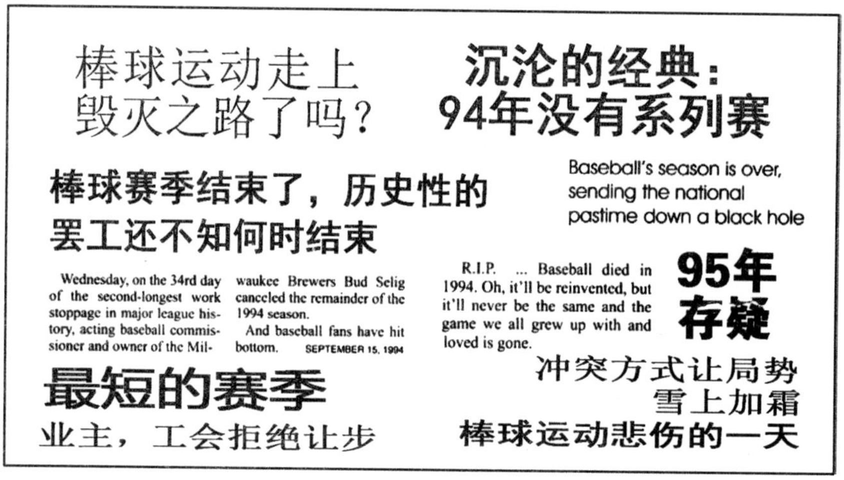
棒球运动走上毁灭之路了吗？

沉沦的经典：94年没有系列赛

棒球赛季结束了，历史性的罢工还不知何时结束

Baseball's season is over, sending the national pastime down a black hole

Wednesday, on the 34rd day of the second-longest work stoppage in major league history, acting baseball commissioner and owner of the Milwaukee Brewers Bud Selig canceled the remainder of the 1994 season.

And baseball fans have hit bottom. SEPTEMBER 15, 1994

R.I.P. ... Baseball died in 1994. Oh, it'll be reinvented, but it'll never be the same and the game we all grew up with and loved is gone.

95年存疑

冲突方式让局势雪上加霜

最短的赛季

业主，工会拒绝让步

棒球运动悲伤的一天

对于斐波那契迷来说，需要指出的是，运动员罢工的第 34 天，棒球运动赛季的剩余比赛被取消了。对股市观察家来说，需要指出的是，运动员工会成立于 1966 年。按定值美元来说，1966 年出现了美国股票的大超循环顶点。工会活动是排外的和对抗的，是个熊市现象。股票和情绪的熊市应该延续 10 年，无疑会给美国职棒大联盟带来混乱，几乎肯定会终结美国职棒大联盟的反托拉斯法豁免及其对棒球行业的绝对控制。1992 年 10 月，《艾略特波浪理论家》说，粉丝们会转向比较粗野的运动，比如橄榄球运动、冰球运动、足球运动“或者将要出现的更野蛮的运动”。从那时起，“角斗士”运动在电视上大受欢迎，无规则拳击归来并正在售票。

《艾略特波浪理论家》的预测是一个赛季之前做出的，然而，其中采用的斐波那契分析实际上适用于甚至是更大的级数。第一届世界职业棒球系列赛于 1903 年开赛，1904 年没有比赛，所以，《艾略特波浪理论家》断定 1992 年是斐波那契第 89 届世界职业棒球系列赛。然而，1993 年是第 89 届连续的世界职业棒球系列赛，显然在一个未被打断的 89 年斐波那契时间段里完成了超循环上升趋势。1903 年的比赛只是个失败的开端。第 89 连续赛季，1991 年，产生了历史上最情绪化的季后赛（请看《艾略特波浪理论家》1991 年 11 月的描述），以众所周知的“有史以来最好的世界职业棒球系列赛”结束。那么，1991 年和 1993 年创造了一种“双重顶点”，各个顶点都在 89 年之后，平衡了 1903 年和 1905 年的双重开端。

本章开头所引用的预测比大多数人想象的要重要，因为这个预测的主题好像并不重要。第一个理由是每一个成功的此种预测都能进一步证明波浪原理和【社会情绪经济学】技术分析的应用幅度。第二，预言市场外社会事件获得的成功能够证实“流行文化和股市”（1985）的论点：市场趋势和社会趋势只是较深社会趋势的表现形式。第三，这一预测证实了“流行文化和股市”中的一个具体结论：“干净的好人运动”棒球运动在牛市繁荣壮大，在牛市遭受挫败，“粗野的坏人”运动在熊市里大行其道。篮球运动也是一个牛市运动，先是在循环波浪 IV 的终点几乎破产，然后又在波浪 V 兴旺的 15 年持续成功，现在也面临着球员罢工。（相反，橄榄球即将获得巨大成功。）第四是对于涉及相关产业的人，这种预测具有实际价值。《艾略特波浪理论家》在 1992 年 10 月 30 日给出了具体建议：“如果你是投资者，从棒球卡中获利。如果你是运动员，签订长期合同。如果你是业主，出售你的俱乐部。”棒球卡藏品的价格就在 1992 年 10 月 30 日左右达到了顶点。1993 年 4 月，一些文章宣布“市场正在崩溃”，棒球卡制造商托普斯公司（The Topps Company, Inc.）的股票当时处于 16。托普斯公司的股票从 1992 年 1 月的历史高点 20 1/4 下跌到今天的 6 1/2，下跌了 68%。1993 赛季创下了空前的现场观众人数记录，这是俱乐部业主卖出的理想时机，是球员锁定高薪的理想时机，许多球员确实锁定了高薪。最终，社会趋势的正确预测使我们更容易准确地预测市场。1992 年 11 月的《艾略特波浪理论家》指出，“第一届世界职业棒球系列赛于 1903 年 10 月举行，道琼斯指数处于低点 43 点。在其他的世界职业棒球系列赛中就没有这么低过。”棒球运动时运的长期顶点反映了股票长期价值的顶点。

肯德尔
《艾略特波浪理论家》特别报道
1996 年 12 月 16 日

篮球运动和牛市

引言

艾略特发现的波浪原理来自股价实证。然而，艾略特迅速意识到，市场“有节奏的偏见”的唯一可能解释是超出了华尔街的群体性心理形势。在《波浪原理》（1938 年他关于这一主题的第一部专著）中，艾略特断言自己发现了塑造“所有社会经济过程”的自然规律。直到他 1947 年去世的时候，艾略特几乎只关注股市，因为股市提供了“足够的可靠数据”，也因为在股市里可以最实际地应用自己工作的预言价值。在这方面，艾略特最大的贡献是使用自己的发现描述股票的牛市，股票的牛市现在就正在结束。但是，如果艾略特的波浪原理是正确的，那么，按照同样的进步规则，他预言的牛市就意味着其他人类活动的变化。实际上，在大超循环基础上，牛市已经持续了二百多年，所以，这一积极社会情绪趋势的广博影响肯定产生了一些特别的牛市机构、活动和成就。多年来，《艾略特波浪理论家》已经鉴别出了许多此种表现形式。

这一报告还着眼于另一个方面：篮球运动。和股市相比，篮球运动是个季节性活动，活动频率较低，观看的人也较少。作为一个群体情绪记录器，篮球运动有着自己的限制。但是，篮球运动有着漫长的历史，而且具有高度的竞争性。在这个领域里，业绩得到了密切的监测和记录。对篮球运动历史的检查表明，社会情绪对美国运动有着支配性影响。篮球运动同步反映了 19 世纪牛市后面的波动但净上涨情绪。篮球运动结构、规则和时运的发展方式与股票牛市的涨落完全一致。这一分析把这一专业运动的顶点和低谷与股市的同样形式联系在一起，清楚地阐明了牛市在文化领域的运作方式。

当市场上涨时，乐观主义增长，人们通过参加篮球运动来表达情绪。业主表达情绪的方式是创办球队和联盟。这一报告探索了篮球运动的倾向：在最爆炸性的时刻为最伟大的球队和球星加冕。这一报告还探索了篮球运动在熊市向暴力和混乱的退步。这一报告也由此揭示了篮球运动本身令人惊奇的一致性。我们还会推测究竟是什么使篮球运动与股市亦步亦趋。在最后的分析中，我们回到艾略特原先的意图，并检查波浪原理的这一应用如何才能创造效益。

篮球牛市（Basketbull）

1985 年，《艾略特波浪理论家》提供了第一个深刻的论文：文化行为和股价趋势之间的联系。其中有一个描述图，表明了“文化表现形式”，这些“文化表现形式”预计会出现在“情绪趋势”的 4 个不同阶段。第一个方框是“上涨中情绪”的运动领域，我们把牛市与“干净的好人运动”联系在一起。那时，当前的牛市正在发展，棒球运动还是无可争议的国家娱乐，所以棒球运动被标示为“最高”。下一个方框是“顶点积极情绪”运动表现形式，空白。历史上最大的股市顶点已经在我们后面，或者就要到我们的后面，我们现在可以填补这个方框。篮球运动是终极牛市运动。篮球运动依赖速度、高度和弹跳力，是牛市的表现形式；使用“罚球”来使接触降到最低，使其成为“干净的好人运动”的典型。

篮球运动长期上涨，兴旺繁荣，也说明了这一点。职业篮球运动诞生于 1896 年，与道琼斯工业平均指数相同。就在这一年，道琼斯指数创下了 26.08 点的低点，以后再没有如此低过。在过去的 100 年里，篮球运动赛季与股价平均最好的 6 个月时间密切相关。从 11 月到 4 月这段时间，也就是职业篮球运动常规赛季，出现了 2.6%的平均股市收益，几乎是 1896 年以来平均半年收益 1.34%的两倍。篮球运动的休赛期，股票也表现最差。在过去的一个世纪里，5 月到 10 月产生的收益只有 0.5%。

20 世纪 90 年代篮球运动的地位是其第一牛市运动地位的最终迹象。《职业运动队历史》（Professional Sports Team Histories）宣布职业篮球运动“上升为美国的重要运动……令人棒球运动和橄榄球运动相形见绌的是，篮球运动才是美国孩子们最喜欢的运动。”篮球卡是卡片市场成长最快的部分。美国 8 个顶尖运动代言人中的 6 个是美国职业篮球联赛（NBA）球员或者曾经是美国职业篮球联赛球员。迈克尔·乔丹和沙克·奥尼尔（Shaquille O’Neil）代言费用分别是 3800 万美元和 2300 万美元，是两个最有价值的运动名字。乔丹是最有价值的名人代言人，就是这样。

现场观众人数

图 1 表明从 1968 年直到 1996 年上半年的美国职业篮球联赛现场观众人数遵循着道琼斯指数。20 世纪 70 年代中期和 20 世纪 90 年代早期的合并打断了美国职业篮球联赛现场观众人数的稳步增长。道琼斯指数的唯一大分歧出现在 20 世纪 70 年代，现场观众人数在 20 世纪 70 年代初期短暂放缓，然后又在 1974 年的灾难性熊市里扩张。然而，按实值计算，市场直到 1982 年才触底，提前一年预示了 20 世纪 80 年代的美国职业篮球联赛现场观众人数繁荣。1990 年的道琼斯指数校正之后是 1990 年-1991 年赛季的门票销售额下跌。今天，橄榄球运动比 1995 年下跌了 32%，棒球运动现场观众人数下降了 14%，但是篮球运动与牛市一起上涨。1995 年-1996 年，美国职业篮球联赛门票销售创下了新高，总量达到了 2100 万张。

篮球运动扩张

在一开始的时候，职业篮球运动远没有现在这么井井有条。每一个职业运动员都是一个自由人，可以从一个队调到另一个队，有时甚至这场在一个队，下一场就到了另一个队。直到 20 世纪 20 年代，在东部还有 12 个不同的职业联盟，但是都没有得到任何全国性的认可。它们根据打了多少分钟支付报酬：“好”球员 1 美元 1 分钟。根据《职业篮球运动百科全书》（Pro Basketball Encyclopedia），原先的凯尔特人队（Celtics）签订排他合同，才使“篮球运动从混乱走向秩序”。就在签约前的几个月，股价混乱运动的多年净整理期结束了。1925 年，在喧闹的 20 年代牛市中，篮球运动的第一个大联盟美国篮球联盟（图 2 中的第 2 个）组建了。根据各种流传的说法，1929 年股市暴跌之后的经济混乱直接导致了职业篮球运动时运的逆转。1930 年-31 年赛季（第 3 个）之后，美国篮球联盟破产。在大萧条期间，职业篮球运动又变得一团糟，满是工业联盟和旅行团，从一个城市到另一个城市，组织比赛。

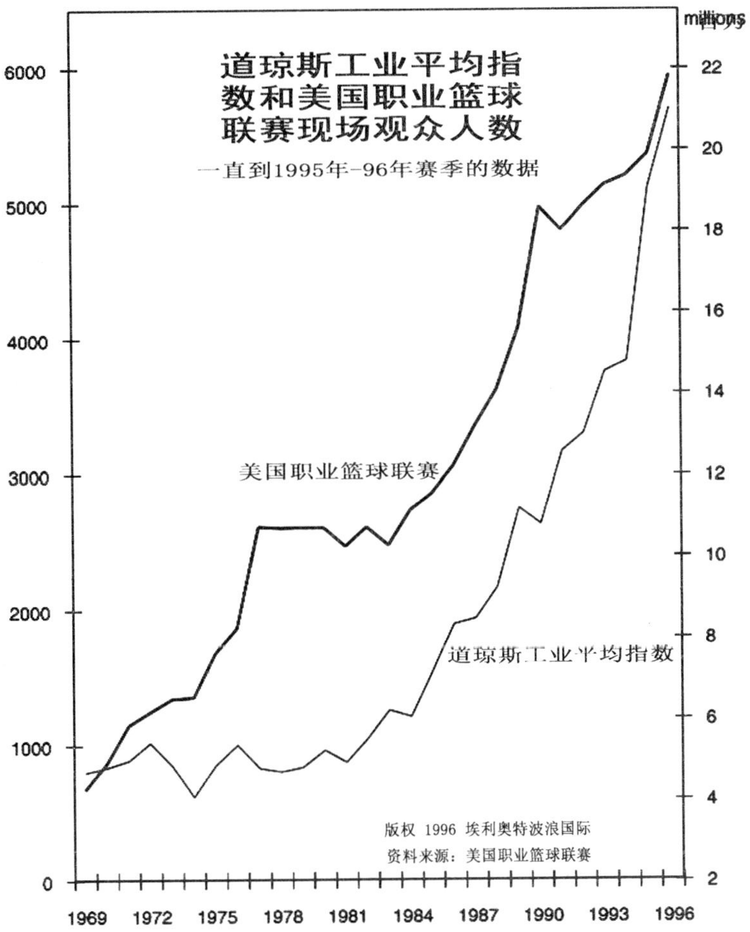

图 1

篮球运动的历史表明球队业主的心理和股东的心理惊人地相似。在最糟糕的时刻，可以指望他们立刻投入资金。甚至更为显著的是，这些热情错误几乎同时影响篮球运动和股市。1937 年位于大萧条时期道琼斯工业平均指数的高点，职业篮球组建了新的联盟。当然，国家篮球联盟（第 4 个）突飞猛进的时候，道琼斯指数又开始了下跌。1942 年，道琼斯指数暴跌至循环级数底部，这个低点至今尚未打破（第 5 个），职业篮球运动队的数量同时达到 54 年的低点，只有 4 个。1946 年，道琼斯指数创下另一个重要的顶点，篮球运动业主在顶点买进。大联盟篮球运动队的数量增加到新的高点 22 个，组建了竞争对手全美篮球协会（Basketball Association of America）（第 6 个）。1948 年–1949 年赛季之后，两个联盟的业主合并，组建了美国职业篮球联赛（第 7 个）。职业篮球运动又一次完美地反映了社会情绪校正，因为这一紧缩出现在大底部。实际上，在通货膨胀-调整基础上，这是始于1929年的超循环校正的终点（请看图2的虚线）。这一底部直接导致了股价第三个波浪的持续上涨和篮球运动的革命：从“肘子开道、光脚打球运动”变成了我们今天所知的高分、高飞活动。

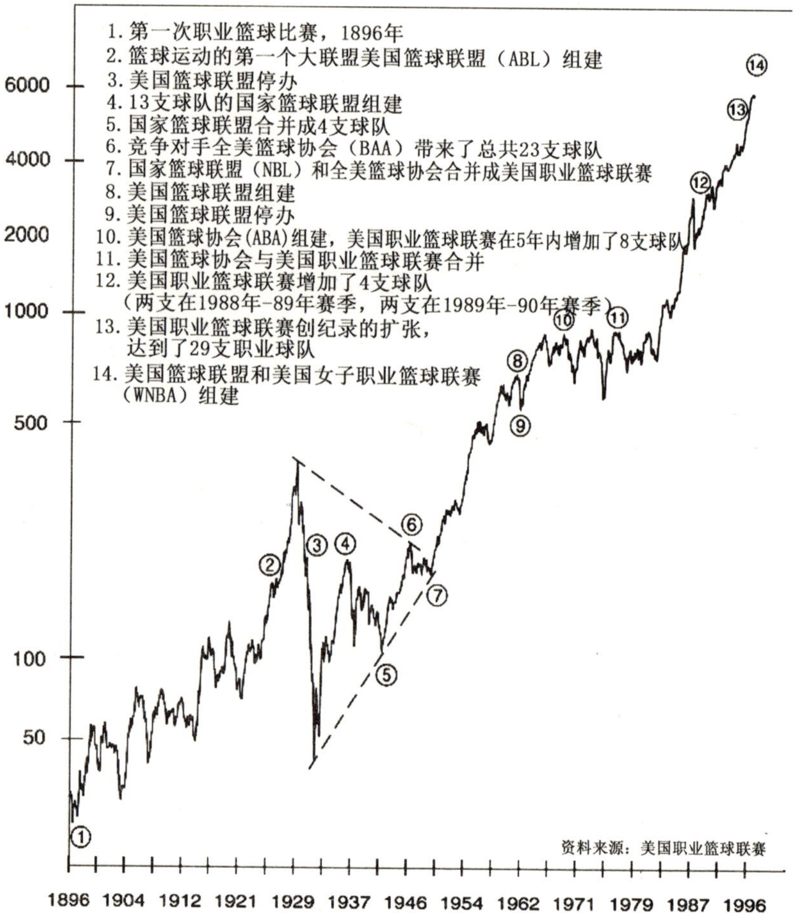

图2

经过20世纪50年代早期的进一步合并，由8支球队组成的美国职业篮球联赛享受了一段史无前例的稳定。下一次扩张直到1961年才到来，一个小型竞争对手联盟组建了。美国篮球联盟（第8个）唯一一个且最后一个赛季宣告结束，道琼斯指数处于历史高点。接下来的秋季带来了“古巴导弹危机”股票低点，并足以扫清看涨情绪，让美国篮球联盟停办（第9个）。1966年出现了较大级数的循环级数顶点，职业篮球运动业主的奔放情绪反映了这一点。以1966年的牛市为起点，直到1971年，美国职业篮球联赛增加了 8 支球队。这一扩张反映了股票的大顶点，道琼斯指数在那段时间里 5 次达到 1000 点 5%之内。1968 年，股价处于大投机顶点，美国篮球协会（第 10 个）登场了。起初，美国篮球协会表现了当时纵情欢乐的情绪。随之而来的是蓝、白和红三色篮球以及无保护进攻比赛，特色是三分球。这是美国职业篮球联赛的唯一严重挑战。最终，人们认为美国篮球协会是对篮球运动的消极影响。美国篮球协会分裂了球迷的忠诚，并制造了对天才的激烈竞争，提升了球队成本结构。在 1974 年之前，扩张降低了篮球运动的整体水平，并培养了一种风格：更多地着眼于个体，而不是着眼于集体活动，波士顿凯尔特人队和之前的明尼阿波利斯湖人队（Lakers）就有这样的特点。和以前的类似组织不同，美国篮球协会实际上熬过了 1974 年的熊市，但并未支撑得太长。后来的新闻文章表明，甚至是稳固的美国职业篮球联赛球队在 1974 年之前也在亏损。美国篮球协会于 1974 年合并，并最终在 1976 年倒闭。美国篮球协会的 4 支球队在美国职业篮球联赛存活了下来。

尽管票房在 20 世纪 80 年代回升，美国职业篮球联赛还是在犹豫着是否要增加新的球队，就像 20 世纪 50 年代末和 20 世纪 60 年代初美国职业篮球联赛兴旺初期那样。然而，到了 1987 年，业主们控制不住乐观情绪。他们信心满满，安排增加 4 支球队。两支增加于 1988 年-1989 年赛季，另外两支增加于 1989 年-1990 年赛季，跟上了 1990 年的校正【特色是价值线指数深度下跌和道琼斯交通指数（Dow Jones Transports）下跌 50%】和篮球运动自身在 1990 年的衰退。最后两支球队增加于 1995 年-1996 年，使大联盟篮球队总数创下了纪录，达到 29 支。和牛市最近的行程一样，职业篮球运动当前的扩张缺乏其前辈的幅度，但是持续时间却是史无前例。自 1974 年以来没有股票熊市，大联盟篮球队的数量自 1976 年以来没有下跌。另外，两个新的职业女球员联盟组建了。美国篮球联盟开创于 1996 年 10 月，美国女子职业篮球联赛（Women's NBA）会在 1997 年开打。

规则和道德观念

篮球运动看涨本质的另一个重大线索是，篮球运动方式一个世纪以来的演化。早先，篮球运动的性质和规则有着更多的牛市特性。速度缓慢。20-15 的比分就是天文数字了。在最早的时候，篮球运动被称作“篮球橄榄球运动”或者“室内橄榄球运动”。

得分称作“攻方持球触底得分”，球员穿着厚厚的衣服，就像早期的橄榄球制服。当青少年打篮球时，观众们看到了橄榄球式的扭夺场面。早期的比赛是在土地上进行的，这些比赛的照片相当精确地反映了篮球运动初期的情况。身体接触的数量明显接近冰球运动或者橄榄球运动，而不像现代美国职业篮球联赛赛事。奈史密斯（Naismith）起初制定了13条篮球规则（Rules of Basketball）。根据规则5，接触实际上是不被允许的，但是裁判很少吹哨。

“当别人对你犯规时，那是货真价实的，”早期职业球员乔·莱普奇科（Lapchick）回忆。“只有一个裁判，犯规的人通常不会受到处罚。所以你以牙还牙。在防守的时候，球员几乎把对手的短裤和裤子扯掉。球员不择手段，无所不用其极。”并不仅仅是来自敌对球队。球迷喜欢的就是针尖对麦芒、你死我活。“观众始终参与其中，”莱普奇科补充道。“在高度工业化的城市里，一个共同的麻烦是，‘球迷们’会把炉用螺栓扔向‘外地人’”。

还有一样东西从现代比赛中消失，球笼。起先，职业篮球运动是在一个用绳子围成的场地里进行的。球笼在1929年出现。1929年，道琼斯指数达到了大顶点381点。同年，增加了第二个裁判。

职业篮球运动与市场一起暴跌之后，职业篮球运动重建的第一步在1932年迈出。同年，道琼斯指数达到低点41点。篮球运动的一个大问题是，弱队不是想着得分，而只是充分利用场地让对手拿不到球。10秒钟规则建立了起来，以便防止这种消极拖延。职业篮球运动依然无法有效地组织，但是，有一些迹象表明内在力量。从1932年到1937年，市场反弹。当市场反弹的时候，“较快、较干净的业余比赛”席卷全国。到了1937年，麦迪逊广场花园（Madison Square Garden）的特色是定期、人数众多的大学连轴转比赛和联赛。“规则变化的最伟大一年”是1937年。这一年是道琼斯指数回归高点的一年，也是职业比赛回归之年。变化强调进攻：取消了每次投篮得分之后中圈跳球，无缝篮球合法化，规定防守球员不得触及篮筐上的篮球。

大学比赛一直繁荣到20世纪40年代。职业篮球运动在1942年低点之后获得动力，但直到20世纪50年代才摆脱“缓慢呆滞的形象”。在20世纪50年代，股市摆脱了20世纪40年代的缓慢呆滞整理校正。直到20世纪50年代，球迷们还是更想要熊市运动冰球运动那样的篮球运动。实际上，当时的职业冰球运动是一个更加成熟的运动，为职业篮球运动业主树立了典范。国家冰球联盟（National Hockey League）建立了10年之后，第一个职业篮球运动联盟才成立。而且，国家冰球联盟挺过了大萧条，而职业篮球运动则陷入了混乱。“业主通过冰球运动的经历知道，偶尔出现点打斗对生意有利。粗野的东西被默许和纵容了。”在20世纪50年代上半期，打斗依然常见。直到20世纪50年代下半期，许多球队依然雇佣“打手队员”。“打手队员”手脚强硬、天赋较低，用来威胁对手，常见于冰球运动。

在道琼斯指数开始大前进的时候，篮球运动成就一般展示了实验的愿望。在循环波浪III开始的时候，1950年11月的比赛创下了19对18的比分，这场比赛是美国职业篮球联赛的历史上得分最低的比赛。此时，20年的校正结束了一年时间，截至当时历史上道琼斯工业平均指数的最小年线图刚刚创下两年。此后，职业篮球运动真的开始改变。比分19/18的比赛之后，消极拖延逐渐被当作了一个问题。尤其是在第4节，犯规也司空见惯。球队会小幅领先，犯规，拿回球权，消极避战，直到终场哨响。一系列规则变化接踵而至。其中一个补救措施是，最后10分钟的每次罚球之后都要跳球。但是，球队想方设法让弹跳最好的球员跳球，这一补救措施事与愿违。

速度和得分是现代篮球运动的特点，出现在1954年，当时采用了24秒钟表。投球钟表，设立于循环III大型③中型（3）的顶点，迫使球队在得到球权24秒之内投球，因而增加了篮球运动的能量和兴奋。循环III大型③中型（3）的顶点是始于1932年的超循环的强大中点。在这个第三个波浪的第三个上涨中，投球钟表之于篮球运动，就像电吉他之于流行音乐，而且是在同一时间。

相比较来说，自20世纪50年代起规则变化不大。或许最大的变化是增加了第三个裁判和三分投球。这两个变化都延续了长期以来的传统：减少身体接触程度，增加进攻力度。这两个变化开始于20世纪70年代末，当时，道琼斯指数处于低点，并在为20世纪80年代和20世纪90年代的牛市营造基础。或许，最大的变化是篮球运动氛围变化，在20世纪50年代末和20世纪60年代初。迈克尔·乔丹商标之所以飙升，有以下原因：有一些传统限制防守者阻碍对手接近篮筐，这些传统在这段时期成为标准操作程序。篮球运动依然是个接触运动，但是跟早年的情况已经大不相同，甚至跟美国职业篮球联赛也大不相同。群众不再向球员投掷东西，很少打斗，速度通常很快，笨手笨脚的跟不上节奏。这些日子里，“触碰”犯规经常被判定，尤其是遭到触碰的人是联盟球星之一的情况下。

王朝、明星及其魅力

令人惊奇的是，自从20世纪20年代，职业篮球运动都以“蓝筹股”天才对每个股市大发展做出反应。在20世纪20年代，原先的凯尔特人是首批篮球明星。和所有伟大的牛市篮球王朝一样，凯尔特人队以一系列革新把篮球运动推向了新的水平。原先的凯尔特人队引入了传切战术、轮转盯人战术、持球转身策应。在持球转身策应中，球传给高位球员，高位球员转身投篮或者把球传给正切向篮下的空位球员。凯尔特人队有效地引入了以上战术，预示着下一个超循环的循环波浪III的伟大中锋时代。实际上，直到20世纪20年代，高度才被当作球员的重要特征。第一个高个天才是弗朗西斯·米汉（Meehan），6英尺7英寸的中锋，1919年参加比赛。当时，道琼斯指数即将开始奔向1929年的381点。在20世纪20年代，米汉一场比赛总共可以挣100美元，在当时是一笔巨款。乔·莱普奇科被看作是新一代的最佳球员。凯尔特人队球星乔·莱普奇科身高6英尺6英寸，乔·莱普奇科说人们觉得他有点畸形。

在20世纪30年代早期，道琼斯指数暴跌，职业篮球运动一落千丈，在20世纪30年代就没有冠军。而且，业余篮球比赛火爆。在球场上，重大突破是单手投球。斯坦福大学的汉克·卢赛迪（Hank Luseitti）首先在1937年的股市高点令麦迪逊广场花园的群众叹为观止。乔·佛克斯（Fulks）在1946年下一个股市高点引入了跳投。佛克斯领着他的费城球队获得了冠军，每场平均得分达到了23.2分。对手们认为，有着这一新武器的佛克斯是“不可阻挡”的。但是跟未来的天才相比，佛克斯的业绩只是沧海一粟。佛克斯的投篮命中率是.305，只有当代联盟领袖的一半。

从1949年的低点直到1954年，乔治·米坎（Mikan）和湖人队赢得6个冠军中的5个。米坎身高6英尺10英寸，首先接近了当今大个子的高度，成为美国职业篮球联赛第一个赢得关注的伟大中锋。1954年，米坎退役。此后，联盟和股市进入了4年的稳定时期。从1955年春天到1859年，4支不同的球队获得美国职业篮球联赛冠军。在同一时间段里，道琼斯指数只增长了30点。10年内的积累收益是6%，但是发展稳定。从1958年到1966年循环波浪III高点，道琼斯指数翻倍，波士顿凯尔特人队主宰了美国职业篮球联赛，连续获得了8届冠军。凯尔特人队随着股市移动到了较高的平面，凯尔特人队把篮球技术提高到全新的水平。他们融合了块头、速度、带球能力、投篮，美国职业篮球联赛以前对这些闻所未闻。

他们完善了快攻，帮助整个联盟提高了得分。20世纪60年代，平均得分从79分提高到联盟记录107分。投球钟表的引入只有一个原因：大幅提高得分。还引入了其他元素：较好的鞋子和篮球、跳投取代双手原地投篮成了外围标准得分方法。凯尔特人队的明星是比尔·罗素（Russell），他是一长串运动巨人中的一个，这些运动巨人成了篮球运动的标志。威尔特·张伯伦（Wilt Chamberlain）比罗素晚入美国职业篮球联赛3年。张伯伦身高7英尺。许多人认为，张伯伦是篮球运动历史上最伟大的球员。显然，张伯伦创下了篮球运动中最佳的全面个人表现。他们都出现在股市波浪④和⑤之中，股市波浪④和⑤结束于道琼斯指数1000点。从1959年到1966年，张伯伦连续赢得了7次得分王（1959年-1966年）。张伯伦还总共抢下了24，000个篮板。在1961年-1962年，张伯伦平均每场比赛抢下25.7个篮板和50.4分。1962年3月2日，张伯伦当场比赛得到100分。此时位于股市主要心理顶点，就在1962年的暴跌之前。

跟其他事件相比，张伯伦和罗素以及凯尔特人队的竞争更使美国职业篮球联赛达到了新的地位，成为最受欢迎的冬季运动。冲突继续进行，直到罗素于1969年退役，比价值线综合指数的13年高点早了5个月。1969年还标志着凯尔特人队光辉岁月的正式终结，罗素任教练的凯尔特人队仅仅又赢得了一次冠军。

在球场上和股市里，20世纪70年代是个混合体。篮球运动的天才储备依然丰富，然而，社会情绪熊市却上演了一幕幕风云突变的好戏。在20世纪70年代里，没有一个美国职业篮球联赛冠军球队可以成功卫冕。1969年，卡利姆·阿卜杜勒-贾巴尔（Kareem Abdul-Jabbar）加盟。此后，7尺运动员更加常见，球员整体高度接近顶点。1968年，前凯尔特人队球员和职业教练乔·莱普奇科指出，球员所需的技术已经近乎完善。

根据最确切的标准，较高的股价、超循环牛市的第五个也就是最后一个波浪开始于1974年12月。发展的第五个波浪的性质更多地表现为打球风格的精炼，而不是任何大不相同的技能或者技术的引进。所需要的是篮球运动情绪的解放大约开始于1974年低点附近。朱利叶斯·埃尔温（Julius Erving）的高飞扣篮揭示了这一新情绪。“我的运动是在空气中，”埃尔温说。或者，就像他的一个教练说的那样，埃尔温“是第一个飞人；他开创了篮球运动的新时代。”

早期的球员很少能够扣篮。在20世纪40年代，许多球员能够扣篮，但是很少有球员去扣。“那时候，扣篮是出洋相。”1948 年加入职业篮球运动的球员兼教练亚历克斯·汉纳姆（Alex Hannum）解释。“今天是表现的时刻。”扣篮流行于 20 世纪 50 年代和 20 世纪 60 年代，但是，直到埃尔温出现的时候，扣篮就是一种有效的得分手段，而不是挑战万有引力的表演。在 20 世纪 60 年代，球员从不随意蹦跳。那个时代最伟大的组织后卫奥斯卡·罗伯逊（Oscar Robertson）展示了一种更谨慎的方法。他要求球员“如果不知道怎么处理球，绝不要起跳。”

然而，在 20 世纪 70 年代后半段，篮球运动作者指出，越来越多的年轻球员“选择跃起带来的乐趣和未知，以便创造一种局面，并在完全飞起来的时候决定如何处理球。”1967 年，大学篮球比赛认定扣篮违规；1976 年又允许扣篮。

定值美元于 1982 年接近 16 年的低点，篮球运动处境坎坷。篮球运动纯粹主义者没有接纳新的较为自由的风格。比如，朝向“扣篮”的新趋势被看作与美国篮球协会合并的副作用，而没有被看作一个非常积极的影响。“扣篮展示了球员纯粹的运动技能，促成了一些伟大的最精彩的电影短片，但是，这一完全开放的个人表演与结构严谨的团队配合格格不入。”在过去，团队配合是伟大球队的特点。《体育画报》（Sports Illustrated）1978 年的一个标题写道，“歪风邪气肆虐于美国职业篮球联赛，但不完全是个坏事（There's An Ill Wind Blowing For the NBA）。”电视，“关注蔚为奇观的扣篮，扣篮是场地球的象征。一遍又一遍地重复播放，避开对团队配合那错综复杂细节的解释。”在《职业运动队历史》中，20 世纪 70 年代后半部分被记录成美国职业篮球联赛的“重大烦恼”时期。问题是熊市的典型文化表现形式：“极端自私”、“暴力”、“毒品”。在 1980 年-1981 年，23 个美国职业篮球联赛球队中的 16 个亏损，现场观众人数下跌了 100 万。

朱利叶斯·埃尔温上升为篮球偶像，象征着牛市的缓慢出现。他在 1971 年-1972 年赛季进入了职业球类运动，在结构松散的美国篮球协会里的一个相对默默无闻的弗吉尼亚球队。在 1972 年，道琼斯指数第一次收盘于 1000 点以上。1976 年，道琼斯指数第二次超过 1000 点，埃尔温为美国篮球协会的纽约球队赢得了冠军，然后随着美国篮球协会与美国职业篮球联赛的合并，埃尔温水涨船高，加入了费城 76 人队（Philadelphia 76ers）。费城 76 人队是一个成熟的美国职业篮球联赛球队。“我们得到了篮球运动的巴贝·鲁思（Babe Ruth），”76 人队总经理说。在整个 1980 年-1981 年赛季，道琼斯指数在 1000 点关口上下移动，埃尔温获得了第一个也是唯一一个美国职业篮球联赛最有价值球员（MVP）奖。1982 年-1983 年赛季开始的时候，道琼斯指数永久性地刺穿 1000 点，埃尔温再接再厉获得第一个也是最后一个美国职业篮球联赛冠军。

相反，两个主要明星统治着 20 世纪 80 年代。从一开始，这就像是个牛市。拉里·伯德（Bird）和魔术师约翰逊（Magic Johnson）登上了舞台。在“激烈和凶狠”方面，拉里·伯德和魔术师约翰逊之间的竞争无法和罗素/张伯伦之间的竞争相比，但是，人们有时认为拉里·伯德和魔术师约翰逊之间的竞争拯救了美国职业篮球联赛。然而，赋予篮球运动生机与活力的又一次是股价所反映的社会情绪的明显上升趋势。道琼斯指数达到 1980 年 3 月低点 729 点 3 个月之后，月约翰逊领导的洛杉（L. A.）矶湖人队赢得了第一个冠军。伯德的凯尔特人队 1981 年夺冠。1982 年初，湖人队再度夺冠。此后，埃尔温夺冠。在职业层面上，直到 1983 年-1984 年赛季结束，伯德和约翰逊之间的竞争才正式实现：自从凯尔特人队的光辉岁月，20 世纪 50 年代和 20 世纪 60 年代的两大王朝湖人队和凯尔特人队第一次在决赛中相遇。拉里·伯德和魔术师约翰逊之间的首次大联盟摊牌吸引了美国职业篮球联赛历史上最多的电视观众并在 20 世纪 80 年代定义了篮球运动。伯德和约翰逊身高分别是 6 英尺 10 英寸和 6 英尺 8 英寸，是篮球运动历史上传球最好的大个子。“对于联盟来说，伯德和魔术师之所以如此出类拔萃，一个原因是二者的能力幅度。他们可以精妙地得分和分球。以前，只有哈莱姆环球旅行者队（Harlem Globetrotters）在表演赛痛扁鱼腩之旅时才能做到。”从 1980 年到 1988 年，湖人队和凯尔特人队赢得了 8 次冠军（3 次是波士顿凯尔特人队，5 次是洛杉矶湖人队。）1987 年决赛中，湖人队击败凯尔特人队，最终成为那个 10 年的主宰。据《球队历史》（Team Histories）记载，当时“‘花式’篮球达到了顶点”，湖人“就是其中的佼佼者，湖人擅长快节奏西部赛区（Western Conference）篮球运动，让联盟耳目一新”。

1987 年的股市暴跌与联盟的新力量底特律（Detroit）“坏孩子（Bad Boys）”同步出现。活塞队（Pistons）“球风粗野，热衷身体对抗，就像回到了从前。”《球队历史》描述了篮球运动那截然不同的对比，就像道琼斯指数的差异一样，一个对比点是 1987 年 8 月的 5 年之前，另一个对比点是 1987 年 8 月之后的 3 年零一个季度（250%的上涨对比 15%的下跌）。“魔术师和伯德之间的竞争、二人球队之间的竞争，赋予了篮球运动新的活力。”两个球队之间的较量一点都不丑陋，也根本不存在仇恨。两个球队比拼的是技能和才华，一直展示着篮球运动的最佳一面。然而，对许多人来说，活塞队展示的是篮球运动最差的一面。”1988 年，在紧张的 7 场系列赛的最后一场，洛杉矶湖人队以3分的优势击败了活塞队。第二年，湖人队的统治结束了，球队连输4场。“坏孩子”一直统治着那一年的股市校正，并在1990年再度夺冠。活塞队的统治与10月的底部一起在事实上终结。

1990年-1991年赛季，芝加哥公牛队（Bulls）冉冉上升的明星让其他明星黯然失色。公牛队比活塞队提前10场结束了那一年，然后在季后赛以4比0横扫对手。在1991年、1992年和1993年，公牛队包揽了所有的3个冠军。直到1966年，凯尔特人队8连冠。公牛队是此后第一支3连冠的球队。（仅有的另一个3连冠球队是明尼阿波利斯湖人队。湖人队的3连胜延续到1954年，道琼斯指数最终在1954年超过了1929年的高点。）1996年春季，公牛队好像与道琼斯指数严丝合缝，胜率创下历史之最，以历史上最多的72场胜利结束了该赛季。以前的记录是1972年由湖人队创下的69场胜利。在1972年，道琼斯指数屡创新高。

别管是什么原因，当道琼斯指数高歌猛进、屡创新高的每个时期，都会有一个职业篮球王朝在社会情绪的高潮盛极一时。公牛队统治着1932年以来超循环级数牛市的最后一个大波浪，这表明篮球运动和股市之间的联系有多么密切。公牛队这个名字让呼哧呼哧的大红牛印上了全美的帽子、T恤衫、保险杠。公牛队这个名字象征着篮球运动和股市之间鲜明普遍存在的联系。怀疑论者可能会说这只是另一种巧合，但是芝加哥职业篮球运动的历史表明这不是空穴来风。在20世纪60年代早期，芝加哥的美国职业篮球联赛球队称作包装工队（Packers）。球队艰难度日，业主们努力用一个新名字来修补球迷的冷漠。和风队（Zephyrs）撑了不到一个赛季。1966年，道琼斯指数达到了大顶点，美国职业篮球联赛回到了芝加哥。作为公牛队，职业篮球运动最终在芝加哥存活了下来。即使有，也只有很少的球迷发现了自己对公牛队的热爱和对共同基金投资组合的热爱存在任何关系。集体心理状态就是这样：无处不在——或许甚至富有诗意——所以大多数人辨认不出来。

迈克尔的缩影

要更细致地阐述社会情绪的运动表现形式，就要考虑迈克尔·乔丹的职业历史。1982年，乔丹首次进入文化意识，牛市在这一年启动。作为北卡罗来纳州（North Carolina）的大一新生，他在最后16秒命中一球，获美国大学体育总会（NCAA）的大学冠军。1984 年，他加入公牛队，被称作年度最佳新秀（Rookie of the Year）。1987 年，道琼斯指数位于大高点 2723 点，他获得第一个最有价值球员奖，单赛季平均每场得 37 分，达到了威尔特·张伯伦以来的最高水平。迈克尔·乔丹终生的平均得分超过了每场 30 分，达到了历史最高纪录。

作为实际上薪水最高的运动员和麦迪逊大道（Madison Avenue）最多产的代言人，乔丹的形象也被锁定在股市上。在图 3 中，两个时运一起涨跌。乔丹的父亲受到赌博指控，后来又去世了。在这些打击之下，乔丹在 1993 年-1994 年赛季之前退役。这段隐退经历与市场校正完全一致。1995 年 3 月，乔丹复出，道琼斯指数同时越过 5000 点。两年前使乔丹退出篮球比赛的痛苦个人经历几乎烟消云散。原因不是乔丹是完美的；人们还是认为他有这样那样的毛病，但是“对乔丹的指责并不长久，”《体育画报》在最近的一幅人物图片中指出。为什么？因为乔丹享受的“热爱，使指责无从下嘴。”在 1996 年秋季，道琼斯指数连创新高，突破 6000 点，乔丹使公牛队获得了历史上最好的开局。乔丹声名卓著，首次以明星的身份在一部影片中露面。《华尔街日报》把这部影片称作“终极商业电影”。“迈克尔是超人，平实、简单。”《体育画报》这样推断。“触碰一下小迈克尔·乔丹，就是触碰一下成功的香味，”一个标题为“迈克①那样的气息（Smell Like Mike）”的新闻文章这样宣称。满身臭汗的运动员那样的气息？只有明星因素可以解释乔丹人气的深度。《艾略特波浪理论家》观察了牛市中对明星的喜好。作为篮球运动中最伟大的明星，乔丹象征了牛市的幸福和能量，20 世纪 50 年代初的乔治·米坎如此，20 世纪 60 年代的比尔·罗素如此，20 世纪 80 年代的魔术师约翰逊如此，牛市都是这样。

波浪和方法

在单一个体表现中，群体情绪波浪如何表达自己？作为波士顿凯尔特人队在 20 世纪 60 年代的中锋，比尔·罗素是篮球运动历史上最好一支球队里最有价值的球员。在比尔·罗素的自传里，比尔·罗素提供了一些言论，这些言论或许可以解释一个牛市运动如何在当个参与者的行动中表现自己。他对一场大赛的氛围进行了描述：一种魔力围

① 迈克（Mike）即迈克尔（Michael）的昵称。译者注。

绕着球迷、教练、双方球员、“甚至还有裁判”。“对我来说，关键是两支球队必须在顶点比赛，必须竞争。凯尔特人队不能单独这么做……这一神秘的情绪通常伴随着联盟中和我们竞争冠军的较好的球队……这一神秘情绪的开始经常是，场地上 10 个球员中的 3 个或 4 个热了起来；这些人会是刺激因素，他们几乎总是联盟的明星。比如，如果我们在跟湖人队比赛，那么，【杰里（Jerry）】·韦斯特和【埃尔金（Elgin）】·贝勒和（鲍勃）·库奇（Cousy）或者萨姆（Sam）·琼斯和我就足够了。情绪会传染给其他球员，我们都会兴奋起来。然后比赛才会好转，会有自然的涨落提醒你篮球运动可以多么有节奏和音乐。”

罗素说他从未向队友承认下面的情况，但是，在这种时候，跟到达这一较高的平面相比，胜利本身已经不那么重要。“在 5 个或者 10 个情况下，当比赛在这一特别的水平上结束时，我几乎并不关心谁赢得了比赛。”

在极低水平上打球的球员也报告了类似的感觉。论说文作者和校园球员约翰·博（Boe）写道，“大家喜欢谈谈篮球运动的节奏和流畅。而且，在打篮球的时候，你确实随着群体心理感觉到了节奏、流畅。我打篮球是为了经历这些感觉到节奏的时刻，与其说是我控制了节奏，不如说节奏控制了我。”

篮球运动的结构产生了“支配舞蹈”，乔治·喀瓦克斯（Kovacs）在《篮球运动精神之美》（Hoops Zen）中写道。“作为一种精神自我发展媒介，跟其他运动相比，篮球运动的明显优势是向上奋斗的理念——理想……尘世之实体对万有引力以及其他沉重的世俗限制进行不受限制却又具有纪律性的挑战。詹姆斯·奈史密斯的观念是在距地面 10 英尺的地方悬挂一个装桃子的篮子来调笑揶揄心存妄想的运动员。这个观念是神来之笔，强迫篮球运动员也提高努力程度和目标。在很大程度上由于‘向上奋斗’，没有别的运动，也没有别的体育活动——或许没有别的人类活动——允许、鼓励、促进、需要诗歌、人体像圆圈那样进行诗意运动。”我们认为，向上奋斗的理想来自社会情绪而且也在上涨中的股价里表现了出来。

篮球运动看涨本质的另一个要素可能是篮球的焦点重要性。博曾经指出，篮球比赛的新闻图片如何捕捉停留在篮筐上的篮球，球员和球迷的眼睛都盯着篮球。“当比赛在电视上播放时，千百万只眼睛盯着同一个球。这是一个集体精神经历；集体意识被一件东西——篮球——结合在了一起。篮球充当了西藏（Tibetan）联系和冥想系统中的坛场，关注个体心灵，融合群体意识。”

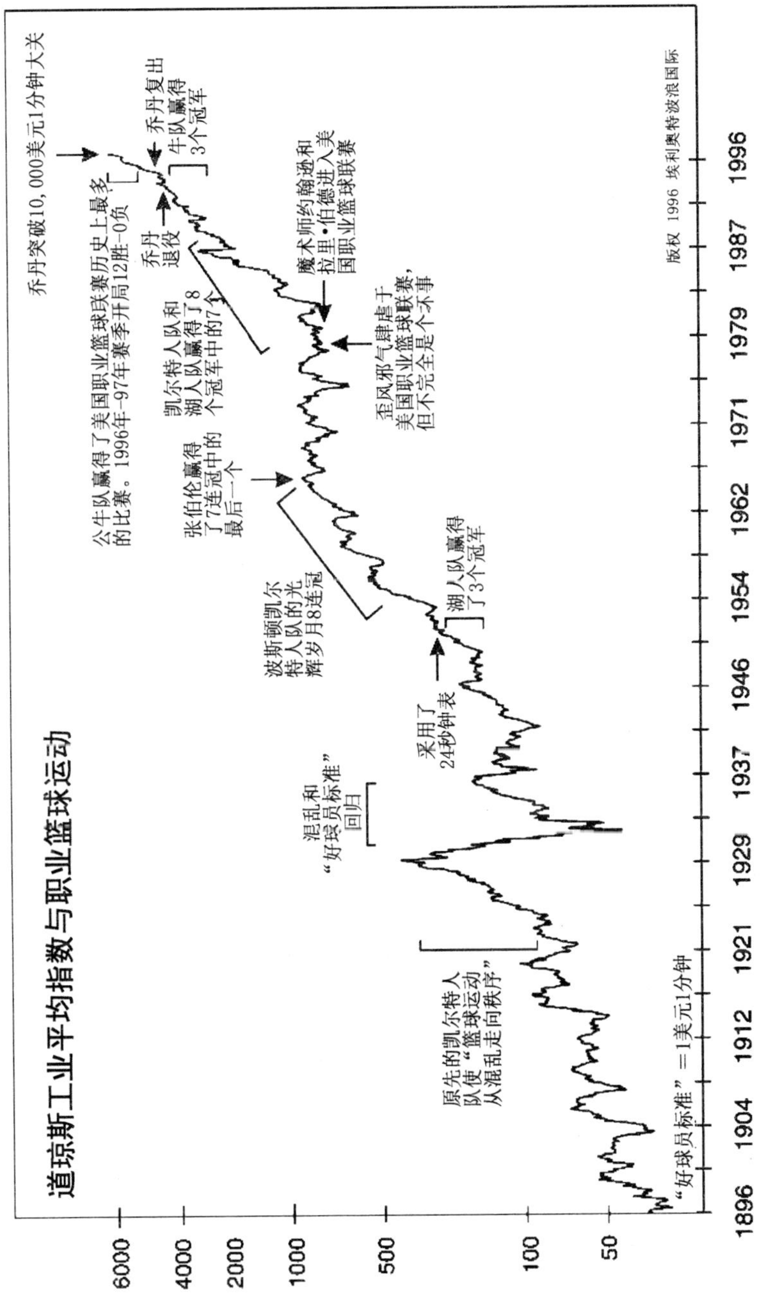

图3

根据波浪原理，我们处于二百多年的大超循环级数牛市之中，所以难以想象熊市运动会是个什么样子。我们想象拳击那样的东西，那是人与人之间的对抗。没有什么球可以取代人类的自然敌对行为，没有篮圈可以让我们关注生存之外的任何较高尚的事业。

罗素告诉我们，处于最高水平的篮球运动不会让大家相互斗争。最高水平的篮球运动是，技术和智力和团队合作把一个橡胶球投进一个触手不及的圆形球篮。对于真正的熊市运动，我们怀疑根本就不能说胜利无关紧要，而罗素曾在篮球运动的顶点这么说过。早在哥伦布到达美洲之前，球类运动就在美洲有着一席之地。各种各样的部落用圆形橡胶球玩不同的游戏。一个奥加拉苏族（Ogala Sioux）祭司黑驼鹿（Black Elk）把一个仪式描述为“扔球”。他说，仪式是这样：把一个圣球奉献给 6 个方向——“北、南、东、西、上和下。”圣球是一个灵魂，“存在于每个方向以及世界上的任何地方”。然后一个野牛犊把球推到一个人面前，说，“这一宇宙实际上属于两条腿的生物，所以我们这些四条腿的不能玩球……如果两条腿的人净化并羞辱自己，那么就只有两条腿的人会成为与”圣球“同在的人”，“或者成为了解”圣球“的人”。

底线

波浪原理的一个最大益处是，波浪原理促成这种宇宙问题。另一个是，这些宇宙问题当中没有一个需要为投机者做出回答，以便让投机者从社会情绪变化中牟利。

比如，1992 年 11 月，《艾略特波浪理论家》说明，在波浪原理的帮助下，文化研究如何牟利，指出，“有理由相信【棒球卡】价格刚和球迷的情绪一起达到了‘尖峰’。”在 3 个月的时间里，棒球卡生产商托普斯公司的股份减半，20 世纪 90 年代棒球卡大破产正在进行。1996 年 7 月的《体育画报》的卡片市场报道描述了教科书式的投资泡沫。在上涨过程中，“有一个观念认为运动卡片供不应求，”“二级市场爆炸”而且“需求显得无法满足。”接着“许多制造商出现，业余爱好者商店像花粉一样蔓延。”供应过度、华尔街的宣传、“联盟的贪婪”，据说这三者结合起来把市场推下了悬崖。最后，出现了全国范围内的“抛售狂潮”和生产商“汰弱留强”。“要描述发生的事情，暴跌不是一个太强的单词。”

这篇文章和 1996 年秋季的其他文章认为棒球运动和卡片市场正在反弹。它们引用了下列情况：棒球运动现场观众人数的回升、棒球运动员新的历史高点合同数量、一个棒球卡创纪录的购买价 645，000 美元、美国职棒大联盟新的劳动协议。这些情况确实反映了牛市的持续影响，但是，从总体来看，顶点已经离我们而去。11 月版次的《艾略特波浪理论家》指出，1996 年的棒球运动现场观众人数依然低于 1993 年历史高点

14%。1993年，我们给出了一个90年棒球运动现场观众人数图，并指出明显的5波浪结构终结。这一形式意味着棒球运动人气3年之久的高点不会被超出太多。在另一方面，篮球运动牛市依然在进行。《体育画报》之所以预料卡片市场会突然好转是部分基于一个事实："篮球卡是增长最快的部分。"这一报道的证据所表明的情况与文章的含意相反。篮球运动，而不是卡片交易市场，可能会朝着另一个方向逆转。

我们1992年11月对棒球运动的利益给出了建议，可以做如下解释：如果你是投资者，从篮球卡中获利。如果你是运动员，签订长期合同。如果你是业主，出售你的俱乐部。孩子们很快就会用棒球棒交换头盔（或者冰球、足球或者将要到来的更加野蛮的运动的装备。）如果你是球迷，准备好在市场向下之后不断抱怨篮球运动。

篮球运动的顶点即将到来，原因如下：美国职业篮球联赛扩张到历史高点29支球队；增加了两个新的职业联盟；奥林匹克梦之队（Olympic Dream Team）具有绝对的统治力并在全世界大受欢迎；公牛队与美国职业篮球联赛的诉讼得以解决，"数量空前的公牛队比赛得以在免费电视频道上播放"；女子美国职业篮球联赛开始；股价可能达到长期顶点，篮球运动一片兴奋。

围绕着篮球运动最亮明星的欢欣之情尤其强烈。去年5月，公牛队完成了篮球运动历史上最伟大的赛季并在顺利通过了季后赛，飘飘欲仙的氛围笼罩着乔丹。只有一小批纳斯达克股票周围的氛围才超越了乔丹周围的氛围。《今日美国》6月19日一篇文章的标题是《迈克尔·乔丹比篮球运动更大：他是流行偶像》一个运动心理学家说，球迷"崇拜迈克尔·乔丹就像崇拜宗教人物一样虔诚。"另一个作者援引循环波浪III的明星的名字，把乔丹称作"带翅膀的黑埃尔维斯"。在过去，《艾略特波浪理论家》成功的使用重大合同（比如迈克尔·杰克逊在1991年3月与索尼公司签订的合同）来确定接受者人气的重大趋势变化。乔丹1996年的合同达到了3000万美元，是历史上最高的。乔丹在半个小时的时间里通过电话谈妥了交易。这个数字比其他球队获批支付给所有球员的薪水还多580万美元，是好球员标准1美元1分钟的10，417倍。两个其他球员最近签下了价值1亿多美元的长期合同。历史表明，职业篮球运动的下一个合并会滞后于道琼斯指数下跌，但滞后不多。当人们的注意力从这一"牛市运动"转向更暴力的活动时，薪水、现场观众人数、球队数量将无疑会伴随市场下跌。

关于篮球运动的这一报道的价值也可以体现在另一个方面：在这整个世纪里，当篮球运动热情奔放时，股市遭遇了艰难时代。篮球运动的"顶点"信号是股票的顶点信号。

和在股市里一样，对于篮球运动兴高采烈的情绪掩盖了内在基本弱点的迹象。它们包括联盟球星老化，得分突降，今年截至目前投篮命中率暴跌至44.4%，至少8年里的最低总分。在另一个让长期观察家困惑的发展中，美国职业篮球联赛裁判突然吹起了走步。走步就是在不运球的情况下多前进了一步。“多年来，美国职业篮球联赛中的走步就像闯红灯乱穿马路——非法但一般能够接受。现在不行了……甚至在走步方面给予超级巨星更多自由的潜规则也不复存在。”这一原来的规则的实行是一个微妙但深刻的趋势变化。刚开始时，是1932年的10秒规则。这一原来的规则违犯了长期的传统：通过限制得分手而不是支持得分手来开展比赛。其他的规则都降低了比赛水平。越来越年轻的球员的扩张和进入使篮球运动的天才储备乏善可陈。作为一个明星，查尔斯·巴克利（Barkley）最近说，“联盟中只有5个好球队。其他的不堪入目。”最终，1996年赛季的头22场比赛门票收入下跌。

非球迷不应该无视这些发展。股票牛市已经长期持续，因此有许多外在证据表明篮球运动和股票市场都依赖上涨中的社会情绪。一个例子是《养老金和投资》（Pension & Investment）杂志的社论，要求乔丹代言一批共同基金，这批共同基金教育孩子如何投资股票。《养老金和投资》建议乔丹告诉孩子们他们可以利用股票投资的收益来购买耐克运动鞋，以便怂恿孩子们进入市场。股票躁狂和篮球运动躁狂的这一填鸭式教育是基于错误的信念：上涨中的情绪是永久的生活事实。幸运的是，对于投资者来说，这一信念根深蒂固，因而提供了一个牟利方法：抓住篮球运动即将到来的下跌的迹象。第一，这是个信号，表明股价的整个熊市就要到来，事实可以证明这个警告是非常有价值的。更具体地说，人们可以考虑耐克公司（Nike Inc.）股份的含意。耐克公司最近支付了4000万美元购买了高尔夫球新秀泰格·伍兹（Tiger Woods）的权利。此前，耐克公司的股价经历了10年的上涨，上涨了五十多倍。这一上涨得益于乔丹和其他牛市明星的功劳。伍兹的合同代表了一种史无前例的意愿：在下一个牛市明星身上投机。“压缩空气”耐克是扩张期待心理的财政体现。当泡沫破裂时，下一个大笔利润会落在耐克卖空者手里。

即将到来的趋势变化

当今社会情绪趋势变化的大超循环级数表明篮球运动会出现大折回。篮球运动可能会在熊市中生存下来，但是会转身向底部退步。当迈克尔·乔丹和大量其他长期明星退役或者变得效率低下的时候，趋势变化的第一个和最显著的迹象就会出现。《艾略特波浪理论家》认为，熊市中会需要更多的猥琐人物。基于这一看法，在美国职业篮球联赛不久的将来，丹尼斯·罗德曼（Dennis Rodman）而不是乔丹会成为行为榜样。罗德曼不是个得分手。他的专长是在对手努力得分时候令对方犯规。他展示出了荧光闪闪的头发、文身、男扮女装倾向、招惹对手的倾向。在新的动画片里，迈克尔·乔丹靠着团队合作拯救了美国职业篮球联赛。然而，罗德曼的信条是，“个性是人生最重要的事情。”这个赛季之后，明确的团队合作者们会被当作逝去时代的英雄来回忆。不久，橄榄球运动、冰球运动、足球运动或者其他的某个粗野运动会取代篮球运动，成为第一个运动。最终，球迷会变得敌对，打斗成为常态。最后，薪水会暴跌，球员的高度会下降。最后，新的联盟合并或者倒闭，几个美国职业篮球联赛业主破产或者离开，迈克尔·乔丹真正的继承人就会出现。当他上升时，历史会告诉我们，股市不会落后太远。

参考文献

Hill, Bob （1988）. *The amazing basketball book*: *The first* 100 *years*. Louisville, KY: Devyn Press.

Kovacs, George. （1968）. Hoops zen: The spiritual beauty of basketball. Lewiston, NY: Edwin Mellen Press.

Lapchick, Joe. （1968）. 50 years of basketball. Englewood Cliffs, NJ: Prentice Hall.

Neft, David and Cohen, Richard M. （1989）. *The NBA's official encyclopedia* 1891-1989: *Pro basketball*. New York: St. Martin's Press.

Pluto, Terry. （1992）. *Tall tales*. New York: Simon & Schuster.

Rudman, Daniel. （1980）. *Take it to the hoop*. Richmond, CA: North Atlantic Books.

Salzberg, Charles. （1987）. *From set shot to slam dunk*: *The glory days of basketball in the words of those who played it*. New York: Dell-Dutton.

肯德尔

《艾略特波浪理论家》

1999年4月30日

体育明星的斐波那契光辉岁月

有一点引人注目，在前后几个星期里，3 个主要运动的伟大、唯一人物——篮球运动的迈克尔·乔丹、冰球运动的韦恩·格雷茨基（Wayne Gretzky）、橄榄球运动的约翰·埃尔维（Elway）——都退役了。只有职业棒球运动置身于这一显著的趋势之外。或者是这样吗？棒球运动的乔·迪马乔（DiMaggio）最近去世了。人们称赞乔·迪马乔是传奇中的传奇，具有无与伦比的优雅和风度，是他们当中最有气派的一个。【注释：死于特德（Ted）·威廉斯的也得到了同样的赞誉。——编者。】值得注意的是，这一形式现在已经过时了，股市也表明“光辉岁月”几乎结束了。

——《艾略特波浪理论家》订户里克·彼得森（Rick Peterson）

这位先生通过阅读《艾略特波浪理论家》学到了很多。我们认为，这些趋势不是巧合，而是相互紧密联系的。这些人和他们的水平是牛市社会力量的产物。

这些明星之所以被人铭记，原因并不是他们登上了顶点，并在顶点站稳脚跟。但是，这个原因最能使他们星光灿烂。这些家伙参加的赛季数量正合适。对于乔丹和迪马乔来说，这个数字是 13。对于格雷茨基来说，这个数字是 21。完美的职业长度是不是一个斐波那契数字？为了接近答案，我们调查了其他历史伟人在各自运动中持续的时间，我们发现了一个明显的趋势：运动年数围绕着斐波那契数字。比如，在棒球运动中，历史上前十个运动员【根据《体育新闻》（Sporting News）的认定】的平均职业长度是 21.3 年。在冰球运动中，韦恩·格雷茨基打破了高蒂·豪（Gordie Howe）的得分记录，高蒂·豪参加了 35 个赛季，比斐波那契数字 34 多 1 个。这项运动职业还有其他无可争议的伟人博比·奥尔（Orr）跨越了 13 年。空前的守门高手（在胜利和输分为零的比赛中）是查理·索查克（Charlie Sawchuk），打了 21 个国家冰球联盟（NHL）赛季。当乔丹退役时，《今日美国》给出了一串最伟大的篮球运动员名单。这份名单表明，所有的最伟大的篮球运动员都打出了斐波那契赛季数，顶多多一年或者少一年。按照伟大的程度，迈克尔·乔丹（13 年）、威尔特·张伯伦（14 年）、比尔·罗素（13 年）、卡利姆·阿卜杜勒-贾巴尔（20 年）、拉里·伯德（13 年）、魔术师埃尔文·约翰逊（Earvin“Magic”Johnson）（13 年）、奥斯卡·罗伯逊（14 年）、杰里·韦斯特（14 年）。

需要指出的是，除了沃尔特·佩顿（Walter Payton）的 13 年职业生涯，在其他最伟大的橄榄球运动员之中，我们没有发现强烈的斐波那契相互关系。沃尔特·佩顿是橄榄球运动空前的进攻高手。《艾略特波浪理论家》在 1985 年指出，橄榄球运动与棒球运动和篮球运动不同，橄榄球运动是“熊市”运动。在这点上，可能有所不同。

通过对比他们的生产力，一些最好的运动员揭示了一个非常具有人类特点的趋势：耽溺与伟大之处。巴贝·鲁思是最好的例子。在红袜队（Red Sox）和扬基队（Yankees）度过了 21 个斐波那契光辉赛季之后，他跳到了国家联盟。在国家联盟，他有 6 个本垒打，并在 1935 年为勇士队打了微不足道的 .181。在第 21 个赛季，作为勇士队的一员（Brave），汉克·阿龙（Aaron）打破了巴贝·鲁思的本垒打记录。此后，他在密尔瓦基酿酒人队（Milwaukee Brewers）度过了两个易被忘记的赛季。威利·梅斯（Mays）在巨人队（Giants）打了 22 个赛季，在历史排名榜上仅次于鲁思位居第二。但是，当他在最后一个赛季回到纽约和大都会队（Mets）的时候，报纸依然在讨论发生了什么。“看到威利·梅斯在 1973 年的世界职业棒球系列赛错失腾空球，让人肠胃痉挛，”4 月 26 日版次的《今日美国》说。这一证据表明，当一个伟大的球员选择打超自己的斐波那契数字时，他的能力迅速下降，迫使他在下一年放弃。

急流勇退是最好的行动。急流勇退可能不像得分纪录那样光彩照人，但是乔丹和格雷茨基英明地拒绝了许多再打一个赛季的刺激。乔丹的退役使芝加哥公牛队丧失了所有竞争的希望，使芝加哥这座城市损失了 10 亿美元，使自己的继承人损失大大超过了三千多万美元。据说，格雷茨基本人的妻子努力劝他再打一个赛季。这些明星之中的许多人都能顶住压力，再一次展示了伟人的与众不同。（要了解如何安排你的隐退时间，请阅读《波浪原理高级教程（上）》第 316 页至 318 页。）

【注释：杰克·韦尔奇（Welch）退休之前在通用电气公司（General Electric）工作了 34 年，担任了 21 年的首席执行官（CEO）。披头士乐队制作了 8 年的畅销录制品，然后解体。我们怀疑，我们对于篮球运动名人斐波那契持续时间的言论可能也适用于所有类型的“牛市”名人。——编者。】

肯德尔

《艾略特波浪金融预测》

1999 年 8 月 27 日

另一个本垒打年

1986 年和 1987 年通向了 1987 年的暴跌。自从 1986 年和 1987 年以来，本垒打总数（去年是 5，064 个）的新纪录很可能会在连续的年份创下。本垒打比去年的速度多 11.1%。除此之外，马克·麦圭尔（McGwire）和萨米·索萨（Sammy Sosa）在重演去年的本垒打比赛。但是，“并没有本垒打躁狂席卷全国——肯定不像上个夏季。”“本垒打变得随处可见，”鲍勃·科斯塔斯哀叹道。有一天，人们仅仅注意到麦圭尔在连续 4 年打出 50 个本垒打，“创下了又一个难以置信的”纪录，但是，报纸甚至给出了这样的标题，“慢性里程碑疲劳”。“在极短的时间内，创下了太多的棒球运动纪录，美国公众已经失去了兴趣。”这是社会情绪分歧的另一个文化表现形式，4 月的《艾略特波浪理论家》文化趋势部分谈到了这一点。这一分歧实际上伸展回了 1992 年-1993 年。当时，基于 5 波浪、长达一个世纪的现场观众人数形式，我们预测棒球运动现场观众人数会逆转。对于每场比赛来说，1993 年的高点并未被超过。

下图来自《今日美国》封面故事，关于球迷对历史上最伟大本垒打表演的“冷漠”反应。这幅图表明，业绩会最终跟上球迷兴趣的缓慢发展熊市。这幅图表明，按照 10 年的时间段，本垒打牛市已经勾画出了自己的 5 波浪形式。高点是低点 2.618 倍这个事实强化了一个事实：这是 10 年中的顶点。

就像我们说过的那样，在文化领域，5 波浪的完成导致了风格和业绩的变化，只是因为“时候到了”。强击手会疲劳并停止打出本垒打，就像球迷变得懒得一看。在 4 月，《艾略特波浪理论家》指出，最伟大的运动员好像有个生物钟，几乎可以神奇地反映社会情绪的群体变化。因此，他们“登上了顶点，并在顶点站稳脚跟”。

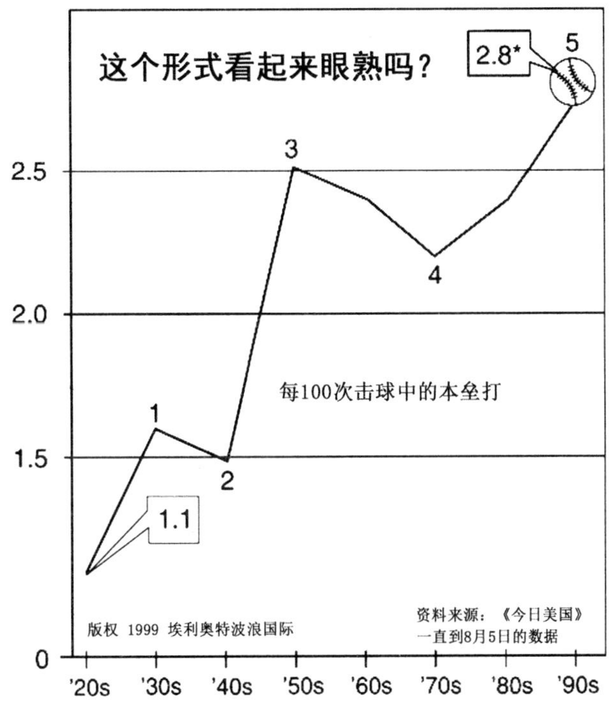

8 月，我们的退役伟人名单上又增加了两个。底特律雄狮队（Lions）跑卫（running back）巴里·桑德斯（Sanders）和网球冠军施特菲·格拉夫（Steffi Graf）（无疑是历史上最伟大的女网运动员之一）“震惊了”体育界，因为他们退役了。桑德斯退役了，尽管他能成为这一年橄榄球运动空前的奔跑领袖。在 5 月赢得了第 22 个大满贯赛事之后，格拉夫就决定退役。和迈克尔·乔丹一样，1982 年在牛市起飞的时候，格拉夫转入职业比赛；并在 1987 年赢得第一个大满贯赛事之后，成为统治力量。格拉夫还是网球运动中第一个打满斐波那契 377 周的女运动员，创下了纪录。但是，当“乐趣停止的时候，施特菲·格拉夫像最近几个月的许多超级明星一样告别了。‘我就是觉得该离开了。’”

【运动成就在牛市中屡创新高，同样，运动失败也在熊市迭创纪录。比如，一个投手遭遇的空前击打纪录出现在了一个 17 局比赛之中，一个不幸的投手准许了多达 29 次击打得分。时间是 1932 年 7 月。就在这个月，迄今为止美国历史上最大的熊市触底。——编者。】

肯德尔

《艾略特波浪金融预测》

2000年2月4日

职业摔跤和牛市

2月7日《新闻周刊》的封面文章问道，“在有线电视、录像、玩具和书籍中”职业摔跤为什么“位居第一。”《艾略特波浪理论家》在15年前回答了这个问题。早在1985年，《艾略特波浪理论家》解释，职业摔跤“善恶分明”在牛市受人欢迎。确定的道德观念和英雄伴随着牛市；模糊的道德和混合英雄伴随着熊市。实际上，就像《新闻周刊》所描述的那样，世界摔跤联盟（World Wrestling Federation）的历史与牛市的历史平行。

新时代开始于1982年（这一年出现了通货膨胀-调整股价低点），文斯·麦克马洪（McMahon）控制了公司，并开始扩张。“在20世纪80年代中期，世界摔跤联盟变得比以前更受欢迎。1987年在庞蒂亚克银色巨蛋（Pontiac Silverdome）的一场表演卖出了93，000张票。然后麻烦来了。”持续时间略长于1990年的股市校正。自从1996年，“摔跤躁狂”和股票躁狂在某些方面实际上变得无法分辨。有好人也有坏人的“摔跤躁狂”爆发，成为有线电视娱乐的主流形式；有“好人”（多头）也有“坏人”（空头）的股票躁狂爆发成为电视网娱乐的主流形式。世界摔跤联盟（WWF）把这两种趋势结合在一起，现在是公开交易股票，市场资本化达到了10亿美元。

2月5日，世界摔跤联盟总裁，麦克马洪出现在消费者新闻与商业频道（CNBC）并宣布了一项新的计划，要扩张到职业橄榄球运动。麦克马洪说，“我认为我们不会失败。”“表演者可以挣500万美元，加上优先认股权，”《新闻周刊》报道。在一个见解深刻的幕后说明中，《新闻周刊》引用了一位资深摔跤手的话，这位资深摔跤手吹嘘自己的投资业绩。另一位摔跤手扮演可爱的人类（Mankind）和红脖子变态凯克特斯（Cactus）·杰克，说，“当一个新人加入的时候，我努力给他金融指点。”他还写了一本书，位于《纽约时报》非小说排行榜第3名。他的劲敌岩石（Rock）也有一本书，在1月30日排名第一。保罗·蒙哥马利（*Universal Economics*，Legg Mason Wood Walker，

Newport News, VA）已经指出，这些书籍地位表明“对于职业摔跤的公众兴趣已经登峰造极。”这一情绪也精确地反映了股市的人气水平。

肯德尔

《艾略特波浪金融预测》

2000 年 3 月 3 日

篮球运动的顶点

1996 年 12 月，《艾略特波浪理论家》发布了特别报道，“篮球运动和牛市”，断言，“篮球运动是终极牛市运动。”这一报道的最大一部分是 4 页的一节，《王朝、明星及其魅力》，开头是，“令人惊奇的是，自从 20 世纪 20 年代，职业篮球运动都以“蓝筹股”天才对每个股市大发展做出反应。”这篇报道勾画了 75 年的相互关系历史，并以关于迈克尔·乔丹的一大段结束。“要更细致地阐述社会情绪的运动表现形式，就要考虑迈克尔·乔丹的职业历史。1982 年，乔丹首次进入文化意识，牛市在这一年启动。”从他命中制胜球成为全国冠军的那一刻起，他的职业生涯就与牛市达成了神秘的一致。

2000 年 1 月 14 日，道琼斯指数达到了历史高点，作为“牛市的幸福和能量”的体现，乔丹给自己举世无双的遗产增加了最后一个完美的荣誉。乔丹成为球队业主。世上最伟大的公牛队队员现在成了奇才队（Wizard）领袖，完全控制了美国职业篮球联赛的华盛顿奇才队。在和今天的股市类比时，乔丹可能是个蓝筹股，在大盘下跌的时候创造了个人的新高。去年，电视收视率遭到罢工的打击；今年比去年下跌了 15%。第一届没有乔丹的美国职业篮球联赛全明星赛收视率下跌 35%。显然，蓝筹股运动员和蓝筹股一样，最后才随着社会情绪的下跌而下跌。

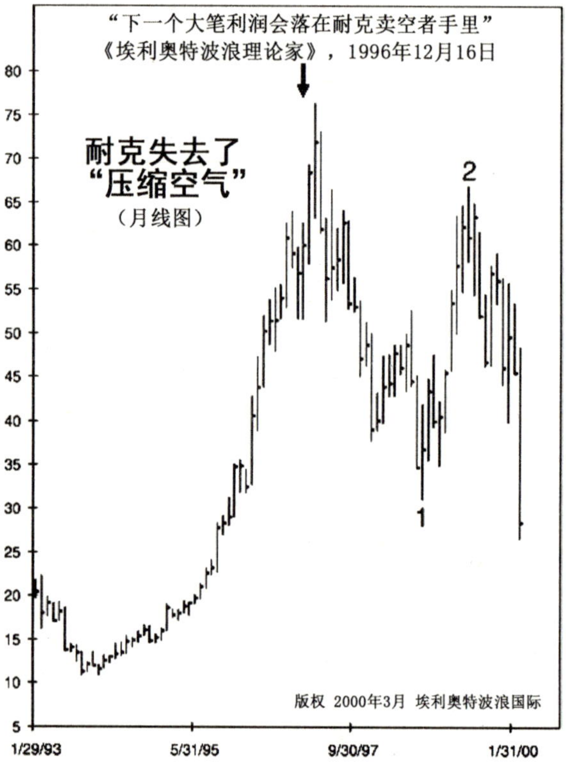

篮球运动时运的基本趋势已经下降了一段时间。下一页的耐克股票图说明了这一点。在1996年篮球运动特别报道的“底线”中，我们说道，“‘压缩空气’耐克是扩张期待心理的财政体现。”我们当时的建议表现在了图中。尽管价格下跌了50%还多，耐克股票好像还是处于第三个波浪向下，意味着还有许多下跌空间。“对于大牌运动员，人们有点痴迷，肯定存在一个远离他们的趋势，”一个运动商品行业高级职员说。对于明星篮球运动员来说，鞋子合同“一直是代言的楷模。”另外，对于他们的失宠，媒体和运动员好像仅仅感到困惑。媒体和运动员应该感到深深的焦虑，因为耐克的图实际上没有充分说明他们的运动面临着什么。查克·泰勒全明星帆布运动鞋（Chuck Taylor All-Star canvas sneakers）的制造商匡威股份有限公司（Converse Inc.）是一个更好的指标，因为匡威股份有限公司基本上是篮球运动领域单一经营公司，而且历史更加悠久。20世纪50年代和20世纪60年代，“99%的美国职业篮球联赛运动员”穿查克·泰勒全明星帆布运动鞋（Chuck Taylors）。在 20 世纪 80 年代，它的广告特色是拉里·伯德和朱利叶斯·埃尔温。拉里·伯德和朱利叶斯·埃尔温是篮球运动中最耀眼的明星，称赞匡威鞋“是双脚的豪华轿车”。我们的特别报道做了两个月之后，匡威公司股票达到了高点 28 美元。从那时起，暴跌 97%。对于即将到来的职业篮球运动时运，这是个预警。

肯德尔

《艾略特波浪理论家》

2001 年 4 月

社会情绪大跌的证据：对球类运动的情绪暴跌

棒球运动预测

1985 年，《艾略特波浪理论家》原先的研究“流行文化和股市”断言，“运动中的趋势反映了流行趋势。”牛市的出现产生了升级中的能量水平，具体体现在运动竞争组织之中。随着社会情绪上涨的进行，人们分享当时的乐观主义：蜂拥到球场，精心组织，集体活动。联盟及其冠军变得愈加高高在上，受人膜拜。最终，建设巨大的体育场来容纳公众对运动的痴迷。《艾略特波浪理论家》做了理论说明：棒球运动之类的主流牛市运动可以是“重要基本时间的发展指标。”在 1992 年末，《艾略特波浪理论家》发表了下列棒球运动预测，对这一理论进行检测：

棒球运动的顶点？

转折的迹象已经出现。如果你是投资者，从棒球卡中获利。如果你是运动员，签订长期合同。如果你是业主，出售你的俱乐部。

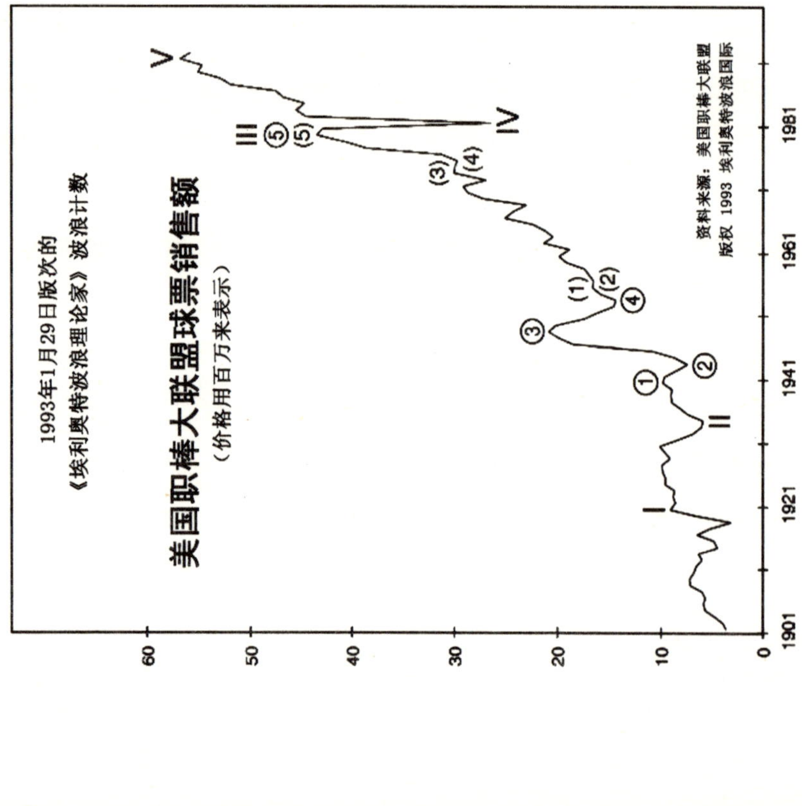
1993年1月29日版次的
《埃利奥特波浪理论家》波浪计数
美国职棒大联盟球票销售额
（价格用百万来表示）
资料来源：美国职棒大联盟
版权 1993 埃利奥特波浪国际

图1

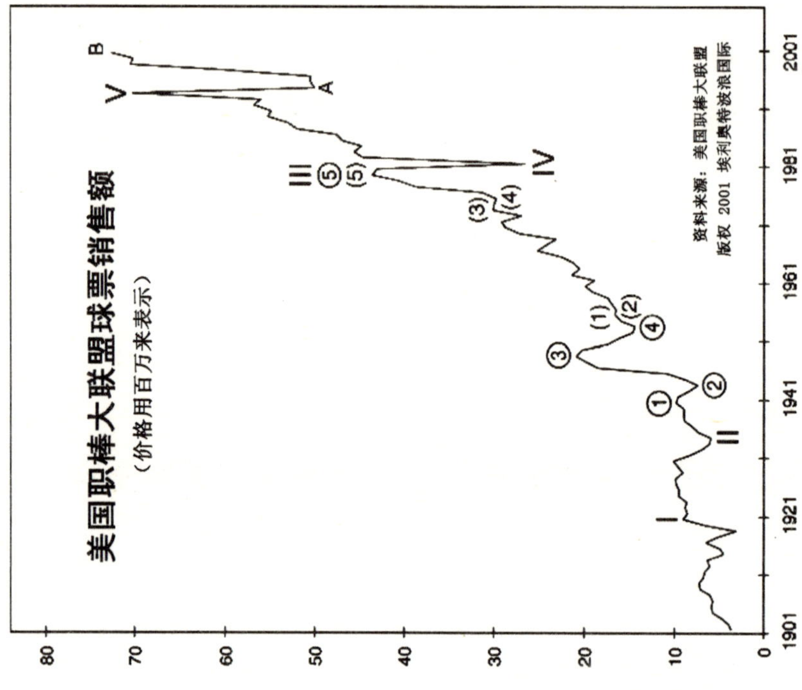
美国职棒大联盟球票销售额
（价格用百万来表示）
资料来源：美国职棒大联盟
版权 2001 埃利奥特波浪国际

图2

1993年初，我们计数了1901年以来棒球门票销售总额5波浪上涨，并推断出，“自从棒球运动成为国家运动以来，至少在现场观众人数方面，棒球运动面临着最大的百分比下跌。”自从1993年的波浪计算展示在了图1中；图2是更新后的版本，表明球票销售总额在1994年暴跌，然后又回升至B波浪高点。2000年的总数是0.734亿张，略高于1993年的总数，但被标示为熊市的反弹，有以下几个原因。第一，请看图3，每支球队的门票销售额都缺乏新的高点。在一般的大联盟城市，门票销售额在1993年达到了顶点，1993年赛季是在《艾略特波浪理论家》的预测之后。此外，这些图所表示的销售总额代表了售出的门票数，而不是实际的现场观众人数。经纪人报告，对座位的需求骤减。实际上，如此多赛季的门票并没有得到使用，所以，票贩子把球场中一些最好的票以“低于票面价值60%到80%的价格”出售。所以，就反映人气而言，图2的新高点是虚假的，具有典型的B波浪特性（请看《艾略特波浪原理》第77页到第81页）。

棒球运动时运大型趋势巨变的另一个线索是，全明星赛和世界职业棒球系列赛电视收视率暴跌。1993年，棒球运动现场观众人数达到顶点。实际上，在前一年，收看棒球运动两大重要年度赛事的球迷总数就达到了顶点。《艾略特波浪原理》就预言到了这一年。在成功预示棒球运动门票销售额的最初下跌之后，电视收视率继续与总销售额的微弱新高相抵触，电视收视率创下了历史最低点。这个为期10年之久的5波浪形式宣告了大熊市的开始。

我们预测的一个有趣方面是这些预测涉及社会情绪经济预测的两个种类。《波浪原理高级教程（上）》把两个类型界定如下：

（1）基于社会现象本身的波浪预言社会现象。

（2）基于总的社会情绪指数的波浪位置，预言经济趋势、政治趋势、社会趋势、文化趋势以及其他趋势。股市就是总的社会情绪指数之一。

我们通过第一种办法确定了1992年/1993年的顶点。第二种方法指出了2000年或者2001年的B波浪高点，与股价的高点密切同步。所以，按照两个社会情绪经济方法，B波浪反弹证实了艾略特波浪理论的大趋势变化预测。

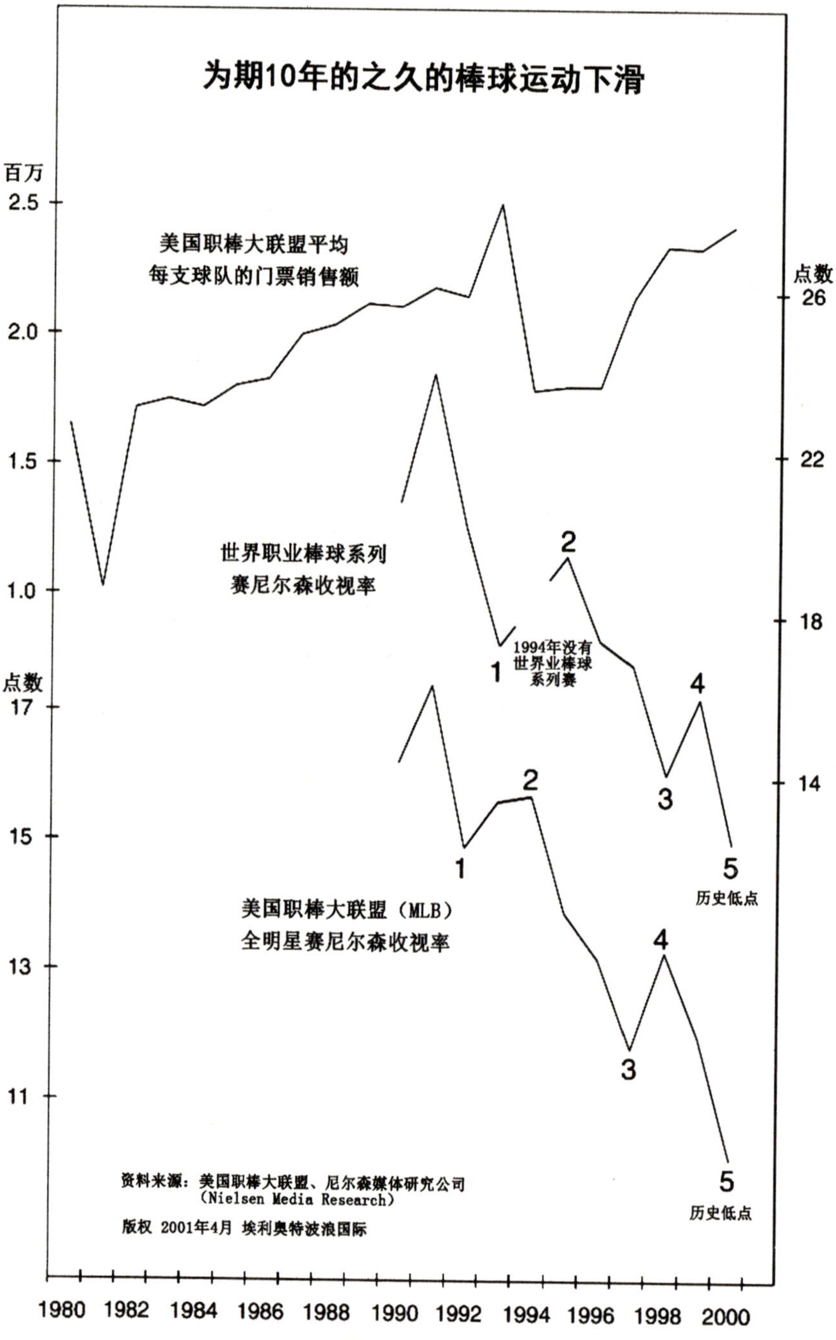

为期10年的之久的棒球运动下滑
百万
2.5
2.0
1.5
1.0
美国职棒大联盟平均
每支球队的门票销售额
点数
26
22
18
14
世界职业棒球系列
赛尼尔森收视率
1994年没有
世界业棒球
系列赛
1
2
3
4
5
历史低点
点数
17
15
13
11
美国职棒大联盟（MLB）
全明星赛尼尔森收视率
1
2
3
4
5
历史低点
资料来源：美国职棒大联盟、尼尔森媒体研究公司
(Nielsen Media Research)
版权 2001年4月 埃利奥特波浪国际
1980
1982
1984
1986
1988
1990
1992
1994
1996
1998
2000

图3

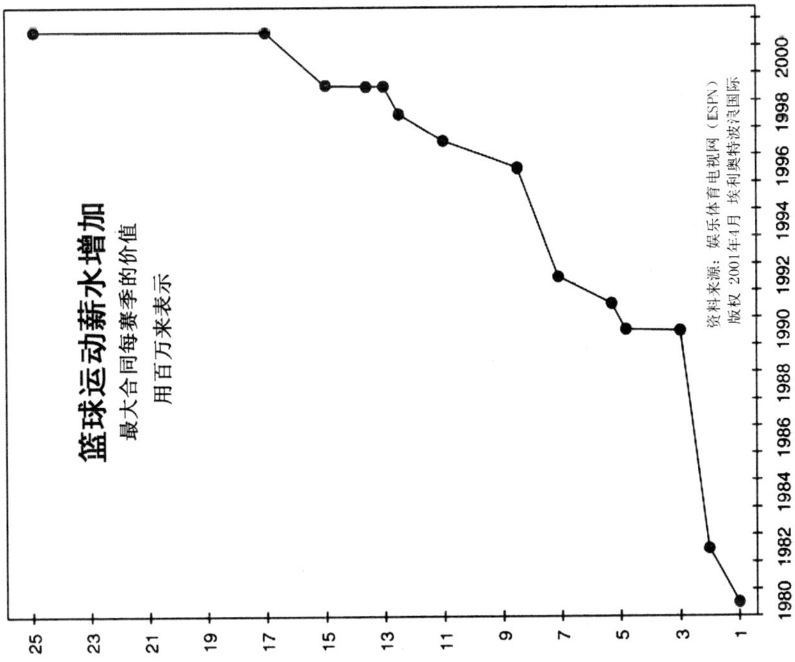
篮球运动薪水增加
最大合同每赛季的价值
用百万来表示
资料来源：娱乐体育电视网（ESPN）
版权 2001年4月 埃利奥特波浪国际
25 23 21 19 17 15 13 11 9 7 5 3 1
1980 1982 1984 1986 1988 1990 1992 1994 1996 1998 2000

图4

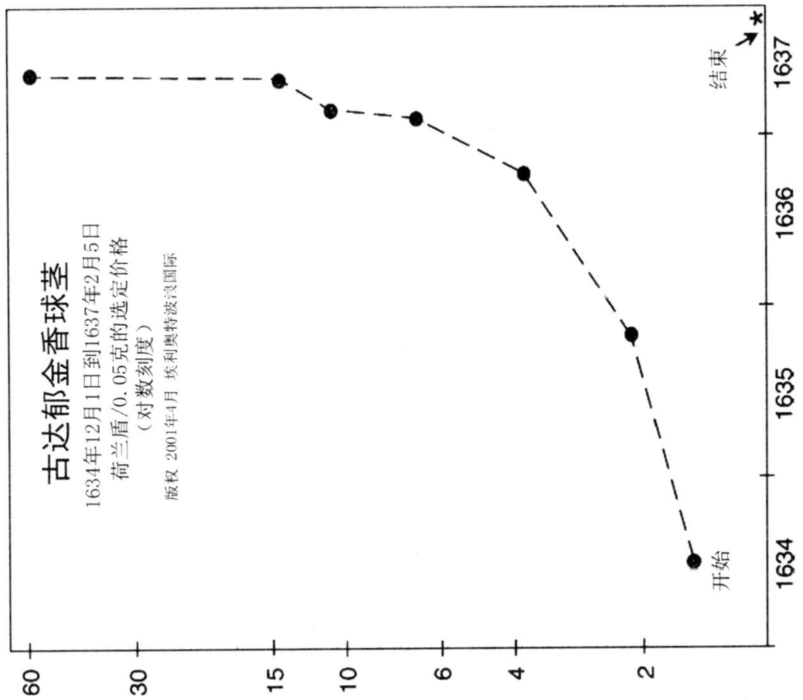
古达郁金香球茎
1634年12月1日到1637年2月5日
荷兰盾/0.05克的选定价格
（对数刻度）
版权 2001年4月 埃利奥特波浪国际
开始
结束
60 30 15 10 6 4 2
1634 1635 1636 1637

图5

棒球运动牛市的另外两个标准是球员合同和球队价值。在整个20世纪90年代，这两个标准随着股票继续攀升。就民众对棒球运动的需求来说，这些是不那么直接的记录器。这两个标准在波浪B之中继续高升，非常像1973年“漂亮50”股票屡创历史高点，尽管就幅度和通货膨胀调整平均指数而言是较低的高点。图4表明了1980年以来每年的顶尖运动员合同，表明急剧的逆转就在眼前。请注意图5的相似性：从1634年到1637年，郁金香球茎价格猛涨。最近几个月，《艾略特波浪理论家》高效地利用了这一简单的“投资躁狂”。得克萨斯巡游者队（Rangers）给图上增加了最后一点：与游击手亚历克斯·罗德里歌（Rodriguez）签下了运动历史上最富有的合同。2.52亿的合同维持了1980年以来的抛物线上涨。顶尖运动员的薪水现在已经超过了公众对他们的服务的需求，不禁让人想起了1999年互联网股票猛涨。如果典型形式能讲得通，那么，顶薪的逆转应该比门票销售额的下跌更为猛烈。基于对过去躁狂的完全折回，100万美元每年起点之下的下跌会发生。

篮球运动预测

1996年，《艾略特波浪理论家》依据第二种社会情绪经济预测类型，预料了职业篮球运动的未来。股市和职业篮球运动之间的相互关系把篮球运动认定为“终极牛市运动”。《艾略特波浪理论家》用11页对篮球运动的历史做了检查，开头是，“篮球运动结构、规则和时运的发展方式与股票牛市的涨落完全一致。”《艾略特波浪理论家》指出，职业篮球运动和牛市都诞生于同一年——1896年。门票销售额、球队增加、甚至打球速度，都走过了一个道路，这个道路几乎与一个世纪之久的股价扩张等同。使用另一个社会情绪经济预测工具，在公众偶像时运极值的基础上预测逆转（请看《波浪原理高级教程（上）》第314页），《艾略特波浪理论家》确定了标志篮球运动顶点的事件。下面一段节选自《明星及其魅力》一节，表明了篮球运动的丰富历史，用一批具体的偶像代表每段牛市：

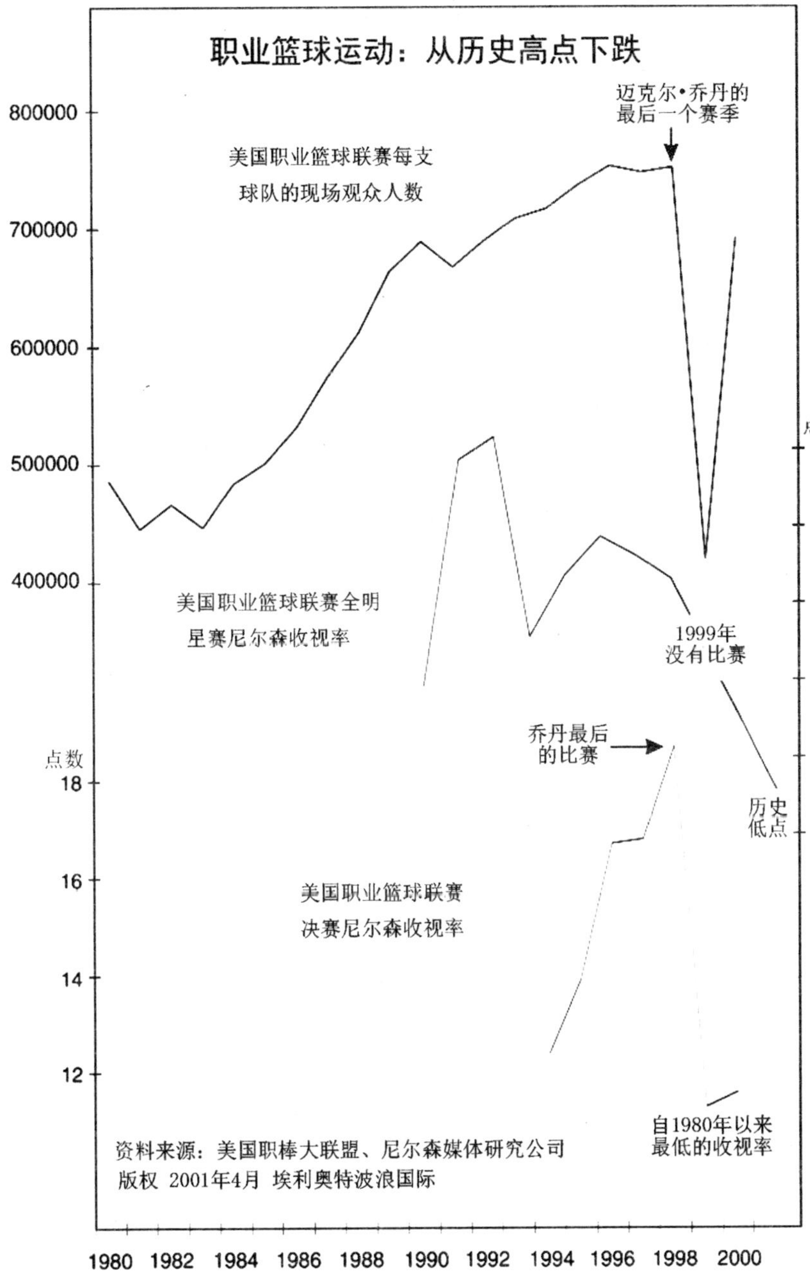

图 6

别管是什么原因，当道琼斯指数高歌猛进、屡创新高的每个时期，都会有一个职业篮球王朝在社会情绪的高潮盛极一时。【芝加哥】公牛队统治着 1932 年以来超循环级数牛市的最后一个大波浪，这表明篮球运动和股市之间的联系有多么密切。公牛队这个名字让呼哧呼哧的大红牛印上了全美的帽子、T 恤衫、保险杠。公牛队这个名字象征着篮球运动和股市之间鲜明的普遍存在的联系。要更细致地阐述社会情绪的运动表现形式，就要考虑【公牛队明星】迈克尔·乔丹的职业历史。1982 年，乔丹首次进入文化意识，牛市在这一年启动。1987 年，道琼斯指数位于大高点 2723 点，他获得第一个最有价值球员奖。在 1996 年秋季，突破 6000 点，乔丹声名卓著，首次以明星的身份在一部影片中露面。“迈克尔是超人，”《体育画报》这样推断。只有明星因素可以解释乔丹人气的深度。作为篮球运动中最伟大的明星，乔丹象征了牛市的幸福和能量，20 世纪 60 年代的比尔·罗素如此，20 世纪 80 年代的魔术师约翰逊如此。

《艾略特波浪理论家》推断出，趋势变化的最显著的迹象发生在迈克尔·乔丹退役的时候。乔丹于 1998 年 6 月退役。当时的兴奋被一个扣人心弦的美国职业篮球联赛决赛所捕捉。在这场决赛中，乔丹最后一秒投篮，赢得季后赛的最后一场比赛和自己最后一个美国职业篮球联赛冠军。乔丹伟大的终结标志着美国职业篮球联赛决赛电视收视率的顶峰（请看图 6 的底部）。一个《华尔街日报》社论指出，“我们进入了仙境。”这一仙境顶点之后是每支球队现场观众人数的暴跌，你可以在图 6 的顶部看到。

《艾略特波浪理论家》把社会情绪经济的意义再推进一步，补充道，“篮球运动的最佳信号就是股票的最佳信号。”篮球运动趋势变化显然反映了股市业绩。发展/下跌线 24 年的上涨达到顶点之后两个月，篮球运动趋势就发生了变化。因此，篮球运动趋势也反映了纽约证券交易所股票平均指数，如图 7 所示。

在过去两年的过程中，每个主要指标都亦步亦趋，芝加哥公牛队王朝完全解体。冠军时期的每个单个球员都离开了球队。和纳斯达克一样，在 2000 年–2001 年，公牛队创下了历史上的最差纪录。早在 1996 年，《艾略特波浪理论家》说，“即使有，也只有很少的球迷发现了自己对公牛队的热爱和对共同基金投资组合的热爱存在任何关系。”现在，他们既厌恶公牛队，也厌恶共同基金投资组合，而他们在躁狂之中却欢欣鼓舞。他们和以前一样，还是没有意识到指引集体情绪观点的原则。1996 年，我们指出，这是“集体情绪观点”的一个标志，“无处不在，所以大多数人辨认不出来。”

团队运动观众人数的深度和幅度

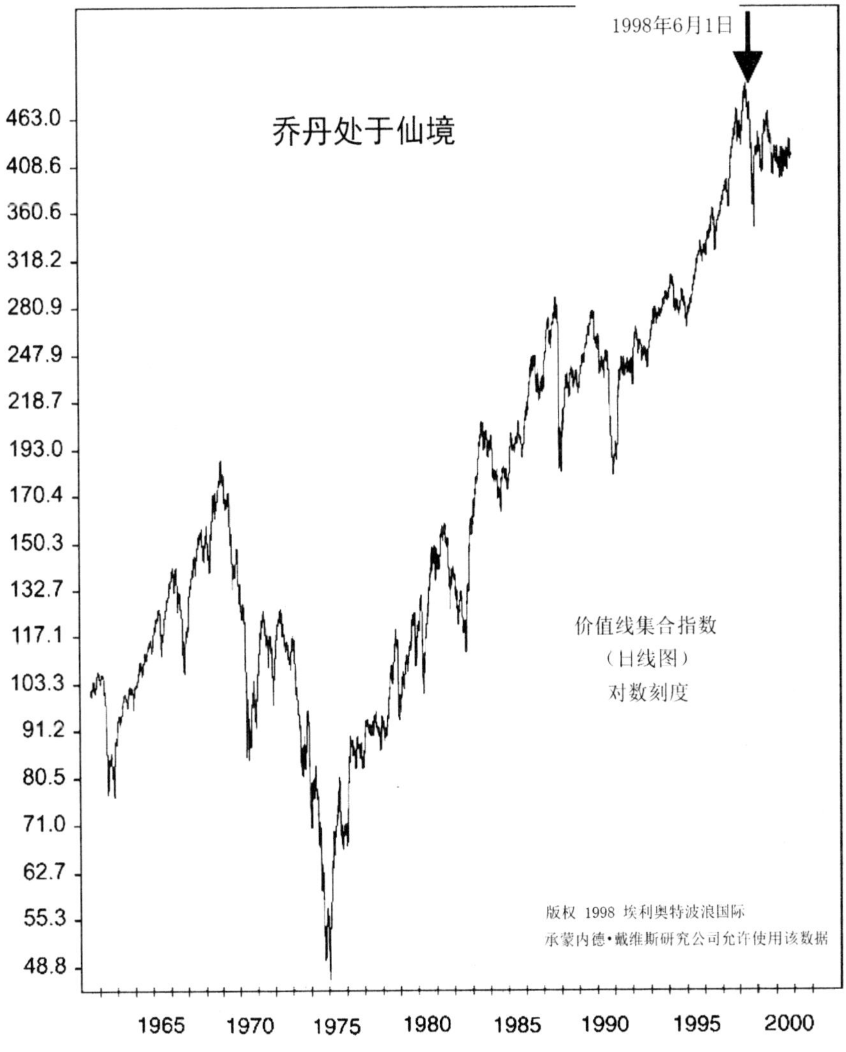

图 7

电视化体育运动收视率暴跌的程度和时间安排一样给人启迪。美国职业篮球联赛 2 月全明星赛的收视率创下了历史最低纪录，比 2000 年暴跌 17%，2000 年也是历史低点。自从 11 月美国职业篮球联赛赛季开始以来，常规赛季美国职业篮球联赛电视收视率比 2000 年的低水平下降了 28%。大学篮球运动收视率也一泻千里。2000 年 3 月，纳斯达克从历史高点下跌。联赛观众人数下跌 20%，达到历史低点。今年美国大学体育总会联赛收视率下跌得更厉害。

另一个高度组织化的体育活动奥林匹克运动会的收视率（《艾略特波浪理论家》研究了奥林匹克运动会自 1896 年的长期发展）也在 2000 年暴跌。收视率又一次再创新低。实际上，2000 年标志着社会情绪熊市的大扫荡，每一个主要运动都经历了收视率下跌。4 月 23 日，《华尔街日报》把一个新的橄榄球联盟终极橄榄球联盟（XFL）称作，“电视历史上最大的惨败之一。”下跌的幅度证实，20 世纪 90 年代初，漫长的登顶过程与棒球运动收视率一起启动，但现在，已经让位给团队运动观众人数的全面熊市。（大超循环牛市正在进行，我们或许应该为团队运动本身受欢迎程度的漫长下跌做好准备。团队运动本身受欢迎程度可能反映了牛市中典型的和谐社会关系。）

门票经纪人报告，对座位的乏力需求几乎扩展到每个主要运动。需求乏力的另一个迹象是，像温哥华（Vancouver）、坦帕和迈阿密（Miami）这些没有球队的市场有着受压抑的需求，当大联盟扩张到几乎每个主要地理区域的时候，这些需求已经开发了出来。大多数市场增加了新的体育场，20 世纪 90 年代的运动吸引了更加边缘化的球迷，就像股市吸引更多新手投资者一样。图 3 和图 6 的顶部表明了猛跌的每支球队现场观众人数，这表明新鲜感消退了。

牛市运动处于困境之中：期待对比结果

和在股市里一样，先前的牛市产生了提升的期待，这个期待在暴跌的第一个阶段依然存在。尽管球迷的兴趣在下降，基于期待的价值，比如薪水、体育场建设、体育场冠名权价值、预售广告费，在整个 2000 年继续上涨。甚至整个 2000 年的电视收视率历史新低也无法削弱参与者的看涨期待。表 1 表明了最近每个体育事件之前高涨的官方期望。第二个标题表明，在每一种情况下，糟糕的表现都使电视网和运动当局吃了一惊。几年来，《艾略特波浪理论家》指出，政府是“终极群体。”“政府总是根据上一个已经结束的波浪采取行动。”《艾略特波浪理论家》在 1994 年说。下文节选自 2001 年 3 月版次的《建筑设计和施工》（Building Design & Construction），表明政府热衷于建设新的体育场，因此建造者认为成本和当代建筑设施的螺线形增长会成为常态。

高期望对比新的熊市现实

尽管令人失望的结果一个接着一个，对于棒球运动、篮球运动以及2000年奥林匹克运动会（Olympics），媒体还是反映出了看涨期待。

版权2001艾略特波浪国际

牛市期待	熊市结果
美国大学体育总会联赛 2000年3月20日 哥伦比亚广播公司预计“收视率回升”	2000年4月5日 美国大学体育总会联赛收视率创历史低点
美国职业篮球联赛决赛 2000年6月7日 哥伦比亚广播公司预计“决赛收视率暴涨”	2000年6月9日 美国职业篮球联赛决赛收视率达到低点
棒球运动全明星赛 2000年6月10日 棒球运动指望全明星赛收视率	2000年7月13日 哥伦比亚广播公司对全明星赛的新闻报道吸引了为数最少的观众
奥林匹克运动会 2000年9月14日 哥伦比亚广播公司期待良好的收视率、良好的利润	2000年9月20日 哥伦比亚广播公司的奥林匹克运动会收视率最差
世界职业棒球系列赛 2000年10月20日 福克斯体育（Fox Sports）预计系列赛会有良好的收视率	2000年10月28日 一个可疑的荣誉：历史上最低的收视率

靠救济金过活的体育项目

许多商业领域的建筑项目面临着不确定的未来，但体育运动依然和以前一样地位尊贵。技术、奔放的球迷——还有政府支持——一起起到了推动作用，体育运动建筑的动力和公共领域的动力一样从未有衰退。部分原因是，使用公共基金、新的税收和债权来支付这些项目。

地方当局和国家当局已经承担了巨大的财政义务来维持“大联盟地位”，“大联盟地位”处于历史上最大贬值的谷底。最后，公众对体育场项目的愤怒不可避免。当公众对球类运动的渴望耗散时，真正用于救济的基金就会缩水，许多人就会叫嚷，“他们在想些什么?!”然而，在这个时候，附着在先前牛市上的情绪依然让大多数人辨不清方向。和政府一样，电视网依然追随旧有趋势。在20世纪90年代初与各个职业联盟签下的合同让各家电视网蒙受了损失，但是，电视网继续做出长期承诺，因为电视网错误地希望增长会迅速回归。1998年的世界职业棒球系列赛使福克斯（Fox）损失了4000万美元，在棒球运动历史上最差收视率时期遭受煎熬，然后，福克斯签订了一份新合同，几乎是棒球运动年度盈利率的4倍！新的合同一直持续到2006年，肯定会让福克斯损失一大笔钱。

对于职业体育运动人气长期下跌的可能性，2001年产生了第一个迹象。在2月份，美国职业篮球联赛全明星赛收视率创纪录地暴跌。这并不是个别现象：橄榄球运动的职业碗（Pro Bowl）下跌45%，全明星冰球赛下跌37%。发展中熊市的下坠显而易见，最终引起了媒体的关注。下面这样的标题表明媒体已经开始认出了熊市，这个标题来自《底特律自由新闻报》（Detroit Free Press）：

我们厌倦了体育运动？

早期迹象表明粉丝们正在失去兴趣

“早期迹象?”真正的早期迹象是9年前的艾略特波浪计算。现在，人们注意到了结果。新闻界认为这个趋势是“折磨人的社会变化”，并揭示大多数团队运动的参与人数在20世纪90年代都在下降。《新闻周刊》2月19日揭示，20世纪90年代末职业篮球运动迷惑了美国并将要“占领全球”，但此后，职业篮球运动“好像失去了魅力”。美国有线电视新闻网金钱在线（CNN Moneyline）报道，一度高飞的金融公司和科技公司曾经花费千百万获得新的职业体育运动设施冠名权，但现在这些公司想要把自己的名字从这些大建筑上拆除。问题是没人想要冠名权。《华尔街日报》对门票价格进行了调查，发现“足以让体育运动行业心惊胆战。体育运动分析师说体育运动行业可能坐在定时炸弹上。球迷不更新座位的主要原因不是价格，甚至也不是球队的表现——而是他们的门票被浪费的次数。”4月13日的《今日美国》报道去年30个大联盟球队中的25个亏损，而且“因为要支付【运动员】的薪水，球队债务缠身。”“棒球运动目前处于黄金时期，但是闪耀的光芒下面是严重的问题。”棒球运动总干事承认。一切都取决于现场观众人数和收视率的增长，而现场观众人数和收视率增长已经疲软了整整10年。“疯了，”克利夫兰印第安人队（Indians）总经理说。嗯，有人疯了，好的，但是球迷，还有签下创纪录高额合同的业主，或者贷款给球队的银行家，或者把纳税人千百万美元投入体育场的政府机构，都疯了吗？

在熊的血盆大口之中

大多数体育运动咨询师说粉丝没有厌倦体育运动；只是门票价格和热狗价格有点太高了。当价格下跌的时候，体育运动行业的知情人士坚持说人们会重返球场。但是，在电视上观看世界职业棒球系列赛或者打棒球和篮球并没有什么损失。兴趣之所以下降，又一个更加合理的解释：社会情绪牛市已经让步，《艾略特波浪理论家》已经预言在大超循环牛市的末尾，社会情绪牛市会让步。这一结果是对报告开头描述的牛市趋势的逆转。熊市出现的时候，一个下跌能量水平已经减少了参与人数和粉丝兴趣。

最终，更发达的长期上涨表现形式会土崩瓦解。除了《艾略特波浪理论家》起初在1993年预测的现场观众人数萎缩，熊市应该在这些活动的所有其他方面产生折回。球队、联盟和观众数量，薪水水平，甚至还有球员的身体素质和能力，也将在接下来的几年大幅缩水。无论是在场上还是场下，比赛的风格都会越来越粗野。运动员对运动员的暴力、球迷对运动员的暴力、球迷对球迷的暴力，已经开始，而且会继续增加。以前安静的竞争对手们会走上前来指责体育运动太暴力、太商业化、性感、充斥着种族主义，或者指责体育运动是社会身上的一群水蛭。随着社会情绪加速下跌，你就处处可以发现体育迷的激情流逝。

迄今为止，大家对牛市运动兴趣减弱，围绕着牛市运动的心理也趋向消极。这些情况肯定支持了我们的论点：社会情绪会出现史无前例的下跌。这些变化揭示了波浪原理和社会情绪经济思想的巨大价值，波浪原理和社会情绪经济思想描述了群体行为的心理。就像我们继续要证明的那样，这些想法使重要关头的预测成为可能。而在重要关头，其他人的期待都指向相反的道路。

皮茨菲尔德报（The Pittsfield Gazette）

2001年5月24日

艾略特波浪分析：棒球场现在是个危险的投资

波浪原理是具有独一无二价值的工具，波浪原理最显著的特性就是普遍性和精确性。波浪原理的普遍性在大多数时候赋予了市场视角，波浪原理的精确性精确地指出了变化方向，有时精确得令人难以置信。人类活动的许多领域也往往遵循波浪原理，但是波浪原理跟股市分析联系得最为密切。波浪分析的用处体现在从较长时期的视角判定市场。

比如，艾略特波浪分析认识到了黄金 35 美元一盎司的价值，追踪黄金达到 200 美元以及在 1976 年校正到 101 美元，然后又在 1980 年 1 月达到最后的高潮 875 美元。按照常规，在此之前持有黄金是正确的。美元受到了攻击，出现了石油危机，俄国军队入侵阿富汗，苏黎世的银行家甚至担心俄国军队越过瑞士的阿尔卑斯山脉（Alps）。阿拉伯石油输出国组织（OPEC）成员国几年来以 2 美元一桶的价格出售原油，看到就交换价值而言自己的利润购买到较少的其他商品和服务，做出了强烈反应。商品价格上涨，公众担心通货膨胀。在这种情况下，像我一样的艾略特人清楚地看到了大型波浪运动的结束，并建议变现所有黄金。在两个月之内，黄金迅速跌到 450 美元区域，并达到了 20 年来的低点 255 美元。

波浪原理最近的成功是指出 2000 年 1 月道琼斯工业平均指数的一个重要顶点，不过，对于纳斯达克来说，波浪原理给出信号有点早，因为纳斯达克指数在当年的 3 月达到了顶点。然而，听从这些信号的投资者都得到了良好的服务，因为他们避免了随后到来的泡沫暴跌。纳斯达克 100 指数从 4816 点跌到 1348 点。注意艾略特波浪分析是值得的。

现在讨论一下波浪分析与棒球运动、体育场和皮茨菲尔德的相关性。对于棒球运动和所有体育运动的顶点，艾略特人看到了明显的信号。对于这一言论和结论，我们不自以为是，也不沾沾自喜。如果我们的结论表明了棒球运动的大增，我们就会如实报道。

在佐治亚州盖恩斯维尔艾略特波浪国际有我的朋友们。在 2001 年 4 月 30 日的一篇文章中，他们用 7 页长的一个报道给棒球运动拉响了警报。此前在 1996 年 12 月 16 日有过一篇报道，“篮球运动和牛市”。这两个报道可以通过网页 elliottwave. com 或者 电话 800-336-1618 找到。

他们在 1993 年写道：“棒球运动的顶点？如果你是投资者，从棒球运动中获利。如果你是运动员，签订长期合同。如果你是业主，出售你的俱乐部。”其余的人保证棒球运动会挺过来，但是价格会变化，就像金价一样。从 1901 年，棒球比赛现场观众人数好像又一个明显的 5 波浪向上，这意味着百年一遇的校正或者下跌即将开始。预见到了接下来几年里的门票销售剧降，另外，膨胀的棒球运动薪水也会暴跌。这种薪水（根据每赛季最大合同的价值，以百万美元来计算）从 1980 年的 100 万美元呈指数级上涨到目前的 2500 万美元。得克萨斯巡游者队可能让这个泡沫达到了极致：与游击手亚历克斯·罗德里歌签下了运动历史上最富有的合同，类似于 17 世纪 30 年代荷兰（Holland）的郁金香泡沫（Tulip Bubble）。简单地说，顶尖运动员的薪水现在已经超过了公众对他们的服务的需求，不禁让人想起了 1999 年互联网股票猛涨。支持这些结论是，世界职业棒球系列赛尼尔森收视率自 20 世纪 90 年代初以来剧烈下降，全明星赛收视率屡创新低。1993 年，棒球运动现场观众人数达到顶点。实际上，在前一年，收看棒球运动两大重要年度赛事的球迷总数就达到了顶点。

这个为期 10 年之久的 5 波浪形式宣告了大熊市的开始。然而，棒球运动牛市的另外两个标准球员合同和球队价值继续坚挺，并在 1999 年和 2000 年初随着股票继续攀升。基础告诉了我们另外的故事。现场观众人数和收视率增长已经疲软了整整 10 年，因此，去年 30 个大联盟球队中的 25 个亏损，而且因为要支付越来越高的球队薪水，球队债务缠身！

《艾略特波浪理论家》引用克利夫兰印第安人队经理的话，说，“疯了。”他们接着说：“嗯，有人疯了，好的，但是球迷，还有签下创纪录高额合同的业主，或者贷款给球队的银行家，或者把纳税人千百万美元投入体育场的政府机构，都疯了吗？”

社会行为的这一变化是可以复制的。美国职业篮球联赛、奥林匹克运动会、美国大学体育总会大学三月疯狂（College March Madness）决赛，这些赛事中正在发生的事件都可以复制社会行为的这一变化。我热衷于美国大学体育总会大学三月疯狂决赛，我毕业于杜克大学（Duke）。《华尔街日报》4 月 23 日的文章进一步给出了例子，这篇文章把一个新的橄榄球联盟终极橄榄球联盟（XFL）称作电视历史上最大的惨败之一！

这就和股市顶点一样，大多数人就在顶点之前买进，或者肯定在顶点之后买进。这是“群体心理”的最佳状态。几年来，艾略特波浪国际已经几度指出，政府是终极群体，因为政府总是根据上一个波浪采取行动。

我把国家对私有财产的征用权问题留给他人，把体育场的位置问题也留给他人。但是，对于所有相关人士提出真诚的告诫：棒球运动可能进入没有胜利、没有利润的境地，这是非常现实的问题，挑战了棒球运动是皮茨菲尔德经济发动机这一想法。

公司、立法和社会冲突

肯德尔

《艾略特波浪金融预测》

1999 年 12 月 3 日

一个道琼斯指数股票案例研究：可口可乐

可口可乐怎么样？是不是可乐果壳？是不是古柯提取液？是不是糖？当然，上面的答案都不对。在 1993 年的《可口可乐王朝》（For God, Country and Coca-Cola）一书中，马克·彭德格拉斯特（Pendergrast）实际上公布了可口可乐被人觊觎已久的有着 107 年历史的秘密配方。从那时起，没人造得出来并成功售出真品（The Real Thing）的摹本。实际上，彭德格拉斯特说，当他研究可口可乐公司历史的时候，可口可乐公司确实把配方给了他。可口可乐公司的经理们并不担心，因为他们非常清楚顾客们并不是在买饮料。一个经理说，“我们在卖虚无，他们喝的是形象，不是产品。”

可口可乐就是红糖水，但一些人说它是“资本主义的本质”。怎么可能呢？答案在《波浪原理高级教程（上）》第 168 页。有一节叫作《作为从众现象一个方面的社会愿景》，普莱切特解释了社会行为情绪如何在“共享的幻想形象”中寻找表现形式。从 1957 年至今的可乐图表明，坚定地服从波浪原理命令的是“社会观点”。可口可乐公司（Coke）可能会偏离道琼斯指数，但总会返回主流趋势。

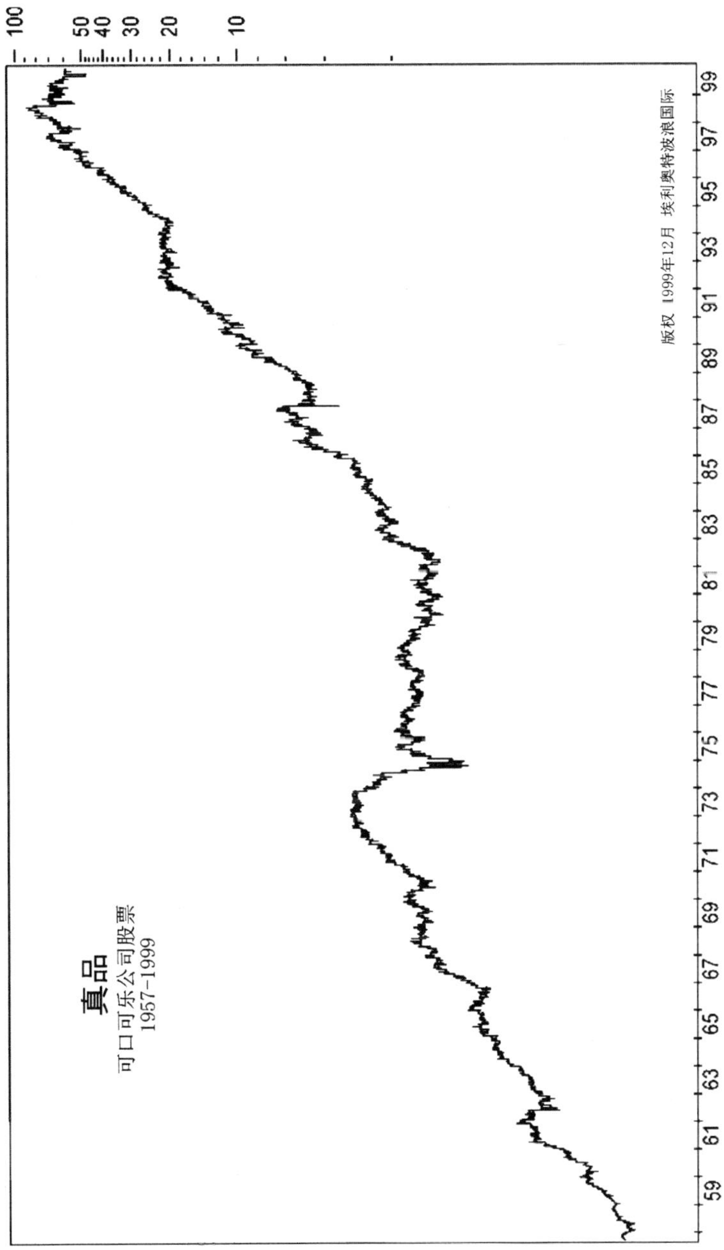

可口可乐公司长期上涨之后的公司历史表明可口可乐公司的老广告词实际上是相当精确的。饮可口可乐，万事如意。当然，这个事不是熊市。在这种时候，万事不那么如意，甚至可口可乐公司也不行。公司的历史生动地表明了168页①的一段话："当意象消解的时候，基于主观心理意象的趋势会经历剧烈的逆转。"和道琼斯工业平均指数一样，可口可乐公司在19世纪90年代中期创始，其奠基人意识到把这种饮料当成提神佳品比当成药更有前途。"当我们应该面向大众做广告的时候，我们发现自己在面向一小部分人做广告，"公司原先的一个领导说。在世纪之交，可口可乐公司深入探索公众心灵，"率先推出了名人代言"，不再仅仅是个"软饮料，还是一个现象。"可口可乐公司的第一个重挫是《纯净食品和药品法》（Pure Food and Drugs Act）的通过。《纯净食品和药品法》通过于1906年6月，5个月之前道琼斯指数达到了高点。直到20世纪20年代才实际上超过了这一高点。一开始，忠于可口可乐的人说"纯净食品运动"的支持者是"怪人"和"被误导的疯子"，但是这些支持者拥有大得多的影响力，并且掌权的时间也比预计的长。他们的领袖是哈维·威利（Wiley），彭德格拉斯特说哈维·威利是20世纪初的拉尔夫·纳达尔（Nadar）。1907年，威利组成了新的试毒小队（Poison Squad），把目标对准了可口可乐。可口可乐的1907年年度报告反映了公司前景的同步下跌。牛市继续肆虐，可口可乐公司坐困愁城。1908年，美国政府就可口可乐公司的标示和雇佣活动提出诉讼。"即使可口可乐公司在1912年赢得诉讼，宣传还是伤害了可口可乐。D. W. 格里菲思（D. W. Griffith）拍摄了反可口可乐电影。在电影中，'德普科克（DOPOKOKE）'的发明者眼看着儿子成为饮料中可卡因的牺牲品。当这个年轻人去进行皮下注射时，电影中打出如下字幕'这个饮料不再让人满意'。"在20世纪头十年的末尾，可口可乐公司感到愤怒：糖价飞涨、为争夺公司的控制权爆发了"内战"。1920年是"灾难性的"一年。此后，股价下跌，可口可乐公司最终于1922年拨乱反正，1922年是道琼斯指数触底后的一年。

彭德格拉斯特认为可口可乐公司在1923年开始进入"黄金时代"。可口可乐进入了国际市场，大众媒体时代也到来了，因此，可口可乐飙升至财富创造的高点。对于一个5美分商品制造商，以前这是难以想象的。当然，真正的"秘密"是可口可乐公司对自己内在吸引力的原始而又强大的理解。广告人阿奇（Archie）·李"是先知先觉的那批人，认识到产品形象比产品本身更重要，"在1929年发起了"享受清新一刻（Pause that Refreshes）"运动。人类学家克利福德·格尔茨（Clifford Geertz）认为这一刻标志

① 这个168页应该是指的1999年12月3日《艾略特波浪金融预测》上的168页。译者注。

着可口可乐公司的转型，从一个冷饮小卖部和糖浆制造公司变成了“一套符号，在这套符号的作用下产生了强大、广泛和长期的情绪。”可口可乐公司“提倡特别、满意、包罗万象的世界观，奉行长盛不衰的价值，比如爱、和平和博爱。可口可乐公司引起了各种各样的‘崇敬’之情，从兴高采烈到冥思默想，从近似性高潮的和睦相处到嘻嘻哈哈的追逐游戏。”

在其“社会观点”以及禁酒令（Prohibition）的帮助下，可口可乐公司在20世纪30年代初比大多数公司运转得要好。但是，到了1949年，可口可乐公司经历了同样的反可口可乐情绪，就像20世纪头十年一样，20世纪头十年的情绪让可口可乐公司下行。在巴黎，暴民掀翻了可口可乐公司的卡车，“歇斯底里登峰造极”，可口可乐公司法国总裁的妻子担心自己的房子会被炸掉。“在世纪的中间，可口可乐公司面临着在全世界面临着相似的威胁和谣言。”在日本，据说可口可乐会使妇女绝育。

20世纪50年代，可口可乐与牛市一起重回轨道。“消费者行为经常是不理性的，基于潜意识心理动机，”彭德格拉斯特写道。“可口可乐公司第一次企图探究下意识的深度。”可口可乐公司很快就再度一飞冲天。1966年，道琼斯指数波浪Ⅲ结束，可口可乐公司有了长足发展，可口可乐公司“突然变成了热点政治话题”，几乎失去了犹太人市场，因为可口可乐公司拒绝授权给一家以色列装瓶公司。直到1968年底，危机才被预先制止，道琼斯指数在这时达到顶点，由此引发的阿拉伯联合抵制产生了效果。1969年，拉尔夫·纳达尔本人出马在一次听证会上当着营养与人类需求专门委员会（Select Committee on Nutrition and Human Needs）的面发起了攻击。此后不久，“食品与药品管理局（Food and Drug Administration）揭示了环磺酸盐测试的骇人结果，为正在到来的70年代奏响了另一个主题。”可口可乐公司20世纪70年代的“完美和谐”广告运动，帮助可口可乐公司达到了1973年的道琼斯指数最终高点。但此后就一路下滑，可口可乐公司在与联邦贸易委员会（FTC）的长期较量中败北，国内道德跌至历史低点，“与独裁者的融洽关系一个接一个告吹。”“没人认为充满希望的新时代即将到来。”但是，社会情绪经济学家是个例外。

到了1995年，可口可乐是世界上最知名的品牌，占据了世界上软饮料市场的近一半。可口可乐公司商业广告的“和平与和谐”完美地反映了公众心态。这种完美被1982年到1998年的股价攀升所体现。

然而，自从1998年7月的顶点之后，情况的变化让人想起了以前的股市顶点。一连串神秘的公司危机动摇了可口可乐公司，霉菌恐惧、法国政府拒绝可口可乐公司竞标购买法奇那（Orangina）、各种各样不利的法庭裁决。有一次，比利时政府成功地迫使可口可乐公司停止打折出售可乐。还有一次，可口可乐公司雇员赢得了查看内部文件的权利，他们要利用这些文件提出一个大型歧视诉讼。《纽约时报》说，麻烦“揭示了一个不同的可口可乐公司，”可口可乐公司采取措施让不幸的局面变得“更糟”。

可口可乐公司问题的真正本质被最近的另一个大麻烦揭示出来。大麻烦是这样的，比利时的几个学生报告，在从自动售货机购买了可口可乐之后感觉不好。一些学生住院了，但从未诊断出任何医学问题。可口可乐公司的分析表明“消费者一般局限于主观症状，”但还是在比利时（Belgium）和法国进行了大规模的召回。“这一流行病的形式与一个临床实体一致。人们把这一临床实体称作‘群体社会病’。”按照社会情绪经济术语，可以解释为“我们在熊市之中”。

食品战斗和西雅图（Seattle）暴民

和1906年、1968年一样，可口可乐的许多骚乱都来自对食品的情绪性恐惧。欧洲发起了一项运动，抵制转基因“弗兰肯食品（Frankenfoods）”。最近几个星期，这项运动传到了美国。转基因食品人们已经消费了数年，没有证据表明转基因食品有有害的副作用。和在1908年以及1969年一样，政府举行了听证会讨论食品的健康风险。“食品与药品管理局（FDA）要为生物科技食品的安全与管理举行三场听证会，预计第二场听证会会和11月18日的第一场听证会一样争论不休。”“对新技术的抵制渐增，”公众论坛因而红火起来。世界贸易组织（World Trade Organization）在西雅图开会的时候，抗议者攻击了麦当劳，砸碎了麦当劳的玻璃，打出一个横幅，抗议食品的转基因处理。好像没人知道是什么引发了不理智的恐惧波浪，但是许多人正在采取行动。“农民曾经迅速接受转基因作物，但现在开始失去对转基因作物的信任（Once Quick Converts, Farmers Begin To Lose Faith In Biotech Crops）。”甚至当“顾客犯错误时，顾客也是对的，”一个农民说，这位农民决定下一年不再种植转基因种子。

世界贸易峰会表现出了始料不及的爆炸性。在这个过程中，拉尔夫·纳达尔再度浮出水面，吸引了更多的公众眼球。在纳达尔近战兵（Nader's Raiders）时代以来，这是吸引眼球最多的一刻。最近几天的西雅图事件以无数其他方式清楚地表明，社会情绪长期趋势即将逆转。原先，人们认为世界贸易峰会是一场包容一切的壮举，是历史上最大的自由贸易会议。而现在几乎是狼狈收场了，对手是一群组织良好的生态恐怖主义者、工会鼓动者、食品恐惧者、学生和贸易保护主义者。催泪瓦斯弥漫在拥挤的街道之上，国民警卫队（National Guard）被召唤到现场，热衷于法律和秩序的人谴责敌手采取“暴民手段”，劳工突然骚乱：长期休眠的熊市文化表现形式出现了。全国制造商协会（National Association of Manufacturers）把财富500强首席执行官（Fortune 500CEOs）推上前来，努力阻止示威者。然而，甚至在世界贸易组织（WTO）会议还没开始的时候，世界上的公司名人显然就无力对付抗议者了。“我们从不会与成千上万个高声喧哗的纳达尔主义者（Naderites）争锋，”全国制造商协会（NAM）的一个发言人说。这就是熊市的景象；群众的情绪力量压倒了既成秩序。

肯德尔

《艾略特波浪金融预测》

2000 年 4 月

大牌子的暴跌是对整个市场的警告吗？

3 个月之前，“旧经济”概念仅仅是存在而已。现在这一概念成了每日投机于股市强弱的焦点。当道琼斯指数下跌时，那是因为“这一新经济之下的安全堡垒在崩塌”。当道琼斯指数上涨时，那是“旧经济的新牛市（New Bull Market for [the] Old Economy）”。然而，下图表明，当把“旧经济”的一切都归入一组时，观察者失去了一个重要的特征，这个特征能够指明整个市场的方向。图 1 把“旧经济”分为两部分：高度依赖名牌的公司，和不高度依赖名牌的公司。我们的名牌指数（Famous Brands Index）包括 21 只股票，它们的生意来自著名商标。它包含许多成为美国大牌子的不同的产品，可以追溯到 19 世纪中期。表 1 列举了一些关键产品和形成年份。我们的非品牌指数（Non-Brands Index）包含了 35 支来自标准普尔 100 指数的“旧经济”股票，它们不依赖名牌产品。其中包括的著名公司有伯利恒钢铁公司（Bethlehem Steel）、波音公司（Boeing）、哥伦比亚医疗公司（Columbia Healthcare）。

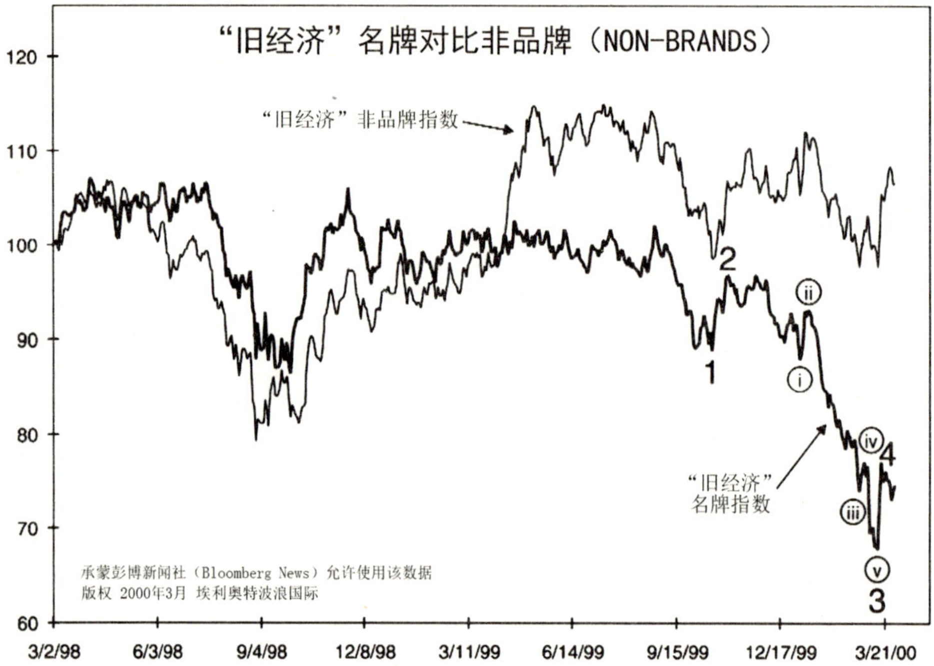

图 1

公司名称	关键产品和形成年份	顶点日期	直到3月10日下跌了多少
1）家乐氏公司（Kellogg）	玉米片（Corn Flakes）1906年 米花糖（Rice Krispies）1928年	98年01月01日	68%
2）金宝汤公司(Campbell Soup)	浓缩汤 1897年	98年03月23日	53%
3）宾士域公司（Brunswick）	娱乐产品 1874年	98年03月25日	56%
4）美泰公司（Mattel）	芭比娃娃（Barbie）1959年	98年03月21日	80%
5）莎莉公司（Sara Lee）	奶酪蛋糕 1949年	98年04月07日	54%
6）好时公司（Hershey）	巧克力 1894年	98年04月09日	49%
7）鲜果布衣公司（Fruit of the Loom）	纺织品 1856年 内衣 1938年	98年04月21日	97%
8）迪斯尼公司	电影 1923年 主题公园 1955年	98年05月04日	17%

公司名称	关键产品和形成年份	顶点日期	直到 3 月 10 日下跌了多少
9）普瑞纳公司（Ralston Purina）	谷类食物 1898 年 普瑞纳狗粮（Purina Dog Chow）1957 年	98 年 06 月 30 日	37%
10）可口可乐公司	可口可乐 1886 年	98 年 07 月 15 日	50%
11）亨氏食品公司（H. J. Heinz）	调味番茄酱 1876 年	98 年 11 月 17 日	48%
12）联合利华公司（Unilever）	洗衣皂 1885 年 立顿茶（Lipton Tea）1937 年	99 年 01 月 06 日	55%
13）吉列公司（Gillette）	安全剃刀（Safety Razor）1903 年	99 年 03 月 26 日	53%
14）雅芳公司（Avon）	香水 1886 年 美容产品 1950 年	99 年 04 月 19 日	55%
15）雷诺兹-纳贝斯克公司（RJR Nabisco）	牛顿牌无花果甜点（Fig Newtons）1891 年 奥利奥甜点（Oreo）1912 年	99 年 06 月 11 日	60%
16）安海斯-布希公司（Anheuser-Busch）	百威啤酒（Budweiser）1876 年	99 年 09 月 08 日	33%
17）麦当劳公司	快餐 1954 年	99 年 11 月 11 日	39%
18）桂格燕麦公司（Quaker Oats）	燕麦片 1901 年	99 年 11 月 12 日	35%
19）强生公司（Johnson & Johnson）	创可贴（BAND-AID）1921 年 泰诺感冒药（Tylenol）1960 年	99 年 11 月 17 日	33%
20）宝洁公司（Procter & Gamble）	象牙香皂（Ivory）1879 年 汰渍洗衣粉（Tide）1946 年	00 年 01 月 12 日	54%
21）高露洁-棕榄公司（Colgate Palmolive）	牙膏 1873 年	00 年 01 月 13 日	39%

表 1

没有那些高度依赖品牌的问题拖累，非品牌指数公司在 1999 年创下新高。近几天，这一非品牌集体也移回到 1998 年 4 月的高点之上。相反，名牌指数从未超过 1998 年 4 月的顶点，并从那一点下跌了 30%还多。在历史高点之前的几年里，名牌指数跟上了牛市，从图 2 可以看到。然而，这些股票一个接一个脱离了平均指数的上升趋势。纳斯达克在 3 月 10 日创下了历史高点。直到这一天，所有的 21 只股票都经历严重的下跌。图上的数字与表 1 相互关联，表明了稳步进展。美国品牌营销的老祖宗宝洁公司是最后下跌的那批中的一个。道琼斯指数达到 1 月的顶点两天之前，宝洁公司转而下跌，从那时起已经下跌了51%。

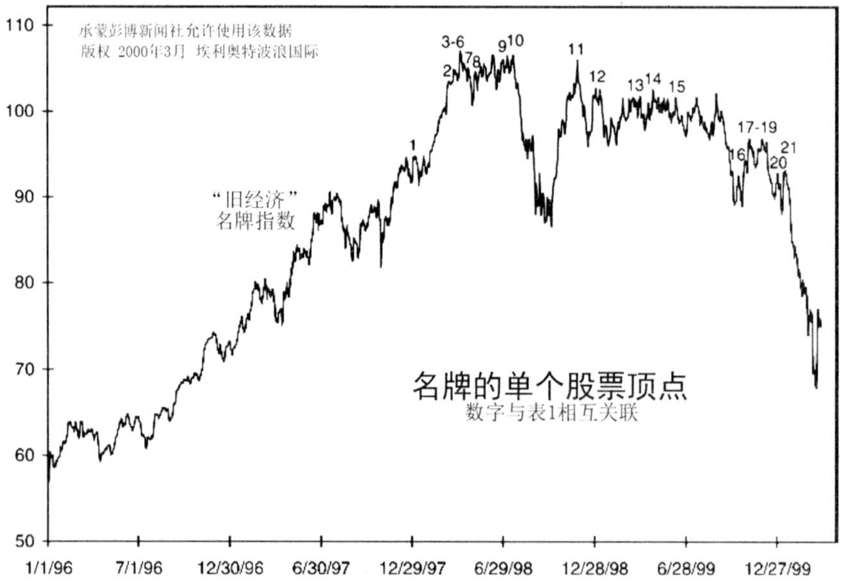

图2

激动人心的新闻是，品牌股票暴跌为实时检测社会情绪经济理论建立了理想的状态。普莱切特的书《波浪原理高级教程（上）》"冲动和从众"已经进行了讨论。鲍勃基于一批社会理论家的研究报告和言论，提出了"社会愿景"理念（请看第9章）。根据"社会愿景"理念，"分享的幻想形象可能是个中间步骤，介于情绪变化和由此引发的行为之间。"他接着说，当这些形象消失时，"基于这些形象的趋势会剧烈逆转。"这些形象甚至"会相当直接地反映情绪，而此时，公众还没能充分地把自己动员起来去在经济和政治的角斗场上施展拳脚。"这一研究把问题带到了市场本身。这些股票数量不少，由一大批各种各样的幻想形象支持，在牛市的过程中发展起来。那么，这些股票能否先于其他的主要指标反映牛市的终结？拥有大品牌的公司代表了用于精心塑造和维护偶像的技巧的几乎全部投资，那么，这些股票就有相当的可能性先于其他的主要指标反映牛市的终结？在长期牛市之中，他们创造了标志、格言、广告词、口味或者潜意识需求。这些东西的力量一旦有所减弱，他们的股票应该就能立刻感觉到。在较低级数的下跌中，《艾略特波浪金融预测》对可口可乐公司展开了案例研究（请看《艾略特波浪金融预测》12月的版次），表明围绕牛市偶像开展业务是一个复杂且高度主观的过程，可以迅速地土崩瓦解。

当然，只有市场能给出答案。但是，在这一点上，我们可以初步肯定《波浪原理高级教程（上）》所描述的“中间步骤”，因为它也能描述社会愿景必须采用的形式。“从众人群以某种方式进行感觉，并可以冲动地表达自己来反映这些感觉。”《波浪原理高级教程（上）》说。“如果社会愿景是社会情绪和社会行为之间的中间步骤，那么，社会愿景表现形式的动力就必须遵循波浪原理。波浪原理控制着社会愿景的原因。”实际上，1999 年年中的下跌具有艾略特冲动波浪的特征。请注意图 1 的波浪 3。这是明显的较大 5 波浪里的 5 波浪向下。从那一低点的反弹变成了较小级数的第 4 个波浪，然后就停止不动了，即使道琼斯指数突飞猛进，即时非品牌指数移回到 1998 年 4 月的高点之上。我们在说的是，名牌指数有自己的特色。

这一特色反映了极大顶点的两个方面。媒体没有注意到，自从 1998 年 4 月发展/下跌线顶点以来，旧经济的品牌问题一个接着一个。同时，作为容忍新经济亏损的逻辑依据，打造品牌的理念实际上达到了前所未有的高度。互联网公司处于红色的汪洋大海之中，这一情况不仅得到了容忍，还是应投资者的要求，投资者坚持认为“新经济”公司“需要大型营销支出以便打造品牌意识。”这一论断的证据是，为了打造品牌而亏损的互联网公司的股票胜过了盈利的互联网公司的股票。还有一个迹象表明品牌意识的历史极值已经达到了顶峰，最近几个月，个人甚至也成了品牌。包括迪克·克拉克（Clark）、唐纳·卡兰（Donna Karan）、汤米·希尔菲戈（Tommy Hilfiger）、拉尔夫·洛朗（Lauren）、马莎·斯图尔特、C. 埃弗里特·库普（C. Everett Koop）在内的许多人都成了上市公司。都比第一天交易的收盘价跌了许多，但是，购买明星的活动继续蔓延。最近的发展是在风险资本层面上，许多出资人在匆忙与超级体育明星一起设立互联网投资基金，因为“运动员有着巨大的品牌价值。”许多风险资本家和投资者希望进入“新范式”的第一层，但是，电梯实际上已经到达了顶楼并正在下降。如果牛市像我们说的那样正在登顶，那么，这些就是品牌塑造本身临死前最后的挣扎。

普莱切特

《艾略特波浪理论家》

2000 年 5 月

从社会情绪经济学的视角看微软案例

你如何回答这个问题，“司法部（Justice Department）对微软提出的反托拉斯诉讼会对整个股市产生什么样的影响?”一个基础分析师可能会就此写一篇论文，指出以往的反托拉斯运动之后的市场行为，讨论这次为什么会有所异同。他会提醒我们，如果不更多地了解即将到来的事件，我们就无法得出有用的结论。许多技术分析师会说，市场吸收了事件的发展知识，可能在反托拉斯运动之前对股价施加大多数影响。他会向我们保证，进一步的事件也会被同样预计到，因而不会产生大的影响。然而，我们又一次会得到一个提醒：不预料即将到来的事件，我们得不出有用的结论。尽管他们存在着区别，但是，这些回答问题的人都认为事件导致了股市行为。社会情绪经济视角就是另外一回事了。

报告《社会情绪经济学概览》（1999 年 12 月）简单明了地证明，对于经济状况、政治、人口统计数据、战争、甚至还有核毁灭的威胁这些领域来说，事件都不能导致社会情绪和股市趋势。在任何一种情况下，因果关系的方向都与一般认为的相反。经济业绩不支配股市；股市所反映的社会情绪支配着经济业绩。政治不支配股市；股市所反映的社会情绪支配着政治。人口统计数据不支配股市；股市所反映的社会情绪控制着支配着整个生殖率。核毁灭威胁的变化不影响股价；股市所反映的社会情绪影响了威胁的水平。在每一种情况下，股市趋势所反映的社会情绪趋势都决定了事件的性质，而不是反之。那么，对于报告开头提出的问题，社会情绪经济学家会怎么回答？在回答之前，让我们看一些数据。

攻击成功企业的时机

1890 年，股价达到了新的历史顶点。这个股价会持续整整 10 年。就在这一年，国会通过了《谢尔曼法》（Sherman Act），以模糊的语言规定“托拉斯”非法，“托拉斯”实际上指那些服务大市场且没有遭遇明显竞争的企业。看一下图 1 股价图上面的评论。看看政府对美国企业提出的反托拉斯诉讼，尤其是那些载入史册的标志性诉讼，都接近股市顶点，通常略微滞后。相互关系经常如此紧密，也就处于大顶点几周之内，然后就是平均指数的 50%或更多的下跌。

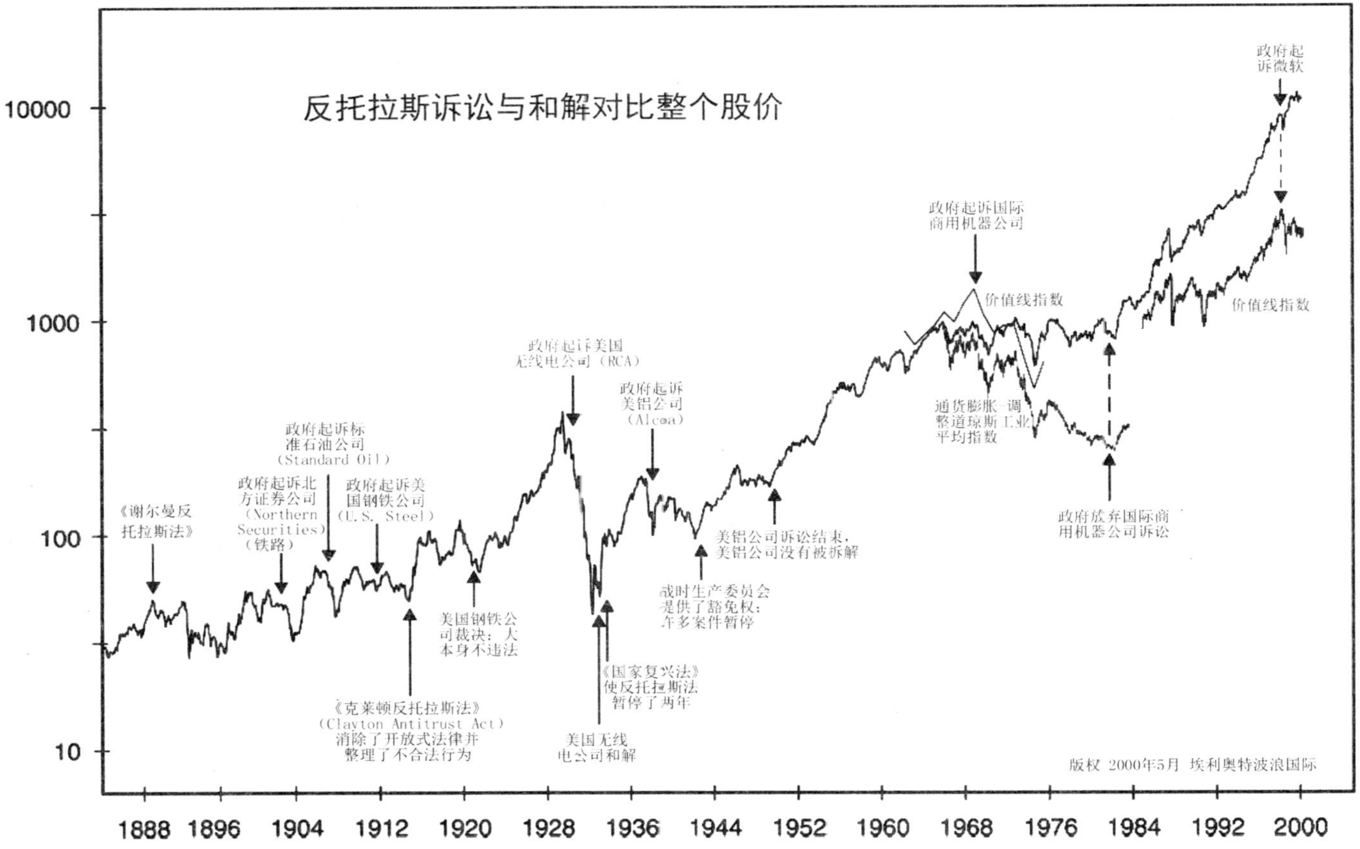
反托拉斯诉讼与和解对比整个股价
10000
1000
100
10
1888
1896
1904
1912
1920
1928
1936
1944
1952
1960
1968
1976
1984
1992
2000
《谢尔曼反托拉斯法》
政府起诉北方证券公司（Northern Securities）（铁路）
政府起诉标准石油公司（Standard Oil）
政府起诉美国钢铁公司（U.S. Steel）
《克莱顿反托拉斯法》（Clayton Antitrust Act）消除了开放式法律并整理了不合法行为
美国钢铁公司裁决：大本身不违法
政府起诉美国无线电公司（RCA）
美国无线电公司和解
《国家复兴法》使反托拉斯法暂停了两年
政府起诉美铝公司（Alcoa）
战时生产委员会提供了豁免权：许多案件暂停
美铝公司诉讼结束，美铝公司没有被拆解
政府起诉国际商用机器公司
价值线指数
通货膨胀一调整道琼斯工业平均指数
政府放弃国际商用机器公司诉讼
政府起诉微软
价值线指数
版权 2000年5月 埃利奥特波浪国际

图1

在20世纪末，铁路是无可争议的美国最成功的行业。在朝着1901年6月的股市顶点急剧上升时，大北太平洋铁路公司（Great Northern Pacific）股票在不到一个月的时间里上涨了十倍还多。大北太平洋铁路公司后来成了北方证券公司的一部分。此后不久，政府起诉北方证券公司，第一次大规模应用《谢尔曼法》。1906年的顶点在10年之内都没有被超过。1906年，西奥多·罗斯福总统提出了著名的针对美国最大公司标准石油公司的诉讼。在1907年的恐慌时期，西奥多·罗斯福没有按照别人的要求对涉及美国钢铁公司的合并提出反对，并直接指示司法部长不要对国际收割机公司（International Harvester）展开反托拉斯运动。在1911年和1912年，也就是在股价复苏之后，塔夫脱（Taft）总统对这两家公司提出诉讼，要求按照反托拉斯法对这两家公司进行切分。1929年历史高点之后的一个月，在暴跌之前，美国司法部部长宣布司法部会“强力应对各种触犯反托拉斯法的行为”。1930年，司法部对20世纪20年代牛市最大的成功故事之一美国无线电公司提出诉讼。1937年，股价达到了大顶点，政府对铝制造商美铝公司提出诉讼。1949年–1966年/68年几乎长达20年的漫长牛市中，反托拉斯运动几乎无所事事。直到到达终点的那一刻，股市达到了1937年那样艾略特技术的顶点，反托拉斯运动才开展起来。1967年，政府命令宝洁公司剥离高乐氏公司（Clorox）；1969年1月，自1929年以来投机性最强的牛市顶点才刚过去一个月，司法部就起诉了美国最成功的公司国际商用机器公司。从1982年，反托拉斯活动几乎再度在接近20年的牛市中销声匿迹。1998年5月18日，就在已经上涨了24年的发展–下跌线和价值线几何指数达到最终高点一个月之后，司法部起诉世界上最成功的公司微软。2000年4月3日，纳斯达克100指数达到收盘价高点一个星期之后，法庭支持美国司法部，裁决微软违犯了《谢尔曼法》。就像先前历史转折时刻的前辈一样，美国地方法院法官（District Court Judge）托马斯·彭菲尔德（Penfield）·杰克逊代表了“人民”，近乎狂热地对微软穷追猛打。按照每年的价值收益百分比，微软是历史上最成功的公司。托马斯·彭菲尔德·杰克逊急于拆解微软是源自一种激情：甚至比1929年还要高级数的社会情绪顶点过去了，所以就产生了这种激情。你可以从这百年之久的历史中看出，大型反托拉斯诉讼与大型股市顶点的逝去几乎同时进行。

因果关系的方向

一个传统分析师肯定会从这一证据得出结论：反托拉斯诉讼导致股市下跌。这一答案没有回答一个问题：整个经济为什么会被一个诉讼所影响。一个近乎愚蠢的理念。当攻击的目标受损时，竞争对手可能从中受益，抵消了任何广泛的效果。另外，错误的结论被事实所否定，自从诉讼开始后，最近遭受诉讼的对象微软的股价达到了原先的 3 倍。实际上，上一次翻倍发生在1999 年 11 月“事实认定”之后。在“事实认定”中，彭菲尔德裁决，“微软公司是一个垄断企业，其行为伤害了竞争和消费者并损害了革新。”

更重要的是，也符合传统解释的是，认为反托拉斯行动和下跌的股价存在因果关系对许多其他传统分析师的假设形成了挑战。许多经济学家（错误地）相信，“托拉斯拆解”对经济有益。如果我们是正确的，如果他们的假设经济业绩决定股市趋势是正确的，那么，当假定的垄断企业遭受攻击时，股价应该上涨，而不是下跌。

最终，这一关于因果关系的结论没有回答一个问题：为什么提出反托拉斯诉讼的时间通常是在股市爬升几年甚至几十年达到高估价状态之后，处于猖獗投机状态之中，而不是在任何其他时候？通常，在熊市接近终点的时候，在牛市 90%-100%的时间里，司法部都会对成功的企业听之任之，即使需要等几十年来这样做。究竟发生了什么？

社会情绪转换发生在从牛市向熊市过渡的时候，情绪变化包括对他人金融成功的基本态度的变化。社会从支持情绪转向憎恨情绪。在牛市之中，社会情绪倾向于回报成就；在熊市之中，社会情绪倾向于惩罚成就。在牛市的晚期，熊市情绪开始潜入集体思想。民主政府是平等主义的工具。在某个时候，民主政府的代表不能眼睁睁地看着一些公司比大多数其他公司成功得多。当牛市筋疲力尽的时候，旧有的支持情绪开始瓦解，新的惩罚情绪爆发了出来。社会性质这一变形的一个结果是，政府攻击高度成功的企业。实际上，政府通常首先对当时最为成功的那个企业展开攻击。

另外，这一社会情绪经济视角相当符合一个事实：诉讼宣布之后，微软股票达到了原来的 3 倍。股市顶点的环境是由躁狂心理推动的一种猖獗投机。理性和外部事件因果关系不是这一幕的一部分。投机者之中的看涨狂热、平等主义者义愤可以短暂并存。前提是大型社会情绪顶点正在形成，因此产生了一个异象：公司正在法庭上遭受自己政府的攻击，而公司股价却飞涨。

成功公司的放纵时机

反托拉斯行动通常会在熊市的大多数时间里继续下去。当每个熊市结束的时候，原来的憎恨情绪烟消云散。这一相互关系的时机就像顶点的时机一样显著，图 1 股价图下面的评论就说明了这一点。

在 1914 年的低点，《克莱顿反托拉斯法》限制了《谢尔曼法》的范围。1920 年，市场正在接近低点，而喧闹的 20 年代牛市即将爆发。最高法院（Supreme Court）“拒绝对安德鲁・卡内基（Carnegie）和 J. P. 摩根（J. P. Morgan）组成美国钢铁公司的做法发起挑战，”说“光是规模大”并不犯法。接近 1932 年-1933 年低点时，政府与美国无线电公司的案件达成和解，《国家复兴法》使反托拉斯法暂停了两年。接近 1942 年低点时，战时生产委员会提供了反托拉斯活动豁免权；政府暂停了许多反托拉斯案件。1949 年低点一年之后，政府对美铝公司的诉讼达成和解，没有实现拆解美铝公司的目标。1982 年，实际股价经历了 16 年的下跌之后，司法部放弃了对国际商用机器公司的诉讼。

和其攻击一样，政府的大型和解活动和放纵通常出现在股市大转折几个星期或者几个月之内，这次是向上。在这两种情况下，政府的活动回应了变化中的社会情绪，而且是变化中的社会情绪的一部分。

有人会据理力争，一旦股市下跌到一定程度，公司时运一般就会惨不忍睹，也就没有惩罚托拉斯的必要了。然而，如果政府的垄断力量理论是正确的，那么，收缩的商业环境就对公司的相对位置没有影响。此外，这一观点并没有解释，为什么在有些情况下，股价下跌 50%之后，经济处于衰退之中时，政府收手；而在另外的情况下，股价下跌 90%之后，经济处于萧条之中，政府收手。没有一个政府停止攻击的数学“魔术水平”。当社会情绪触底时，政府停手，无论是在哪儿触底。这一事件确切的时机和水平不是由程度或者时间决定的，而是由形式决定的。波浪形式揭示了这一形式。

社会情绪经济学家的回答

那么，对于一开始提出的问题，从社会情绪经济视角给出的答案是：司法部对微软展开的反托拉斯行动对股市的整个趋势没有产生任何影响，也不会产生任何影响（比如，对微软股票本身的价格就没有产生影响）。因果关系反其道而行之：股市统计资料所反映的极端积极社会情绪趋势的衰竭，影响了司法部的情绪状态，并导致司法部屈服于一个欲望：攻击能发现的最成功的公司，那就是微软。

预测

就社会事件和情绪的因果关系方向而言，传统假设不具有预言价值（请看开头一段）。与之相反，社会情绪经济视角至少为一些有限的概率预测提供了基础。有了波浪原理知识，我们就能粗略地预料大型反托拉斯行动的时机，并在后来预料这些活动的判决。比如，我们可以预言，对公司成功的大型政府攻击不可能始于循环级数或更大级数的股市底部，并延续到随后牛市的大部分时间。我们也可以预言，对公司成功的持续政府攻击会始于循环级数或更大级数的股市顶点，并延续到随后熊市的大部分时间（后面的攻击通常不比第一个重要）。我们可以进一步说，当大型反托拉斯行动发生在长期无所事事之后时，这就是一个迹象：至少是循环级数的社会情绪趋势可能正在由牛变熊。我们还可以说，当大型反托拉斯行动在长期冲突之后解决时，这就是一个迹象：至少是循环级数的社会情绪趋势可能正在由熊变牛。我们可以这么说，是因为反托拉斯行动和解决并不是随机产生的；它们发生在特定的时间，回应涉及社会情绪大极值以及社会情绪逆转的心理环境。

攻击垄断企业的时机

首先，我们必须界定我们的术语。垄断企业是一个实体，主要是由于使用国家力量而在经济上处于优势地位。垄断企业受到了国家力量的维持，国家青睐特定的个人、团体、公司或者国有企业。欧洲国王通常把特定市场的垄断企业授予个人。当有国家力量在幕后支撑时，团体成功地禁止了竞争。像美国邮政局（U. S. Postal Service）、联邦储备系统、美国铸币局（U. S. Mint）那样的公司和国有企业享受着垄断特权。如果有人胆敢提供服务与这些实体展开竞争，就会受到积极的惩罚：罚款和监禁。

垄断企业与大获成功的公司存在着区别：大获成功的公司总是面临着竞争的危险。尽管产品不好、服务不佳，垄断企业还是已经存活了几个世纪。在另一方面，如果产品或服务恶化，如果错过了本领域的下一个革新趋势，如果所在的领域过时，每个非垄断公司都会暴跌。一些人宣称，大获成功的公司会成为垄断企业，只是因为它的成功使它获得了摧毁竞争的“力量”。巨大的成功确实可以让一个公司与其他企业达成交易，诱使这些企业只与自己打交道。然而，这一情况不同于垄断力量，因为交易是自愿的。如果愿意的话，另一家公司可以总是拒绝合作；没有人用枪逼着做交易。另外，这种“力量”是暂时的。如果任何成功企业采用精心设计的限制性方案，从长期来说，这家企业就会流失资源，自我弱化，让未来的竞争者获得优势。另外，竞争并不局限于存在于特定时间的任何数量的公司。对于一个成功的公司来说，潜在的竞争和实际的竞争一样令人苦恼。成功的公司知道，顶级品质商品和服务的最微小的错误都会给公司带来巨大的灾难。无论怎么努力，也没有一家公司能够永远占据头筹。事情的自然次序最终削减了每个杰出公司的相对成功。

图 2 显示的是各个时间：美国政府采取措施限制或者拆解垄断力量原先的美国电话公司——美国电话电报公司（AT&T）。根据 1934 年的《通讯法》（Communications Act）美国政府把美国电话电报公司称作自然垄断企业，并允许这家通讯商在没有竞争的环境下运作。1949 年，20 年的实际股价熊市形式（没显示出来）结束了，美国司法部传唤美国电话电报公司，罪名是“维持垄断”触犯了《谢尔曼法》。1974 年 11 月 20 日，下跌 45%到 74%的所有股市平均指数的最终低点之间的那个月，司法部起诉美国电话电报公司，罪名是垄断电信行业。1982 年，实际股价触底，美国电话电报公司接到命令，剥离所有的 7 个地方运营公司，并停止提供地方电话服务，美国电话电报公司于 1984 年遵照命令行事。结果是，这家垄断企业不复存在，电信行业爆发，日新月异。因此，在仅仅 16 年里，世界上许多最成功的和最富于创新精神的公司都与电信相关。

更根深蒂固的垄断力量美国邮政局在 20 世纪 70 年代的熊市中存活了下来。但是，如果下跌的级数再大一级，美国邮政局就活不下去了。1970 年，有两个世纪历史的美国邮政局从美国政府的行政部门的一个机构变成了一个模仿私人企业的“近乎独立的邮政公司”。同时，《法律与经济学杂志》（Journal of Law and Economics）的《美国邮政垄断企业历史（History of the Postal Monopoly in the United States）》指出，新的美国邮政局的主管们建立一个规章，允许他们“放弃一点独家经营权来保证这家垄断企业的实质。”美国邮政局采取这一政策来阻止公众们对邮政局垄断采取日趋激烈的攻击。《法律与经济学杂志》指出，攻击本身“不同寻常，因为自从殖民地时代起，邮政垄断好像就是不可侵犯的。”1973 年，众议院就邮件投递限制举行听证会，邮件投递限制已经存在了一百五十多年。1974 年 10 月，标准普尔指数触底的那个月，官方对私人运输限制的第一个暂停实施，牵涉到了一些项目。结果是，联邦快递（Federal Express）、联合包裹服务公司（UPS）、甚至还有邮政局自己，都给投递行业带来了翻天覆地的变化。最晚在 1982 年 6 月，国会还在讨论要求邮件投递私有化的大量议案。两个月之后，世纪股价 16 年下跌的最终低点就到来了。1982 年 10 月，道琼斯指数实现了第一个决定性的上涨，超过了 1000 点，里根政府“决定暂时弱化对美国邮政局邮件垄断的反对。”

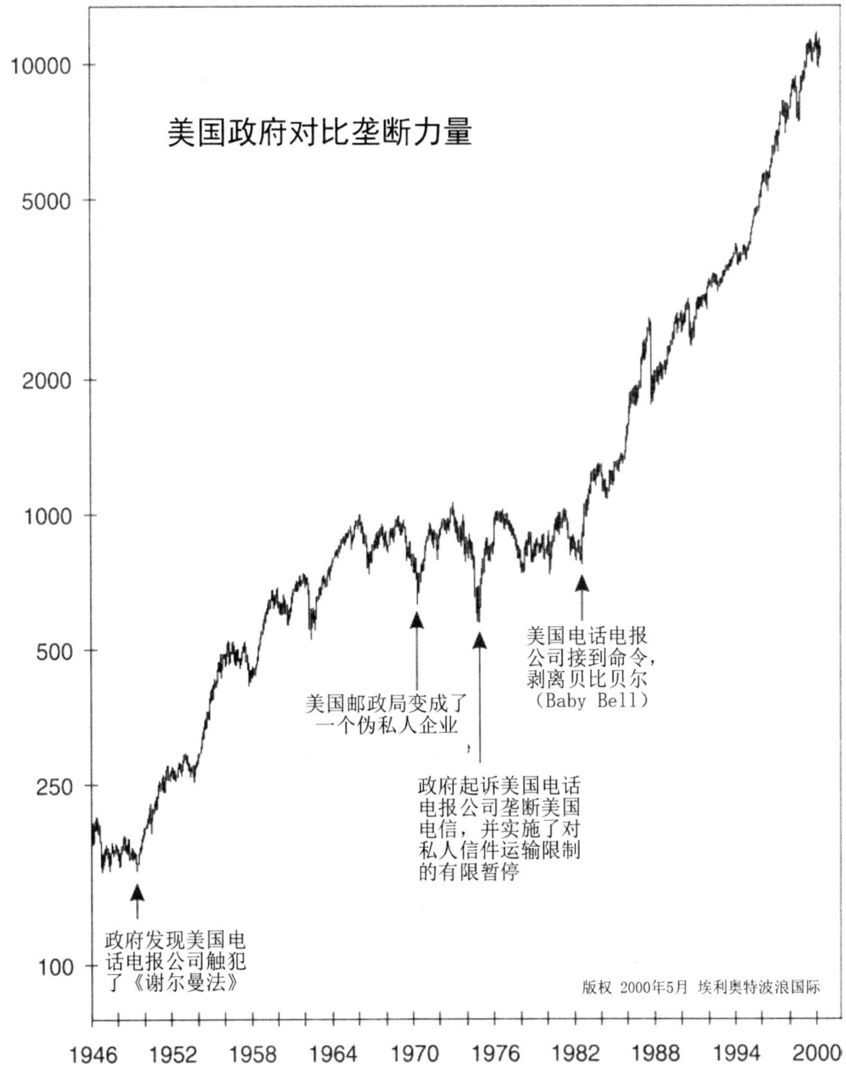

图 2

垄断特权扼杀革新，所以，当垄断力量被消除时，一个行业就能发展。相反，每当反托拉斯行为针对的是成功的非垄断公司时（请看图1），革新并不能立刻爆发出来。原因是，这些成功的公司都处于自由竞争环境之中，本身就负担着已经发生的大量革新。这些迥然不同的结果证实了两种实体的区别。

现在，我们能够看到，政府针对这些不同的实体所采取的行为背后有着相同的原则：在顶点，政府发力去扼杀自由竞争和成功；在底部，政府消除那些扼杀自由竞争和成功的力量。后面这一力量有两个形式：撤除针对成功非垄断公司的反托拉斯行为、分解实际垄断企业。有了这个知识，无论是预言针对垄断企业的行为，还是在这些行为发生时预言主要社会情绪变化，我们就又有能力去进行一些有限的概率预测。

紧急援助的时机

在过去的30年里，美国政府喜欢紧急援助即将倒闭的企业。这些行为来自同样的平等主义冲动，这些冲动的前面是在主要社会情绪顶点对成功企业的攻击。然而，政府并没有采取行动来预防成功，而是采取行动来预防失败。整个经济结果依然是破坏性的，因为拯救一个企业就使其竞争者处于危险之中，并同时浪费了生产资源和税金，但是这一事实并不涉及社会情绪经济观点：冲动社会情绪是这些行为的发动机。

紧急援助为什么会出现？紧急援助发生的时候接近股市低点，情绪与接近顶点时的情绪相反。从图3中你可以看到，洛克希德航空器公司（Lockheed Aircraft）和宾夕法尼亚中央铁路公司（Penn Central Railroad）在1970年3月和5月申请援助，当时股市暴跌至28年来的大低点。（援助在1970年12月和1971年8月得到批准。）在紧急援助宾夕法尼亚中央铁路公司和其他几个东北部铁路公司时，国会于1974年成立了康雷尔公司。在1974年，自从1937年-1942年以来的最大的熊市到了最后一年。（为了让康雷尔公司正常运作，进行了两次独立的“联邦投资”，一次是1976年21亿美元，另一次是1980年12亿美元。）政府拯救大陆伊利诺伊州银行的行动开始于1984年5月，在恐惧重重的“波浪二”股市校正的底部。【结果是在7月末进行了45亿美元的联邦存款保险公司（FDIC）一揽子援助。】1987年暴跌，1988年是缺乏活力的一年，以调整为主。此后，政府于1989年2月6日建立了重组信托公司，以便紧急援助大批失败的存贷机构。重组信托公司的成立标志着美国历史上最大的金融紧急援助的开始。危机一直持续到1990年的熊市【使价值线指数跌至1987年的低点，使交通平均指数（Transportation Average）下跌了一半】，到了1993年年中已经减弱。到了1993年年中，重组信托公司已经清算并付清了接管的失败机构的90%的债务。

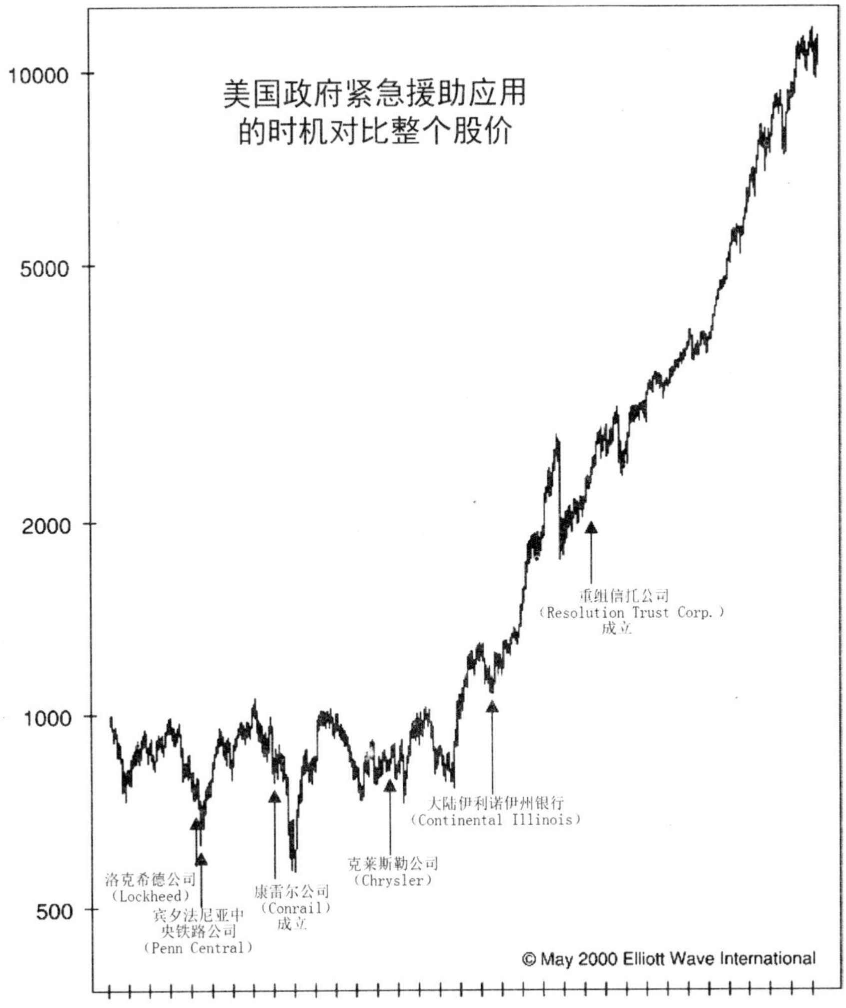

图 3

紧急援助涉及力量的使用——拿出税金支撑一个没人愿意支持的企业——但在心理上，这是攻击的反面。自由竞争实际上需要允许失败，而政府施加的力量是有目的的，目的是在市场上保持过多的竞争者以便促进竞争。这种方法事与愿违。因此，这些行为符合社会情绪经济假设：它们的起源都是心理的。

就亲公司情绪和反公司情绪而言，对情绪因果关系幅度的评论

这篇报道的数据是关于政府行为的，但是，就对待公司而言，社会情绪变化的结果并不限于国家行为。民众广泛经历了支配反托拉斯行为的社会情绪变化，社会情绪变化有其他的效果。

在大型登顶和下跌情绪趋势中，所有的社会力量都与明显成功的公司相左。到底哪家公司会被从牛到熊的社会情绪趋势所影响可能难以预言，但是情绪会随心所欲地对待一些实体等等。

比如，在20世纪70年代初的熊市环境中，无数人缺乏理智地极度担心，正在采取措施接管较小公司的国际电话电报公司【ITT（International Telephone and Telegraph）】会“接管世界。”国际电话电报公司被视作巨大的威胁。大学生为之烦躁不安，访谈节目主持人对此紧追不舍。国际电话电报公司一定被神秘化了。最终，国际电话电报公司威胁到的只是自己的雇员，国际电话电报公司时运不济，业务焦点紧缩为旅馆和卡西诺赌场。1998年，国际电话电报公司本身被相对默默无名的不动产投资信托公司（REIT）所接管。

还有一个例子。在过去的12个月里，可口可乐公司经历了两件事情：欧洲人认为可口可乐受到了污染，欧洲充满了广泛的恐慌；在美国，由于传说中的歧视雇佣行为而爆发了抗议游行。事实证明，恐慌主要是由于幻想，遭到抗议的雇佣行为在牛市一直存在且没有引发类似的后果。

上述行为并不是基于什么可触及的新玩意：在每一种情况下都只是情绪变化在推动这些行为。增强中的消极社会情绪产生了消极社会行为。国际电话电报公司和可口可乐公司只是碰巧成了靶子。所说的公众不满这一个原因实际上并不是原因，而是狂暴的新皮层的文饰。新皮层发现自己处于这样的境地：必须使一个情绪客观化，这个情绪正在冲出主人的边缘系统。(要更多地了解这一机制，请看《波浪原理高级教程（上）》第8章。)

当社会情绪在积极趋势的初期时，同样的事情发生了，但是方向相反。任何人真能证明极度情绪的合理性吗？在极度情绪下，风味糖水①在世界各地人们的头脑中联系了起来。(要了解可口可乐现象的案例研究，请看1999年12月版次的《艾略特波浪金融预测》。）社会情绪经济学家认识到，与牛市相联系的增强中的善意情绪趋势首先出现。

---

① 风味糖水（flavored sugar water）就指的是可口可乐。译者注。

善意情绪趋势关注的对象（无论是流行饮料还是流行明星）发现自己处于合适的时间以及合适的低点，因而就利用了善意情绪趋势。

社会情绪经济视角的实际价值

想一想，对于那些旨在有意识利用社会情绪趋势的公司来说，社会情绪经济学知识有着什么样的价值。甚至这篇论文的一个小观测数据也能够帮助微软这个典型的公司。由此，微软能够把握何时增加出镜率，何时减少出镜率。微软就能够知道，何时推销符合牛市情绪的产品和服务，何时推销符合熊市情绪的产品和服务。

让我们尝试着进行实际应用。既然我们知道大型反托拉斯行动的对于社会情绪趋势位置的含义，我们就能预料从现在起两到五年之内，股市可能比今天更低。相反，当今天的反托拉斯风暴消散时，下一个牛市就呼之欲出了。如果我们安排我们的金融事务来利用这一高概率，我们极有可能从中受益。

肯德尔
《艾略特波浪金融预测》
2000 年 7 月 20 日

对美国公司的新一轮攻击证实了微软卖出信号

5 月，《艾略特波浪理论家》分析了一个多世纪之久的美国反托拉斯活动，发现政府针对微软的案例证实了社会情绪经济学的观点：这里有一个股市大顶点。我们的“从社会情绪经济学的视角看微软案例”图 1 表明，自从 1889 年大熊市开始的时候，出现了一系列的反托拉斯行动。《从社会情绪经济学的视角看微软案例》这一报告解释说，循环级数或者更大级数市场顶点开始的时候，“新的惩罚情绪爆发了出来。社会性质这一变形的一个结果是，政府攻击最为成功的企业。实际上，政府通常首先对当时最为成功的那个企业展开攻击”。发表了几天之后，托马斯 · 彭菲尔德 · 杰克逊法官给微软带来了“可能的最为严厉的惩罚”。在美国经济发展最为迅速的领域，微软是主流企业。法官命令这家软件巨人拆解，“例行公事地批准了”美国司法部提出的每项惩罚，发出了历史上最为确定的长期股市卖出信号之一。托马斯·彭菲尔德·杰克逊法官是由保守的里根任命的，这一事实表明社会情绪的力量甚至超过了意识形态。

除了表明熊市的开始，最初的大型反托拉斯案件标志着整个反托拉斯运动的重新苏醒。因此，我们5月的版次预测“对公司成功的持续政府攻击会始于股市顶点”。在这个时候，我们应该开始看到微软之外的攻击伸展，事实就是这样。最近的标题揭示了社会领域广泛范围内反金融商业界的力量的聚集。在政治领域，美国副总统兼民主党总统候选人采用了一种策略“把大公司变成了吓人的怪物”，方法是对药品、枪械、健康维护组织（HMO）和石油公司发起一系列的攻击。陪审团第一次达成了“理性和一致的定罪，惩罚烟草行业”。1450亿美元的判决比以前的纪录大30倍，超过了公司的支付能力。陪审团团长解释说裁定是个态度和情绪问题。“这是侮辱性的。烟草行业的心态是，他们是不可挑战的。没有人挑战他们获胜。”还有一次，从先前的牛市情绪暴跌，反托拉斯当局把目光放在了电子领域。欧洲和美国当局决定详查“互联网日渐增长的”、以非法共谋价格和分享购买服务为目的的“企业对企业交流”。然而，信用卡行业看到了另一个里程碑。政府正在较量卡片巨人维萨卡（Visa）和万事达卡（Mastercard），因为它们共谋控制了75%的市场。根据美国司法部的诉讼，70，000家银行组成的银行团控制着维萨卡和万事达卡，“二元性”扼杀了竞争。《艾略特波浪理论家》指出，最近对可口可乐公司的攻击进一步证明了增强中的消极社会情绪，因为它根本就“不是”基于“什么可触及的新玩意”。根据我们能找到的最早的市场股份数据【来自信用卡管理公司（Credit Card Management）业务通讯】，维萨卡和万事达卡在1986年也占据了同样的行业份额75%。实际上，作为20世纪70年代以来的主要信用卡发行者，自从1974年循环波浪V开始以来，维萨卡和万事达卡一直是消费者信用卡经济的支柱。

合并和情绪

法律历史学家对美国反托拉斯运动的进步和退步进行了量化。量化的一个方法就是合并活动的数量。许多法律历史学家纪实性地描述了一个逆反关系：当反托拉斯活动增加时，合并“消失”。在我们5月版次的研究中，我们发现一本书的图1直到图3提供了联邦反托拉斯政策的合并数据。最近的牛市数据更新自2月版次的《艾略特波浪金融预测》。如果你把这些图拿起来跟5月《艾略特波浪理论家》的图1对比，你就会看到这些图漂亮地填补了空白点，也就是大牛市。《艾略特波浪理论家》的图1描画了反托拉斯诉讼与和解。

美国公司合并数量对比
道琼斯指数

版权 2000年7月 埃利奥特波浪国际

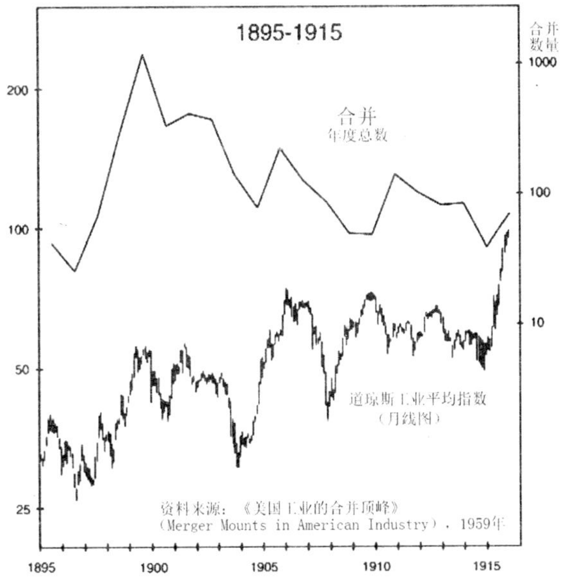

图 1

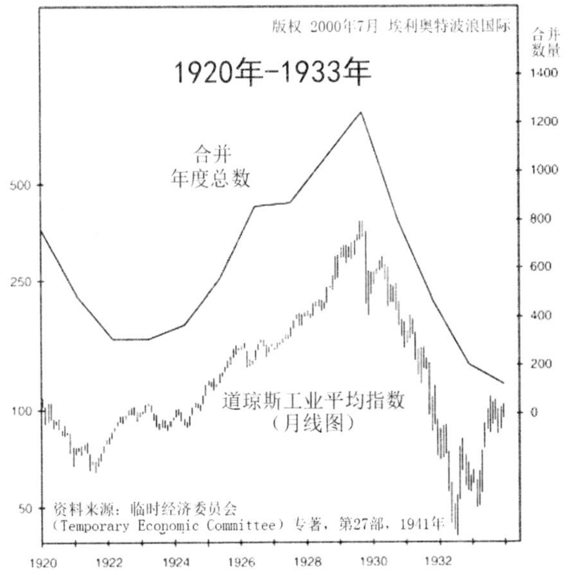

图 2

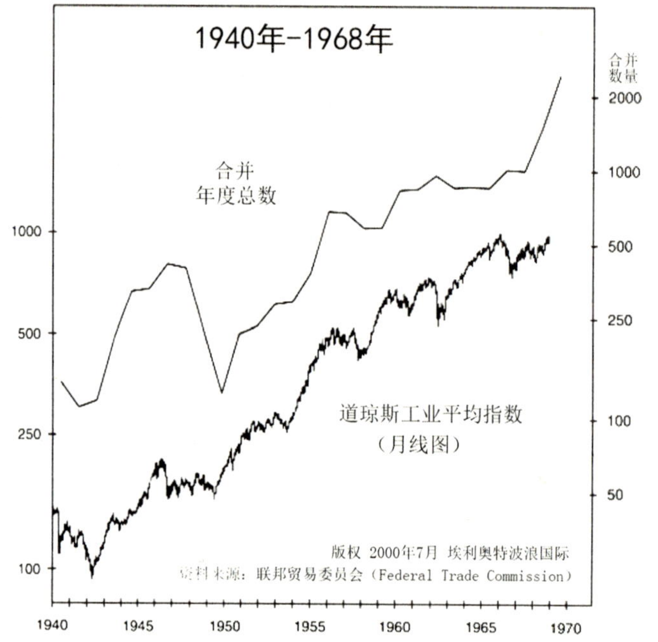
1940年-1968年
合并
数量
2000
1000
500
250
100
50
合并
年度总数
1000
500
250
100
道琼斯工业平均指数
（月线图）
版权 2000年7月 埃利奥特波浪国际
资料来源：联邦贸易委员会（Federal Trade Commission）
1940
1945
1950
1955
1960
1965
1970

图 3

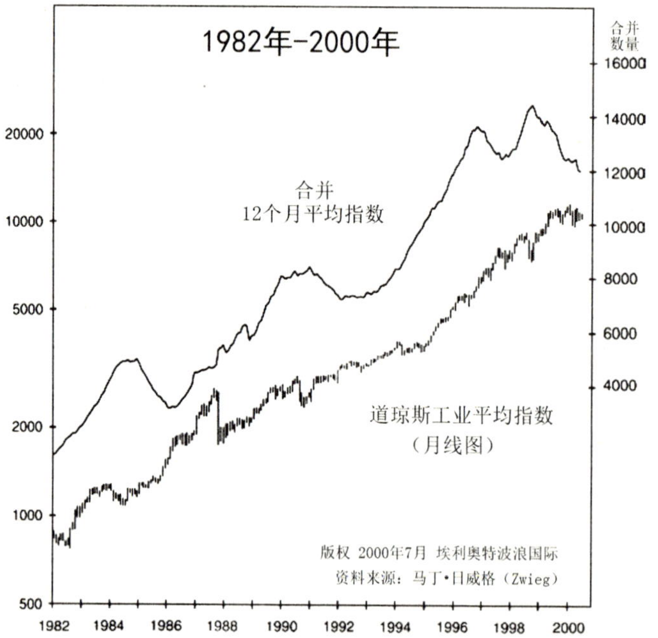
1982年-2000年
合并
数量
16000
14000
12000
10000
8000
6000
4000
20000
10000
5000
2000
1000
500
合并
12个月平均指数
道琼斯工业平均指数
（月线图）
版权 2000年7月 埃利奥特波浪国际
资料来源：马丁·日威格（Zwieg）
1982
1984
1986
1988
1990
1992
1994
1996
1998
2000

图 4

鉴于合并数量与上涨中的股价存在一个世纪之久的相互关系，社会情绪逆转的另一个主要证明是最近爆发的反合并热潮。在最近几个星期里，美国当局阻碍世通公司（Worldcom）购买斯普林特公司（Sprint），阻碍亨氏食品公司购买比纳营养公司（BeechNut Nutrition），阻碍了伯灵顿北方圣菲公司（Burlington Northern Santa Fe）与加拿大国家铁路公司（Canadian National Railway）60亿美元的合并。如果这项合并成功，就会是历史上最大的铁路合并。如果是在20世纪80年代末和20世纪90年代，其他几场交易也不会遇到阻力，其中包括美国联合航空公司（United Airlines）全部买下美国空中公司（US Air），美国在线公司（AOL）与时代华纳公司（Time Warner）合并，大西洋贝尔公司（Bell Atlantic）竞标通用电话电子公司（GTE）。但现在，这些交易都受到了各种联邦结构的挑战。美国证券交易委员会和联邦会计标准委员会（Federal Accounting Standards Board）使任何其他的破纪录交易成为水中之月：攻击“权益结合法”会计方法，这个会计方法允许无数企业以膨胀的股票而不是现金或者债务进行并购。“在登顶和下跌情绪趋势中，各种各样的社会力量对抗显然成功的公司，”《艾略特波浪理论家》在5月说。支持、公司和综合让位给了分裂和憎恨。在过去的两个月里，这一社会变化的速度和范围明显加速。一旦托马斯·彭菲尔德·杰克逊法官严惩微软，就好像是他宣布合并以及公司商业关系的“自由时期”到来了。态度方面的这一巨大的社会变化符合股票向熊市的转化。

肯德尔

《艾略特波浪金融预测》

2001年7月

艾略特波浪和社会现实

我们这里在艾略特波浪国际因世贸中心（World Trade Center）袭击而失去了亲爱的朋友。我们为他们而悲痛，为那些痛失至爱亲朋之人而伤心。

和今天的悲剧一样糟糕的是，我们必须停下来指出另一个悲剧，很少有人明白这另外的悲剧为什么会发生，也很少有人知道接下来会发生什么以及如何应对。这个版次的《艾略特波浪理论家》会努力对这些问题做出不带情绪的描述。

有时，需要一个骇人的剧本来惊醒梦中人，并让他们注意极端重要的事情。如果你的朋友和家人还没注意到波浪原理的关键信息，那么，请发挥你的作用，帮助他们认识到我们处于社会循环的什么位置，也帮助他们认识到波浪原理的重要性。对于这个版次，我们会暂时放开再传播限制，这样你就可以发送给你认为合适的人。

舒适和安全来自理解。如果你能清楚地看到过去和将来的全局，你就能平静地做出富有成果的决策。

这个版次的排版和发行是在一天的时间里，所以，有些词句显得粗鲁或者冒失，请见谅。

理解社会趋势的发动机

《波浪原理高级教程（上）和社会情绪经济学这一新科学》（新经典文库，1999年）的极端论点准确无误地表现在了20世纪90年代的喧闹社会戏剧之中。现在，这一极端观点会在将要延续几年的发展中的世界性社会悲剧的第一步中加以验证。本书的主要论点是，社会情绪变化导致社会事件性质变化，因而也先于社会事件性质变化。与这个理念相反，大多数人错误地努力去推测事件的含意，企图预测金融市场以及人类集体情绪。他们的方法无法奏效，因为各个市场是由群体性心理的自然趋势驱动的，源自这些心理趋势的事件随后到来。股市转折表明了这些心理趋势变化。这些心理趋势变化表明了社会事件进程即将出现的变化。

社会情绪经济学之下有一个同样极端的论点：社会情绪是程式化的，程式化的依据是波浪原理。因为这些程式化的情绪趋势促成社会事件，所以，你可以通过追踪股市趋势和形式来预测社会事件的性质。

《波浪原理高级教程（上）》解释了下列现象：1929年-1932年暴跌之后为什么会发生全球性的暴行，暴行为什么会在剩余的熊市形势的大多数时间里继续进行。这次熊市结束于1949年。《波浪原理高级教程（上）》还解释了下列现象：接近半个世纪的社会情绪上升趋势之后，为什么在20世纪90年代会出现世界范围内的和平活动和史无前例的和解行动。《波浪原理高级教程（上）》第18章给出了戏剧性并具有历史意义的图片，表现了这些情绪的力量。这就是我们正在讨论的真正的生活。你必须接近这些事件来体验事实。

预测社会事件的进程

这种观察资料并不仅仅是对过去的反映。1982 年，《艾略特波浪理论家》预测了上涨股市，一个繁荣的时代，“至少十年没有战争”。①

《在浪潮的顶点》（1995 年）然后预测了下一个巨变，以毋庸置疑的口气说，那时正在接近的——现在正在发展的——打超循环牛市开始之后会出现严重的社会动荡。下文是《在浪潮的顶点》对这一主题的介绍：

社会含意【节选自《在浪潮的顶点》第 432 页-433 页】

波浪原理是预言市场行为的唯一最佳方法，然而，波浪原理的价值有时并不仅仅局限于这一伟大的益处。就像第 12 章所解释的那样，市场趋势变化会对社会产生的影响在趋势的开始阶段并不明显。当趋势结束的时候，影响变得非常明显。开始预测由正在接近的社会情绪牛市导致的事件是不是为时过早？别忘了，这本书包含几十个非常具体的金融预测，这些金融预测在根源上都是社会现象。然而，预测金融领域之外的社会事件，是一个甚至更为复杂和不太精确的科学。然而，一些观察资料好像符合本书有限的范围。

朝向积极社会情绪的长期趋势总是通向和平和政治合作时期，比如我们现在就处于这种时期。朝向消极社会情绪一个极端趋势变化总是通向灾难。熊市中冲突的平均水平要比牛市中冲突的平均水平大得多，并会导致混乱时期，并不仅仅是在金融市场中，还存在于社会之中。实际上，现在，长期市场形势所表示的趋势总是产生戏剧性的社会动乱。上次同等量值的熊市发生在 1720 年到 1784 年，这段时期以股市暴跌开始，以美国独立战争结束，其后是 5 年深入的全球萧条。

即将到来的消极社会心理趋势具有这样的特点：不同认知集体的极化，无论是政治集体、意识形态集体、宗教集体、地理集体、种族集体还是经济集体。结果是一个净趋势。朝向愤怒、恐惧、不宽容、不同意见和排外。而牛市岁月则反之，净趋势朝向善意、信心、宽容、同意和包容。这种情绪变化通常带来多种形式的冲突，其证据可以在各种社会组织中见到。政治表现形式会包括贸易事件中的保护主义、极化的且异口同声

① Prechter, Robert R.（1982, October 6）. *The Elliott Wave Theorist*

的选民、分离运动、恐外症、公民-政府冲突、旧联盟和党派的解题、极端新联盟和党派的出现。关税会大行其道，尽管有这样的事实：几乎所有的人都知道关税危险和错误，因为关税是渐增的消极社会情绪的产物，消极社会情绪涉及恐惧、嫉妒和遭到误导的自我保护企图。尽管人们基本有好的意图，恐外症还是会出现，因为恐惧和仇恨在大熊市蔓延开来，不管恐惧和仇恨是否合理。还有一种危险：作为熊市的后果，政府会施加警察国家类型的控制。这种时期经常以情绪政治罢黜结束，无论是通过投票、辞职、弹劾、政变、还是革命。

最糟糕的经济和政治活动还有几年才会到来，但是，毋庸置疑，未雨绸缪要好过为时已晚的临时抱佛脚。

预言波浪形式

《在浪潮的顶点》详述了大量熊市具体预测，包括整个波浪的预计形式、每个波浪可能的结束时间、道琼斯指数下降价格目标，等等。（要看图的话，请看《在浪潮的顶点》图 5-12。）一个最具体的预言是下面这个，表明了第一个下行波浪所采取的具体形式：

这个形式会如何开始【节选自《在浪潮的顶点》（At the Crest）第 82 页】

不管在大超循环级数最终展开的是哪个具体的长期形势，但有一点确定无疑，第一个（或者在比较温和的局面下，只有）超循环级数下跌采用曲折线条。它由三个波浪组成，标示为 A-B-C 或者 W-X-Y。整个大型级数的每个初始下跌（“第一个”波浪），可能还有整个循环级数的初始下跌（波浪 A），将会由 5 个波浪组成，以便与较大的级数相符。1929 年的下跌和 1937 年-1939 年的下跌分别是超循环和循环级数的“A”波浪。图 5-8 和图 5-9 给出了这些第一轮下跌波浪的样子。期待即将到来的熊市的第一波大跌反映这些波浪的形式。

图 1 和图 2 再现了这些图片，图 3 和图 4 表明了，自 2000 点第一季度达到了历史高点之后，标准普尔指数和纳斯达克价格变化的最近发展。你能否看到，它们都是采用的艾略特波浪形式？而且，艾略特波浪形式是可以预测的。

社会预测中更为具体时机的钥匙——波浪形式

《在浪潮的顶点》（1995年）中“这个形式会如何开始”的例子

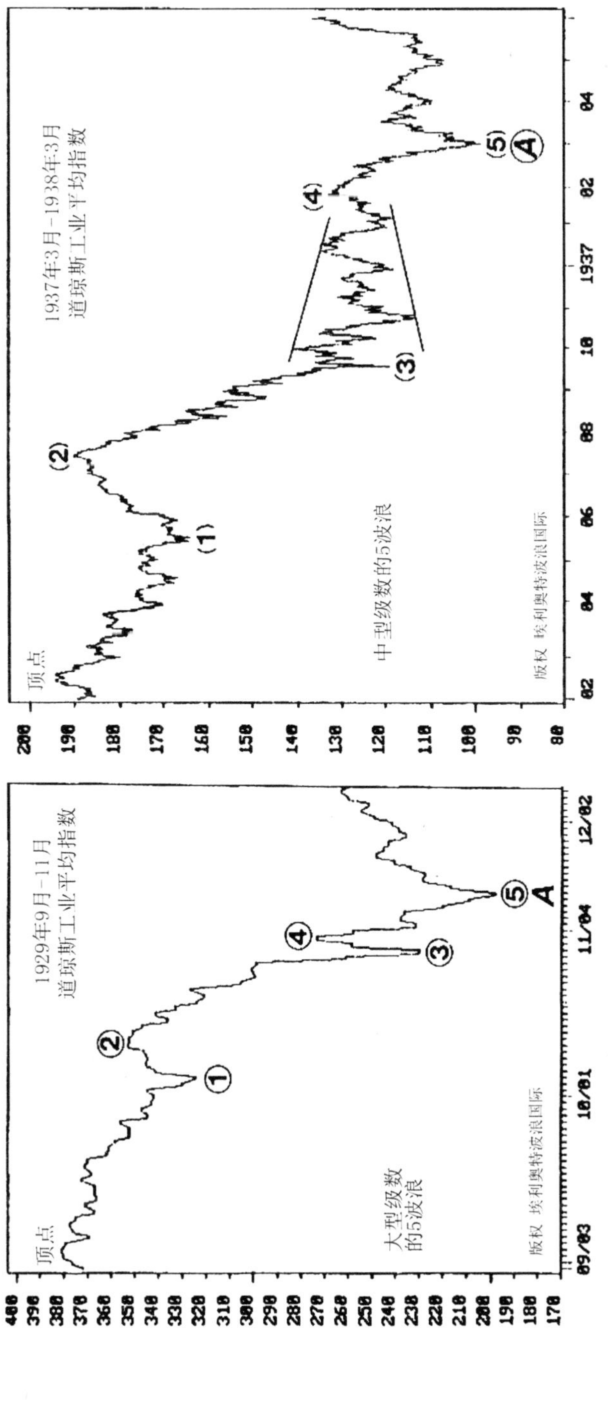

图1　图2

自从2000年第一季度以来的大型级数5波浪的初始形式接近完成

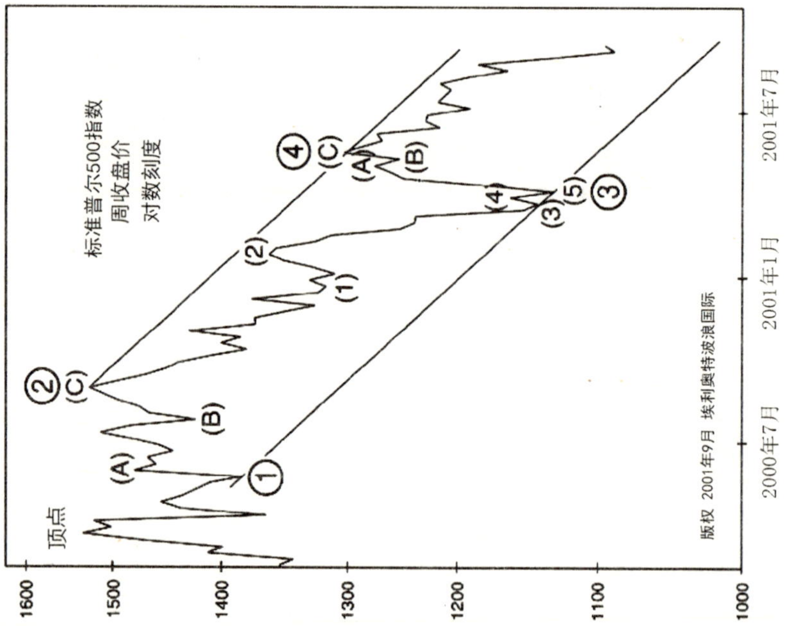

图3

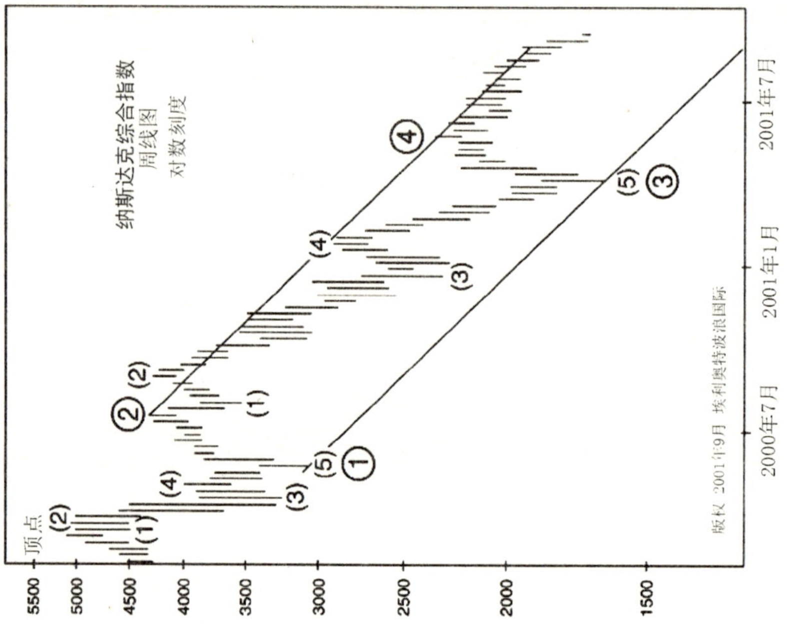

图4

艾略特波浪分析师甚至能直接说出最佳和最差社会时期何时出现。《波浪原理高级教程（上）》（The Human Social Behavior）一书解释，战争总是在循环级数或者更大熊市的“C”波浪之中爆发，或者紧接着爆发。更重要的是，校正过程越大，战争越大。我们不过是处于大超循环熊市的波浪（a），主要与金融毁灭有关。所以，虽然可能令人震惊，但到目前为止，事件实际上是相应且比较温和的。像希特勒侵占捷克斯洛伐克那样的事件出现在循环波浪（IV）之中。在波浪（a）中，波浪c应该与2002年到2004年展开，会带来更大的冲突行动和有形的危险。然而，就像《在浪潮的顶点》所解释的那样，最糟糕的全球恐怖——目前是个好消息——直到整个大超循环的波浪（c）才会出现，而这还需要几十年的时间。图5的图片详细显示了我心目中可能的形势：大超循环波浪IV。

预测社会事件的类型

这里是另一个难理解之处，《波浪原理高级教程（上）》解释说，会在任何一个正在接近的熊市中出现的消极社会主题，会首先在前面较小级数的第四个波浪里以较为温和的形式表现出来。停一下，搞清楚这个说法。这里是一个更详细的解释：社会情绪反复在3波浪向下之前勾画出5波浪向上。“5波浪向上”之中“波浪四”的消极主题预示了将要起主宰作用的主题，更有戏剧性，规模也大得多，出现在继起的“3波浪向下”之中。

文化趋势的风格也是这样。比如，精神分析学出现于1962年，位于大型级数校正第四个波浪的终点。1966年-1982年出现了较大的熊市，杀人狂电影（比如《月光光心慌慌》系列、《黑色星期五》系列）成为主宰影坛的主题。

社会事件的性质也是如此。在较早的1916年到1921年第四个波浪中，集体主义者夺取了俄国政权。随后是1929年到1949年较大的第四个波浪，集体主义者几乎控制了近半数世界人口，在德国、意大利（Italy）、东欧和中国。

在现在的情况下，最近的循环级数或者更高级数的第四个波浪出现在1966年到1982年，粗略地说就是在“70年代”。20世纪头十年由股票的长期熊市控制，出现了许多恐怖事件，但除此之外，直到1966年到1982年才出现了“恐怖主义”社会力量这一理念。一个10卷的过去100年的美国社会历史年表【《美国的各个十年》（American Decades），曼里公司（Manly Inc.）】记载，在20世纪20年代、30年代、40年代、50年代、60年代，都没有恐怖活动。在1970年初，道琼斯指数处于循环级数熊市的第四年，价值线综合指数处于第二年，恐怖主义时代开始了。和20世纪头十年的早期“分散恐怖主义炸弹袭击”不同，这个时代以袭击背后的频率、程度和组织而著称。当熊市继续的时候，恐怖活动的规模和复杂性增加。恐怖手段日趋老辣复杂，恐怖主义政治力量日趋强大，在针对美国的恐怖活动中，我们看到了冲突风格的冰山一角。当下一个较大规模的熊市到来时，我们必须面对冰山，冰山肯定会到来。

这个观点并不仅仅是在回顾过去中做出的。我们最近的出版物就将要发生在大超循环波浪IV中的具体社会行为做了推测，《波浪原理高级教程（上）》罗列了通常与大牛市和大熊市相关的事件。两个节选的评论总结了眼前的一幕：

“外国人会在美国的土地上进行恐怖行动……”

——《在浪潮的顶点》（1995年）

第21章，第435页

“在社会情绪的顶点，当建造破纪录的摩天大厦时，建设的冲动出现了。在低谷里，几乎不建设什么建筑，已经建好的可能被焚烧或者轰炸，化作一堆瓦砾。”

——《波浪原理高级教程（上）和社会情绪经济学这一新科学》（1999年）

第14章，第229页-230页

这里是对今日事件的总结，比20世纪70年代先前的第四个波浪中的事件“更有戏剧性，规模也大得多”：

纽约，9月11日（彭博资讯）——专家说，今天对世贸中心和五角大楼（Pentagon）的攻击是美国国土上发生的最严重的恐怖行为，改变了外交政策的范围。

从前，从没有成功的针对多个美国城市的大规模恐怖袭击。此时，没有组织对此负责。

“这是一个计划周详的袭击，”弗吉尼亚（Virginia）爱许兰（Ashland）伦道夫-梅肯学院（Randolph-Macon College）中东历史专家迈克尔·R. 菲施巴赫（Fischbach）教授说。“我们所知道的世界现在已经发生了改变。”

“美国人对于日常生活和外交政策的态度会永久性地发生改变，”菲施巴赫说。

“我们所知道的世界现在已经发生了改变”是个正确的说法，但是变化的时刻不是“现在”。改变发生在2000年1月14日到3月24日。在这两个月的时间里，3个主要美国股票指数表明了长达216年的大超循环上升趋势的终结。我们现在只是在感觉到这一变化的滞后结果。

1966年-1982年这段时期有许多不幸的特点，这些特点会在当前熊市里以更大的程度再次出现。然而，在大超循环级数上，“先前的第四个波浪”实际上指的是1929年-1949年。当大超循环熊市形式在下面的几代展开时，大超循环熊市最终会让统治这一校正的那些冲突发生。

你是否发现了这一信息的价值？可以理解，大多数人会担心一个行为是不是“一次性事件”，并推测“最糟糕的情况是否已经结束”，但他们却根本不知道如何回答这些问题。社会情绪经济学可以回答这些问题，并同答如下。现在，我们可以自信地说，我们处于长期社会动荡的开端，虽然它会随着波浪消长，但是总体来说是在强化。最好是在两年前做准备，但是现在还不太晚。

愤怒所关注的符号

在20世纪90年代，我们研究了摩天大楼建设的历史，并发出了几个报告，探讨了高大建筑建造与积极长期社会情绪趋势后期的相互关系。《艾略特波浪理论家》在1996年4月指出，“就我们这里考虑的所有文化关系而言，股价和最高建筑之间的关系最迷人的，因为这一关系确实镌刻在了石头里。”我们推断，摩天大楼是“正在登顶的社会情绪的纪念碑”。一些人认为这些研究是无事生非。否。自从19世纪90年代建造第一批摩天大楼以来，我们处于史无前例的强大消极社会情绪趋势之中，所以，当表达新出现的情绪下降趋势的力量把目光对准这些高大建筑时，我们并不会感到震惊。这些高大建筑是符号，代表了大超循环波浪III的强大乐观主义。

为什么是现在？/下面是什么？

一般来说，在社会环境下，最震惊的新闻来自两个方面：下跌中的第五个波浪和下

跌中的 *C* 波浪。股市不在 *C* 波浪之中。自从历史高点以来，股市一直处于波浪 a 之中，最终会进行 a-b-c 下跌。在波浪 a 之中，股市几乎肯定是处于波浪 5 之中，你可以从图 3、4 和 5 看到。

如果股市确实在第 5 个波浪向下，那么，这一波浪会在几天或者几周内结束，并通往波浪 b 的重大 A-B-C（或者可能是个三角形）反弹。然后波浪 c 向下就会开始。如果这一评价证明是正确的，那么对短期来说是个好消息。如果相反，“大暴跌”来了，我们就应该在市场重开后不久知道。放心，《艾略特波浪金融预测》【或许以临时报告（Interim Report）的形式】和《短期更新》（Short Term Update）（下一期在星期三晚上出版，不管市场是否开盘）。这样你就能跟上我们关于股市、债券、黄金以及美元的结论。

做什么

对于你的金融而言，我们已经详细讨论了你应该做的事情。《在浪潮的顶点》的末尾给出了有用和必需服务的全面列表。你还可以研究我们的“熊市战略（Bear Market Strategies）”一页，并照章行事，我们在两年前就开始组织这一页，并不断更新。这一页在 http：//www. elliottwave. com/subscribers/subsonly. htm 的“仅订户可阅”一节里。【注释：这些建议扩充之后，出版在《征服暴跌》（Conquer the Crash）里。——编者。】

对大多数人来说，如果保证身体安全是个更为困难的问题。显然，在社会动荡的时候，居于人口密集区域，或者临近军队，或者靠近重要的基础设施，都是危险的。在以后的《艾略特波浪理论家》中，我们会小心提防，关注世界上的社会趋势，但是，我并不想充当身体安全专家。我们顶多把你们引领向身体安全专家。

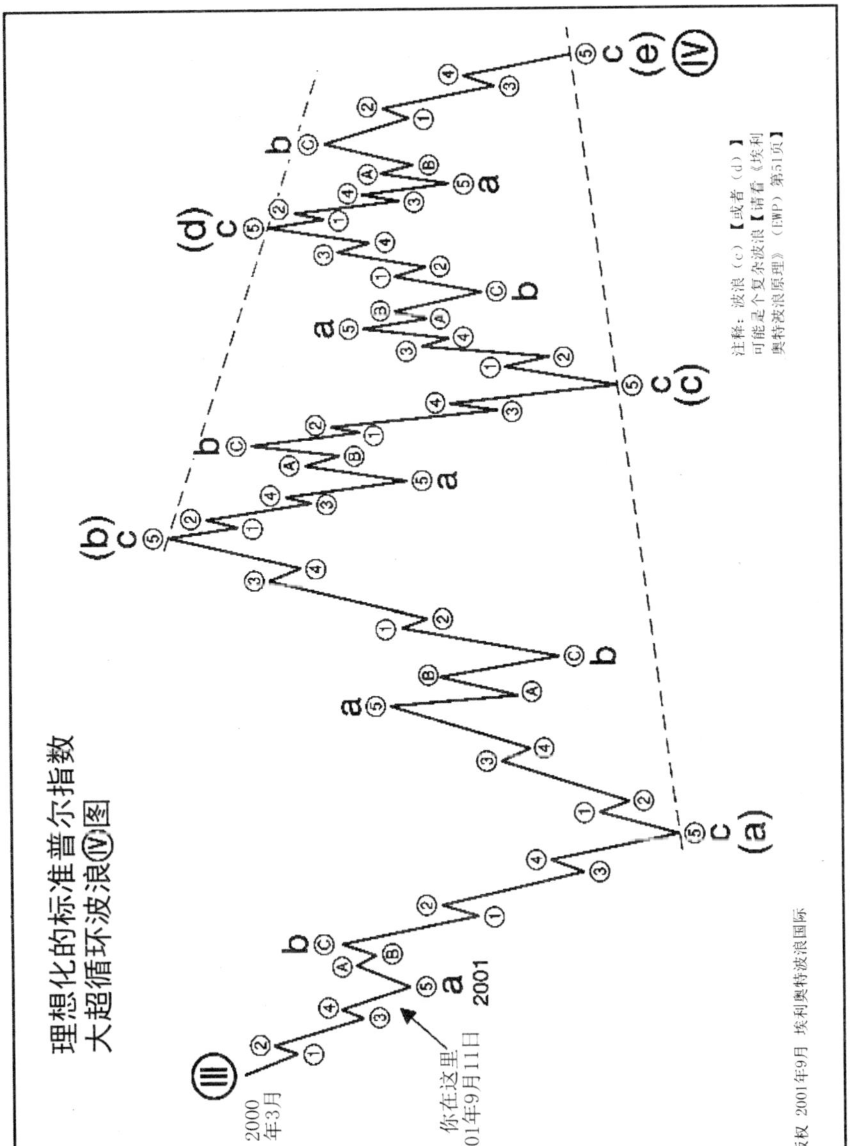

图5

社会情绪经济学的功效

艾略特波浪和社会情绪经济学只是学术玩具吗？不是。和好哲学一样，它们不仅在理论上是正确的；在日常生活中，它们是实用的、有用的。在重要时刻，理解目前的变化就意味着成功和失败的区别，生与死的不同。于1949年和1982年创业成功的人、于1933年和1975年破产倒闭的人，理解了成功和失败的区别。1938年离开欧洲的人与留下的人理解了生与死的不同。

在未来的年月里，其他人会因为“意外”单个事件而受到反复震惊，他们并不明白这些事件是较大形势的一部分。至少你会知道，我们处于一个形势之中，而且，甚至在大多数时间里，你都知道我们处于形势的什么位置。由此，你可以做出引导你的生活的决策。

广而告之

有一个问题：《艾略特波浪理论家》的长期股市预测如何会被想起？2000年2月版次回答如下：

“股市下跌之后，大多数人就不会那么关注股市。所以，在几年之内，今天的投资者大多不关心谁预言了什么。他们的焦点在别处。”

在过去的两年里，人们还问我为什么远离电视。在好时候预测动荡就像对着石头唱歌。没人听。然后，一旦动荡开始，在众说纷纭之中，没人能听到你的声音。人人都在唱歌，大多数人跑调了。另外，你不能在2 ½分钟内，传达一本《在浪潮的顶点》之类的书，更无法传达《波浪原理高级教程（上）》。你必须坐下来阅读。

如果有人问你为什么会发生这些事情，就给他们一个简短的回答：“阅读普莱切特的社会情绪经济学书籍。”这不是为了卖书而打广告；我们卖书挣不了多少钱。关键是帮助人们理解生命的重要方面，并或许拯救他们自己的生命。告诉你认识的每一个人，如果他们提到《艾略特波浪理论家》的这个版次，他们就可以半价购书。然后告诉他们，“是的，你两年前就该读了。但是晚了总比不读强。”

普莱切特

《艾略特波浪理论家》

2001年10月

世界和平、世界大战、斐波那契和艾略特

过去一个世纪里战争与和平的斐波那契进展

就像《波浪原理高级教程（上）》所详细描述地那样，斐波那契序列支配着生命体的形式和过程。斐波那契序列还支配着集体人类互动，就像波浪原理的形式所表明的那样。一个成长中的肉体证据表明社会变化的时机在某种程度上也是由斐波那契序列控制的。

一个天数或者年数的斐波那契数字经常把股市的主要转折点分开。这些时间段经常弹性的，略大于或者小于精确的斐波那契数字，任何差异都只是高达 55 的时间段的一个单元，并在此基础上扩张。比如，从 1842 年超循环波浪（II）的最低点发展到 1929 年超循环波浪（III）的高点用了 87 年，即 89（-2）年。在这些参数中，世界大战时期、1914 年之后的相对世界和平时期，好像是由斐波那契进展支配的，详情如图 1 所示。

1914 年，奥地利（Austria）大公斐迪南（Archduke Ferdinand）遇刺，第一次世界大战由此爆发。1938 年，希特勒占领了奥地利，第二次世界大战爆发（但直到 1939 年希特勒入侵波兰，才正式宣战）。从点燃战火的那一刻开始，两次世界大战分别延续了 4 年和 7 年，斐波那契 3（+1）年和 8（-1）年。这两次战争之后，世界范围内的和平分别延续了 20 年和 56 年（到目前为止），斐波那契 21（-1）年和 55（+1）年。如图 1 所示，两次世界大战的持续时间跳过了斐波那契数字（5），两次和平的持续时间（到目前为止）也跳过了斐波那契数字（34）。

请注意，每一组数字都在战争持续时间+1 和-1、以及和平持续时间+1 和-1 之间交替。这些区别某种程度上相互抵消，所以一个理想化的进展在同一年 2001 年到来。比如，如果下面的持续时间已经出现了，我们自 1914 年以来也会结束于同样的点：第一次世界大战持续了 3 年到 1917 年，和平持续了 21 年到 1938 年，第二次世界大战持续了 8 年到 1946 年，和平持续了 55 年到 2001 年。换句话说，斐波那契进展 3+21+8+

55占据了1914年到2001年。历史上转折日每次都相差一年，“长”期和“短”期交替出现。

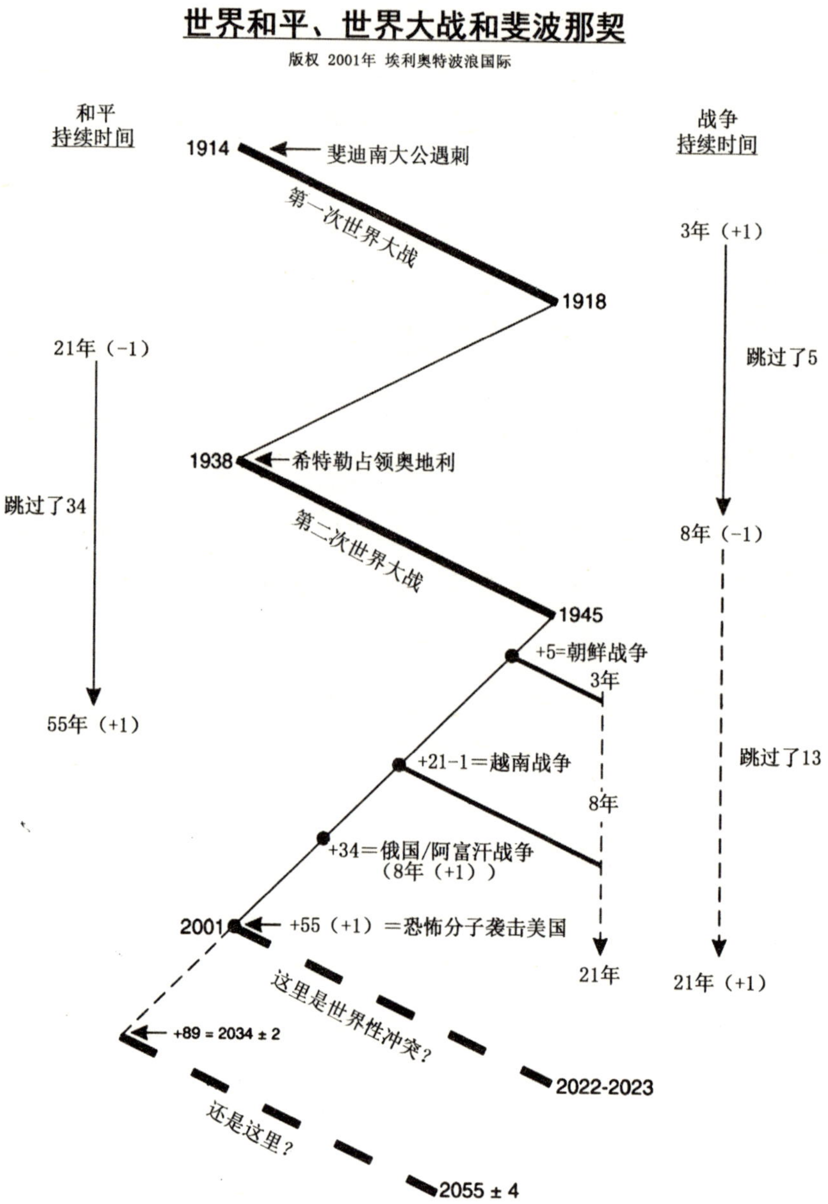

图1

自从1945年以来战争中的次级斐波那契进展

1945年到2001年长期持续的相对的世界性和平远非万事大吉。涉及美国的较小的冲突多次爆发。你可以从图1的“黑”点旁看到，这些冲突从1945年以来按照斐波那契进展出现。1945年之后过了5年，朝鲜战争爆发。1945年之后过了21（-1）年，美国派遣军队开始越南战争。（另外，1945年之后过了1年，印度支那战争（Indochina War）开始，印度支那战争是越南战争的前兆。1945年之后过了34年，俄国入侵阿富汗，这场入侵是当前冲突的前兆。）现在，过了55年之后，“反恐战争”可能已经打响。

还有另一个进展。这些隔三岔五爆发的涉及美国的战争都持续了一个斐波那契数字年份（+或-1）。朝鲜战争持续了3年，美国打了8年的越南战争。（俄国也打了8（+1）年的阿富汗战争。）请注意这些持续时间——3和8——和第一次世界大战以及第二次世界大战持续时间相同。和第一个进展一样，这一进展意味着下一个全球冲突的一个21年时间段。

交错图集

你可以看到，就斐波那契时间进展而言，发生于2001年9月的袭击具有双重意义。这次袭击发生时，开始于1918年的和平时间段的斐波那契进展达到了顶点，始于1945年的战争发动斐波那契进展也达到了顶点。较小的进展意味着2001年美国要开始卷入一场战争。较大的进展意味着2001年美国要开始卷入一场世界大战。

图1的假定前景

第一，让我们指出，遭受怀疑的斐波那契进展缺乏广泛的统计资料来证明自身的真实性。较大的进展没有伸展回19世纪。这些进展只是孤芳自赏。

如果这些斐波那契进展继续进行，那么，大战就已经开始了。如果图1左边的进展能站得住脚，那么，世界大战就已经开始。至于持续时间，如果像两个“战争持续时间”进展所表明的那样，斐波那契持续时间继续跳过一些数字，那么，现在的冲突可能会持续 21 年。如果进展加减 1 年的情况继续，那么，这场冲突的持续时间延长一年。2011+21-22 年就是 2022 年-2023 年。

有一个事实，当前冲突的发生较少是政治国家设计的产物，较多是宗教极端因素的产物，这样的宗教在世界上许多国家里有千百万信徒。因此，斗争暗含的世界范围和伸展的持续时间不应该被轻易忽视。

波浪形式说现在不是本世纪最大战争的开端

有很好的理由相信，图 1 左边一栏所表明的世界大战或者不会发生，或者不会让我们惊恐万分，至少不在原先预计的时间段里。《波浪原理高级教程（上）》第 16 章表明，战争会持久地在循环级数和更高级数校正的“C”波浪中发展，而“A”波浪的野蛮程度要低得多，经常相对和平一些，限制在金融大灾难之内。（这一特征并未涉及校正主波浪的无数“C”分枝波浪中的任何一个。）就像这本书所解释的那样，因此，美国最大的有形的危险可能会在本世纪中期附近发生，而不是在头几十年发生。今天，股市处于大超循环熊市的波浪（a）之中，你可以从图 2 看到。因此，一个真正毁灭性的世界大战更有可能在几十年之后发生，处于波浪（c）之中或者紧跟在波浪（c）之后。

如果对战争时机的推测是正确的，那么就能说明当前局势两点中的一点。一，世界大战对当前的明显的威胁不会实现，战争会直到波浪（c）才爆发。二，或者，世界大战会以温和的形式实现，继之以波浪（c）的严重冲突，就像第二次世界大战在第一次世界大战结束 20 年之后爆发。如果图 1 有任何意义，或许它在告诉我们要小心后面的发展。

什么时候可能发生更严重的冲突？图 1 斐波那契进展延续到了 1945 之后的 89 年——2034 年（+或-2 年）。《在浪潮的顶点》第 5 章做出了大胆预测：波浪（b）的顶点是 2037 年。这两个预测在 2035 年-2036 年搭接。（如果股市在 2004 年而不是 2003 年触底，——这种可能性看起来越来越多——这些时期就只在 2036 年搭接。）因此，图 1 的战争进展与波浪（c）的开始在那些年里同步进行，融洽地并行不悖。现在，我们应该小心提防，我们会经历一场社会混乱，这场社会混乱肯定会伴随着正在展开的历史性的金融大灾难，并绝对会导致全球性冲突。

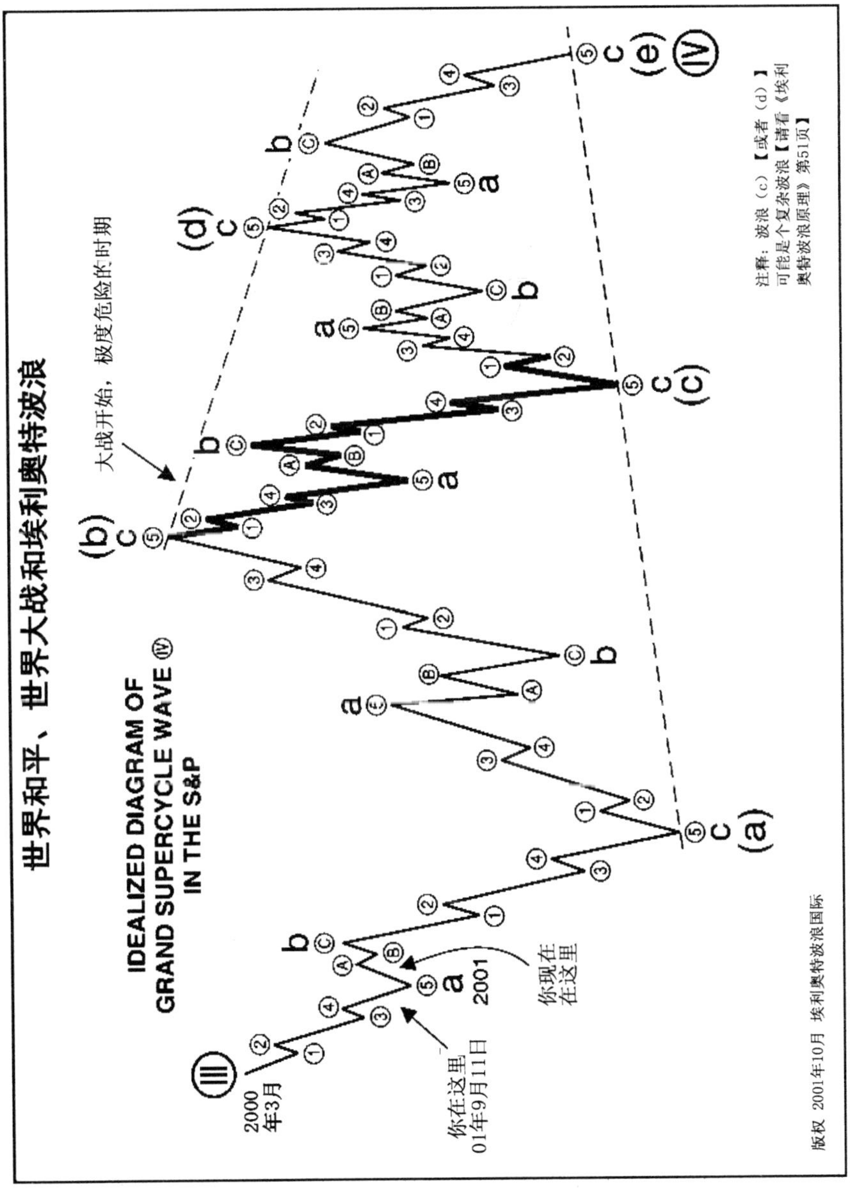

图 2

注意，如果战争在 2034 年（+或-2 年）爆发，并持续 21 年（+或-1 年），那么战争就会在 2055（+或-3 年）结束。《在浪潮的顶点》的图 5-12 预计波浪（c）会结束于 2053 年-2058 年，几乎是在同一范围之内。我们要记住，C 波浪一结束，美国内战就开始了。我们的斐波那契作品或许是个儿戏，但波浪结构不是。当我们推测的时候，无论社会危险是否已经出现，波浪（c）都会带来社会危险。

我们有信心。但是，我们首先要确定下面的事实：图 1 所表明的 2001 年危险已经过去，紧随其后的岁月也已经过去。只有这样，我们才能放心采用“波浪（c）”方案。直到这篇文章面世的时候，危险还没有过去。美国及其盟友可能迅速赢得决定性的胜利，这是一个好的苗头。然而，即便如此，考虑到预计中的冲突会延续 22 年之久，在放弃 2001 年攻击已经引发了世界大战这个想法以前，我们还应该警惕战争会在危险的第一个阶段卷土重来。

股票短期潜在前景如何符合社会事件

9 月版次的“你在这里”图片表明，在 9 月 11 日袭击的时候，标准普尔指数处于 2000 年第 1 季度 5 波浪向下过程的末期，那一进展的波浪⑤大约完成了一半。当然，在市场重开的那个星期，卖出使标准普尔指数直接跌入了较低的通道线，完成了“你在这里”图片所描述的第五个波浪。（在图 2 中再现）。这一解析预测了显著的 A-B-C（上-下-上）反方向反弹。纳斯达克支持这一潜能，也表现出了 5 波浪向下，9 月 28 日的道琼斯工业平均指数恰好停在循环级数上升趋势线上，这一循环级数上上趋势线可以追溯到 1980 年；道琼斯交通指数正好停在尽可能低的长期支持线上。如果股市发起持续多个月份的反弹，那么，2001 年 9 月的袭击就较有可能得到圆满的解决，或许是最终的圆满解决，但至少是初步的圆满解决。

如果在任何此种复苏之前道琼斯指数打破循环级数上升趋势线，如果在未来的日子里市场在幅度和每日百分比亏损上加速下跌，如果标准普尔指数较低的通道线（请看 10 月的《艾略特波浪金融预测》）被强力刺穿，那么，大幅反弹的潜能就会被消除，暴跌就会来袭。如果市场验证了这一点，那么，迅速结束世界性反恐战争的可能性就会下降，你就要站稳脚跟，做好长期作战的准备。

【注释：9 月的低点之后，道琼斯指数反弹了 6 个月，勾画出了 A-B-C 反弹。在此期间，冲突趋势变得对美国有利，没有外国人对美国本土实施恐怖行动。——编者。】

普莱切特

《艾略特波浪理论家》

2002 年 6 月 1 日

社会情绪经济见解对比事件因果关系假设

社会情绪经济见解

社会情绪经济见解是，传统的关于社会情绪和社会行为因果关系方向的假设不仅是错误的，还是与实际情况相反的。社会情绪经济学是基于一个原则。这一原则的发展有两个基础：对波浪原理的存在进行演绎、对市场行为和其他社会行为的先后顺序进行归纳。原则是社会情绪决定社会事件的性质。

以前的研究证明，上涨中的股票趋势并不提升集体情绪；而提升中的社会情绪使股价上涨。经济状况并不驱动社会情绪；社会情绪驱动经济状况。股票趋势不遵循公司利润；公司利润遵循股票趋势。政治不影响社会情绪；社会情绪影响政治。人口统计数据不决定股市趋势，决定股市趋势的社会情绪决定人口统计数据。流行艺术和娱乐的类型不影响社会情绪，社会情绪决定了各种流行艺术和娱乐的类型的人气。战争无法冲击股票趋势；支配股票趋势的情绪决定了战争的倾向。诸如此类。所有的经济发展、政治发展和文化发展都是由人类社会行为的波浪原理所塑造和指引的。它是万事万物的发动机，驱动着大众狂热、时尚、创造历史的集体行为事件。

传统观念与上述见解相反。传统观念根深蒂固、影响广泛，几乎达到了无所不在的程度。传统观念严重依赖直觉，是完全错误的。

传统想法把社会事件看作社会情绪的原因。几乎没有人问问事件本身的原因。问问事件本身原因的人只是把原因简单地归为其他事件。

与直觉背道而驰的社会情绪经济见解

我一直感到惊讶，社会情绪经济见解与直觉背道而驰。在我整个职业生涯中，我一直对技术分析的中心含意感到欣慰，技术分析认为市场形势重于市场外事件，比如经济状况和政治。（令人失望的是，我最终发现技术人员很少接受这一含意并相信各种随机的、无法预测的“基础”隐藏在市场形势之后。这是个矛盾。）然而，有时我也发现自己要费九牛二虎之力才能消除矛盾思维形式，重建社会情绪经济心理健康，应对更困难的挑战。我的第一个真正的挑战来自一个声明：“人口统计数据”决定股价趋势。我知道这个声明肯定是错误的，我只花了几天时间来研究这个声明就指出了其中的错误。但是，就是在这个过程中，我才开始做出合适的回应：如果确实存在什么相互关系的话，因果关系肯定是反向的。结果就是1999年的研究报告，《股票和性》，恰如其分地指出了其中的关键。到目前为止，我的最近的——也是最大的——挑战是在货币趋势因果关系中对联邦储备银行的角色进行恰当的定位。我会在后面的报告里讨论这个问题。【请看7月版次的第77页。——编者。】

普通人强烈抵制社会情绪经济见解，认为社会情绪经济见解是对生存观的挑战。我相信，这一抵制的原因是事件因果关系这一理念能被人自然而然地接受：事件因果关系在物理学中奏效，因而人们认为它在社会学中也有效。这一根深蒂固的假设强于大量的反面证据。

让我给你举个例子，告诉你这种抵制有多强。2002年4月25日，我高兴地在马萨诸塞州心理健康中心（Massachusetts Mental Health Center）赞助的第六届投资心理学年会（Sixth Congress of the Psychology of Investing）上发言。马萨诸塞州心理健康中心是哈佛医学院的主要教学医院。出席年会的有学者、精神病学家、华尔街专业人士、私人投资者。在提交了波浪原理并解释其社会效应之后，许多与会者告诉我我的发言改变了他们对市场和社会因果关系的观点。

第二天，我参加了下午的最后半小时，与会者得到了一个向当天的专题小组进行提问的机会。最后的问题是，“安然（Enron）丑闻让投资者心灰意冷；股市上空阴云密布，何时才能拨云见日？”

几个回应者——有的来自专题小组，有的来自听众——对这个问题作了回答，就好像这个问题讲得通。房间里没有一个人挑战提问者的假设。

一周之后，《今日美国》以及其他无数坚信不疑的报纸和杂志在鼓吹同样的主题。“丑闻撕碎投资者的信心（Scandals Shred Investors' Faith），”一个首页标题这样宣称。一篇文章的开头是，“公司错误行为的鼓点促使股价下跌，让养老金计划暗淡无光。”①

---

① Waggoner, John and Fogarty, Thomas.（2002, May 2）. “Scandals shred investors' faith,” *USA Today*, p. 1

如果你把社会情绪经济见解看作一个原则，你就无须知道局势的细节。你可以立刻做出合适的回应。在继续阅读之前，你想不想试试？记住，社会情绪经济见解是，传统的关于社会情绪对比事件因果关系方向的假设与实际情况相反。我把提问者的假设重新叙述一边，你就会感到从容了：“安然丑闻让投资者灰心。”你可以就因果关系说说相反的情况吗？

安然丑闻的意义

安然丑闻让投资者灰心？否，心灰的投资者促成了安然丑闻。

许多读者无疑会犹豫是否要接受这一构想后面的原则，因为没有通过反复的例证进行乏味的归纳过程。要再一次帮助这一过程，我们必须证伪提问者和媒体的错误前提，并证明社会情绪经济立场的功效。

第一，我们要认为丑闻不是错误行为本身，错误行为可以秘密发生。丑闻是对错误行为的承认，是大肆挞伐，是对兴趣和愤怒的公开展示。

我们观察发现之一，前提是完全错误的，尽管几乎所有的人情绪都与此相反。我观察到的情况如下：（1）在股市下跌之前，或者在股市下跌中的任何时间里，投资者一般都对安然的不端行为一无所知，（2）在安然丑闻的整个过程中，股市发展，相关心理指标提升。图 1 表明了股市的进步乐观主义和关键事件这两个标准围绕着安然丑闻。显而易见，当安然丑闻正在发展的时候，投资者和消费者心理提升，股价上涨。因此，安然丑闻“让投资者灰心”是个完全错误的说法。

如果有人这样定位事件因果关系，那么他就陷入了困境。考虑到眼前的事实，他别无选择，只能做出如下结论：对于股价来说，安然丑闻是看涨的，并导致投资者情绪提升！①

---

① 如果哪个经济学家肯花点工夫观察一下美国股市或者经济与贸易赤字的关系，就会面临同样的困境。两个趋势一起运动，如影随形，否定了那个无处不在的相反假设。要看图和相关讨论的话，请看罗伯特·普莱切特《波浪原理高级教程（上）和社会情绪经济学这一新科学》第 377 页-第 380 页。

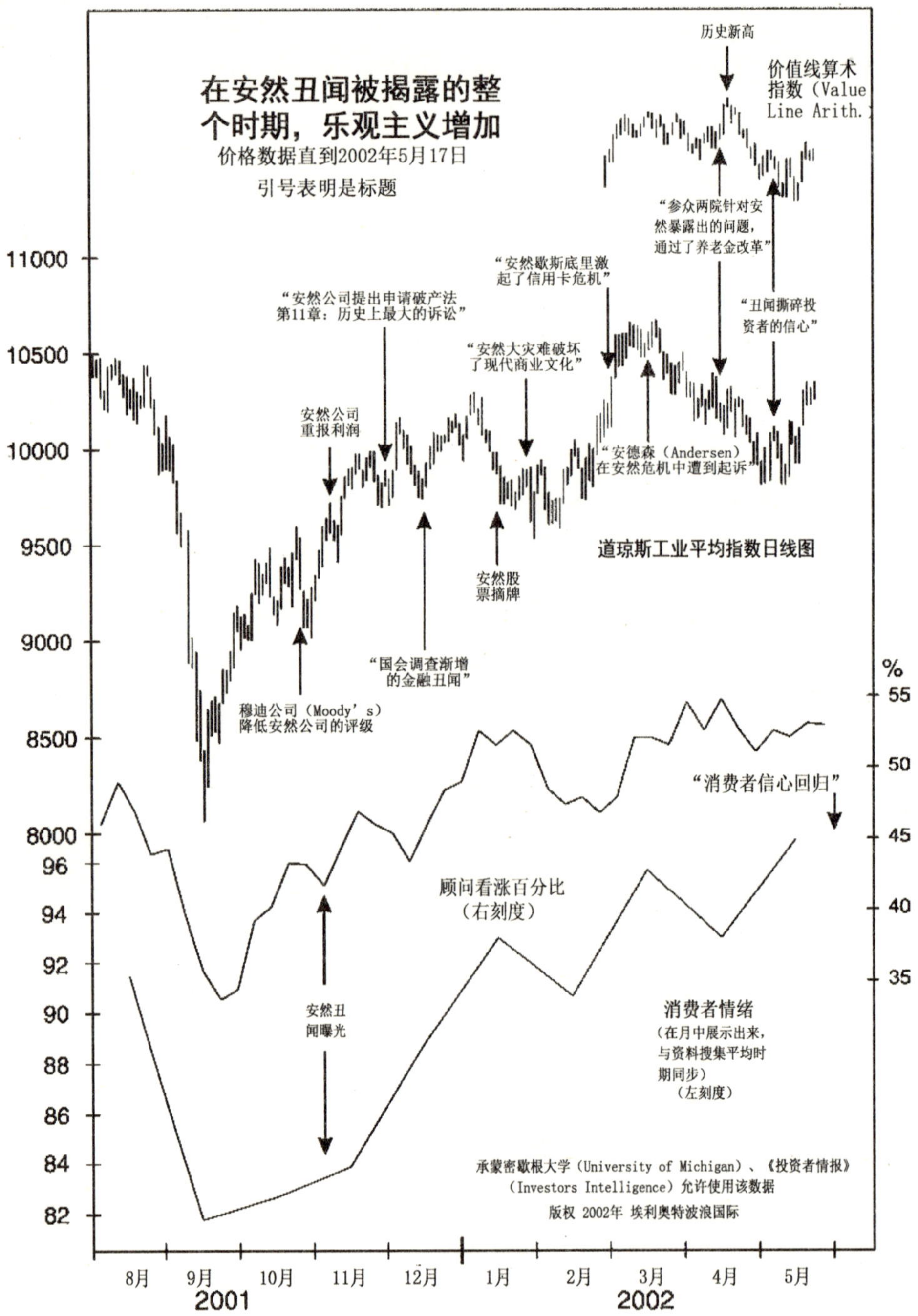

图 1

我要直接去做一个好像是明显的声明：这一结论是荒唐的。然而，难以置信的是，我不能这么说。为什么？因为传统分析师实际上直接不假思索地反复做出如此荒唐的结论。比如,《波浪原理高级教程(上)》讲述了一个分析师的新闻报道,这个分析师发现,尽管克林顿总统的不当行为遭到了揭露,股市还是反弹。这个分析师得出结论:总统的性丑闻看涨!经济学家探讨了战争和经济复苏的时间关系,并几乎异口同声地断言战争对经济有益。如果经济学家说人类最具破坏性的活动是经济健康的积极力量,那么,传统思想家就会毫不犹豫地说金融丑闻看涨。我本人也可以这么做;这种文饰不难。

对于这种错误来说,唯一的对抗手段就是社会情绪经济见解。战争不会导致社会情绪的任何方面;战争是极为消极的社会情绪的结果。同样,安然丑闻不会导致任何社会情绪的任何方面;安然丑闻是社会情绪变化的结果。①

图2表明了一个先后顺序,对这一说法是个支持。你可以看到,在丑闻爆发之前,股市已经下降了许多个月份。这一社会情绪仪表表明了渐增的消极性——涉及保守主义、怀疑、恐惧、愤怒和保护——所有的这些都促成了安然丑闻。安然公司首席执行官后来解释,渐增的保守主义影响了公司的派生位置,熊市触发了"退出条款","退出条款"允许安然公司的合伙人撤出资金,而且渐增的恐惧和怀疑促使他们这么做。在整个2001年,安然公司股票下跌,消除了融资支持。建立在信心之上的纸房子倒塌了。

当这一消极情绪趋势的结果让安然丑闻曝光时,消极情绪趋势已经结束了。标准普尔500指数于9月21日完成了5波浪向下,此时正是2000年3月以来的最大反弹(就像9月11日的《艾略特波浪理论家》所预测的那样。)在这次反弹之中,下滑情绪趋势的这些特别结果显现了出来。②

---

① 同样,1974年的社会情绪下降趋势使水门丑闻变得全国闻名,摧毁了尼克松总统的支持率,让尼克松总统辞职。相反,20世纪90年代的社会情绪上升趋势让克林顿总统保持了人气,尽管克林顿总统向法庭和公众撒谎。

② 社会心理的力量统治着社会事件和社会愿景。关于这一点的进一步证据是个令人惊奇的事实:令投资者和政治家最为愤怒的丑闻方面是虚假的。报纸不停地报道"安然"的大亨抛出了股票,而可怜的雇员被"套牢了"。事实上,雇员原本也可以在任何时间随心所欲地抛出股票,除了16天的短暂时期:安然股票又下跌了4个点从13点到9点。在为期一年的下跌之中,安然股票从83点跌到0.57点,并于2002年1月摘牌。另外,这16天的限制并不是一个惩罚政策,而是一个技术结果:安然公司把养老金计划的管理权移交给了另一家公司。包括雇员在内的安然公司投资者失去了许多金钱,原因是他们轻率愚蠢,其他的无数投资者也损失了金钱。投资者的心理欲望是把惜售决定归罪于他人,而不管事实如何。

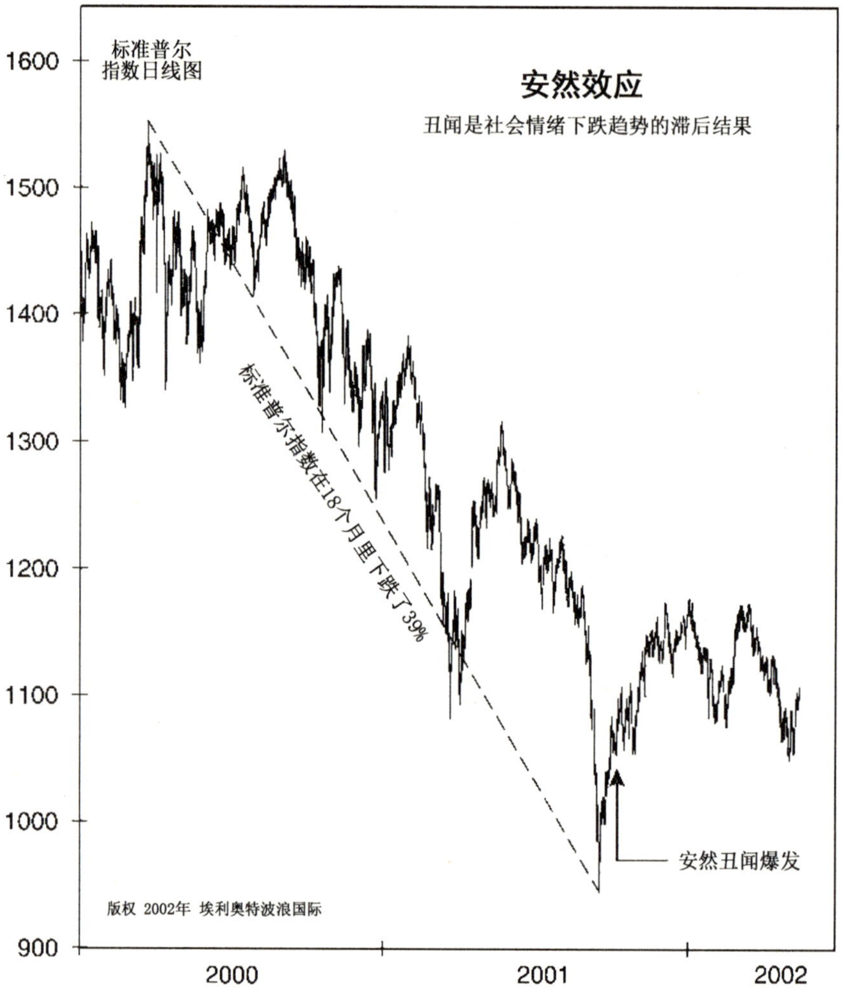

图 2

现在，我们确切地知道：安然丑闻一点儿没有“让投资者灰心”或者“笼罩着投资者的信心”。他们的信心水平在丑闻中上升。丑闻也没有“使股价下跌，让养老金计划暗淡无光”。股价在丑闻中上涨。关于这一推测的所有绝望苦恼和点滴笔墨都是对时间和精力的浪费。

更确切地说，“公司错误行为”甚至不应该为安然丑闻爆发之前的熊市负责。公司错误行为在 20 世纪 90 年代猖獗一时，但是并没有爆发丑闻。实际上，这些错误行为——蓬齐（Ponzi）那样的会计行为——在 20 世纪 90 年代具有这样的作用：提升股价，充实养老金计划。而今天也具有类似的作用，只是方向相反——使股价下跌，让养老金计划暗淡无光。

然而，对会计行为和股价涨跌之间关系的怀疑并没有得到应有的赞誉。人们赞誉的是群体性心理变化。各种各样的会计不规则性是心理环境的结果。各种各样的会计不规则性已经存在了几年的时间，并不时被报道，有时是在主要期刊之上，但是，在牛市之中，几乎没人在意。公司不当行为持续了10年，但恰好在趋势变化之后才出现了丑闻。当趋势上升时，人们忽视虚假会计；当趋势向下时，心理使实际的和虚假的公司健康迅速恶化。又一次，因果关系的规划与传统观念背道而驰：公司错误行为没有使股价下跌；下跌的股价最终拉开了公司错误行为的帷幕。那么，究竟是什么原因导致公司错误行为如此强烈扩张？股票躁狂的群体性心理无疑达到了极值，怂恿甚至回报公司的“创造性会计”。是牛市的心理环境让公司胆敢在一开始误导投资者。

社会情绪经济预言的力量

图2至少确定了与安然丑闻相关的真正原因和结果的先后关系。当然，图2没有加以证明，因为对于因果关系而言，另一种选择就是两个事件（以及所有其他我们所探索的事件）不相关。让我们看看是否能够消除这一假说。

科学的一个重要方面是一个假说的预言能力。使用社会情绪经济见解，人们是否可以预言那如潮的会计和公司丑闻？安然丑闻的揭露使这些如潮水般汹涌的会计和公司丑闻达到了高潮。

答案是肯定的。另外，确实有人做到了。

在股票躁狂的顶点，以及在随后的那些月份里，艾略特波浪国际的皮特·肯德尔在《艾略特波浪理论家》和《艾略特波浪金融预测》公开表明观点：确定了我们所谓的“牛市会计标准”线的终点，并预测了丑闻和挞伐的高潮。我们现在知道，新出现的高潮消灭了各种明星的形象，从公司的首席执行官到经济学家到经纪公司分析师到会计，这里就不一一列举了。下面的评论表明了社会情绪经济视角在公司丑闻方面的预言优势（增加了强调）。

1998年9月16日

胜腾公司（Cendant Corp.）“虚假收入”的发现【第一次报道是发展下跌线1998年4月3日历史顶点13天之后】是逐渐苏醒的意识的一部分。这个逐渐苏醒的意识是，许多公司的基础尽管已经变得脆弱，但实际上比表面上还要脆弱。阳光公司（Sunbeam）、牛津健康公司（Oxford Health）、绿树金融（Green Tree Financial）、波士顿鸡肉公司（Boston Chicken）、水星金融（Mercury Financial）的不当金融行为也被报道了出来……社会情绪新出现的变化正在开始粉碎集体金融错觉。这些故事“现在可以讲述了”，因为人们愿意听。当熊市展开时，更多的“丑闻”案例会被曝光。

1999 年 10 月 1 日

随着牛市的前进，会计标准削弱。基础之中的这些隐蔽的裂缝有对立面：在熊市之中，会计标准会对上涨产生重大影响。另外，世界经济对上涨中的美国股市的依赖达到了前所未有的程度。因此，这些会计标准可能会迅速发挥影响力。

2000 年 2 月 25 日

当新时代的耀眼光芒让位于冷静的反思和挞伐时，牛市的相关会计花招会受到更多的关注。

2000 年 5 月 26 日

金融诡计曝光：乐观主义的一些拙劣借口被消灭。在我们 1998 年关于循环 V 对比循环 III 基础相对弱点的特别报道中，《艾略特波浪理论家》指出，“牛市中持久的心理高压统治”弥补了循环 V 的明显基础缺陷：笼统地接受夸大公司金融业绩质量的会计标准。虚妄的牛市登录账目的曝光一直是《艾略特波浪金融预测》（EWFF）讨论的话题。对于我们的目的来说，关键不是过失本身，而是发现和批驳这些过失的时机。纳斯达克一下跌，这一过程就加速了。现在，“会计专业人士越来越担心许多公司依赖金融法术来粉饰自己的结果。”并无关紧要的公司从业人员，也不是赤裸裸的诈骗，对“金融粉饰”的指控现在蔓延到了健康的公司：微软、戴尔（Dell）、思科系统（Cisco Systems）。这些公司因为已经存在多年的会计行为而受到了指控。思科被认定为股市新楷模还不到一个月，思科咄咄逼人的并购战略就被《巴伦》描绘成“现代纸房子”。对于第 12 个连续季度来说，思科公司报告的利润比分析师的预期目标高出了一分。巴伦杂志“现代纸房子”说法提出几天后，思科报告的利润就无法产生通常的上涨势头。

2000年6月30日

上个月，我们报道，温和牛市会计标准和赤裸裸诈骗被揭露，这种情况值得被看作一个迹象："冷静回归了"，且正在攻城略地……事实证明，胜腾公司的会计可以追溯到起一开始上市的1983年。专栏作家弗洛伊德·诺里斯（Norris）指出，"对投资者来说，最有趣的问题不是【公司的创始人】是否会锒铛入狱。而是诈骗为什么持续这么长时间。"有一位会计教授研究了胜腾公司登录账目行为的报告。根据这位教授的说法，答案是"审计员遭到了愚弄，因为，至少在某种程度上，他们想被愚弄。"这在实质上是社会情绪经济学的论点。社会情绪决定人们如何对待真实的数据。从1983年直到1999年，集体情绪处于牛市之中。今年，一切都变了，社会认知现实也发生了改变。

络绎不绝的高超金融诡计让世界清楚地看到，牛市心理是多么抵制曝光金融诈骗。6月15日，报道揭露了"历史上最大的证券诈骗圈套"，联邦调查局（FBI）逮捕了120人，并打破运作了5年的"华尔街有组织犯罪团伙"。当加拿大皇家银行（Royal Bank of Canada）被控股票操纵时，一家多伦多报纸说，"操纵股价和养老金基金业绩的行为已经被怀疑了很长时间，唯一的意外是加拿大最大的银行最先被逮了出来。"就规模和范围而言，诈骗曝光加速了，就像《艾略特波浪理论家》所说的那样：我们应该预计出现后躁狂环境。

2000年9月1日

我们在最近版次的《艾略特波浪金融预测》论及许多牛市会计花招。这些会计花招也是金融举债经营的替代形式……一个专家说，这一趋势给公司的债务评级带来了"系统的长期风险"。所需要的只是道琼斯指数两个月下跌16%来暴露这一弱点。促使数字上升的那些行为在熊市里就会把数字拉下来。

2000年12月1日

事实证明，通用电气公司（GE）篡改自己的数字。《货币》（Money）杂志甚至在11月报道，通用电气公司利润状况是个"拙劣的把戏"。甚至"粉丝们"也问起了通用电气公司那"令人困惑的但显然合法的花招"，通用电气公司利用这些花招来"获得吹出来的利润状况"。就像《艾略特波浪理论家》在1998年9月所指出的那样，对可疑的牛市会计标准的这一"发现"就是我们在熊市初期应该预计到的东西。新出现的金融怀疑论落到了道琼斯指数首批公司的最后一个公司通用电气公司的头上。在此之前经过了漫长的时间才确认股市的长期登顶过程已经结束。

2001 年 3 月 28 日

考虑到纳斯达克泡沫及其不可阻挡的持续一年的下跌，到目前为止，针对格林斯潘（Greenspan）、消费者新闻和商业频道（CNBC）、华尔街分析师的攻击组成了相对平静的回应。具有讽刺意味的是，反弹可能绝对不会被攻击的升级所终结。对 1997 年和 1998 年躁狂的初步打破表明了这一迟到回应的工作方式。1997 年，许多新兴市场实际上在头半年达到了顶点，并在 10 月美国市场加入的时候一泻千里。一旦在事实上达到底部，国际货币基金组织就成了关注的焦点。国际货币基金组织就成了国际强烈反应的焦点。1997 年 12 月 2 日，《华尔街日报》报道了强大的“憎恨”波浪。“从泰国到韩国，区域市场灾难造成的损失引起了广泛而深远的谴责。”1998 年 10 月，另一个卖出波浪最糟糕的时刻结束了，我们受到了指责，因为长期资本管理公司（Long-Term Capital Management）提供了紧急援助，也因为国会强烈要求管理有限合伙投机基金。当市场持续反弹时，风暴就过去了。【或许】，这种延迟出现的原因【之一】是经济滞后于股市，而且，直到人们受到经济的连续猛击时，才会达到愤怒的顶点。【注释：安然丑闻也存在同样的先后顺序，就像图 1 所揭示的那样。——编者。】

2001 年 6 月 29 日

猎巫消失了（The Witch Hunt Takes Flight）：就求生而言，尤其是就那些有高度主观性的人类活动所定义的求生行为而言，新皮层的理性能力比不上边缘系统的以情绪为基础的求生本能。关于会计标准的争论日趋激烈，充分说明，同样的脑回应求生要求在后来采纳了不同于以往的观点。到 20 世纪 90 年代末，许多分析师改变了职业原则：账面价值、股息、利润、总利润对他们已经无关紧要。敢于不做改变的分析师就会失去立足之地；实际上，一些分析师失去了工作，因为他们拒绝采用新标准。然而，现在，做同样的工作要取得成功就要一心一意地判断利润。变化在一个特定的时间围绕着一个特定的事件。2000 年 5 月 10 日，纳斯达克由涨转跌，社会情绪对千百万的边缘系统的影响逆转了。在接近这一高点时，会计师们本人都全神贯注于希望和否定。此后，会计工作的本质变成了对数字的质疑。《今日美国》6 月 22 日的报道指出，“会计专家、分析师和学者”都认为，“公司在扭曲数字以便表现较好的结果。”大量牛市工具，比如公司股票回购、分割和优先认股权，现在都遭到了各种负面报道。(请看1999年3月的《艾略特波浪理论家》和2000年5月和6月版次的《艾略特波浪金融预测》)。《艾略特波浪金融预测》和《艾略特波浪理论家》认为，这些牛市工具“对下降趋势会产生同样的反面效果”。在最近几个星期里，报纸报道，“股份回购面临恐惧之墙(Share Buybacks Hit a Wall of Fear)”，另外，优先认股权“让投资领域转而向下”。在始料不及的转折中，“重新定价”已经为雇员创造了“有悖常理的动机”去“下压股价”。

当后冲积聚力量时，分析师和其他经济思想家成为关注的特别焦点。1999年，经济学家——不是这个意思；我们的意思是看涨经济学家——成为新的“学术界超级明星”。现在，《新闻周刊》一个专栏把经济学称作“知识的假象”，并揭露，“经济学家一无所知”。在6月举行了国会听证会，来仔细分析证券分析师的不精确看法。来自加利福尼亚州4所重要大学的一组教授写了一篇论文，表明股票分析师最喜欢的股票在2000年下跌了31%，而他们认为最差的股票上涨了49%！详尽的分析使我们怀疑“分析师推荐股票是否有用”。就像我们在一个月之前所说的那样，这不是个新闻。有没有这样的时候：一般的华尔街分析不仅是个反向指标，还有其他的作用？新闻是，以前有许多学术和媒体火力支持华尔街，现在有很多学术和媒体火力转而攻击华尔街。这一改旗易帜好像是对躁狂逆转的必需回应。就像《波浪原理高级教程(上)》所指出的那样，人们往往“生活在边缘系统里，尤其是投资之类的领域，很少有人了解投资，而且具有强大的相互依赖的趋势。”在躁狂之中，这是确定无疑的，因为甚至是高度发达的新皮层也没有过去的经验可以借鉴。先前看涨社会情绪的失败形象现在诱使投资者摧毁他们一直以来依赖的顾问。令人着迷的是看到，当这一以边缘系统为基础的过程自我验证的时候，攻击者的新皮层能理解多少。

2001年11月30日

安然公司(Enron Corp.)即将【破产】，这很容易就会成为历史上最大的破产案例，几乎比旧有记录【1987年的德士古公司(Texaco)】高70%。“法务会计师”被请来处理一团乱麻，这团乱麻接下来会导致好像是无穷无尽的一系列金融灾难。

2002年2月1日

每时每刻都是安然（All Enron, All the Time）：《今日美国》一个关于“安然如何偷盗中心舞台（How Enron Stole Center Stage）”的专栏说，“20分钟之前，美国雷达屏幕上的唯一话题还是阿富汗和恐怖主义。”一个最大的神秘之处是，公众为什么突然了解到安然公司如此多的内幕。“几年前，这还是不可能的事情。”《新闻周刊》指出。① “从国会大厅到大街（Main Street），美国的注意力都集中在一件会计丑闻上，这个主题如此深奥，很少能登上头版。”但是，它登上了第1页，日复一日，日复一日。安然丑闻、最近“扩展到其他大型复杂公司的丑闻”，表明投资者正在觉醒，认识到了牛市中所不想知道的事情。

2002年3月1日

安然之外的事情（What's Beyond Enron）：上个月，我们指出，安然丑闻与大超循环级数熊市完美吻合。这个月，挞伐之河溃堤而出。几乎各行各业都将揭露出大量安然式的丑闻。出现了两种情况：据说美联储在“加速”调查信用卡债务和抵押；《财富》揭露了更多的丑闻，让投资者有“更多的理由去发怒（More Reasons to Get Riled Up）”。《财富》指出，安然630亿美元的市场损失，但是其他10家公司的资本有1550亿美元到4230亿美元消失，安然的损失并不算大。“让我们也朝它们撒气，”一家杂志说。“让我们把愤怒和义愤倾泻到合适的地方。”

同时，安然变成华盛顿律师口中“一个可怕的金融猎巫”，可以与塞勒姆（Salem）审巫案相提并论。显然，调查安然公司内幕的要求继续扩张，《国家调查者》（National Enquirer）的封面就表现了这一点。这份小报宣称在自己最近的版次有“还未讲述的故事”。然而，对于安然公司来说，媒体还未讲述的故事是为什么会出现如此令人神魂颠倒的事情。

肯德尔先生因此做出肯定的预言：正在接近的——那时正在发展的——熊市会导致会计丑闻频繁见诸报端。（注意，这是一个双重预言：既预言了熊市，也预言了熊市的

---

① Prechter, Robert R.（1998, September 16）. *The Elliott Wave Theorist* Special Report. Also Hochberg, Steven and Kendall, Peter.（1999, October 1; 2000, February 25, May 26, June 30, September 1, December 1; 2001, March 28, June 29, November 30; 2002, February 1, March 1）. *The Elliott Wave Financial Forecast.*

一些社会结果。）因此，社会情绪经济学又一次预言了即将到来的事件的性质。自从肯德尔做出预言依赖，这些事件已经导致了戏剧性的国会听证会、极度痛苦的公众抗议。当然，还有确定因果关系时那经典的传统错误。

上述2002年5月2日文章的作者敢于大胆发表看法，因此肯德尔得以在《今日美国》上就丑闻和挞伐的连续爆发表明正确的立场。这里是相关摘录：

业务通讯《艾略特波浪金融预测》合作编辑皮特·肯德尔说熊市经常揭示了牛市的最差过激行为。“上涨时受尊崇的一切都成为熊市里的靶子。”在公众重获信心之前，那些过激行为必须得到纠正。所谓的挞伐阶段的典型特征是：首席执行官遭到谩骂。“在牛市中有特氟隆的首席执行官，在熊市中有维可牢，”肯德尔说。1929年，主要的目标是纽约证券交易所主席理查德·惠特尼。安然公司前任首席执行官肯尼思·莱可能是现在的靶子。

改革和调控是重获公众信心的一步。但是，这一步发生的时间经常恰好在投资者的信任遭到重创之后。“马儿离开谷仓之后，政府才去采取措施，”肯德尔说。①

我们社会情绪经济学家为数不多。如果社会情绪经济学是一门拥有诸多实践者的发达科学，一个敏锐的社会情绪经济学家可能就会把安然明确列为即将爆发丑闻的公司之一。一个金融评价公司在2001年4月把安然公司放进其“公司利润黑名单”，并说安然公司“极有可能操纵了自己的利润报告，”迹象就摆在那儿。② 知道公司会计丑闻正在大量增加的社会情绪经济学家——我们也确实知道公司会计丑闻正在大量增加——具有警惕性，可能会填补空白，并预料社会情绪经济动力的这一具体表现形式。但是，社会情绪经济学家肯定无法预料这一具体表现形式的最终位置，这一具体表现形式是会计操纵的首要典型形式。

---

① 《美国的各个十年》中列举的一个恐怖活动是1910年10月的洛杉矶时报大楼（Los Angeles Times Building）爆炸案，与有工会有关。记录的最后一次恐怖活动是，1920年9月16日，一颗炸弹震动了华尔街。那次爆炸的伤疤还能在华尔街23号的外墙上看到。在那时，在今天，华尔街23号都是J. P. 摩根公司（J. P. Morgan Inc.）的办公地点。对华尔街的金融攻击变得显而易见。几乎同样的事情也在今天出现了。

② Weiss Ratings, Inc.; www.weissratings.com

朝向新的理解

人们往往会问这样的问题，比如，“你是不是说，如果社会情绪没发生变化，安然丑闻就不会曝光?”简单的回答是，是。但是提问者忽视了重要的一点。关键是要理解，安然金融灾难的突然发生以及安然可疑会计行为的揭露是由于消极社会情绪新趋势背后的力量，但是，它们存在的先决条件是积极社会情绪旧趋势背后的心理力量。如果玫瑰色的乐观主义眼镜没有在一开始遮住投资者的视线，也就没有公司能成功地施行这种诡计。在20世纪90年代，无数公司施展这种诡计，实际上它们都得到了回报。

社会情绪经济学家之所以能够预言丑闻的爆发，有3个原因：（1）因为我们知道积极社会情绪之中心情愉快的乐观主义诱使个人和公司冒巨大的金融风险，并同时诱使观察者对不当行为视而不见，（2）因为我们知道消极社会情绪趋势的质量会逆转上述两种力量，（3）因为，知道社会情绪变化会是个决定因素，我们研究了股市以往的大型下跌逆转，搜集它们的一些社会特性，其中一个是丑闻的迅速爆发、挞伐、国会对公司违法行为的调查。相反，相信传统事件因果关系的人和往常一样，被打了个措手不及。

对于社会情绪因果关系的传统思维错误几乎无处不在，历史上一些思想家就此问题形成了正确的立场，至少在有限的程度上形成了正确的立场。比如，托马斯·佩因（Paine）说，“恐慌揭露了事物和人，这些事物和人本来有可能永远不被发现。”换句话说，恐慌是原因；丑闻是结果。现在，社会科学家应该适应这种看法，并接受这种看法之后更伟大的社会情绪经济见解。

公司会计丑闻只是许多个社会行为领域中的一个。我们在艾略特波浪国际已经成功预言了这些社会行为领域。要把这些社会行为领域都说清楚需要写几本书。这一报告只是详述了社会情绪经济学家可以做到的一个例子，但是，这一报告阐明了社会预测的一个原则，人人都可以学着应用这个原则。这个领域中熟练工可以预言无数领域中的标题。

小测验

你可以做这个小测验。2002年5月2日，报纸指责安然丑闻摧毁了投资者的信心。

也在2002年5月2日，另一个关于伯利恒（Bethlehem）【西岸（West Bank）】圣诞教堂（Church of the Nativity）纵火和枪战的首页文章宣称，“教堂成为战场，烈火点燃了激情。”① 按照社会情绪经济学，也就是说按照正确的因果关系，是什么促成了这个标题?

既然你想出了正确的标题，你应该就能看到，社会情绪经济的价值不仅在于理解世界上正在进行的事物，还在于预测未来发生的事物。在这种情况下，如果你知道当地社会情绪的仪表，你就能预言由此产生的事件的性质。

普莱切特

2002年11月

挑战传统的假设：恐怖袭击新闻的假定的社会结果

一百万个人当中可能也没有一个会反对传统观点，各地的人们都信奉这个观点：2001年9月11日的袭击、随后的炭疽菌信件向个人的投递，粉碎了美国人的信心。然而，这一结论是对事实的公然违背。

图1表明了这些事件当中的每一个人，背景是股市行为、消费者信心和市场心理。就像你看到的那样，9·11攻击之后6个交易日，社会情绪和信心触底，并继续改善了几个月。与此同时，媒体报道炭疽菌信件投递；人们穿着防护服，在办公室和其他设施里检测致命的炭疽菌孢子；媒体报道6人死于炭疽菌；媒体报道基地组织（al-Qaeda）猖獗一时并计划往水里投毒，爆炸桥梁，向人们投放天花，并在美国的大城市引爆核弹。传统信念完全就是个假设，认为这些报告会而且也已经导致和增加了社会的恐惧和悲观。这一信念是人们的思维方式，可能因为他们把物理学领域的因果关系类型加在了社会学领域。在物理学领域，人们刻苦学习去调节和控制。事实与上述观念相反。

宣称新闻因果关系的“专家”从未检查过数据。现在，我们可以看到，在炭疽菌新

① Gee, Robert W.（2002, May 2）. “Church battle, fire inflame passions.” The Atlanta Journal-Constitution, p. 1.

闻报道的始终，社会情绪实际上提升了。传统社会因果关系观点的支持者（即，几乎所有人）现在都需要忽视这一事实，以便坚持错误的社会因果关系观点。

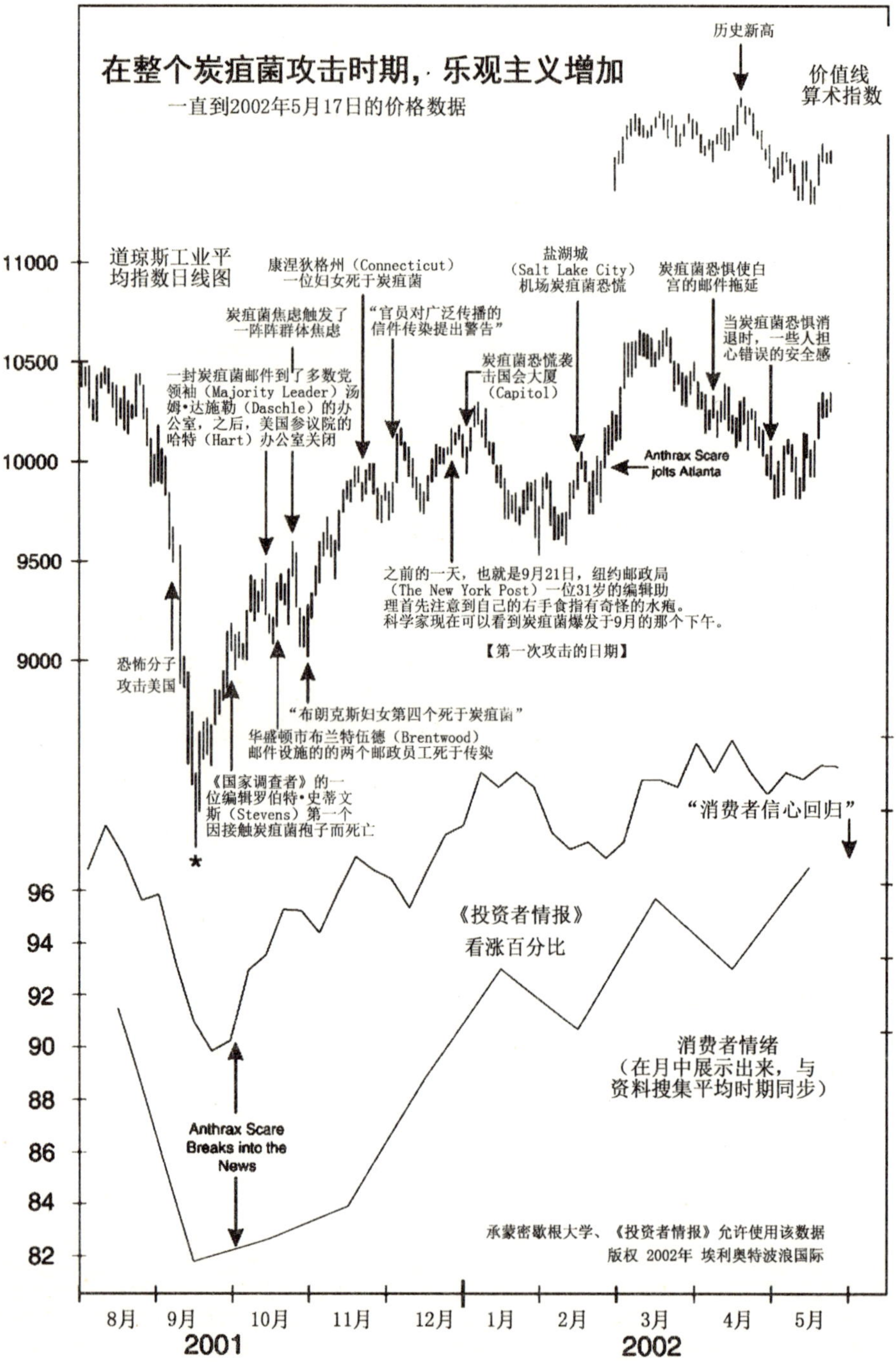

图 1

这是否意味着社会事件和情绪是随机的？是否根本就不存在因果关系？不是，社会情绪经济假说解释了正确的因果关系。在这些攻击之前，社会情绪已经恶化了18个月。2001年9月之前，消极情绪在社会上蔓延，使政府机构懈怠，错过了基地组织计划的线索。消极情绪赋予了基地组织成员情绪触发器，那就是袭击的时机。消极情绪使人变得咄咄逼人或者失去平衡，以致选择那个时候通过信件等方式制造炭疽菌陷阱，进行杀戮。

现在，看看余波：趋势向积极转化之后几个月，就像图24-1中所有的图片所表明的那样，发生了什么？基地组织没有再发动攻击，邮寄炭疽菌的活动停止了。提升的情绪提供了支持，让人们共同努力处理这些事件，并压制触发这些事件的力量。

无论你是否接受社会情绪变化引起这些社会行为变化这一想法，都有下面的事实：先后顺序支持这一情况，并同时毁灭传统因果关系观点。至少，一个诚实的思想家别无选择，只能放弃传统观点。他是否接受社会情绪经济见解就是另外一个问题了，但是，他或许不会再无条件地支持陈旧的思维方式。实际上，任何花点工夫检查各种此类论断先后顺序的客观之人，都会不得不放弃传统观点。

反馈回路只在波浪中奏效，对行为无效

我过去常常想，情绪与事件形成了反馈回路，并反过来强化了情绪。从那时起，我发现这个想法是错误的。我们对安然丑闻和恐怖分子攻击的研究在经验上表明了这一点：事件不影响集体情绪。另外，从理论上说，事件不能影响社会情绪是非常清楚的。如果事件与情绪形成反馈回路，那么，社会趋势就永远不会结束。特定方向的每一个新的情绪极值都会导致更多的强化行为，这些行为会强化这一情绪，如此循环往复，永远进行下去。这是一个讲不通的想法。

唯一存在的反馈回路涉及通过人类心智进行的艾略特波浪传播。为了参与社会艾略特波浪，心智必须彼此互动，并互相同步进行。各种交际媒体，从面对面讨论到卫星电视新闻，都能够实现这一互动。

这一互动产生了艾略特波浪，艾略特波浪决定社会情绪的趋势，这些趋势引起行为，这些行为被称作事件。行为和事件是终极结果。就波浪而言，行为和事件不会产生

自己的后果。事件确实在一定程度上影响心智：事件塑造心智主人的具体行为，但是不会改变或者影响共同情绪趋势。

2002 年 11 月

投资立法的时机和性质

引言

直到现在，当调查社会数据的关系时，在艾略特波浪国际和社会情绪经济学研究所（Socionomics Institute）之外，没有研究人员应用社会情绪经济见解。我要自豪地说，就在这本书完成之前，两个艾略特波浪国际和社会情绪经济学研究所之外学者大胆尝试，测试和应用了社会情绪经济假说。

投资心理专家、华盛顿州立大学（Washington State University）金融教授约翰·诺夫辛格（Nofsinger）博士及其同事肯尼思·金在写一本书，描绘了 20 世纪 90 年代的股票躁狂。诺夫辛格在考虑推荐一些法律以便缓和投资者的行为，防止泡沫和暴跌循环再次发生。比如，他想知道动机是不是比调控更有效。① 这个询问方式表明了一个想法：调控导致了投资者行为。

社会情绪经济学研究所主管戈登·格雷厄姆（Gordon Graham）与诺夫辛格联系进行了一场讨论。格雷厄姆的意思是，他认为金融法律不是社会行为的原因，而是社会行为的产物。这个关于因果关系的说法激起了诺夫辛格的好奇心，诺夫辛格回顾了 20 世纪 20 年代至今所有的主要投资立法。诺夫辛格发现，每一个新投资法的性质都先于法律的制定反映了股市的方向。另外，这一关系在任何时候都适用；没有例外。我还要急于补充一点，根据社会情绪经济假说，这些结果表明了一个因果过程。

这是一个例子，说明社会情绪经济视角如何让人寻找正确的关系。社会情绪经济视

① 这一思想反映了传统观点，不是社会情绪经济视角。

角不把社会行为看作独立于人类思维之外的“已知事实”，而是把思维与由此引发的行为联系在了一起。在这种情况下，就是把政府立法与投资联系在了一起。一个简单的视角变化就豁然开朗。诺夫辛格的工作会支持一个断言：社会情绪经济见解是一个先决条件，在这个先决条件下，可以理解进行和取消金融立法背后的社会力量，及其时机。扩张性立法是正在成熟或者已经完成的积极情绪趋势的征兆，限制性立法是正在成熟或者已经完成的消极情绪趋势的征兆。

想一想，如果经济学家和政治家能够大胆扬弃，把大多数立法看成是社会情绪的产物，那会是什么样的情景？大家就不会再争论：对前一个趋势做出回应，应该采取什么新的政策。一个较为英明的氛围和较长时期的视角就会盛行，让现有资源用在更为多方的用途之上。

诺夫辛格为其他的学术经济学家做了可资借鉴的一个榜样。我们鼓励所有人都作记录，以诺夫辛格为榜样，在调查社会历史的时候考虑社会情绪经济视角。

——罗伯特·普莱切特

保护投资者（否）

约翰·诺夫辛格博士和肯尼思·金

为保护投资者而设立的主要法律		
法案	目的	之前是
1933 年到 1934 年 《银行法》（Banking Act）和《证券交易法》（Securities Exchange Act）	分离商业银行业和投资银行业，设立美国证券交易委员会管理市场	1929 年股市暴跌以及继起的熊市使道琼斯指数几乎下跌了 90%
1940 年 《投资公司法》（Investment Company Act）和《投资顾问法》（Investment Advisors Act）	管理投资公司和顾问	从 1939 年 10 月到 1940 年 5 月，市场下跌 25%
1970 年 《证券投资者保护法》（Securities Investor Protection Act）	设立证券投资者保护公司（Securities Investor Protection Corporation）和保险，防止经纪人违约	从 1969 年 4 月到 1970 年 6 月，市场下跌 30%
1974 年 《雇员退休收入保障法》（Employee Retirement Income Security Act）	管理养老金基金	1972 年 12 月到 1974 年 9 月的长期熊市使道琼斯指数下跌 40%
1988 年 《内幕交易和证券欺诈执行法》（Insider Trading and Securities Fraud Enforcement Act）	针对内幕交易和欺诈活动增加处罚和责任	1987 年的股市暴跌使道琼斯指数下跌了 40%还多
2002 年 《公开上市公司会计改革和投资者保护法》（Public Company Accounting Reform and Investor Protection Act）	增加对审计员的管理，延长对白领犯罪的惩罚，设立更多的公司欺诈法律	2 ½年的熊市使道琼斯指数下跌 35%，使纳斯达克下跌 75%

摘录自《传染性的贪婪：重塑美国公司的信心》（Infectious Greed：Restoring Confidence in America's Companies）作者：约翰·R. 诺夫辛格博士和肯尼思·A. 金

表 1

政府持续松紧投资行业的法律，就像持续增减所得税一样。在每个大熊市或者丑闻时期之后，政府都制定新法来保护投资者。考虑一下表 1 中的新法。1933 年和 1934 年通过了证券法，之前是20世纪20年代末的公司管理问题、1929年的股市暴跌、大萧条的开始。1940年通过了投资公司和顾问法，之前的熊市夺走了股市25%的价值。20世纪60年代末经历了30%的熊市。1970年，政府设立了证券投资者保护公司【*Securities Investor Protection Corporation*（*SIPC*）】。投资者保护法律也在20世纪70年代早期的熊市和1987年10月19日黑色星期一市场暴跌之后出现。当然，还有，最近的公司丑闻以及严重的股市下跌使2002年《公开上市公司会计改革和投资者保护法》诞生。

不幸的是，制订的那些保护股东和投资者的法律经常在经济强大和股市兴奋时期遭到废止。20世纪20年代和20世纪90年代有许多共同点。在这两个十年里，经济强力扩张，牛市强劲。实际上，我们可以说，在这两个十年的末尾，投资者都失去了理性，躁狂不已。在股票兴奋的中间（或者接近末尾的时候），政府改变了保护投资者的法律。

废止对投资者的保护		
行动	目的	之前是
1927年 政府机构政策允许商业银行发行证券	允许商业银行进行投资银行业活动	从1925年到1929年，股市上涨了200%还多
1995年 《私人证券诉讼改革法》（*Private Securities Litigation Reform Act*）	限制起诉公司欺诈的投资者的能力和现有损害	1993年到1995年，道琼斯指数增加了60%
1998年 《证券诉讼统一标准法》（*Securities Litigation Uniform Standards Act*）	禁止原告在州法院提出证券诉讼	从1996年到1999年，道琼斯指数增加了125%
1999年 《金融服务现代化法》（*Financial Services Modernization Act*）	允许商业和银行业活动和投资银行业活动结合	从1996年到1999年，道琼斯指数增加了125%

摘录自《传染性的贪婪：重塑美国公司的信心》（*Infectious Greed*：*Restoring Confidence in America's Companies*）

作者：约翰·*R.* 诺夫辛格博士和肯尼思·*A.* 金

表2

考虑一下表2的例子。1927年，股市正在走向牛市的终点，这场牛市使价值增加了200%还多。有许多新公司进行首次公开募股（IPO），首次公开募股确实还不够强大，无法提供给消费者。投资者好像并不关心，而是蜂拥而入，抢购一空。商业银行被禁止进行投资银行业活动以获得酬金盈利。它们游说政府改变规则并获得了成功。商业银行开始帮助公司发行证券。不幸的是，1929年股市暴跌使商业银行损失惨重，使人们的银行存款处于危险之中。人们陷入恐慌，要求把钱取出来。当然，银行没有现金立刻归还所有的存款。这些现金被贷出去了。所以，银行不得不关门。

现在，检查20世纪90年代变化的3个法律。《私人证券诉讼改革法》① 限制了投资者的能力：在联邦法庭上因为公司欺诈造成的损害而起诉公司和经理。这一法律制订于强牛市之中，强牛市使道琼斯工业平均指数增加了60%。3年之后是类似的法案，应用于州法庭。《金融服务现代化法》允许商业银行再度与投资银行结合。这类似于1927年的贸易特权条款。对投资者保护的这一削减又一次发生在牛市反弹即将结束的时候，这次反弹使道琼斯指数增加了125%。

另一个最近的例子没有列在表里。1997年，美国证券交易委员会提出了一些新的规则。这些规则本来会严重限制股东引入公司决议的能力。美国证券交易委员会制订新规则的程序是，管理者提出新规则，然后提供一个时间段让大家就规则发表评论。一群激进投资者强力游说，反对新规则。最后，美国证券交易委员会决定不施加新的限制。虽然遭到了挫败，这也是一个例子：在伸展牛市之中，投资者保护措施经常被逆转或者受限。

我们的观点是，法律的制订经常是为了保护股东和投资者。法律的制订通常发生在人们对丑闻和熊市发怒之后。然而，这些保护措施在良好时期也会遭到逆转。强大的经济和良好的牛市给立法者制造压力，放松对公司参与者的限制。放松的限制有潜力助力推升股市从牛市到达泡沫市场。② 当泡沫出现的时候，暴跌就会不可避免地出现。这会

---

① 摘录自 Nofsinger, John and Kenneth Kim, *Infectious Greed: Restoring Confidence in America's Companies*, Financial Times Prentice Hall, forthcoming 2003, January.

② 社会情绪经济学家会主张，放松的限制并不"推升股市从牛市到达泡沫市场"。相反，后期牛市的共同心理促使投资者、首席执行官和管理者放松限制。

导致更多的丑闻和投资者保护法律。我们要避免这种循环。①

然而，社会情绪可以由股价代表。股市水平表明人们处于何种情绪之中。这决定了由此引发的政府、管理者和投资者行为的风格和性质。我们呈现的股市如何表现和由此引发的立法②之间的相互关系就说明了这一点。

对诺夫辛格言论的图片总结

我们总是发现图片有用。图 1 总结了诺夫辛格的言论。上面的箭头标志着扩张性立法的时机，下面的箭头标志着限制性立法的时机。注意，扩张性立法出现在牛市末期，限制性立法出现在熊市末期，或者熊市之后。艾略特人对一点的印象非常深刻，1927 年和 1999 年基本相同的法律结合了商业银行业和投资银行业（请看图中的星号）。这两部法律都出现在循环技术波浪 V 股票躁狂即将结束的时候（标示没有显示出来，请看第 78 页图 1）。

格雷厄姆先生对《新共和国》（The New Republic）上的一篇文章做出回应，就这个主题进行了详细论述。

《新共和国》

2002 年 10 月 21 日

给编辑的信

在“完蛋（Busted）”③ 的第一部分，乔治·索罗斯（Soros）灵巧地勾勒出了繁荣和崩溃市场行为的本质。反身理论是向正确方向迈出的一步，但没有考虑到全局。索罗斯的文章听起来像是对 1932 年情绪的回应。那时就和现在一样，实行了许多控制市场

---

① 牛市和熊市不能避免，也不能改变。立法者的行为是否能改变还有待商榷，但是，我们存疑。

② 1997 年 8 月 1 日版次的《艾略特波浪理论家》也提到，美国证券交易委员会在 1990 年/1992 年采用“144a 规则（Rule 144a）”。这一规则放松了对受限证券的报告法律，以便诱使外国公司出售债券——通常是“垃圾”债券——给美国的机构。《波浪原理高级教程（上）》引用了相关立法——1980 年 12 月的《货币控制法案》。《货币控制法案》的制订是回应先前整个 10 年的加速通货膨胀。实际上，这次通货膨胀已经于当年的 1 月结束。

③ Soros, George.（2002, September 2）. “Busted.” *The New Republic*. http://www.tnr.com.

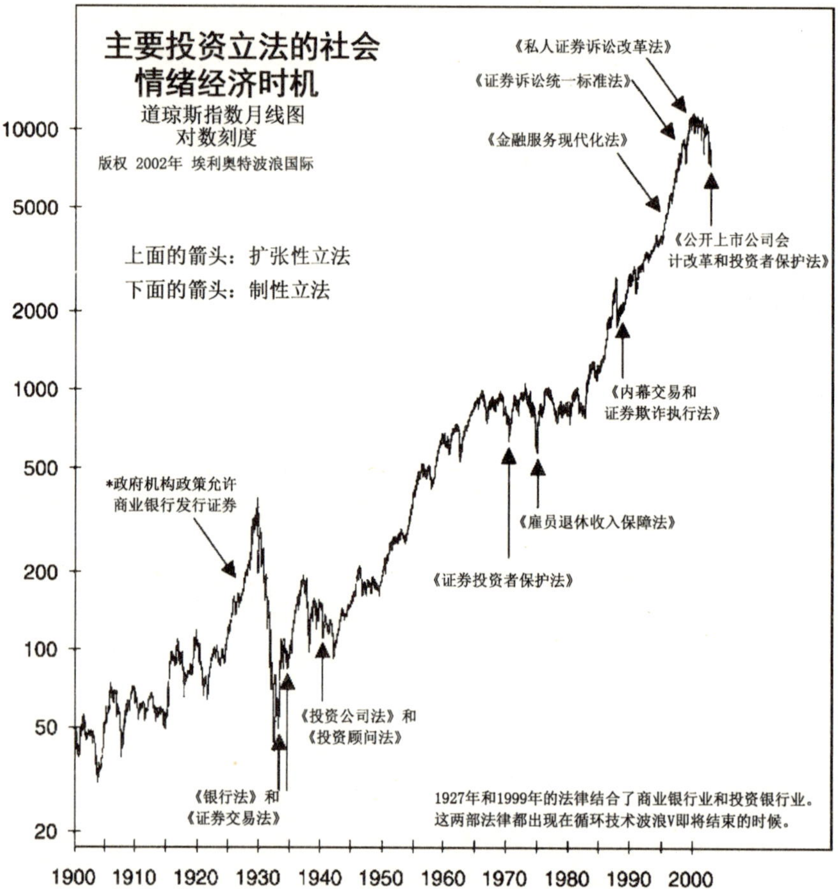

图 1

参与者行为的规定。实际上，从大萧条至今的每个熊市结束后不久——1933 年、1934 年、1940 年、1970 年、1974 年和 1988 年——都进行了立法来保护投资者，目的是产生更稳固的投资环境。发生了什么？

20 世纪 80 年代，股票止跌回升，日益积极的社会情绪带来了一系列信“价值”：市场基础主义。1987 年之后，市场短暂下跌之后，在社会情绪的推动下，各个市场动力强劲，先前熊市里的“保护措施”被更改、忽视、最终沦为笑柄，反映了乐观兴奋的心态、“不择手段获取金融收益的”欲望。

为回应公众对保护的要求，熊市产生了规章。牛市消灭了这些规章。就像索罗斯先生所指出的那样，牛市中的投资者给管理能力加上了贴息来修改数字：推动惊人股票估价的兴奋推动了同样疯狂的社会事件。

从这个视角来看，平衡概念好像非常奇怪，因为市场处于持续变化之中。在“寻找平衡”的时候，索罗斯先生寻找恰好数量的立法和合适的价值迹象。然而，在社会中就没有这样的东西，以前也不存在。社会情绪的波动形式是永不停息的基础。当前熊市的一线希望可能是，当前熊市会让人们放弃寻找市场平衡，而是转向一个模型，这个模型梵音过了一个明显的现实：社会情绪从未“平衡”，社会情绪的持续变化驱动社会行为，包括旨在阻止社会情绪的社会行为，不过旨在阻止社会情绪的社会行为是无效的。

——佐治亚州盖恩斯维尔

社会情绪经济学研究所

戈登·格雷厄姆

在宏观经济学中走向革命

普莱切特

《艾略特波浪理论家》

2002 年 9 月

预言经济和货币趋势

如何应用社会情绪经济技术进行经济预测？社会情绪经济学家知道股市是社会情绪的仪表，社会情绪是社会进步和退步的发动机。因此，当前的股市变化是一个非常有用的指标：经济变化即将到来。有了波浪原理知识，社会情绪经济学家就又有了两个胜过传统方法的优势。第一，社会情绪经济学家可以经常预料和认出趋势变化的级数，并因此预料新趋势可能的程度和烈度。第二，就校正波浪的标示而言，社会情绪经济学家可以在某些情况下把握时机，比如在大型级数（A）-（B）-（C）校正中只预计一次衰退，作为对波浪（A）或者波浪（C）的回应，就像《波浪原理高级教程（上）》第 16 章（第 262 页）所解释的那样。

社会情绪经济预测有 3 个支撑元素：经济数据的波浪形式、股市和经济数据的动力（涉及变化率和分歧）、专业人士和公众的心理状态。这些因素提供了证据：一个分析师是正确解读了波浪形式，还是错误解读了波浪形式，迫使重新检查分析师的观点。

这一节其余部分的一些内容可以在《波浪原理高级教程（上）》第 17 章、《在浪潮的顶点》的第 13 章和第 14 章、《征服暴跌》的第 1 章和第 5 章找到。这好像是个好机会，可以在一个地方列举记录的亮点。这也是一个机会，可以增加一些最近的内容，这一章的目的不是炫耀过去的经济预测（因为我没花什么脑力和精力），而是展示一些社会情绪经济学家可以加以利用的预测方法。

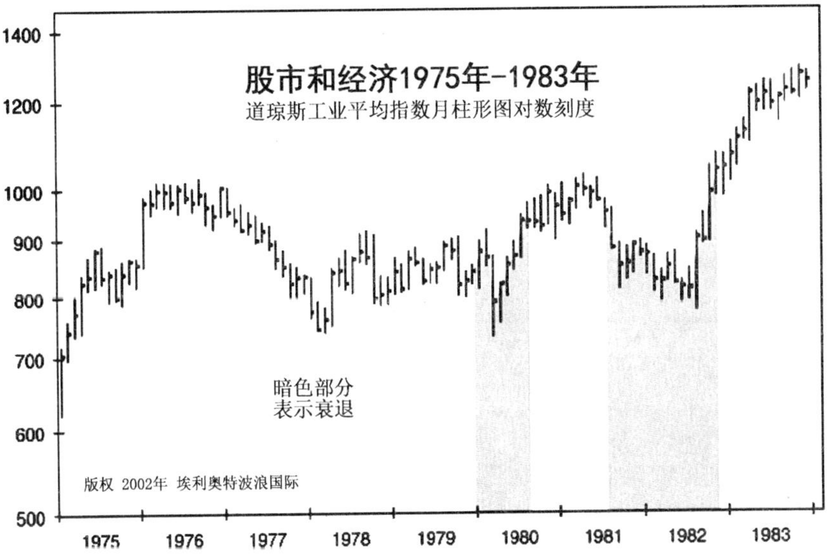

图 1

对短期经济趋势预测的一些成功

图 1 表明从 1975 年直到 1979 年，美国经济没有陷入衰退。然后，美国经济经历了两次衰退，分别是从 1980 年 1 月直到 8 月，从 1981 年 7 月直到 1982 年 11 月。

下面的引用表明，从 1979 年 4 月创刊直到 1983 年发展繁荣，《艾略特波浪理论家》如何经历了扩张和衰退。

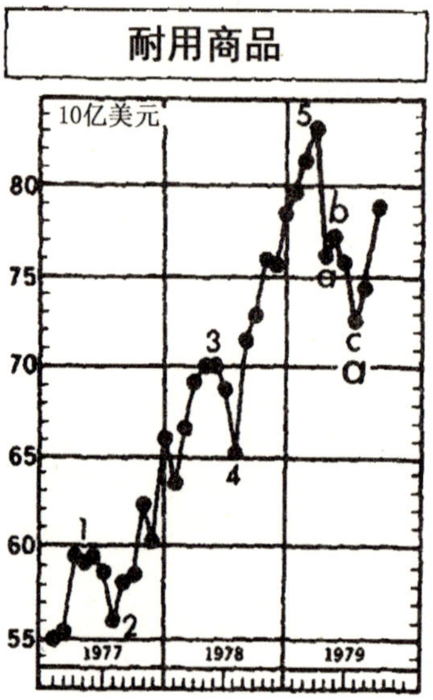

图 2

1979 年 11 月 4 日

在 9 月 9 日的信中，我再现了《华尔街日报》一幅耐用商品订单图，当时订单在 720 亿美元，题目是“衰退结束了吗（Is the Recession Over）?”这里是个更新后的图。你可以看到 1979 年年中的 a-b-c 回跌已经产生了回升。《华尔街日报》10 月 31 日头版的一个标题是，“令人惊奇的激增——第三季度利润超过了预期（Surprising Surge——Third Profits Topped Expectations）。”就像艾略特波所说的那样，即便是对于艾略特基础数据，波浪好像也是有用的。

在一个正常的波浪形式中，当前的上涨会组成波浪 B 向上，然后是向下的波浪 C。如果这一形式出现，一个较迅猛的经济下跌估计会在目前和明年年初之间出现。

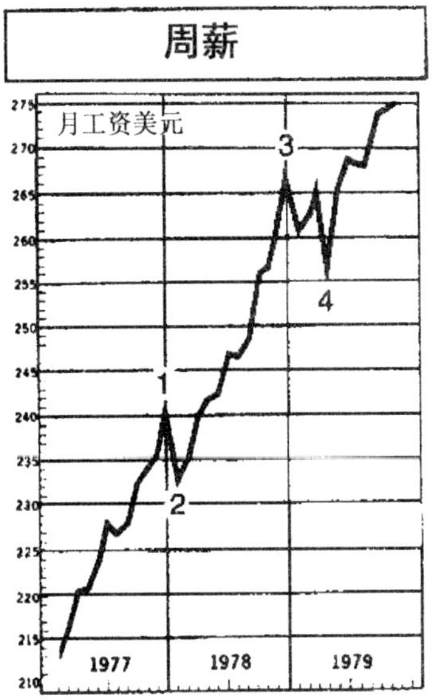

根据劳工部（Labor Department）报告，工厂工人的周薪从10月的274.85美元上升到11月的275.37美元。

根据商务部报告，建筑花费从10月的2385亿美元下跌到11月的按季节调整的年率2353亿美元。

1980 年 1 月 6 日

周薪图表明了由校正分开的 5 个向上波浪，遵循交替更迭规则（波浪二简单，波浪四复杂）。仔细观察会发现，在每个大型上升波浪中，有 5 波浪分枝迹象。波浪好像也进展良好。这一幅图表明，如果形成不了伸展的话，1980 年的第一个季度可能会出现较大程度的 a-b-c 下滑，超过了过去 3 年的任何一次（请看 11 月版次的耐用商品订单）。这是否意味着股价必须下跌？如果预计到了衰退，就不会这样了。如果你在自己的投资组合中没有预计到衰退，那么至少在过去的 3 年里，你没有阅读这些文章……

1980 年 2 月 9 日

在过去的几个版次里，我描绘出了基本经济数据图，基本经济数据好像展示出了艾略特形式。到目前为止，我吸纳了耐用商品订单图、工厂工人周薪图，这两幅图都表现出了 5 波浪向上。现在，有另一个数据系列建筑花费，恰好表现出了同样的形式。综合来看，这些经济图表明，如果不形成伸展的话，在 1980 年的某个时候经济活动会明显放慢。按照官方说法，“放慢”可能实际上意味着衰退。但是，即使出现衰退，也远远不会吓到股市，因为在过去的 3 年里，我们已经充分预计到了任何放慢。

1980年4月6日

自从我写这些信件以来，我曾经不止一次提到一些关于经济的节选自“忘记衰退（Forget the Recession）”的摘录。现在，在首页的表中，你完全相信会出现一次衰退。原因并不复杂。自从1973年以来，股市第一次正在预言衰退。衰退有多深，取决于股市下跌的烈度。

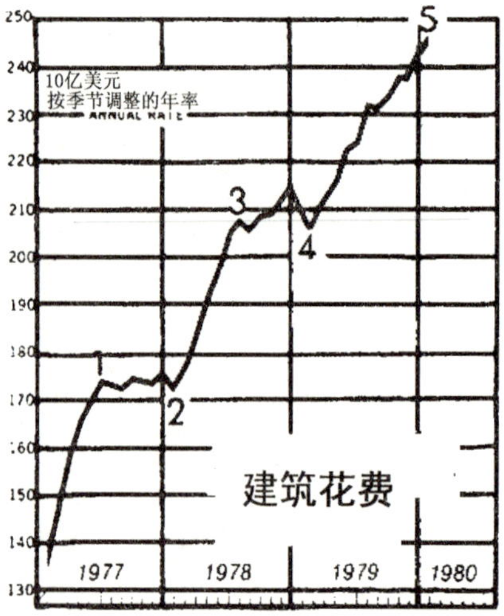

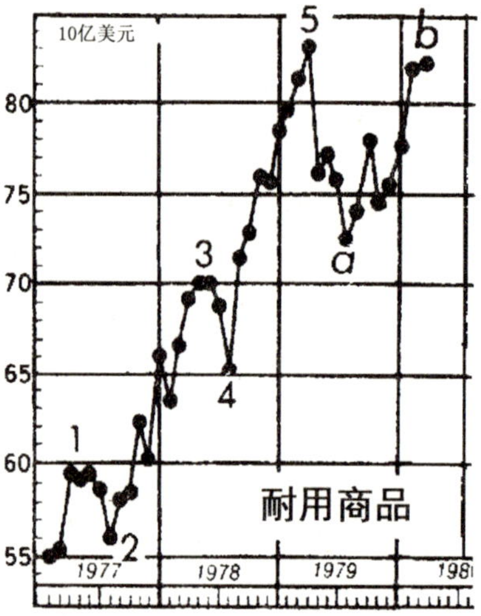

基于经济数据的艾略特计数，现在好像是衰退出现的最佳时机，因为经济学家3年前就开始预言衰退的出现。看起来，这幅耐用商品订单图就处于a-b-c校正的“b”波浪的顶点。a-b-c校正前面是一个5波浪发展。“c”波浪应该到达72水平之下。

1980年6月10日

在1980年3月9日的版次上，我开始写这些报告。从那时起，我关于经济的首页结论就是“忘记衰退”。然而，自从去年11月，我一直在展示各种基础经济数据图。这些基础经济数据图表现出了完整的“5波浪”：工厂工人的平均周薪、建筑花费、耐用商品订单、新公司的数量。我们知道我们已经接近这一衰退，但却忽略了两点。第一个是相反的观点方面，相反的观点表现在《华尔街日报》的标题上：“传说中的暴跌还未出现，各家公司漠视威胁——分析师解释错误，现在看到了温和的衰退和更多的通货膨胀（As the Heralded Slump Still Doesn't Show Up, Firms Disregard Threat——Analysts Explain Mistakes, Now See Mild Recession and Still More Inflation)。”另一个还未“考虑到”的指标是股市，3月的业绩提供了遭到忽略的一点。那么，艾略特的结论就清楚明了：1980年到1981年会出现严重的衰退。

就像下面的两幅图所表明的那样，一直在轻微弱化的经济在4月和5月暴跌，可能还在暴跌。4月，先导指标下跌4.8%，是自这个系列1948年开始以来的最大下跌。无独有偶，1974年-1975年的衰退中的，最糟糕的一个月（9月）下跌了3%。短期利率那难以置信的下跌表明对资金的需求几乎是零。上文提到的基础数据也非常符合a-b-c下跌。好的，这是艾略特分析的一次成功：不仅看出了经济发展的转折，还辨认出了“顶点”。

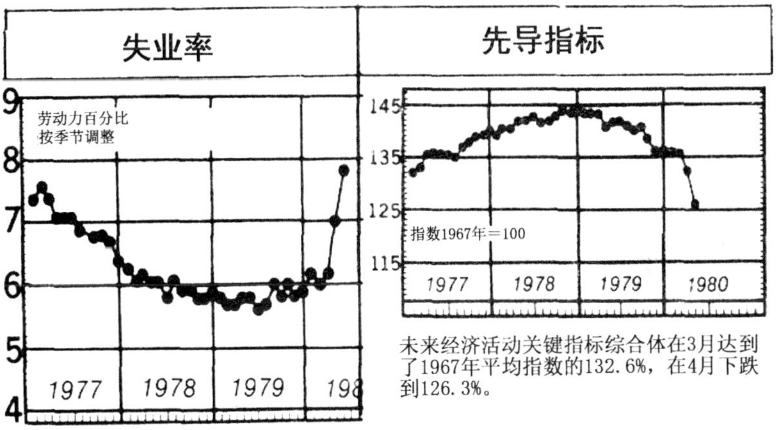

未来经济活动关键指标综合体在3月达到了1967年平均指数的132.6%，在4月下跌到126.3%。

1980年7月6日

根据预计，经济依然处于下行通道。这些图是关于零售额、新公司、耐用商品订单和建筑花费，表明了1977年以来的艾略特影响。

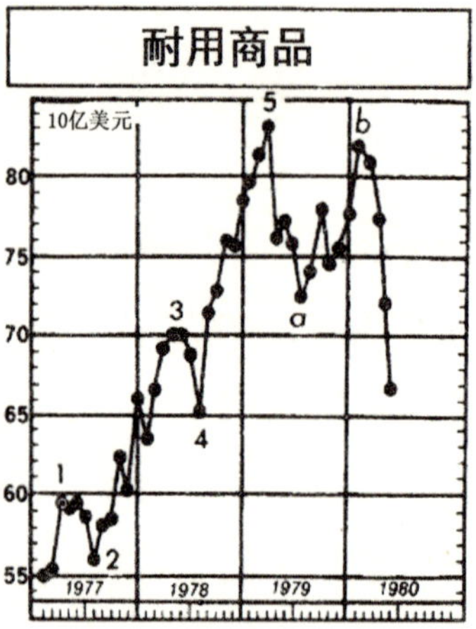

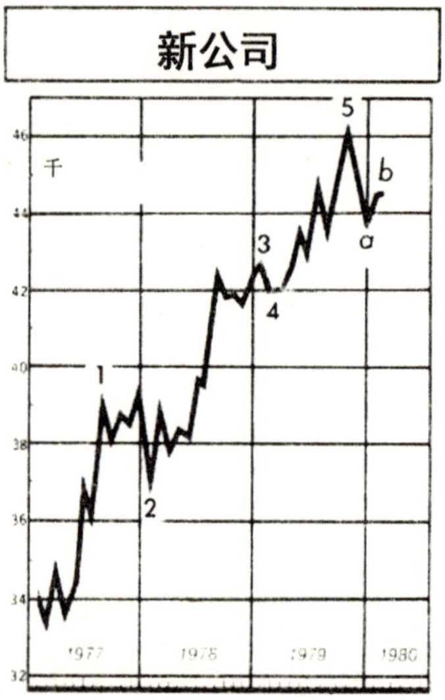

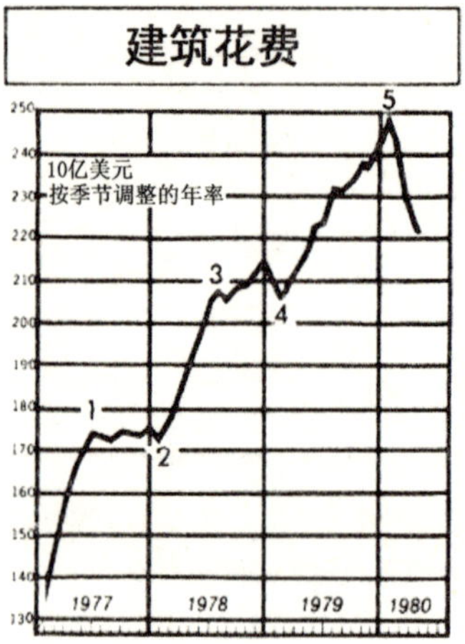

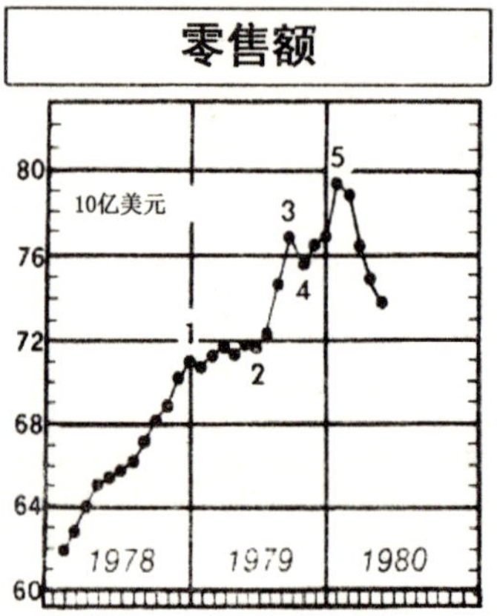

根据艾略特准则，正常的熊市处于先前较小计数的第四个波浪的低点（或者当第一个波浪伸展时，处于较小级数的第二个波浪），因此，我们可以预计衰退的底部即将到来。这些经济指数的“正常”目标是：

零售额：710 亿美元。

建筑花费：2070 亿美元。

耐用商品订单：650 亿美元。

新公司：42,000 个。

耐用商品

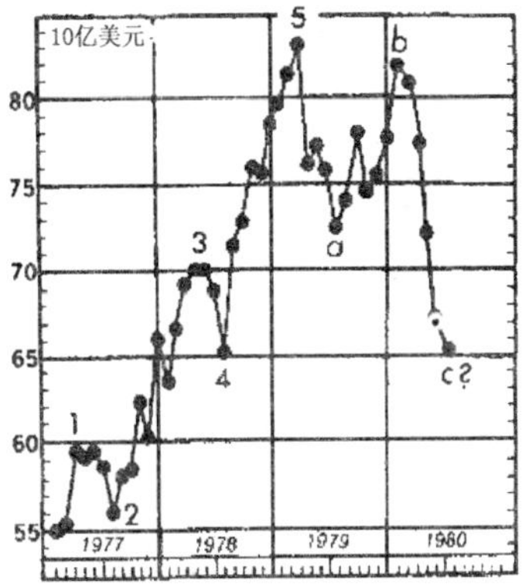

1980 年 8 月 10 日

就在经济指标崩溃几周之前，艾略特波浪分析抓住了经济的“顶点”。上个星期，我展示了 4 幅经济数据图，并做出评论：基于对波浪折回的正常预计，“我们可以预计衰退的底部即将到来”。我还给出了 4 个基础因素的下滑目标。到目前为止，现有的唯一后续数据是针对耐用商品订单的，正常艾略特准则预计会出现一个 650 亿美元的底部。右边的图给出了最新数据，下降速度的放缓表明底部即将出现。

1980 年 9 月 9 日

在 7 月 6 日的信中，我把“衰退即将结束（RECESSION ENDING）”放在了首页的表中，并展示了 4 幅不同经济数据标准的图片，指出了 4 个不同经济数据标准的目标点。你可以看到，耐用商品订单在 660 亿美元触底（目标是 650 亿美元）；零售额（目标是 710 亿美元）、建筑花费（目标是 2070 亿美元）和新公司（目标是 42，000 个）好像还有点路要走。基于这些图片，我们在一些经济领域会遭遇“紧缩”（作为波浪形式的一部分），而零售额是最为脆弱的领域。

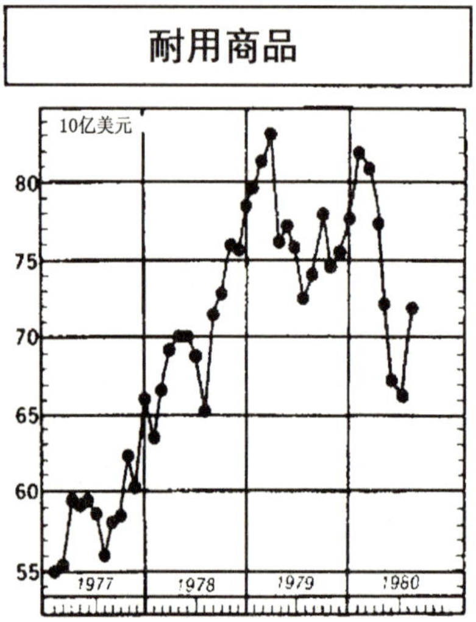

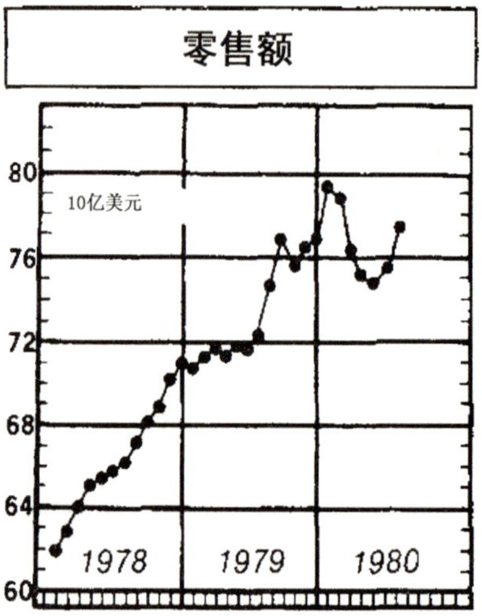

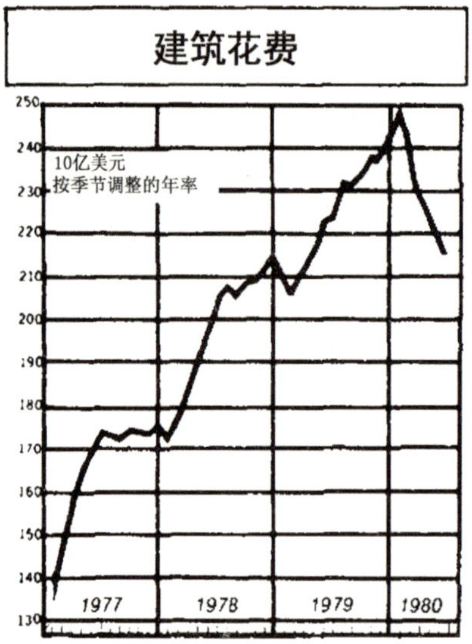

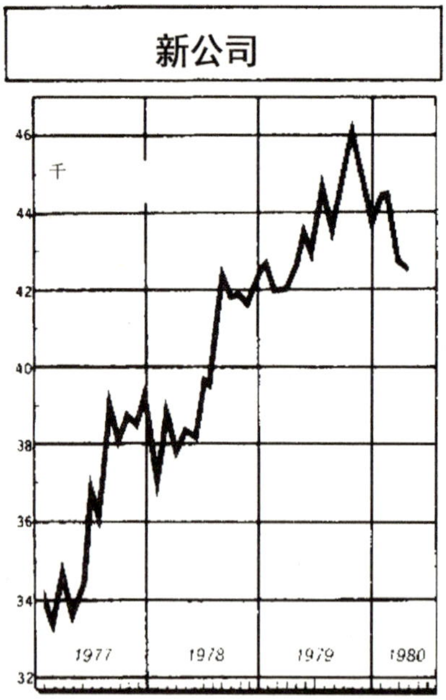

1980 年 10 月 3 日

在 7 月的信中，我第一次指出“衰退即将结束”。和许多其他经济指标一样，这幅工业生产图表明了 7 月的低点，你可以从附图中看到。

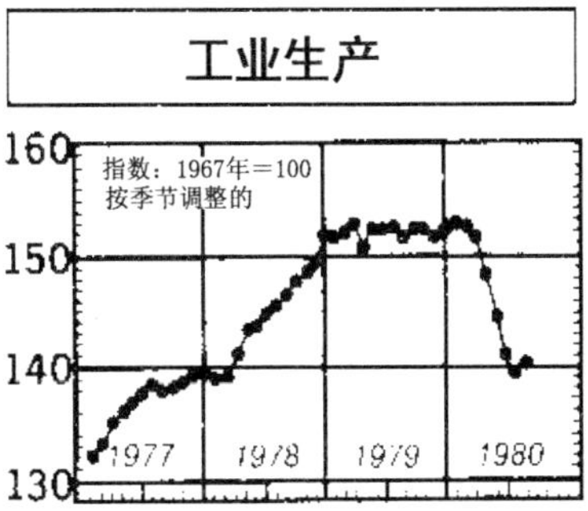

我预计目前的复苏会在1981年第一季度从顶峰逐渐衰退，并在当年下半年第二次下跌。这一预测有下列基础：艾略特对股市和债券市场的看法、不管谁当选都会在当选后采取的货币紧缩政策。

1981年1月9日

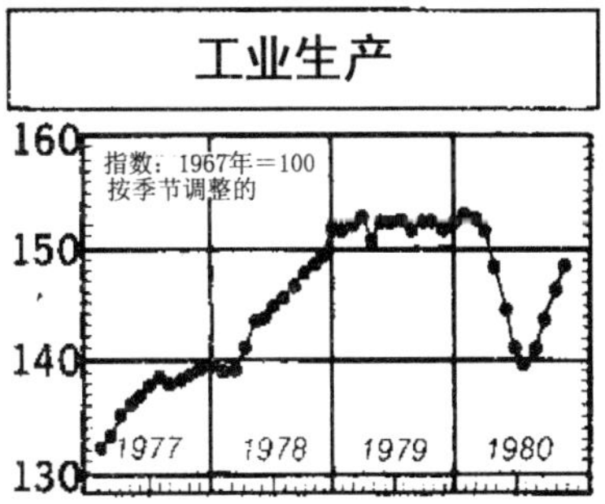

就像以艾略特为基础的预测所安排的那样，经济回升了，附图的工业生产就表明了这一点。上个月，我指出我预计在1981年某个时候出现第二次下跌。第二次下跌应该不是十足的衰退，只是一到两个月的弱势统计资料。我要指出的最重要的一点是，我认为在过去的四个月的校正波浪里，“第二次下跌”已经被完全预计到，因此，从股市的立场来看，这不是什么大麻烦。

1981年4月12日

从《艾略特波浪理论家》12月14日版次的首页开始，我就指出经济会在“1981

年年初”经历“第二次下跌”。从过去到现在，我们都认为“第二次下跌”不会是一场十足的衰退。来自《华尔街日报》的这些引用总结了始于去年7月的强势回升开始放缓之后出现的事情。

由于通货膨胀和高利率，经济在2月份放缓，新政府的人物支持经济学家的预言：今年业绩不佳。房屋下跌了接近25%，按季节调整的年率是1,218,000套。而连续6个月盈利之后，工业产出降至调整的0.5%。个人收入上升了调整的0.7%，是自6月以来的最小增幅。1月的储蓄率是4.4%，达到了30年来的最低水平。

到目前为止已经两年了，我非常成功地预测了经济的转折，而且我不介意公开我的秘密。但是不要屏住呼吸；这是个已经流传了几十年的秘密：如果你能够定义市场正在干什么，那么，你就可以精确预料经济，到目前为止还没有任何其他的方法具有这种功效。严重衰退之前是循环级数下跌。中等或者短期衰退之前一般是大型级数下跌。经济“变软”之前应该是中性级数校正，就像8月以来我们所经历的那样。只有利用波浪原理知识，这些“预测”才经常是可能的，因为根据另一个分析方法，许多整理时期可能不被定义为校正“下跌”。另外，人们必须采用灵活的衰退定义，不是经济学家那死板的定义：几个月的时间里国民生产总值（GNP）下跌了多少。

1981年8月2日

我不太经常对经济做出评论，因为没有必要。在1980年7月的信件中，首页评论是“衰退即将结束”。然后变成了“回升正在进行（REBOUND IN PROGRESS）”，到了1980年12月又变成了“1981年年初第二次下跌”。第一季度经济明显放慢，然后，我把4月12日信件的标题换成“第二次下跌开始了（SECOND DIP OCCURRING）”。现在4月-5月-6月的数据已经出现了，并表现出了这些结果：

第二季度，经济以调整的1.9%年率收缩。许多分析师看到，经济在秋季继续走弱。他们把这种下跌大多归于高利率。这一阶段的价格上涨降到6%的年率，而上一个季度的年率是9.8%，下降明显。

耐用商品订单在6月下降0.8%，达到调整的874.6亿美元。

即使我从中投入非常少的精力，我还是可以轻易在这些信中预测经济的基本趋势。我的方法在1981年4月12日的信中得到了解释，任何不想陷入浩如烟海的统计资料之中去得出结论，那么，他就可以使用我的方法。没有什么预测方法是完美无缺的，因此，在其中的某一天，我肯定会得到错误的信号，但是，我预计整个记录会继续创造辉煌。

1981 年 9 月 8 日

这些来自《华尔街日报》的段落表明，经济依然处于“第二次”下跌之中。房屋开工图非常清楚地显示出了双重下跌形象。下个月，我肯定会把首页经济评论从“第二次下跌开始了”变成“第二次下跌即将结束（SECOND DIP ENDING）”。【注释：这一变化并未实现。】

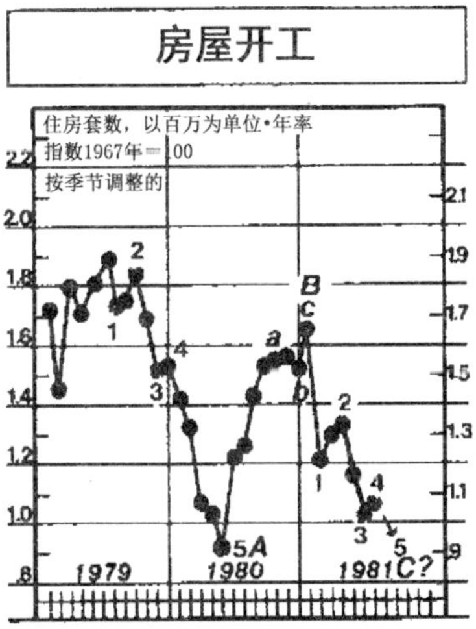

商务部说，第二季度，税后公司利润下降了 11.3%，表明经济比原先想象的要糟糕。在把通货膨胀考虑在内的情况下，国民生产总值以调整的 2.4%年率下跌。商务部估计下跌的速度是 1.9%。

* * *

根据采购代理的调查，随着生产、雇用和新订单暴跌，经济在 7 月恶化。1982 年 1 月 11 日直到 1982 年 10 月 4 日“衰退正在进行”。

1982 年 11 月 8 日

近来，对于经济，我并没说太多，只是把“衰退正在进行”放在了首页。直到现在，市场还没有充分表明转折在即，所以，我没有更改的必要。现在，市场给出了强有力的信号：当前极深的衰退即将结束。经济复苏很快就会开始。

股市和经济之间的相互关系协调一致，因此，到目前为止，股市是最好的经济预测工具，只要你局限于衰退的“官方”定义。如果能注意到一点就能受益良多。这一点是，在一些经济指标上，3 月-5 月的反弹精确地给出了后续温和提升的发展迹象。另外，以往的一幕重现了，经济数字的“神秘”后退之前恰好是 5 月-8 月的下跌。在把“复苏开始”放在信件首页之前，我在等待股市咆哮向前给出确定无疑的大转折信号。现在，股市已经给出了行动，而且，艾略特关于经济数据的计数（请看图）也说明了这一点。通过等待完全的信号，自从《艾略特波浪理论家》面世以来，我从未对经济失言。让我们看看这个是如何奏效的。

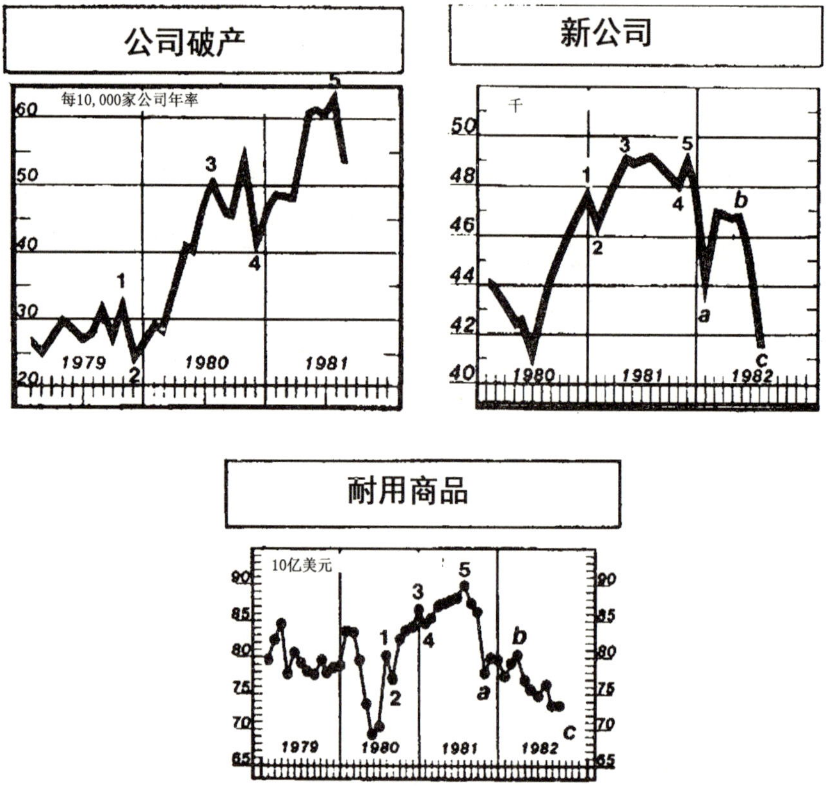

图 1

1983 年 3 月 7 日

就在 1 月份，行政官员还在发出沮丧的信息，但是经济正在虎虎生威。最终，当这一最近的报告面世时，数据就不能再被忽视。

此时，我觉得有理由在首页表中把“复苏开始”变成“经济繁荣”。对于 20 世纪 80 年代的环境，我的思想多少发生了变化。货币环境应该保持稳定。如果我对股票的看法是正确的，那么，经济本身真的会进入全面的繁荣，在很多方面都类似 20 世纪 20 年代。10 年来首次股票上涨、油价下跌、整个货币稳定，这些都是推动因素。顺便提一下，如果有人【就像《时代》（Time）最近做的那样】还在告诉你小心即将到来的银行业暴跌，那么，你就应该反问，银行股票为什么已经开始飞升。

先导经济指标的指数在 1 月份上涨 3.6%，是自 1950 年 7 月以来的最大单月上涨。这一增长证实衰退已经结束。但是，商务部部长（Commerce Secretary）发出警告，这一指数的力量不应被看作“经济繁荣即将到来的迹象”。

有一天，我们到世界银行，发现了一些好消息：世界银行的利润比去年多了许多亿美元，在很大程度上是由于其债券投资组合的丰厚收益。另外，世界银行要向穷国提供贷款帮助，而穷国的贷款需要大幅下降。

1983 年 8 月 9 日

在 3 月 7 日版次的首页，我把经济状况评论从“复苏正在进行（RECOVERY UNDERWAY）”变成“经济繁荣”。我的依据就是股市业绩。股市是经济趋势的唯一最佳指标。4 1/2 个月之后，新闻过时了。附上的评论标题是“经济猛冲至两年的高点（Economy Surges to 2-Year High）”：

1983 年 7 月 22 日——《今日美国》

政府在星期四说，经济增长达到了两年的高点，创下了 8.7%的百分比。里根总统说“这肯定会带来更多的就业机会”。

国民生产总值——商品和服务的总产出——在 4 月-6 月季度飙升了，通货膨胀调整 313 亿美元。消费者花费增加了 238 亿美元。

激增的幅度远远超过了政府最初估计的 6.6%，并几乎高于所有的私人预测。

从那时起，我的兴趣改变了，不再分析经济统计资料。不幸的是，从那时起，因为在这个领域我还无法达到精确严密的程度，所以做出了大量不成熟的警告：预计波浪 V

之后会出现萧条。要了解我为什么先知先觉，请看《从大超循环的顶点来看》（View From the Top of the Grand Supercycle）的第二节。

从宏观经济因果关系的角度看“理解”

已经研究了大型记数校正的典型结果（请看《波浪原理高级教程（上）》第 16 章第 262 页），我就能在 1986 年 8 月 4 日做出这个声明：

经济活动的彻底衰退之前是大型波浪④，就像 1926 年波浪④之后是 1926 年-1927 年衰退一样。

这些话预料了确实发生的事情，1987 年-1990 年（1991 年）波浪④的最后几个月产生了衰退，如图 2 所示。

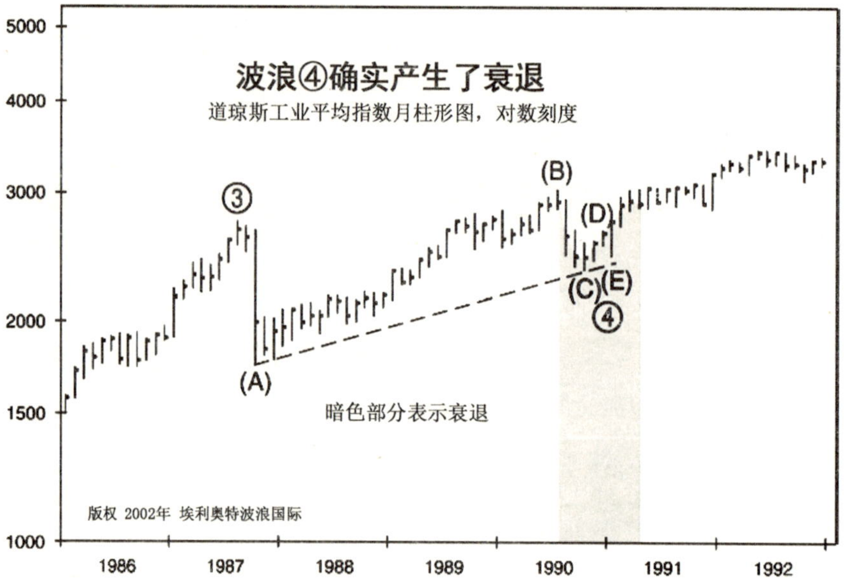

图 2

需要指出的是，我没有辨认出波浪④的本质。而且，当到了宣布繁荣新时期的时候，我相反在 1991 年 7 月 26 日做出了错误的评论：

对于衰退的“形状”，有很多说法。是个“V”？是个“W”？“U”？“L”？“W”和“L”被认为是最差的可能，然而，它们还是过于乐观的可能。波浪原理表明更多的是个瘸腿“M”，就像这里的图所表明的那样。

我确实取得了一些平衡并偶尔提醒读者，只要股市还在上涨，经济就会运转良好。但是，我继续担心，波浪V即将到来的转折会在20世纪90年代的大多数时间里产生大熊短期前景。日本经济照本宣科，出现了波浪V转折，而美国经济则在20世纪90年代毫发无伤。

预测长期经济趋势的一些成功

经济扩张

《在浪潮的顶点》的第13章讲述了这个故事——基于社会情绪经济学预测经济大幅上升：

20世纪80年代的头3年包含了官方认可的经济收缩的大多数月份。这是1933年3月大萧条止跌回升以来的一场收缩。1982年11月8日，就在这一时期的终点，《艾略特波浪理论家》在首页宣布“复苏开始”，评论道，“股市发出了强大的信号：当前极为严重的衰退即将结束。”1983年1月10日的版次宣布复苏正在进行（RECOVERY UNDERWAY），3月7日又改成经济繁荣。这一预测基于一点：对股市上升级数的理解。循环级数牛市的开始意味着长期的经济扩张。实际上，就在下个月，自从1961年-1969年长期的连续的经济扩张开始了。

经济收缩

然后，出版于1995年的《在浪潮的顶点》继续预料了下一个主要信号：

我认为，这本书出版的时刻与1982年年中相反。在那时，长期股市形式表明复苏在即（RECOVERY AHEAD），但是，直到股票在当年8月-10月以强力上涨的势头发展壮大之时，才表明复苏实际上开始了。今天，股市的长期形式强烈表明萧条在即（DEPRESSION AHEAD）。萧条什么时候到来？信号和15年前的信号一样：股市趋势的变化，这次方向相反。《艾略特波浪理论家》在10年前，也就是1985年12月对这个方法做出了评论。

我们应当记住经济暴跌和金融灾难的最终可能性。但是要做好相关准备还为时太早。大批超级熊市已经预警了下列会持续多年的现象：即将到来的货币暴跌、近在咫尺的全面银行业危机等等。大批超级熊市一直在警告我们，这种事件会发生得“突如其来”，会“随时发生”，“没有预警”。但历史表明，股市暴跌前总是会预先示警。只要股市在延续向上的趋势，就没有理由怀有这种恐惧。

所以，几年以前，波浪原理回答了关于经济的担忧，说，“还未到来”，让我们能在扩张一开始的时候就兴旺发达。这一方法与两个团体的说法直接对立。一个团体是常年的预言灾难者，几十年来，他们预言另一场萧条“就在眼前”。另一个团体是人数更多的常年的乐观主义者，他们既没有方法也没有愿望去确定即将到来的麻烦的迹象。

就像上面的引用所表明的那样，当股市真正开始下跌的时候，大超循环下跌的迹象就会出现。然后，你就会知道一个新的标示会加在我们的首页预测上：萧条开始了（DEPRESSION BEGINNING）。

波浪V比我想象的持续得长。所以，回头想一想，如果不发出警告可能会更好。我的警告是，转折即将到来，萧条会持续几年的时间。我非常关心正在接近的大超循环级数下跌的含意，因此，我提前预料了经济收缩，在20世纪90年代的大多数时间里把为萧条做好准备（PREPARE FOR DEPRESSION）放在我的出版物的首页。我不应该犯这个错误，因为，就像上文引用的最后一段所表明的那样，在我们发现并发出经济变化的强大信号之前，社会情绪经济学为市场变向留出了充足的时间。现在，我和（你们）已经对社会情绪经济学所知甚多，绝不会再犯类似的错误。然而，我相信这些警告性的话会让许多个人和公司避免金融毁灭，因为他们为大超循环级数的金融收缩做好了准备。

由于股票在2000年初转折下行，而且因为我认为这次转折是大超级数转折，所以，我继续预测萧条。《艾略特波浪金融预测》的首页标示在2001年换成了萧条正在进行

（DEPRESSION UNDERWAY）。2002 年 3 月，我完成了“畅销”书——《征服暴跌——你可以在通货紧缩萧条中生存下来并兴旺发达》（Conquer the Crash——You Can Survive the Prosper in a Deflationary Depression）。这本书的内容是关于如何在熊市、经济紧缩和通货紧缩中保护自己。这一预测的结果还有待验证。

预测经济扩张的相对力量

有一种想法：出现在第三个波浪里的宏观经济趋势和出现在第五个波浪里的宏观经济趋势存在着质的区别。20 多年来，这种想法一直是波浪理论的一部分。《艾略特波浪原理》把第三个波浪描述为，“令人叹为观止的奇迹”，因为第三个波浪以“越来越有利的基础”实现了股票上涨的承诺。相反，“第五个【波浪】中的第五个【波浪】缺少先前波浪的那种活力。”这一描述是有用的，因为经济业绩的对立时期可以验证或者抵触一个波浪解读。然而，这一描述也可以成为预测经济趋势质量的基础。比如说，通过标示从 1942 年 3 月到 1966 年 2 月的牛市，我和弗罗斯特在 1978 年确定了 20 世纪 50 年代和 20 世纪 60 年代早期的超市场生命力，以此作为被预测的波浪 V 牛市所不可逾越的标准。1983 年 8 月，《艾略特波浪理论家》报告（在《艾略特波浪原理》的附录中重印）了即将到来的“超牛市场”，重申了两个时期之间的预期关系：

这第五个波浪更多是建立在虚幻的希望之上，而不是建立在健康向上的基础之上。美国在 20 世纪 50 年代和 20 世纪 60 年代早期就经历了健康向上的基础。这第五个波浪波浪 V 是较大第五个波浪中的第五个波浪，所以当到达顶点的时候，这一现象会放大。这个较大的第五个波浪是始自 1789 年的波浪（V）。

这是一个非常具体的预测。有一个想法：对预计的多年复苏的相对力量做出评价。这个想法本身非比寻常，没有经济学家曾经做过类似的尝试。一旦你理解了经济趋势符合整个艾略特波浪结构，你就可以理解我是如何大胆做出评价的。这一预言进展如何？

两次大萧条后的扩张都伴随着持续四分之一个世纪的股票牛市：第一次是 1942 年到 1966 年，第二次是 1974 年到 2000 年。在第 2 个四分之一个世纪里，道琼斯工业平均指数的收益百分比几乎是第 1 个四分之一个世纪的收益百分比的两倍（1930%对比 971%）。仅仅在此基础上，人们可能会假定，跟波浪 III 相比，波浪 V 应该产生更强的经济。相反，对波浪 III 和波浪 V 的宏观经济方面质量和财政方面质量进行客观的对比，表明就每个相关的标准而言，波浪 V 都是一个弱势业绩。如图 3 和 4 所示。把国内生产总值与工业生产指数（Industrial Production）的数字结合起来，我们可以概括出波浪 V 的经济力量是波浪 III 经济力量的三分之二。

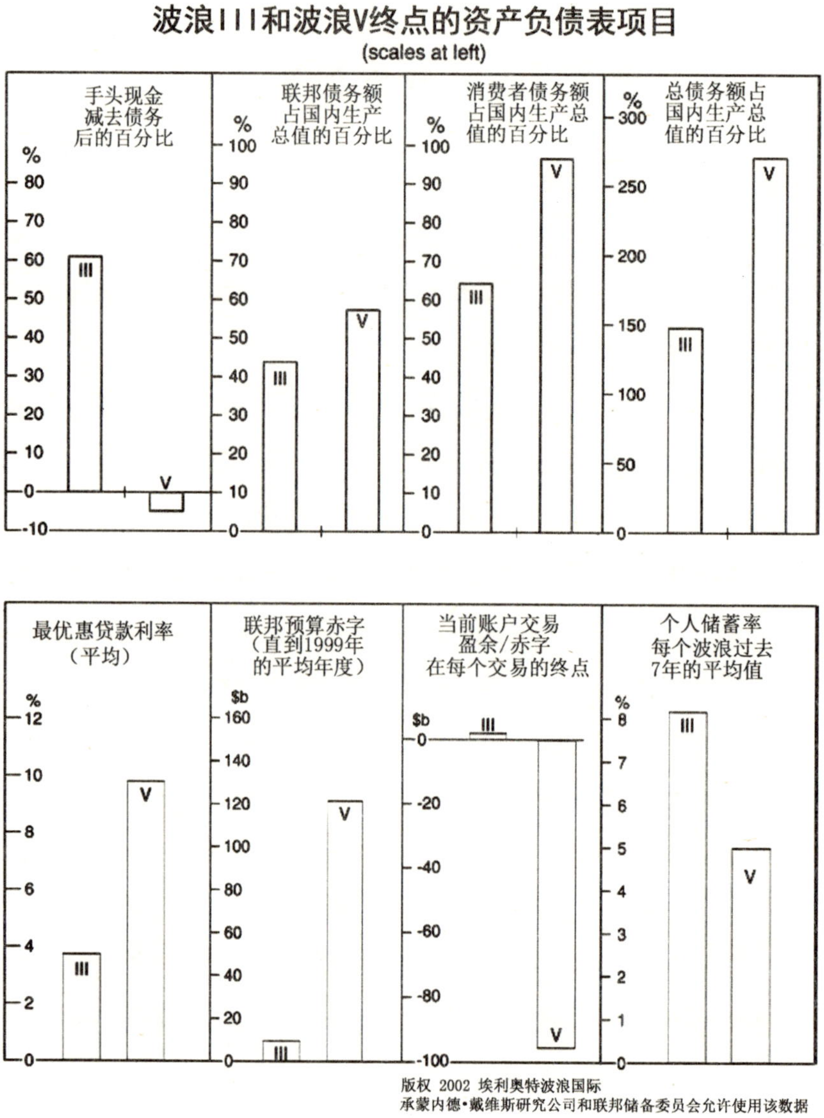

图 3

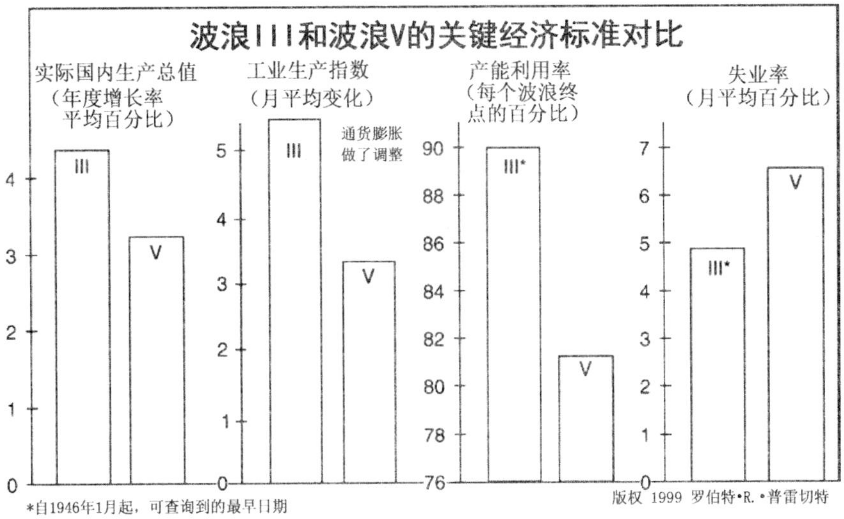

图 4

预测包括这个说法：“当到达顶点的时候，这一现象会放大。”换句话说，随着波浪V的⑤的进步，也随着波浪⑤的（5）的进步，经济扩张会更进一步减弱。就像预期的那样，在波浪V的后半期，经济扩张进一步减缓。

可能是因为20世纪八九十年代的背景环境比20世纪70年代好很多，传统观察家忽略了这个非常重要的长期差别。相反，对于20世纪80年代和20世纪90年代经济环境的相对特点，波浪原理提供了一个深入探究的基础。此外，对波浪III和波浪V的宏观经济方面和财政方面的客观对比，不仅是一个有用的当前的观察资料，还是一个预测。这个预测是在第2个四分之一个世纪的第四年出版的。（如果你是一个实践型社会情绪经济学家，你就能在1975年或者甚至更早的时候提出这个观点。）

在我们中断的地方继续

当股市在2001年9月好转时，我和我的同事皮特·肯德尔预料了发展中的萧条环境下的短暂经济缓解。然后，在2002年1月，我们反对渐增的兴奋，并在一篇文章的结尾预言了这一缓解的终止。这一文章的题目是，“大圈套：这不是个复苏；这是个发展中的萧条（The Big Hook：It’s Not a Recovery；It’s a Developing Depression）”。我们在

2002 年 1 月 11 日把这篇文章提交给了《巴伦》，在 2002 年 1 月 29 日提交给了《金融时报》（伦敦），但是这篇文章并未发表。这篇文章包含下面的短期前景：

在 1991 年 3 月、1997 年 3 月和 2000 年 3 月，日经指数的熊市反弹导致日本逐年的实际国内生产总值增长短暂上升了一个月，达到了 4.7%，或者更好。《旧金山纪事报》（The San Francisco Chronicle）报道，在第一个此种反弹中，“整个政策制定机构在沾沾自喜，认为自己是史无前例的管理者，在消除资产泡沫的同时没有沉重打击经济活动。”然而，在每一次短暂复苏之后，股市都朝着新低进发，经济也随着下行。

如果 9 月以来美国股票反弹背后的情绪有力量使 2002 年第一季度的一些经济指标上升，那么，这股情绪同样能证实自己只是“昙花一现”。具有讽刺意味的是，每当这种事件发生的时候，91%的经济学家都会向 1 月蓝筹（January Blue Chip）概览报告，他们预计衰退即将结束。

根据初步的报道，在一季度，“一些经济指标”实际上与国内生产总值一起“上升”，以 6%的年率增长。到 2002 年第二季度，经济学家们庆祝新繁荣的开始，经济学家们一致认为当年的增长率是 2.5%到 6%。

在 2002 年 8 月 30 日的《艾略特波浪金融预测》中，肯德尔先生给出并更新了一些图。我们以前在自己的文章中检查了这些图（请看图 5）：

这些过去 3 年的经济数据图表明，同样的冲动形式又在基础上留下了自己的印记。巨大的区别是，这一次，完整的“5 波浪”在指向相反的方向【，向下，而反方向形式正在上涨】。这些数据现在关系重大，因为耐用商品订单和家庭建设指数肯定会再度下跌。就技术而言，校正形式可以发展成更复杂的整理运动。但是，股市直到 7 月 24 日下跌的滞后效应还在，因此，我们不会这么预计。在几个星期之内，经济应该进入更严重的收缩之中。

万众瞩目的长期繁荣会实现吗，或者我们预料的经济指标上涨实际上是“昙花一现”？这都有待证实。

“5波浪”指向基本趋势变化

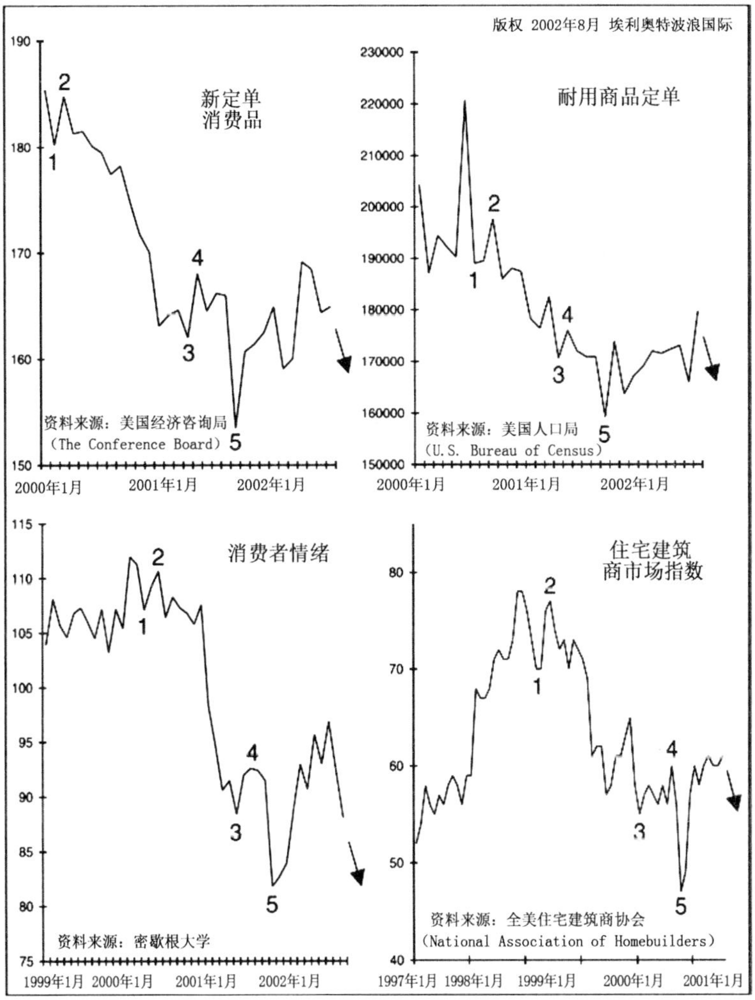

图 5

预测货币趋势的一些成功

在预测长期货币趋势方面，社会情绪经济学算不上一个完美的工具，但是在社会情绪经济学短暂的应用历史中，已经创下了无与伦比的货币趋势预测业绩。我们有成功预测通货膨胀、反通货膨胀、通货紧缩的记录。

通货膨胀

因为我年轻且直到1976年才有著作问世，所以，我们这里的证据薄弱，但是，跟传统市场分析方法相比，我们的方法肯定表现出了一些价值。我做的第一笔投资是1972年投资于黄金股票。波浪原理黄金市场看涨。我购买了西兰德（West Rand）和奥兰治自由邦戈尔德（Orange Free State Geduld），但只是部分由于艾略特波浪的原因，因为我才刚刚了解艾略特波浪。【从1976年到1979年，我为美林公司（Merrill Lynch）发表了黄金市场预测评论。】《艾略特波浪原理》的图6-11以及相关评论表明，尽管股市看涨，我和弗罗斯特还是可以进一步炒黄金获利，尤其是考虑到黄金在1974年到1976年勾勒出了巨大的“扩张性平面校正”。所以，波浪原理是有用的：辨认出通货膨胀的迹象并把握趋势——或者至少适应趋势——直到最后。你会看到这一点的。

反通货膨胀

事实证明，在通过加速通货膨胀和反通货膨胀（即减速通货膨胀）预测大趋势变化时，艾略特波浪分析是有用的。有一个报道，在《在浪潮的顶点》中做了阐述，在《波浪原理高级教程（上）》中做了简要叙述。这里要再说一遍。

开始于1967年的螺线形通货膨胀经历了两次倒退，最终于1980年1月在长期金融恐慌的氛围中达到了顶点。一个月之前，在1979年12月，《艾略特波浪理论家》详细说明了自己的预期：翻天覆地的变化即将开始。《商品》【现在是《期货》】杂志在1980年11月版次发表了《艾略特波浪理论家》的一些评论，这里是摘录：

在不同市场【黄金、白银、利率、债券、商品】里难以置信的“5波浪”同时发生好像都指向了一个结论：世界即将开始一个全面反通货膨胀时期。在我看来，几个反通货膨胀年份导致了后来的通货紧缩趋势。对于艾略特股票观点来说，这一形式是一个完美的局面。一个渐进的反通货膨胀会在美国产生乐观情绪，并导致一个结论：我们或许最终克服了通货膨胀问题。这一情绪会在几年之间支持股票的牛市，直到通货紧缩的滚雪球力量开始接管局面。在那个时候，大型的通货紧缩暴跌就不可避免，大超循环校正即将进行。

加速了斐波那契13年的通货膨胀趋势就在那个月戛然而止，第二个月的金银价格表明了这一点。实际上，就在趋势逆转前几个星期，上述段落已经提前详细说明了接下来20年的经历。

新趋势的开始和旧趋势的终结一样让人兴奋。1980年顶点之后是一个短暂的两年时期：非常迅速的反通货膨胀，撼动了各个市场。黄金从1980年1月的850美元每盎司暴跌至1982年6月的296.75美元（基础伦敦议定金价）每盎司。道琼斯指数从长期抵抗区域1000点以上跌回1982年8月的777点，达到第二次世界大战以来的最低实际价值。债券市场正在触底，受到了通货膨胀时期和1980年至1982年萧条时期的蹂躏。通货膨胀时期使人们担心利率会永远上涨，萧条时期使人们担心萧条漫漫无期。下一个货币事件的出现出乎人们的意料。最流行的反对观点是（1）通货膨胀会加速成极度通货膨胀，（2）通货紧缩和经济收缩会导致金融暴跌。这些观点非常流行，在金融会议上被称作“伟大的辩论（The Great Debate）”，吸引了成千上万人。

与两个盛行的观点相反，1982年9月13日的《艾略特波浪理论家》提出了10点来支持一个预测：道琼斯指数会增至原来的5倍，达到3885点。（要了解细节，请看《艾略特波浪原理》的索引。）这10点中的两点符合预计的货币环境：

——符合一个想法：康德拉捷夫循环稳定期已经开始，【支持】一个经济稳定和股价飞涨的时期。与1921年末类似。

——庆祝通货膨胀时期的结束，【并】伴随着稳定的通货再膨胀。

那么，具体说来，《艾略特波浪理论家》预测了与1980年-1982年困境相关的温和通货再膨胀，这一温和的通货再膨胀会出现在较长的反通货膨胀之中。在大多数人的预测列表中，货币稳定是最后一项。然而，稳定和通货再膨胀时期就在那时开始了。波浪原理可以被用来辨认这种时期的开始，因而对投资者有巨大的价值，尤其是在股票和债券市场。股票和债券市场开始了历史性的发展。

4个月后，也就是1983年1月，《艾略特波浪理论家》给自己的论点增加了以下内容：“尽管通货膨胀回归的说法甚嚣尘上，在静静的幕后，公共事业股票大爆发，为‘持续反通货膨胀’论点提供了【另一个】强有力的基础。”1983年11月，《艾略特波浪理论家》进一步支持这个论点：通货膨胀率减缓不仅是个短暂缓解，还具有多年的意义：

两年前，我使用生产者物价指数的百分比变化来表明针对1980年指数新高的强大动力分歧。这一较低的变化率顶点实质上是关于通货膨胀的“卖出信号”。从那时起，通货膨胀率大幅下跌，通货膨胀变化率还跌到了 1949 年以来的长期上升趋势线以下。这一暴跌……好像确实支持一个说法：在过去 3 年有一个变化，由于衰退，这一变化大于单纯的反通货膨胀。

1984 年 6 月，股价滑入中期低点，《华尔街日报》发表了关于金融观点的 5 页特别报道，其中包括对许多知名经济学家和政治家的采访。他们达成了压倒性的一致意见：美国的经济和货币问题是难以解决的，并将继续恶化。（《波浪原理高级教程（上）》第 128 页提供了关于这一报道的一些细节。）然而，温和的反通货膨胀趋势已经在进行之中，支持了又持续 15 年的股票和债券牛市。

通货紧缩

你已经读到了，1979 年年底发出的反通货膨胀预测详细说明了预计中的一系列事件，预测“几个反通货膨胀年份导致了后来的通货紧缩趋势”，最后会出现“大型通货膨胀暴跌”。1995 年，《在浪潮的顶点》认为世界性的彻底的通货紧缩即将到来。日本已经经历了 5 年的通货紧缩。东南亚（Southeast Asia）国家在 1997 年和 1998 年经历了通货紧缩暴跌。阿根廷通货紧缩在 2001 年触底。通货膨胀压力的暗示在美国和欧洲逐渐增强，尤其是在 2000 年初以后。要更多地了解我对于通货紧缩的观点，请看《征服暴跌》。这一预测的结果还有待验证，但是，我相信，现在，加快、发展或者接近（视你的地点而定）通货紧缩的迹象比以前更多。

宏观经济预言的价值基础

有两种方法可以对比传统经济学家业绩与社会情绪经济学家的工作。一种是，根据预言时间的百分比来评估他们有多么正确。在这一基础上，传统经济学家做得相当好，在 70%的时间里都准确预言在下一个季度经济是扩张还是收缩。显而易见，无论是在总体上，还是在几乎所有的个体上，传统经济学家的观点都只是落后于实际的经济。因此，当传统经济学家最终认出一个正在进行的新趋势时，如果经济趋势长期持续，他们推断的预言可以在之后正确一段时间。就时间而言，社会情绪经济学家也几乎也可以做到。第二个评估业绩的方法①给出了大不相同的结果。如果有人认为经济学家的工作是预料变化，那么，他们就几乎全错了。经济学家的观点滞后于经济，经济滞后于股市。社会情绪经济学家预料股市，进而预料经济，因此社会情绪经济学家经常很早就预料出即将到来的变化。即使社会情绪经济学无法预料股市，他们也可以实时观察股市，并由此相当可靠地预测经济变化。大多数传统经济学家的业绩几乎为零，每年抛硬币来预测经济扩张和收缩都比这准确。在另一方面，社会情绪经济学家可以被训练来解读正在接近的或者同步的趋势逆转指标，所以，社会情绪经济学家可以相当经常地正确预料变化（虽然迄今为止还没有成功率的数据）。要知道，有时社会情绪经济学家预料没有发生的变化，有时又错过确实发生的变化。而且，他们确实经常预料变化，而传统宏观经济学家却不那么经常。在这一基础上，社会情绪经济学和传统经济学没有相似之处；社会情绪经济学轻易获胜。

2001 年 12 月

对生长和衰退、繁荣和萧条做出新的理解

埃尔南·科尔特斯·道格拉斯

“这一扩张会永远持续下去。”② 一位麻省理工学院经济学教授在《华尔街日报》上这样说。考虑考虑这个说法。在这个领域，一个受人尊敬的领袖得出了经济行为的结论，这一结论挑战了历史的全部。因为这一文章出现于 1998 年 7 月 30 日，所以，我们知道这篇文章那扣人心弦的结论也未能得到未来的验证。当时，这一观点并不孤立。《华尔街日报》2001 年新年（New Year）民意测验中，98%的经济学家认为整个 2001 年会继续扩张。

对于学术经济学家来说，这种预测错误不是第一次。在我们的职业中，预言经济收

① “第二个评估业绩的方法”实际上是从宏观经济着眼，但是原文表述得好像不太清楚。译者注。

② Dornbusch, Rudi.（1998, July 30）. “Growth forever.” *The Wall Street Journal.*

缩的错误数量众多，跨越了我们的职业历史。《经济学家》在2001年11月29日版次反复重申，“在预言衰退方面，经济学家乏善可陈。”有一些例子引人注目，切中肯綮，值得再说一遍。

对经济预测方面重大失误的简单回顾

对于20世纪20年代大多数声名卓著、受人尊敬的经济学家来说，大萧条之前的暴跌完全是出乎意料的。黑色星期二14天以前，也就是1929年10月29日，美国最著名的经济学家耶鲁大学经济学教授欧文·费希尔（Fisher）宣布，“在几个月之内，我预计股市会比现在高得多。”费希尔是一位造诣高深的理论家、计量经济学的奠基人、指数数字分析的先驱，还是一个成功的资本家，发明了西卡迪斯（c-kardex）文件系统，并以惊人的价格售出。他对经济分析深信不疑，他的儿子说他在那场暴跌中的损失大约相当于今天的1.4亿美元。①

英国经济学家约翰·梅纳德·凯恩斯是著名的宏观经济学之父，在金融市场上为自己和剑桥大学积累了财富。但是约翰·梅纳德·凯恩斯也猝不及防，净价值的损失相当于今天的一百万英镑。②

暴跌几天之后，哈佛经济协会（Harvard Economic Society）向订户们再三保证，“像1920年-1921年那样的严重萧条不可能出现。我们面临的不是轻车熟路的变现。”1932年，经过一系列失败的乐观预测，哈佛经济协会关门了。

新的协会——在大学里，在中央银行里，在独立“智囊团”中——从那时起层出不穷。跟他们的前辈相比，他们是不是对宏观经济预测知道得更多?

自从大萧条以来，我们在科学和技术方面取得了巨大的进步。考虑到另外70年的数据搜集和计量经济技术的进步，人们可能会认为宏观经济学预测工具已经变得比1929年的工具有效得多。然而，最近在1988年，一些重要经济学家公开表明观点：宏观经济预测行业缺乏进步。在美国经济协会（American Economic Association）会刊《美国经济评论》（American Economic Review）上，凯瑟琳·多明格斯（Kathryn

① 基于欧文·费希尔的儿子和传记作者欧文·诺顿·费希尔提供的名义数字，由美国消费者价格指数进行调整。

② 同上。数字由凯恩斯的传记作者斯基德尔斯基（Skidelski）教授提供。

Domínguez)、雷·费尔（Ray Fair)、马修·夏皮罗（Matthew Shapiro）写道，现代经济学家拥有最新和最复杂的计量经济技术，甚至使用1929年所不具备的巨量数据，但是，他们在1929年还是不会意识到大萧条迫在眉睫。

实际结果继续证实这一结论的含意。比如，一个作者说，1997年11月/12月版次的《外国事务》(Foreign Affairs) 上“有篇文章说，‘亚洲前景光明（Asia's Bright Future）’，难以想象那篇文章出现的时机会比这个更差。”① 这篇文章是由两位哈佛教授写成。当时，东亚经济（Eastern Asian economies）已经恶化，日本正在经历10年金融困难之中的第三次衰退。想想这一预测多么没用。整整23年之前，也就是1974年是这一预测的最佳时机。而1997年，到目前为止是1997年末，是自第二次世界大战以来做如此预测最糟糕的时候。

赫伯特·胡佛总统在回忆录里反省了经济学家在萧条之前的一致意见。公众经常因为经济学家们的这一一致意见而指责赫伯特·胡佛总统。赫伯特·胡佛总统抱怨，“乐观主义越来越强，导致叫作‘新经济时代（New Economic Era）’的愚蠢想法。这一观念在整个国家传播。我们确信自己处于新时期之中，旧有的经济法则已经过时了。”70年后，麻省理工学院教授对“新经济（New Economy）”的预言，回应这些相同的愚蠢行为。他的理由还是我们已经征服了商业循环。他写道，“这一扩张会永远持续下去。我们不会看到【衰退】。我们有货币和财政资源使衰退不再发生。我们还有一个政策团队，会坚决地使用货币和财政资源以便保持扩张。”② 如果这些话是正确的，那么，有着敬业的宏观经济学家“政策团队”和世界级宏观经济“工具”组合的日本就能阻止在1998年肆虐的停滞。这场停滞现在依旧在肆虐。

充满怀疑的神秘

2000年10月，明尼阿波利斯联邦储备银行（Minneapolis Fed）邀请大约60位知名经济学家与会，就大萧条提交论文。这一事件吸引了许多宏观经济学泰斗，包括1995年诺贝尔奖得主芝加哥大学教授小罗伯特·E. 卢卡斯，明尼阿波利斯大学

---

① Grabbe, J. Orlin. (n. d.). “And now, financial apocalypse.” www. aci. net/kalliste/Apocalyp. htm.

② Dornbusch, Rudi. (1998, July 30). “Growth forever.” *The Wall Street Journal.*

（Minneapolis University）、加利福尼亚大学伯克利分校、普林斯顿大学、卡内基·梅隆大学（Carnegie Mellon）以及其他顶尖大学的诸位教授。尽管天才云集，发表在明尼阿波利斯联邦储备银行评论杂志（Minneapolis Fed Review）《地区》（The Region）上的会议报告还是以相当令人失望的论调下了结论。经济学家回顾了关于大萧条的事实，说，“每次都给出另一个解释。大萧条是……充满怀疑的神秘，难以解决，即使我们知道结果也不行。”①

总的来说，对这一失败的解释是，经济学家一直在依靠所谓的宏观基础来做出预言。他们成功过吗？历史数据表明他们不能成功；当形势看起来不妙的时候，金融市场从不暴跌。实际上，事实恰恰相反。在矛盾开始之前，宏观经济流总是看起来不错。这就是为什么绝大多数人总是在经济昏厥之前宣称经济状况极佳。尽管有这些失败，实际上尽管几乎恰好是重蹈覆辙，经济学家们还是继续钻研同样的宏观经济基础，来寻找关于未来的线索。即使是回头看看，传统宏观经济方法也没有用处；即使当我们知道了结果之后，传统宏观经济方法还是无法解释结果。那么，在评估未来的时候，传统宏观经济方法是否还有用武之地呢？

显然没有。几年前，卢卡斯坦率地说，“就不确定性而言，经济推理毫无价值。”②诺贝尔奖得主弗里德里希·冯·哈耶克（Hayek）、他的导师路德维格（Ludwig）·冯·米塞斯（Mises）、芝加哥大学经济学教授弗兰克·奈特（Knight）告诉我们，不确定性是正常的和流行的。考虑到未来总是不确定的，卢卡斯是不是在说“经济推理”没有任何预测价值？推理本身并没有错；越来越多的迹象表明，问题出在传统经济前提下，推理是建立在前提之上。有一系列不同但却正确的基础。

朝向新的理解

经济学家忽略了什么？是不是有什么东西，他们曾经知道但后来忘了或者忽略了？什么新的研究阐明了这个主题？要知道答案，我建议关注下面3个实证言论子集。这些子集来自完全不同的来源。

---

① “Something unexpected happened.”（2000, Dec.）. *The Region*. Minneapolis Fed.

② Lucas, Robert.（1977）. “Understanding business cycles.” In K. Brunner and A. H. Meltzer,（Eds.）*Stabilization of the domestic and international economy*. North Holland, p. 15.

1. 债务推动商业循环。

有一个事实，经济学家耳熟能详。但奇怪的是，经济学家却忽略了这个事实：货币和私营企业债务的大幅持续增长伴随着经济繁荣。相反，货币和私营企业债务的收缩伴随着经济收缩。私营企业债务水平的波动与整个股票指数和经济活动相关，尤其是对于那些持续几年或者几十年的趋势。这些观察资料符合商业循环的货币理论【米尔顿·弗里德曼（Milton Friedman）】和奥地利（米塞斯和哈耶克）理论（Austrian theory），但经济学家却停止把它们付诸实用。1933 年，欧文·费希尔在计量经济学（Econometrica）上的一篇文章“萧条的债务-通货紧缩理论（Debt-Deflation Theory of Depressions）”里强调了这一相互关系，而大多数经济学家忽略了这种相互关系。无独有偶，虽然一生的工作被主流经济学家所忽视，但后凯恩斯（post-Keynesian）经济学家海曼·明斯基（Hyman Minsky）着眼于扩张中的债务所导致的金融不稳定性。在与 20 世纪一起终结的大繁荣中，私营企业债务急速上升，达到了非常高的水平，尤其是在接近终点的时候。经济学家再次对这一现象视而不见，并再度付出了代价：没有注意到逆转。

2. 市场指数遵循程式化道路

1938 年《波浪原理》以及后续著作①的作者拉尔夫·N. 艾略特，在 20 世纪 30 年代表明金融市场按照可辨认的形式延伸和逆转。它们的结构在形式上清楚明了，但是在时间和振幅上就不一定了。市场行动有不同的级数。较小级数的形式联系在一起形成较大级数的类似形式。因此，艾略特表明市场是个等级体系。近年来，研究金融市场的物理学家发现了市场行为的各个方面，这些方面符合这个见解。②③

在过去的 30 年里，小罗伯特·R. 普莱切特把这些原则应用和扩展到各种社会现象

---

① Elliott, Ralph N. (1938). The wave principle. Reprinted (1980/1994) Robert R. Prechter, Jr. (Ed.) *R. N. Elliott's masterworks*. Gainesville, GA: New Classics Library.

② Arneodo, A. et al. (1993). "Fibonacci sequences in diffusion-limited aggregation." In J. M. García-Ruiz et al. (Eds.) *Growth patterns in physical sciences and biology*. New York: Plenum Press.

③ Discrete scale invariance, as developed by D. Sornette (1997, October 15). "Generic mechanisms for hierarchies." *InterJournal complex systems*, 127. And (1999). "Discrete scale invariance and complex dimensions." *Physics Reports*, 297.

之中。[①] 或许，最重要的是，小罗伯特·R. 普莱切特的新书《波浪原理高级教程（上）和社会情绪经济学这一新科学》表明市场是“强分形”，（物理学家阿尔奥多等人称之为准分形。[②]）。各种价格形式自仿射性的存在表明了分形次序关系，但是，如果艾略特是正确的，强分形就是比较有序的分形，与曼德伯特描述的不定分形截然相反。强分形有“形式的定性特性，类似于自同一分形的形式定性特性，自同一分形包括嵌套正方形等等；也有量化弹性，类似于不定的量化弹性，不定分形包括云、海岸等等，”普莱切特说。[③]

由于强分形具有形式特性，所以市场中有可预测性要素，不是尽管，而是因为，市场具有复杂性。最近有一个例子，物理学家安德斯·约翰森和迪迪埃·索奈特发现市场迅猛地走向暴跌，“以精细的自组织和合作方式进行预料，释放股市价格中可见的细微先兆。”[④] 然而，在这种时候，对于主流宏观经济学家来说，一切看起来都那么美好，因为股票持续上涨，产出、就业和其他标准指标显得健康向上。经济学家无一例外地依赖这些“基础”用当前的好时光推断未来（“技术分析的最粗略形式”[⑤]），而不是在程式化的世界里辨认出它们的真正含意。

如果我们经济学家要提高手艺，我们就要放弃广泛传播的假象：金融市场是随机漫步。不幸的是，尽管证据确凿，许多顶尖商学院还是继续传播假象。安德鲁·W. 洛和A. 克雷格·麦金利（A. Craig Mackinley）就给出了证据，证明了金融市场不是随机漫步。[⑥] 市场根据强分形不停前进，艾略特把强分形的成分或者阶段称作“波浪”。新的理论家和社会物理学家发现自己符合古典分析：毕达哥拉斯的学说要求探索形式而不是

---

① Prechter, Robert R. (1999). *The wave principle of human social behavior*. And (1995). *At the crest of the tidal wave*. And with Frost, A. J. (1978). Elliott wave principle.

② 阿尔奥多等人这样说：“井然有序的雪花分形等级体系、无序的混沌或者随机集体结构，在二者之间有‘准分形’的空间。”

③ 罗伯特·R. 普莱切特，回复咨询的电子邮件。

④ Sornette, Didier and Johansen, Anders. (1997). “Large financial crashes.” Physics A, 245, 3-4.

⑤ Prechter, Robert R. (1999). *The wave principle of human social behavior*. Gainesville, GA: New Classics Library.

⑥ Lo, Andrew W. and MacKinlay, A. Craig. (1999). *A non-random walk down wall street*. Princeton University Press.

物质来决定事物的本质。① 目前，这种探索在宏观经济学领域正在产生成果。

3. 经济变量的变化根据级数遵循股市波动。

股市指数的变化先于——确实不是落后于——经济基础变化或者股市新闻。因此，股市指数变化是经济活动的先导指标。80 年前，韦斯利·米切尔（Wesley Mitchell）和国家经济研究局（National Bureau of Economic Research）认出了这一现象，但却无法辨认出不同的级数，因而使这一突破的效用减弱。

如果市场变化是个等级体系，那么，随后的经济变化也是如此。这解释了为什么极高级数的股票指数预料萧条，而较小级数的下跌预料衰退和较温和的下跌。1970 年诺贝尔奖得主保罗·A. 塞缪尔森说过一个著名的俏皮话“市场预料了过去 3 场衰退中的 5 场”，根本没有提及市场的等级本质。这是个聪明但却不精确的说法。理解股市和经济事件的等级制度和先后顺序能使宏观经济学家做出更精确的预言。

理论和建模的新基础

只有两个学术经济学家——弗里德里希·奥古斯塔斯·冯·哈耶克和路德维格·冯·米塞斯——正确预测了 1929 年市场暴跌以及随后的大萧条。② 经济学们采用了他们的奥地利理论了吗？唉，没有。经济学家们采用了凯恩斯的经济学，而且还不是凯恩斯最佳的经济学。③

在不确定性的世界里，预期目标是大多数金融决策的关键变量。一些著名经济学家已经承认，传统模型缺乏人类在这一方面的心理变数。“这是非常令人不舒服的”，

---

① Bateson, Gregory. (1972). “Form, substance and difference.” *Steps to an ecology of mind*. Chandler, p. 449. Also Collingwood, R. G. (1945). *The idea of nature*. Oxford.

② 1929 年 2 月，哈耶克在《奥地利经济研究学会报告》（Austrian Institute of Economic Research Report）里写道，“繁荣会在接下来的几个月里暴跌。”就像米塞斯当时的助手弗里茨·马克卢普（Machlup）所说的那样，米塞斯预见到了 20 世纪 30 年代全球范围内的萧条。米塞斯的妻子玛吉特（Margit）在丈夫的传记里写道，1929 年，他拒绝了当时欧洲的大银行奥地利联合信贷银行（Kredit Anstalt）的高级职位，因为“猛烈的暴跌即将到来，我不想让我的名字沾染上暴跌的印记。”奥地利联合信贷银行在两年之内就破产了。

③ 凯恩斯的《就业、利息与货币通论》（opus magnum, The General Theory of Employment, Interest and Money）包含不止一个理论。不幸的是，经济学家们采用了希克斯-塞缪尔森（Hicks-Samuelson）版本。

1987年诺贝尔奖得主罗伯特·M. 索洛（Solow）最近写道，“宏观经济学要如此依赖人们处理预期目标之类概念的方式，其中（不可避免地）会出现很少的实证理解和巨大的创造空间。”① 然而，如果你知道看哪里，你就会发现渐增的新工作，这些新工作展示了令人印象深刻的整个预期目标的实证理解。所以，如果专心研究，就能得到许多实证。

就像索洛所说的那样，确实的预期目标概念至关重要。我们可能已经接近了这一目标。当然，如果股市是程式化的，那么，推动股市的因果力量一定也是程式化的。《一般经济学》（Universal Economics）的作者保罗·蒙哥马利、国立心理卫生研究所的保罗·麦克莱恩，已经做了前提的工作。在这些前期工作的基础上，普莱切特提出一个引人注目的假说，探讨预期目标背后的力量。普莱切特提出，这一关键宏观经济变量可能源自先于理性的思维形式。在不确定性的环境下，先于理性的思维形式驱动人类社会合作的基础冲动。② 普莱切特说，支配预期目标的情绪基本上是“第一原因”，与从众现象相关的脑的冲动部分产生了这个“第一原因”。耶鲁经济学教授罗伯特·J. 席勒是行为金融（Behavioral Finance）这一新领域的主要喉舌，他至少赞同到了说下面的话的程度，“确实的心理研究确实表明人类行为存在形式，人类行为形式表明了市场之锚。如果市场完全理性地运作，就不需要市场之锚。”③ 如果是这样，考虑一下与主流宏观经济学相对的想法。主流宏观经济学认为，每个个体都是有着理性预期目标的“代表性主体”，机械地回应经济基础新闻的外源变化，在总体上创造股市和经济的随机漫步。或许，我们应该接受相反的假设：整个预期目标——信心、情绪、乐观主义和悲观主义——的内源变化至少是股价和经济背后的力量，就算不是驱动力量的话。④ 经济扩张和收缩不是因为随机冲击，就像主流商业循环理论所表明的那样，而是因为社会上的乐观

① Solow, R. (2000, Winter). "Toward a macroeconomics of the medium run." Journal of Economic Perspectives.

② Prechter, Robert R. (1999). *The wave principle of human social behavior.* Gainesville, GA: New Classics Library.

③ Schiller, Robert J. (2000). *Irrational exuberance.* Princeton University Press.

④ 在这个世纪之初，一些经济学家充分认识到了这些乐观和悲观波浪的重要性。Pigou, Arthur C. (1927). *Industrial fluctuations.* London: Cass; Also (1920). *The economics of welfare.* London: Cass. And, yes, Keynes, John Maynard (1936). *The general theory of employment, interest and money.* London: Macmillan, chapter 12.

主义和悲观主义以强分形的形式自然延伸和逆转。

有了这一新见解，我们就可以开始提出一个协调一致商业循环理论：繁荣之中自然扩张的乐观主义促进雇佣、扩张、投资和投机。后面阶段的兴奋鼓励过多的信贷扩张和目空一切的金融冒险。当乐观主义达到自然极值的时候，繁荣结束，悲观主义开始。公司解雇雇员，投资者收回资本，债主收回贷款，银行紧缩信贷，破产减速，大收缩紧随其后。当悲观主义按部就班进行时，债务清算到了低水平，融资变得保守，股市达到了最低点，社会准备复苏。① 没有“新时代”或者“新经济”，也没有让社会行为形式消失的环境。

巨变实际上正在开始的迹象与股市大趋势变化一起到来，这些是预期目标巨变的代表。这一模型有一些预言价值，因为趋势巨变的必要前兆是债务规模的极值状态，也是高级数预期目标变化潜在完成的波浪形式。

回想一下，下面是多么斩钉截铁的话：这篇文章开头的引用、在 1997 年做出的“亚洲前景光明”的保证、1929 年哈佛经济协会的断言“像 1920 年-1921 年那样的严重萧条不可能出现。”并且“不会”发生。碰巧，我们的新模型也解释了传统宏观经济学家为什么恰好在大错特错之前如此斩钉截铁。因为经济学家缺乏有用的工具来指引自己，所以经济学家只能随波逐流，在顶点乐观，在底部悲观。或者，就像普莱切特所说的那样，“流行社会情绪完全控制着经济学家们的结论风格。”②

结论

诺贝尔奖得主詹姆斯·布坎南在其“经济学及其科学邻居（Economics and Its Scientific Neighbors）”中指出，“恰恰是因为自绝于关于人类行为的命题，【凯恩斯和后凯恩斯】宏观经济理论才根本称不上理论。”③ 相反，新模型提供了协调一致的理论框架，有着强烈的预言意义。对于宏观经济学家当前经常使用的线性推断来说，它替代了市场

---

① 这一过程应用于当前环境的详细论述见 Douglas，H. Cortés.（2001，January）. “Forewarnings.” *processed*, Catholic University of Chile.

② Prechter, Robert R.（1999）. *The wave principle of human social behavior*. Gainesville, GA: New Classics Library.

③ James, Buchanan.（1979）. *What should economists do?* Liberty Press.

强分形形式的非线性框架。这一框架又提供了令人信服的证据：由股市指数衡量的乐观主义和悲观主义的变化首选是外源性的——独立于经济变量变化之外，经济变量变化只是遵循股市指数的变化。理解了股市变化的本质和等级制度，我们经济学家就能在形式、量值和时机上提到对经济的预言。

埃尔南·科尔特斯·道格拉斯是智利天主教大学经济学教授。他是世界银行前任副研究管理人以及国际货币基金组织资深经济学家。科尔特斯·道格拉斯教授在美国、欧洲和拉丁美洲的大学任教。在 2002-2003 学年，他将要担任哈佛鲁克西克学者。

科学和波浪原理

普莱切特

改编自在市场技术员协会所做的演讲

1986 年 5 月

社会进步中的分形设计

多年来，理论家认为股价运动是随机的，因为所有的投资者都做出了完全通达和理性的决定。然而，研究市场及其参与者的人知道，很少有投资和交易决定来自综合研究的理性、逻辑和知识。一些决定是通达和理性的，但是，对投资者决定最顺理成章的解释只是对以情绪为基础的决定的文饰。

整个股市价格的主要推动力量是群体情绪变化。波浪原理表明，整个股价运动，因而还有群体情绪变化，都是程式化的。是程式化的，还不受同步新闻的影响。因此，其中的社会情绪和变化肯定是对社会中人类本质活动的反映。市场行为细节的决定因素是自然出现的社会情绪变化的方向、速度和程度。

社会情绪变化不一定影响每个相关的个体，但总的来说，参与到市场之中的人们是作为一个群体行动的。研究群体心理的一个先驱者曾经说过，一个非常理性和明智的人，当作为群体的一员时，就成了“傻瓜”。更确切地说，他停止了独立和理性的思考。华尔街肯定是一个群体。每天，投资者阅读同样的报纸，听同样的电视节目，观看同样的市场指数上上下下。参与者几乎像是在城镇广场之上，一个演说者努力去煽动革命：站在阳台之上，让群众的情绪随着内容、语气和音量的每一次变化而涨跌。然而，在各种市场里，演说者和群众一般是完全一样的。华尔街的大多数信息，（比如价格水平、方向、价格变化速度和规模）都是自我生成的。就和群体一样，华尔街由自身的狂热提供能量。（这一过程显然涉及结果对系统的反馈，结果成为新的原因，成为混沌理论下的研究对象。）因为群体有着自身的本质和反映这种本质的行为风格，所以，在相当程度上，群体情绪变化还是可以预测的。

50 年前，R. N. 艾略特发现了波浪原理，取得了社会学的重大突破。他的观察资料表明，在整个股价运动的所有大小趋势中，社会心理动力创造了同样的“波浪”形式（请看图 1）。实际上，有一门新科学，一门关于分形的科学，表明自然界的许多事物是由艾略特所认出和描述的那些形式和关系组成的。

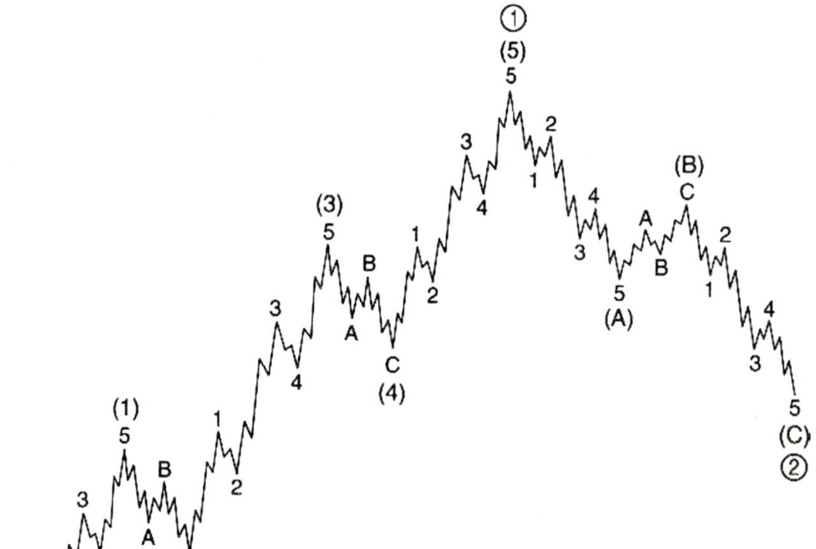

图 1

这一概念的现代先驱是贝努瓦·曼德伯特，曾担任哈佛大学、耶鲁大学和爱因斯坦医学院教授，写了一本书叫作《自然界中的分形几何学》。《自然界中的分形几何学》记录了贝努瓦·曼德伯特的发现：自然界中，科学家们原本认为无序的许多形式其实是有序的。比如，在观察云、海岸和山脉的时候，典型的结论是它们是由具体的几何学支配的。曼德伯特说事实并非如此；它们展示了科学家们没有考虑到的关系形式。

这里是一些摘录，来自《纽约时报》5个月（December 1985）之前的一篇文章：曼德伯特关于自然发展方式的理念。

他开创了一个新的方法，用来描述、计算和思考一些形状，这些形状奇形怪状、四分五裂、参差不齐，不一而足。一个新的几何学诞生了，事实证明自然界确实如此……比方说，闪电形状的有趣特点并不是直线前进，而是弯弯曲曲、蜿蜒前进……一种新的对称出现了，不是左右对称或者前后对称，而是小级别的形式与越来越大级别的形式对称。球花甘蓝的小花有着微小的分叉，存在着自相似性，回应了整个茎分叉……说也奇怪，对这些问题的数学描述好像也适用于大不相同的问题，从19世纪以来波动中的棉花价格到两千年来尼罗河（Nile River）的涨跌……它们按照始料不及的有序方式在不同级别上有着自相似性。

这一描述回应了艾略特的说法：股市运动勾勒出了较大趋势方向的5波浪、在趋势的所有级数或者规模上与此相反的3波浪（或者相应的变体），从而产生了不同级别的自相似性。日线图、时线图、短期图都和长期图一样表现出了相同的形式。文章继续说——

当你拉近镜头时，离近点看，不规则事物没有变平整。说得确切一点，它们往往看起来跟原先完全一样——不规则。曼德伯特的一些分形形式看起来跟股价记录没什么区别。经济学家需要理解一个异端想法：价格变化不是一个平稳、连续的流程。【为什么一个反映现实的想法会被贴上“异端”的标签，就只是一个由学术界来解决的问题。密切关注市场的人解决不了这个问题。——编者】价格会突然变化，瞬间暴涨。各种各样修建大坝的人、修建水库的人、保险公司需要理解，传统的概率观念正在使他们低估最罕见、最具有灾难性事件的可能性。

与之类似，艾略特认出，大熊市在基本形式上和短期回跌没有区别。只不过级别更大一些，因而发生的频率较低一些。与它们之前的发展级别相比，它们发生的频率并不低。比方说，一个占据头版头条的“暴跌”其实时刻在较小级别上发生，“暴跌”只不过是版本较大而已。同样，牛市和小级数反弹有着相同的基本形式。

这篇文章接着说："同样的问题也适用于经济学。经济学家们用一种方式来对待每日的波动，却认为带来繁荣和萧条的巨大变化属于另外一套事物。曼德伯特说，在每一种情况下，我的态度是：让我们从几何学的角度看看有什么不同。结果是，好像一切都与统一体有关；机制好像没有什么不同。"这恰恰是 R. N. 艾略特的革命性思想之一。

图 2 表示了曼德伯特理念的一个结构，这是一条线，或者向上，或者整理，根据的是一个分形维数准则。不幸的是，这一特定的由计算机生成的图示不包括下跌，否则就更像是一个金融市场价格图了。

图 3 看起来大不相同，使我们更接近 R. N. 艾略特的另一个革命性观察资料。图 3 是计算机生成的雪花。与图 2 不同，在这个例子里，整体是其部分的复制品，从雪花的最大规模到下一级再到下一级。如果你的观察资料在较小级数上继续，你就总会发现相同的形状。图 4 表明计算机生成的树。请注意，当你观察较小的级数时，图片还是一样的，就像是雪花。这些图片实际上更密切地反映了 R. N. 艾略特关于股市情况的言论。图 1 演示图所描画的较小发展和下跌形式不仅展示了如出一辙的不连续性（即内部趋势逆转的规模和频率），还形成了较大形式的成分复制品。整个结构是基于一个简单的形式。【波浪原理，和自然界的许多分形一样（比如树），是《波浪原理高级教程（上）》所认为的"强分形"，既不是无限不确定的，比如云和海岸；也不是原样照搬的，比如图 2 直到图 4；而是确定的基本结构，有着无限的次级变数。——编者。】

50 年之前，这一新的科学还没有成长起来，艾略特就得出了自己的结论。但是，跟那些观察自然进程的人相比，艾略特还是前进了一大步。艾略特解释说，股市的进展是自然界中的分形。艾略特还发现和描述了成分形式。艾略特列举了 5 个具体的简单形式单位，这些形式单位组合在一起，组成了股市行为。这 5 个形式一再出现。这 5 个形式在小级数上组合在一起，就会创造下一个较大级数的同样形式之一。

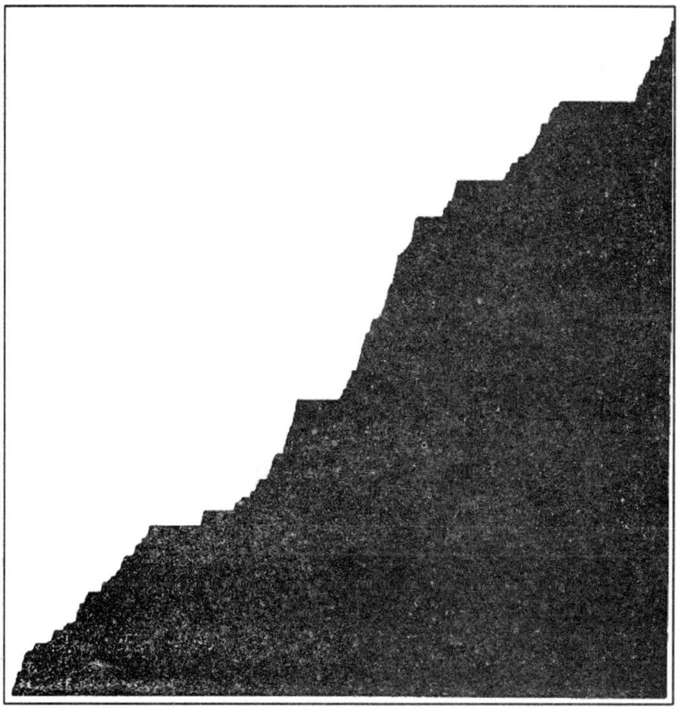

图2

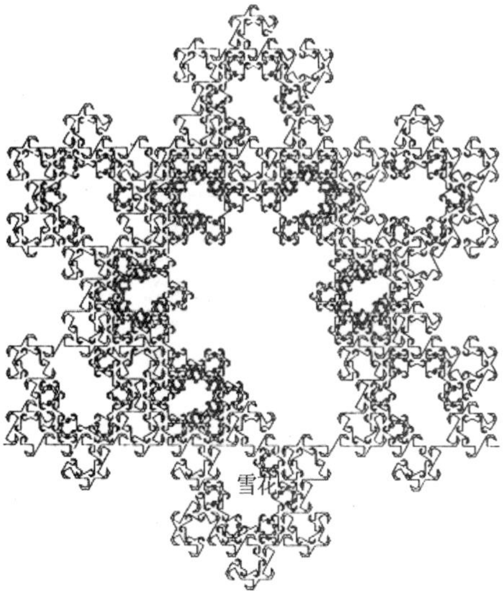

图 3

时间伸展越长，趋势的级数就越大，表明了形成人类进步的发展和紧缩取得了规模上的几何扩张，整个结构是由群体情绪的涨落推动的。图 5 的螺线直观地表现了这一理念，把越来越高级数的所有第一个波浪的顶点联系了起来。三角形、正方形和环（市场或者人类经历“循环”之类的概念）之类的形式表明了停滞或者精确的重复，然而，螺线表明了净生长或者衰败，扩张或者收缩。（当然，图中描画的最大级数会是下一个较大级数的第一个向上波浪。）

另外，这一过程不是由数学控制的，数学仅仅适用于这一个情况。就像艾略特在最终的统一结论里所解释的那样，斐波那契比例（.618……，1.618……）支配着波浪的数字，波浪的数字形成于整个股价运动之中，是对基本的 5∶3 关系的扩张。同样的比例支配着自然界中的生长和衰败过程、整个宇宙中的扩张和收缩现象（请看例子，图 6）。股价是对高效益企业的流行估价，换句话说，就是人们评估它们生产能力的方式。因此，在整个历史中，对人类高效益企业评估的进步和退步形式遵循扩张/收缩形式，自然界中展示程式化生长的过程经常见到这种现象。

具体的成分形式和支配性比例是否存在于河曲和海岸之中，还有待发现，但是，我认为是有可能的。目前，我们必须满足于简单而深邃的理念：总的来说，整个历史上人类的进步是由社会情绪的自然涨落推动的，遵循由斐波那契比例支配的大分形设计，斐波那契比例还支配着整个宇宙中的生长和扩张形式。

树

图 4

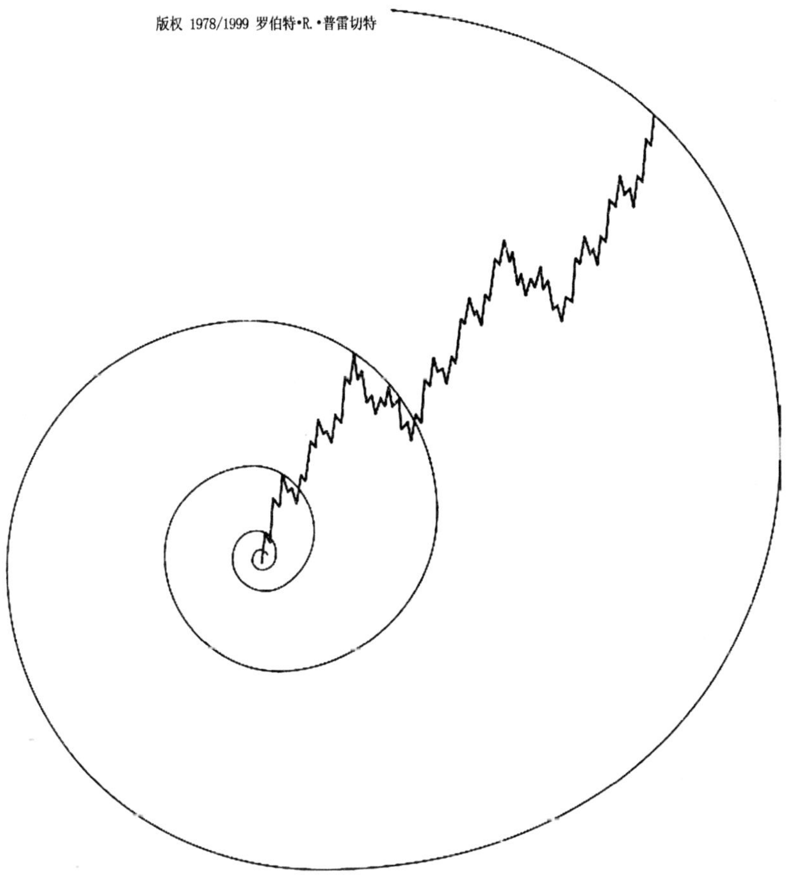

图 5

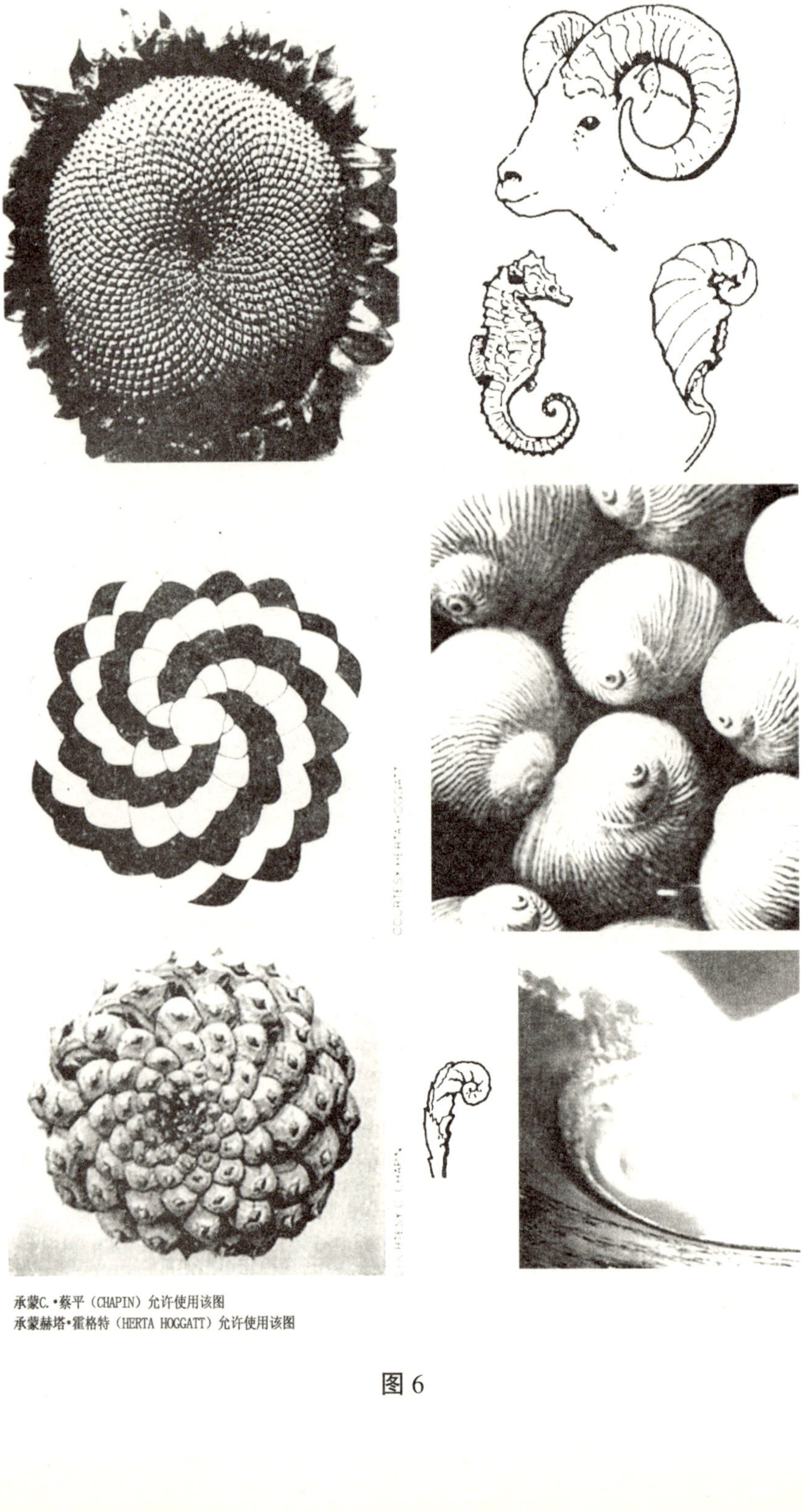

承蒙C.•蔡平（CHAPIN）允许使用该图
承蒙赫塔•霍格特（HERTA HOGGATT）允许使用该图

图 6

图6（继续）①

① 图片来自：*Fascinating Fibonaccis* by Trudi H. Garland（1987，Dale Seymour Publications），*1929 Again?* by Terry R. Rudd（1988，Bell Curve Research）and *The Fractal Geometry of Nature* by Benoit Mandelbrot（1988，W. H. Freeman）.

普莱切特

《艾略特波浪理论家》

1999年6月7日

发表于2000年冬季-春季的《市场技术员协会杂志》(*MTA Journal*)

科学正在证实波浪原理概念

复杂性理论、分形几何学、生物学和心理学领域的新发现正在迅速地证实一个可能性：波浪原理正确描述了金融和社会现实。这一报告粗略探讨了其中的一些发展。

要理解今天的科学发现与波浪原理之间的联系，就需要用现代术语进行描述。在20世纪30年代，拉尔夫·尼尔森·艾略特（1871年-1948年）利用广泛的实证观察资料，发现股市的价格变化指数产生了有限的几个可定义的趋势形式（叫作“波浪”），这些趋势形式或者波浪在不同的级别和规模上具有各异的自仿射性①。自同一分形的每个部分都和整体恰好一致，只是规模不同（请看图1的例子）；不定分形的自相似性只体现在它们在任何级别上都是不规则的（请看图2的例子）。艾略特提出了一个模型强分形，强分形是则介于两者之间，具有两方面的特性。强分形多变无常，但在某个特定的纬度内，强分形的组成形式与更大的形式一样。波浪有着特定的相对量化特性，就和自同一分形一样。但是，它们并不局限于完全的量化，就和不定分形一样。波浪和（我们很快就会看到）自然派生系统是具有中间特性的分形。这个事实意味着自然界把这一分形风格用在形状系统之中。形状系统要非常灵活多变才能繁荣昌盛。因此，我认为对于这种分形，最好的称呼就是强分形。我们会看到，生命结构通常展现出这样的形式。

---

① 特性未受限制的分形物体展示了自相似性，而那些朝一个方向发展的分形物体，比如价格图，则展示了自仿射性。“自相似性”这一术语经常用来笼统地表达这两个理念。

同一分形

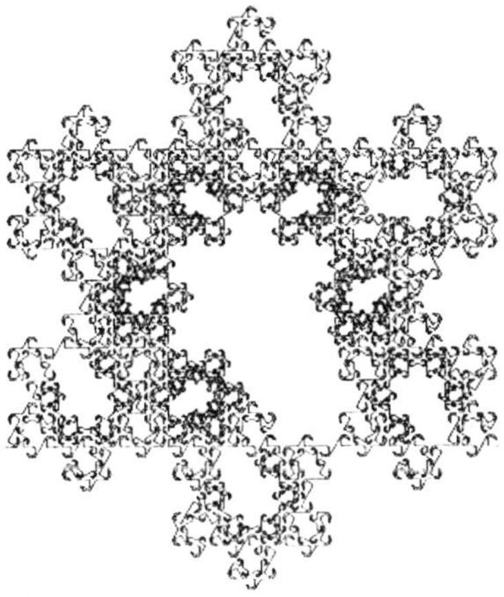

资料来源：《自然界中的分形几何学》

图 1

资料来源：http://gordonr.simplenet.com

图 2

波浪原理的基本形式是 5 个波浪朝着一个更大的趋势生成净进步，而这个更大的趋势后面是 3 个生成相反净退步的波浪，结果是产生了净进步的 3 步向前、2 步向后形式。要在线性运动中实现波动和进步，5-3 形式是最低要求，因此也是最有效的方法。

拉尔夫·尼尔森·艾略特描述了每一个级数的波浪如何成为下一个更高级别波浪的一部分，等等，产生结构进展，如图 3 所示。“级数”这个单词有特定的意义，不是指“级别”。成分波浪规模各异，但总是有一定数量的成分波浪去创造下一个更高级数的波浪。因此，就其与较高级数和较低级数的关系而言，每一个级数都是可以识别的。这不像与云或海浪等相关的无限标度，也不像简单分形的离散尺度不变性①。简单分形是由递归内插法创造的，就像图1的雪花那样。艾略特吸收了两者的特点，描述了第三种分形，我们很快就会探索这种分形。

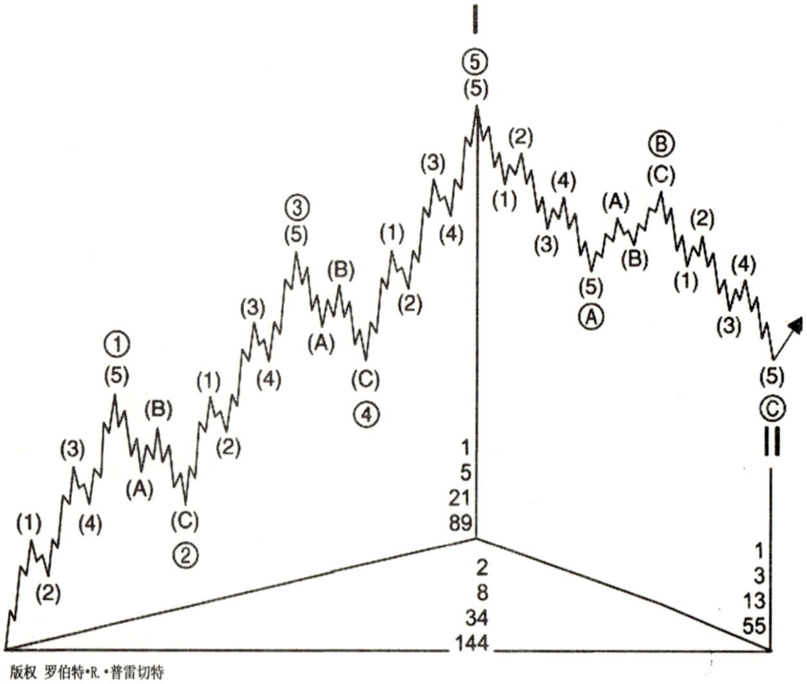

图3

贝努瓦·曼德伯特是国际商用机器公司研究人员，曾担任哈佛大学、耶鲁大学和爱因斯坦医学院教授。先行者曼德伯特证明分形在自然界中普遍存在。② 这种情况下，自

① 要了解关于这一主题的更多信息，请看 Johansen, A.（1997, December）. “Discrete scale invariance and other cooperative phenomena in spatially extended systems with threshold dynamics”（Ph. D. Thesis）. Sornette, D.（1998）. “Discrete scale invariance and complex dimensions.” *Physics Reports* 297, pp. 239–270.

② Mandelbrot, B.（1988）. *The fractal geometry of nature*. New York：W. H. Freeman.

然界这一术语包括人类活动。曼德伯特先是研究棉花价格①，最近又给出一个多分形股市模型。② 这一摘录来自《纽约时报》1985年的一篇文章，总结了曼德伯特对金融分形这一问题的阐述：

【经济学家们】用一种方式来对待每日的波动，却认为带来繁荣和萧条的巨大变化属于另外一套事物。曼德伯特说，在每一种情况下，我的态度是：让我们从几何学的角度看看有什么不同。结果是，好像一切都与统一体有关；机制好像没有什么不同。这恰恰是R. N. 艾略特的革命性思想之一。③

60年前，R. N. 艾略特就对股市做出过如此论断。一些科学家最近辨认出了这一联系。3个物理学家研究了股市的对数周期结构，并得出结论：R. N. 艾略特的金融行为模型符合他们的发现。1996年，法国的《物理学杂志》发表了一篇论文。论文由迪迪埃·索奈特和安德斯·约翰森写成，他们还有一个合作者让-菲利普·布绍。当时，迪迪埃·索奈特和安德斯·约翰森在法国尼斯大学的凝聚态物理实验室。作者们提出了这个说法：

让人感兴趣的是，这里描述的对数周期结构和技术分析的"艾略特波浪"有一些相似性【引用《艾略特波浪原理》】。金融技术分析可以广泛地定义为金融市场研究，主要使用股价图作为时间函数，目的是预计未来的趋势。在金融方面，学术机构、交易机构，最近还有物理学家，都付出了巨大的努力（使用一些开发出来的统计工具来处理复杂的时间序列）来分析过去的数据，以便得到关于未来的信息。在这个领域，"艾略特波浪"大概最为出名。我们推测"艾略特波浪"……可能是股市内在关键结构的识别标志。④

曼德伯特的工作支持这一结论。比如，就像《科学美国人》所呈现的那样，曼德伯

① Mandelbrot, B. (1962). Sur certains prix spéculatifs: faits empiriques et modèle basé sur les processus stables additifs de Paul Lévy. Comptes Rendus (Paris): 254, 3968-3970. And (1963). The variation of certain speculative prices. *Journal of Business*: 36, 394-419. Reprinted in Cootner 1964: 297-337. University of Chicago Press.

② Mandelbrot, B. (1999, February). "A multifractal walk down wall street." *Scientific American*, pp. 70-73.

③ Gleick, J. (1985, December 29). "Unexpected order in chaos." *This World*.

④ Sornette, D., Johansen, A., and Bouchaud, J.P. (1996). "Stock market crashes, precursors and replicas." *Journal de Physique I France* 6, No. 1, pp. 167-175.

特基本模型的每个方面都符合艾略特的具体模型，曼德伯特基本模型的任何一个方面都不违背艾略特具体模型。我们应该理所应当地认为，曼德伯特在这方面的工作符合、因而支持艾略特那更广泛的金融市场行为假说。我们还必须承认一个可能性：艾略特的具体模型会被证明是错误的，金融市场最终被证明是个不定分形，曼德伯特的工作目前就朝着这个方向努力。然而，至少，我们可以说，曼德伯特的研究和许多现代发现一样，只是提升了一个概率：R. N. 艾略特的金融市场分形模型是正确的。

上述索奈特的论文发表了一年之后（希望不是对这篇论文的回应），曼德伯特发表了对艾略特的简要反驳及其著作，嘲笑自己的前辈，认为自己把股市模型化成多重分形。（请看 www. elliottwave. com/response. htm “曼德伯特反驳艾略特，普莱切特作出回应”，也请看 5 月 21 日的特别报道，本书重印了这一特别报道。）① 波浪原理的支持者对这种争议本身并不太感兴趣，让波浪原理的支持者感兴趣的是一个更为重要的事实：一个知名科学家认为，在艾略特的著作中至少有一点至关重要，值得称赞。这一称赞恰当与否是科学界需要决定的问题，但关键是这种情况就是另一个事实，提升了波浪原理假说的潜在功效。

强分形

有一点必须明白，R. N. 艾略特远远超越了这个相对简单的想法：金融价格形成不定多重分形。他的巨大成就之一就是发现整个形式之中的具体的成分形式。② 直到最近，一般认为自然界中有两种自相似形式：（1）自同一分形，自同一分形的每个部分看起来都和整体恰好一致，（2）不定分形，不定分形的自相似性只体现在它们在任何级别上都是不规则的。（请看图 1 和 2。）关于自然分形的文献推断，自然界最常产生的是不定分形，不定分形在不同级别上的不连续程度体现了其有序性，而除此之外则是无序的。对自然分形的科学描述没有列举构成此种形式的具体形式。海岸只是“参差不齐的线条”，树木仅仅是由“树枝”组成，河流只是蜿蜒曲折，心跳和地震只是频率不同

---

① Mandelbrot, B. (1999, February). “A multifractal walk down wall street.” *Scientific American*, pp. 70-73.

② Elliott, R. N. (1938). *The wave principle*. Republished · (1980/1994) Prechter, Robert R. (Ed.). *R. N. Elliott's masterworks — The definitive collection*. Gainesville, GA: New Classics Library.

的“事件”。同样，人们认为，在趋势翻转的相对规模和频率上，金融市场具有自相似不连续性，而除此之外则是随机排列的。得出这些结论可能是因为实证研究欠缺，而不是科学事实不足。

R. N. 艾略特为金融市场描述了第三种自相似性。艾略特非常仔细地用股市价格图的形式研究了社会中人的自然世界。艾略特发现，股市分形中有具体的形式，不过，这些形式在某个确定的区域内变化多端。换句话说，这些形式的一些方面是恒定的，在其他方面则是多变的。如果这是真的，那么，金融市场，往大里说还有整个社会系统，都不是模糊的不定分形。成分形式并不仅仅是展示了和较大形式相似的不连续性。在某个特定的区域，成分形式形成了较大形式的复制品。

根据波浪的相同之处，艾略特对波浪做出了界定，因此，在定义的范围之内可以允许细节的某些方面出现变数。他甚至能够用概率论术语定义形式的一些多变特性。艾略特发现了形式形成方式的级数，即需要一定级数一定数量的波浪去组成下一个更高级数的波浪。这一发现至关重要，因为它把自同一分形的积木特性和波浪原理联系了起来，揭示了波浪的自同一性，而不定分形不具有自同一性。

艾略特发现了股市中的明确的等级体系图形。这一发现极其重要。分形性只是对形式的模糊评论。就界定物体而言，它们没什么帮助。如果你能描述一个物体的形状，你就掌握了这个物体的本质。能越深入地描述一个形状，也就能越透彻地了解其本质。

在分形这一新科学出现50年之前，艾略特就得出了自己的结论。艾略特的想法是金融市场包含特定的形式和相同的（在它们定义的范围之内）成分形式。这是一个革命性的言论，因为直到今天，其他的金融市场研究人员和混沌科学家还不知道这一言论。目前，金融运动规模和频率之间的一般关系被看成一个突破性的发现。但艾略特的工作表明，就金融市场形式的要旨来说，这一一般关系不是本质，而是副产品。

就在最近一段时间，一组科学家【请看下文】认识到，自然界中有一种分形，其自相似性是居于中间，在同一和不定之间。据我所知，对这个主题而言，已经发表的就只有阿尔奥多等人的论文。在讨论波浪原理正确性的这一新方面之前，我们首先必须转而研究 R. N. 艾略特的另一发现，并明白其对艾略特伟大假说的意义。

斐波那契在强分形中的作用

波浪原理的基本形式是反复的5-3，因此，不同级数的波浪数字反映了斐波那契序列。斐波那契序列是 1、1、2、3、5、8、13、21、34、55 等等。斐波那契序列始于数字 1，这个序列的每一个新项等于前面两项之和。各项之间的限制比例是 .618034……，这是一个无理数，也被称作“黄金分割”和“神赐比例”。在这个世纪，这个无理数简称为 *phi*（黄金分割率）用 Φ 表示。

下跌波浪最简单的形式就是直线下降。上涨波浪最简单的形式就是直线发展。一个完整循环是两条线。在复杂性的下一个级数上，对应的数字是 3、5 和 8（请看图 4）。这一序列延续到无穷。

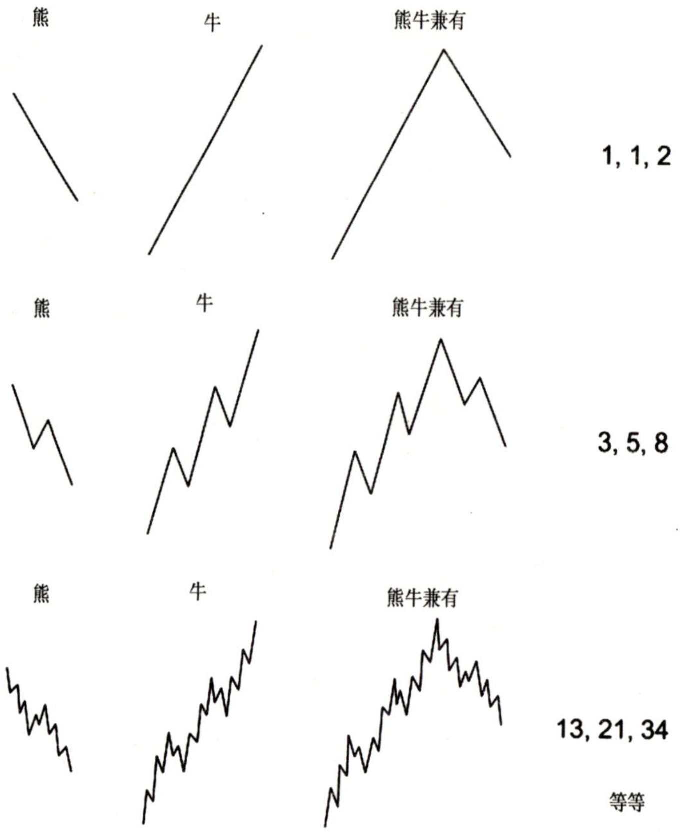

图 4

手中的斐波那契分枝

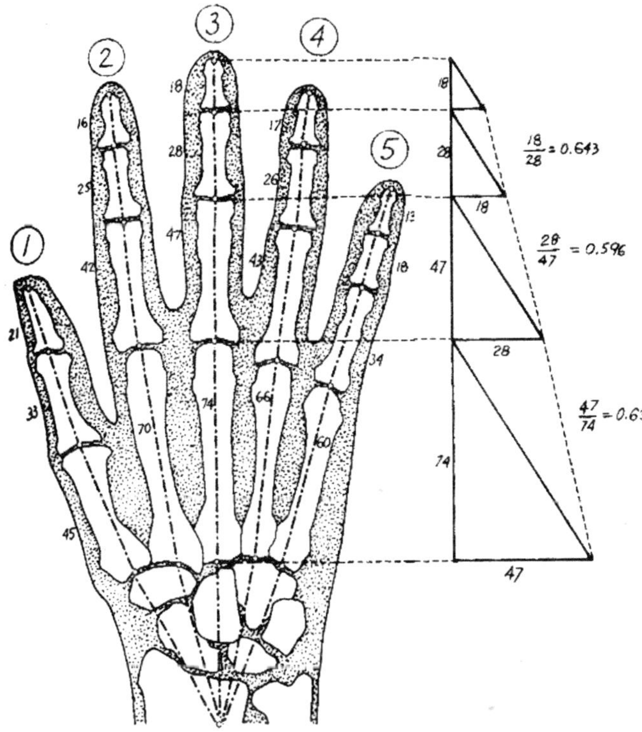

资料来源：《极限的力量》

图 5

螺线形花朵

上图揭示了雏菊头的双螺线形。雏菊头单个小花的排列形成了两组对生的旋转螺线。它们还是近乎完美的等角螺线。顺时针方向有21个，逆时针方向有34个。这个21:34比例由神秘的斐波那契序列中的两个相邻项组成。

资料来源：《数学》

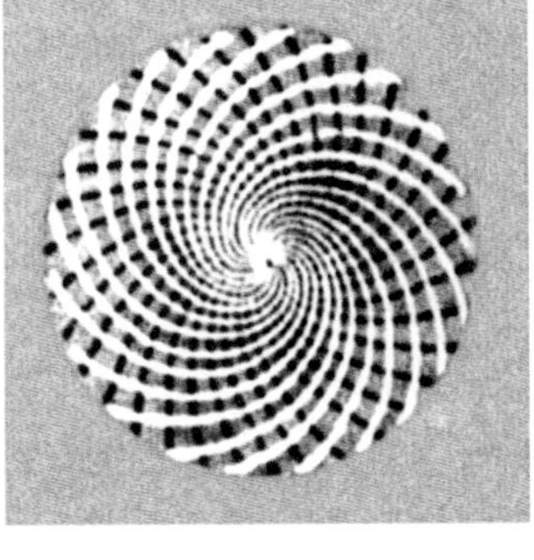

图 6

斐波那契序列和斐波那契比例都在自然形式中普遍存在，包括脱氧核糖核酸分子的几何学、植物和动物的生理学，图5和6就是例子。（要了解更多信息，请看《波浪原理高级教程（上）》第3章和第11章。）在过去的一些年里，科学界深入而广泛地研究了斐波那契数学对于自然的一般形态的极端重要性。艾略特享受不到这个知识。艾略特可能在当时对这一主题进行了小规模的研究，然后，艾略特于1940年就他的理论提供了最终的完整结论①：波浪的进展是由斐波那契序列和比例支配的，这一数学原则支配着生命中的许多现象。从这一观察资料，他推断出——比后来的研究者早几十年——人类的进步与我们看到的自然界中的许多案例是同一种生长过程。

扩散限制聚集模型

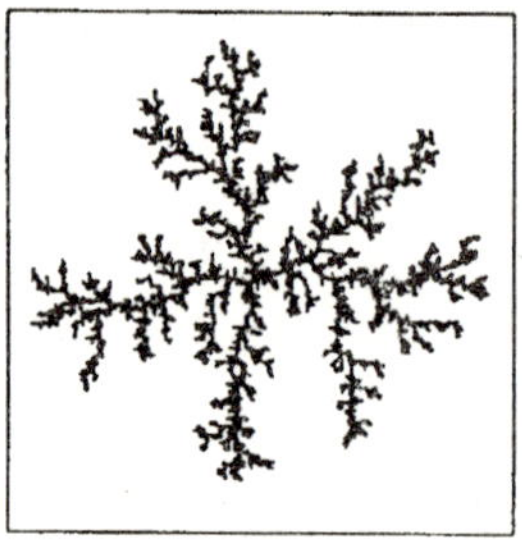

资料来源：《自然科学和生物学中的生长形式》

图7

现代科学正在赶上R. N. 艾略特。1993年，法国国家科学研究中心和巴黎高等师范学校的5位科学家调查了扩散限制聚集模型。这一模型是个集合，通过越来越小的分枝扩散就像自然界中发现的派生分形，比如循环系统、支气管系统和树。阿尔奥多等人在开始时声明“是否有某个结构顺序隐藏在显然无序的扩散限制聚集形态之内是个开放性问题。”② 为了调查研究这一问题，他们使用了小波变换显微镜仔细观察“大型去点阵扩散限制聚集群错综复杂的分形几何学。”（请看图7。）

---

① Elliott, R. N. (1940, October 1). “The basis of the wave principle.” Republished: (1980/1994). *R. N. Elliott's masterworks — The definitive collection.*

② Arneodo, A., Argoul, R. Bacry, E., Muzy, J. F. and Tabbard, M. (1993). “Fibonacci sequences in diffusion-limited aggregation.” Garcia-Ruiz, J., Louis, E., Meakin, P., and Sander, L. M. (Eds.). *Growth patterns in physical sciences and biology.* New York: Plenum Press.

什么数学支配着这一强分形？自从艾略特之后，这是第一次把分形和斐波那契这两个概念联系在一起（就我所能发现的而言），他们证明自己的研究“揭示了斐波那契序列在这些群内部‘消亡’区域的存在。”作者发现，去点阵扩散限制聚集群的派生特性“是根据斐波那契循环定律进行的，”即它们间隔派生，产生了分枝数字的1-2-3-5-8-13等等进展。还有，R. N. 艾略特在波浪原理中发现了斐波那契序列，扩散限制聚集论文的作者们也在扩散限制聚集群的同样位置发现了斐波那契序列：这一现象进行时，斐波那契序列在渐增的分枝数目之中。

这一论文的作者们甚至发现了更多关于斐波那契的证据。他们发现，在扩散限制聚集群之中，分枝间最常出现的屏蔽角是36度，不管级别如何，都是如此（请看图8。）这是几何学现象的主导角度，展示了斐波那契特性，从五角星（图9）到彭罗斯砖块（图10）。彭罗斯砖块就是用两个菱形强势填充平面空间。作者们详尽阐述：

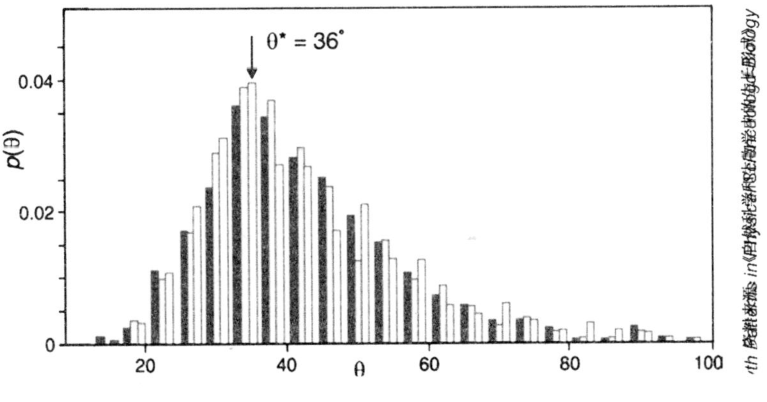

4去点阵扩散限制聚集群的小波变换代表派生分叉屏蔽角度值（screening angle values）的矩形图；显示了3个放大的模型a-1（黑色）、（2.2）a-1（灰色）和（2.2）2a-1（亮色），分别和3个连续的派生代对应。θ*～36°只保留一个最大值。

图8

正五角形、斐波那契序列和黄金分割的密切关系 $\Phi = 2\cos(\pi/5) = 1.618\cdots\cdots$ 久已为人所熟知。五角形的比例近似于相邻斐波那契数字之间的比例；数字越高，近似值就越接近黄金分割。五角星和正五角形的各条边所界定的角度是 $\theta = 36°$，而他们长度的比例是一个斐波那契比例（F_{n+1}/F_n）。

五角星中的斐波那契

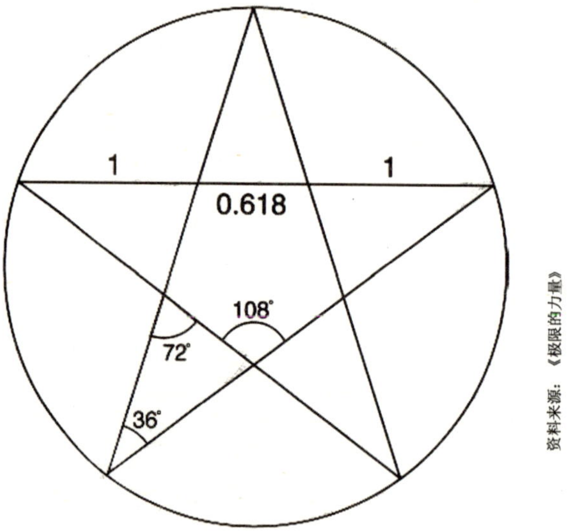

图 9

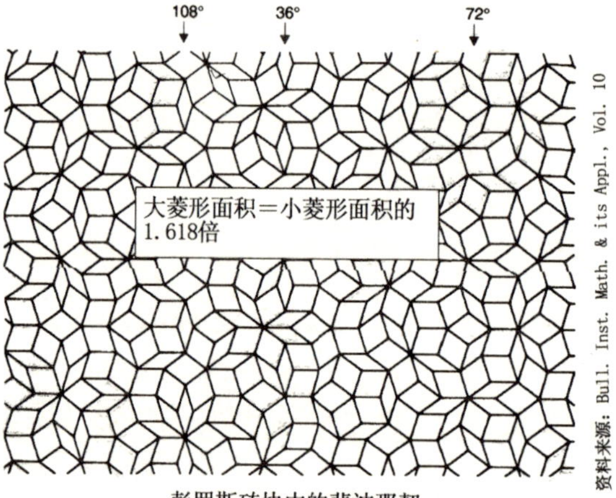

彭罗斯砖块中的斐波那契

图 10

作者们推断，“在所有级别上，这一对称性的存在都可能会成为一个线索，把我们引向结构等级体系分形次序关系。”实际上，确实如此。与此相似，艾略特发现在所有级别上某些波浪的价格长度经常被 .618 关联在一起，由此揭示了另一个可能不那么重要的波浪的斐波那契方面。

这些数学应用符合“显然随机派生的分形。这些分形与含糊的树形结构非常相似。这些树形结构发现于黏滞指进、电解沉积、细菌生长和神经细胞生长，”这些树形结构又“非常像树、根系、水藻、血管和支气管结构，”即典型的自然界产品。

这是个好消息，但是它涉及一个看起来像自然的模型。当我们研究自然界的实际产品时，我们发现了什么？我们一遍又一遍地发现黄金分割率。在 20 世纪 60 年代早期，E. R. 魏贝尔博士和 D. M. 戈梅博士非常仔细地测量了肺的结构，指出，对于第 5 级直到第 7 级支气管树而言，短管长度与长管长度的平均比率是 0. 62，一个斐波那契比率。① 布鲁斯·韦斯特和阿里·戈德伯格已经发现，在肺里，前 7 级支气管的直径以斐波那契比例缩小。② 1988 年，牛津大学数学教授罗杰·彭罗斯与宇宙学家斯蒂芬·霍金分享了沃尔夫物理学奖。1994 年，罗杰·彭罗斯在他的著作《头脑的阴影》里提出了下面的关于神经系统最小成分的讨论：

从数学的角度来看，哺乳动物的微管是有趣的……斜六角形……由 5 个右旋螺旋形和 8 个左旋螺旋形组成……这里，数字 13 扮演的是和的角色：5+8。还有一点令人好奇，双微管经常像是自然而然地总共拥有 21 列微管蛋白二聚体，这 21 列微管蛋白二聚体形成了复合管的外部边界——下一个斐波那契数字！③（请看图 12 和 13。）

在波士顿大学的尤金·斯坦利领导下，麻省理工学院、哈佛以及其他地方的 15 位研究人员最近研究了中枢神经系统神经细胞（请看图 14）生理学，目的是量化神经突的阿卜拉辛。神经突是神经细胞的阿卜姆。把猫视网膜的神经节细胞作为样板系统，他们发现这些细胞的分形维数“采用盒计法是 1. 68+或-0. 15；采用相关法 1. 66+或-0. 08。”④ 虽然作者们没有提到，但这个数字相当接近黄金分割率。

所有这些生物结构的来源都是脱氧核糖核酸。按照通行的最佳测量法，一个环的长度是 34 埃，高度是 20 埃，非常接近斐波那契比率（请看图 15）。斯坦利等人在幂律研究中附带指出，“老鼠胚胎骨骼肌凝蛋白重链基因的脱氧核糖核酸漫步代表【有一长串】0. 63

---

① Weibel, E. R. (1962). "Architecture of the human lung." Science, No. 137 and (1963) *Morphometry of the human lung*. Academic Press.

② West, B. J. and Goldberger, A. L. (1987, Jul/Aug). "Physiology in fractal dimensions." *American Scientist*, Vol. 75. 293 Science is Validating the Concept of the Wave Principle

③ Penrose, R. (1994). *Shadows of the mind — A search for the missing science of consciousness.* Oxford University Press.

④ Stanley, H. E., et al. (1993). "Fractal landscapes in physics and biology." Garcia-Ruiz, J. M. et al. (Eds.). *Growth patterns in physical sciences and biology.* New York: Plenum Press.

【相互关系】"①（请看图 10-1），这又一次——尽管在论文中没有提到——相当接近黄金分割率。另外，一点数据综合表明，生命系统中充满了以黄金分割率为基础的结构。

哺乳动物微管的斐波那契结构

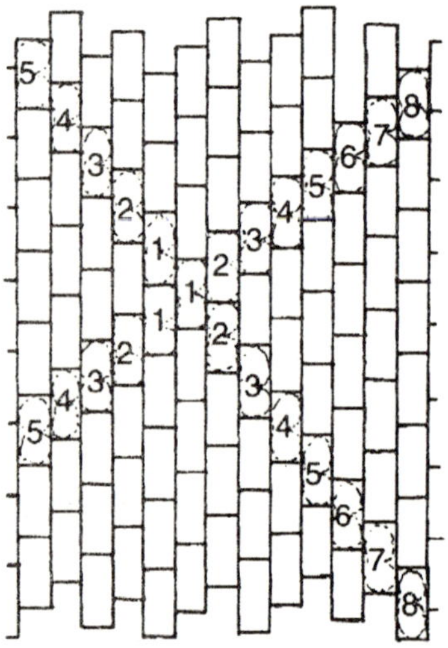

图12

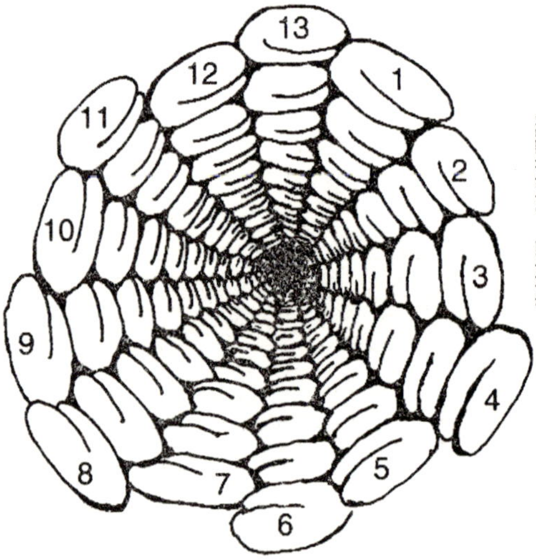

图13

资料来源：《头脑的阴影》

神经细胞拥有斐波那契分形维数

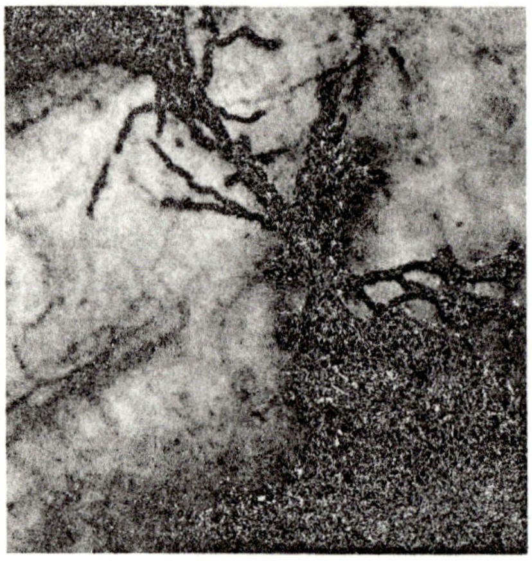

图14

脱氧核糖核酸中的斐波那契

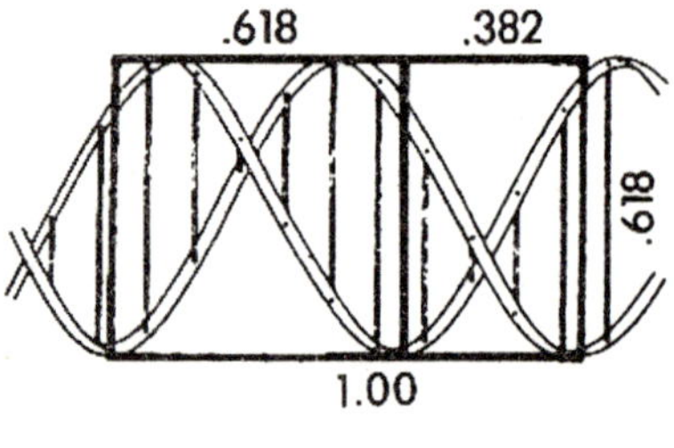

图15

资料来源：1987年6月的《脑心公报》

① Stanley, H. E., et al. (1993). "Fractal landscapes in physics and biology." Garcia-Ruiz, J. M. et al. (Eds.). *Growth patterns in physical sciences and biology*. New York: Plenum Press.

想一想，波浪原理下的每种形式都有可以识别的刚性和趋势。不仅艾略特波浪如此，自然界的派生形式也是如此。基本假设是派生形式是不定分形，但是，研究表明，这些显然随机的分形实际上比先前意识到的更加有序。实际上，阿尔奥多等人发现自己正在研究一种科学家们还没有发现的分形，他们就由此出发确定了完美的自同一性和模糊不定的自相似性的中间形式：

正五角形、斐波那契序列、和黄金分割的密切关系……久已为人所熟知……最近，固体物理学发现了“准晶体”，准晶体是这一密切关系的表现形式，蔚为奇观。固体之中原子的这一新结构处于完美次序和无序之间，扩展到了晶体“禁阻”对称性。“禁阻”对称性是不相称结构的特性。与之类似，井然有序的雪花分形等级体系、无序的混沌或者随机集体结构，在二者之间有“准分形”的空间。①

R. N. 艾略特为股市描述的中间有序分形也是这种类型。从这些论文和波浪原理中，我得出结论：作为自然界生命形式的特色，分形有两种特性，一种是强势（中间秩序/变数），另一种是斐波那契。

我更喜欢强分形这一术语，而不是准分形，因为它与自然现象，通常是生命现象的联系表明它不存在“准”这个概念。我相信，强势和斐波那契次序关系会被证明是对自然界至关重要的分形的本质。②

结论

最新的科学研究正在迅速证实波浪原理概念，而且并不局限于其作为金融多重分形的简单表现形式。最新的科学研究也在支持着波浪原理的伟大设想：自然界的生命分形是强势的，由斐波那契支配，其中一种分形支配着社会人的所有活动，因此，人类社会

---

① Arneodo, A., Argoul, R. Bacry, E., Muzy, J. F. and Tabbard, M. (1993). “Fibonacci sequences in diffusion-limited aggregation.” Garcia-Ruiz, J., Louis, E., Meakin, P., and Sander, L. M. (Eds.). *Growth patterns in physical sciences and biology*. New York: Plenum Press.

② 云和山是不定分形，赫斯特指数接近 0.8。神经细胞（作为派生分形生长）和股市（作为波浪生长）有着与黄金分割率相关的赫斯特指数。这些研究促使我提出了一个假说：表现为分枝或者波浪的分形物体，也就是生长和扩张分形物体，会拥有一个与黄金分割率相关的赫斯特指数，使它们与其他分形物体区别开来，其它分形物体有着其他的赫斯特指数。这里的意思是，强分形物体以 .618 分割了两个欧几里得维数之间的差异，而其他分形物体则不是如此。换句话说，与黄金分割率相关的维数只是强分形的特性。

文化进步和其他自然生长系统有着同样的数学基础。

整个股票价格水准不只是个稀奇玩意，还直接而即时地衡量了大众对于人的整个生产能力的估价。估价有形式这一事实具有深刻的含意，最终会使社会科学发生革命性的剧变。

普莱切特

《艾略特波浪理论家》

1999年8月

发表于2000年夏季–秋季的《市场技术员协会杂志》

科学正在揭示波浪原理机制

说波浪原理在自然界及其生长形式中讲得通，是一回事；对波浪原理的机制提出一个假说又是另外一回事。生物和行为科学已经做了足够的相关工作，证明无意识原始精神作用过程产生了从众冲动，在个体和集团中都有与斐波那契相关的趋势。因此，人类的下意识与其他意识会产生与波浪原理特性相似的形式。

原始精神作用从众冲动

保罗·麦克莱恩是国立心理卫生研究所脑进化实验室的前任主任。通过一生的工作，他获得了大量的证据，用以支持“三位一体”脑观念，即，分为三个基本部分的脑。原始的脑干叫作基底核，控制着对生存至关重要的冲动。我们和爬行动物这一低级动物形式一样，都有基底核。我们和哺乳动物一样都有边缘系统，边缘系统控制着情绪。只有人类才有高度发达的新皮层，新皮层是理性的发源地。因此，我们实际上有三个相互联系的头脑：原始的、情绪的和理性的。图1来自麦克莱恩的书《进化中的三位一体脑》① 粗略了给出了三个头脑的实际位置。

① MacLean, P. (1990). *The triune brain in evolution: Role in paleocerebral functions.* New York: Plenum Press.

新皮层牵涉到个体的保护，用理性来处理想法。新皮层从外部世界获得信息，因此，它的信念易受外界影响。相反，大脑皮层之外的精神作用风格是非理性的、冲动的、非常固执的。脑干和边缘系统进行的“思考”是原始的，先于理性的，就和动物所依赖的思考一模一样。

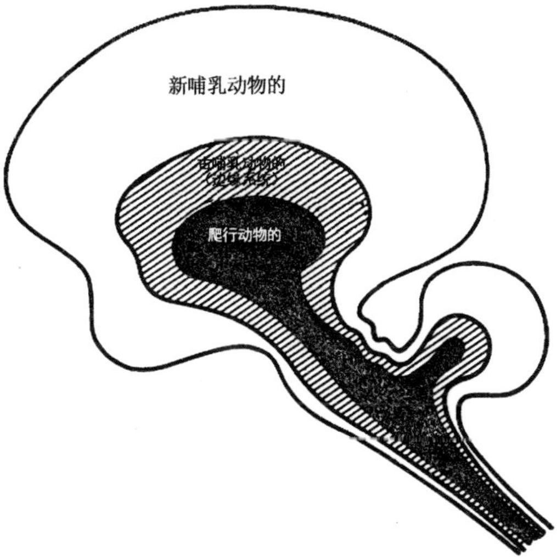

图 1

基底核控制的大脑功能经常被称作直觉：对安全的渴望、对恐惧的反应、对占有的渴望、对快乐的渴望、战斗、逃跑、地盘占有天性、迁移、聚敛、打扮、选择配偶、生育、社会等级制度的建立、领导人的选拔。跟我们的讨论更相关的是，这一束神经还控制着集体行为，比如聚集、成群和从众。所有的这些脑功能保证了人在大多数情况下采取保命的行动或者有益于生命的行动。这些脑功能对动物的行动方式至关重要。由于我们的进化背景，它们对人类的行动方式也不可或缺。实质上，还有一点，脑的各个部分“是密切相关的，对一些情绪和物质形式共同做出反应”① 以便保证物种的生存。从众行为来自同一个原始的脑部分，可能也是密切相关的，也是冲动的。作为一个原始的生存工具，来自边缘系统的情绪冲动激起了个体的渴望，到他人那里去寻找知识和行为的信号，因此也就把个体的感觉和信念与集体的感觉和信念联系在了一起。

---

① Scuoteguazza, H. (1997, September/October). “Handling emotional intelligence.” *The Objective American.*

新皮层和原始脑之间不仅存在物质区别，还有着功能差异。新皮层的智力和边缘系统的情绪精神作用非常独立：“边缘系统能够产生不着边际的、感情丰富的一己之见，而我们会把这种一己之见与信仰联系起来，不管其正确与否。”① 一己之见也是非常强大的，所以他们才会坚定地去面对逻辑和矛盾。他们可以拿自己去结合政治信条、社会计划、宗教虔诚、在轮盘下一转赢钱的自信、推测的金融市场道路或者任何其他想法。②这个趋势非常强大。所以，坦帕的南佛罗里达大学医学院神经系统科学家罗伯特·撒切尔说：“边缘系统是我们居住的地方，脑皮层基本上就是边缘系统的奴隶。”③这可能言过其实了，但是，这个描述如果换个温和的说法，就是对事实最低限度的陈述：对于他们缺乏知识和智慧的知识和活动领域，大多数人确实生活在边缘系统里。

这一趋势在金融市场中显而易见，大多数人感到孤独无助，觉得受到自己无法控制也无法预测的力量的打击。个体头脑理性决策的指导被群体特有的集体感觉所控制。在20世纪20年代，剑桥大学经济学家A. C. 皮古把合作社会动力与繁荣和萧条联系了起来。④他的想法是，当独立操作时，个体一般会纠正自己的思维错误；但是，对于有着强烈社会一致性的事物，个体会放弃纠正错误的责任，不管概念错误有多么的令人震惊。用皮古的话说——

除了把商人联系在一起的金融纽带，商人之间还有一定程度的心理依赖。商界一方语气的变化会以相当非理性的方式扩散开来，影响到另一方以及完全无关的各方。⑤

“华尔街”肯定有着群体的某些方面，而且有足够的证据证明股民中间存在着从众行为。市场乐观和悲观的无数标准⑥表明，总的来说，公众和金融专业人士的这种情绪会随着市场趋势和水平同步涨跌。这一趋势不单是相当普遍，而是普遍存在的。大多数人关于金融市场的几乎所有想法都是来自于他人，通过报纸、电视、情报贩子和分析师，自己一点也没有加以检查。他们想，“我要检查谁？人们认为这些其他人是专家。”潜意识说：你基础薄弱，无法发挥理性；你唯一的选择是假定集体知晓金融市场的

---

① MacLean, P. (1990). *The triune brain in evolution*, p. 17.

② 《波浪原理高级教程（上）》第15章直到第19章进一步探讨了这一点。

③ Wright, K. (1997, October). “Babies, bonds and brains.” *Discover*, p. 78.

④ Pigou, A. C. (1927). *Industrial fluctuations*. London: F. Cass.

⑤ Pigou, A. C. (1920). *The economics of welfare*. London: F. Cass.

⑥ 这些标准包括买卖成交量比率，机构的现金储备，指数期货贴息，边缘投资者的活动，根据经纪人、交易人、业务通讯撰稿人和投资者对市场的看法所形成的报告。

走向。

1987年，亚利桑那大学和印第安纳州大学的史密斯、苏查内克和威廉斯仅用了十几个志愿者进行了60次实验室市场仿真。这十几个志愿者主要是经济学学生，在部分实验里也有职业商人。史密斯、苏查内克和威廉斯一五一十地告知了所有参与者同样的未来股息前景，并在模拟交易日的结尾告诉参与者实际宣布的股息。两者会多少有些随机的变化，但可以得出一定的平均数。但是，这些实验对象反复制造繁荣-萧条数据图表。这一数据图表的极点是一个函数：在猜测股市走向的角斗场上，参与者缺乏经验。首席研究经济学家弗农·L. 史密斯得出了这样一个结论："我们发现缺乏经验的实验对象从不在接近基本价值的时候持续交易，经常在暴跌之前制造繁荣……"① 已经经历一次暴跌的小组"继续制造泡沫，暴跌，但是规模减小。参加第三次交易期的小组往往在接近基本股息价值的地方交易。"在现实世界里，"如果同一批交易者一直在市场里，这些泡沫和暴跌的可能性会小很多。"但是市场里总有新手。

这些实验得以进行有一个条件：参与者好像切实了解即将到来的事件而且确实拥有所谓的基本价值。但是，在现实世界里没有这个条件。参与者创造了一个繁荣-萧条形式。不管怎么说，这一事实都确凿地证明了从众冲动的力量。

不光新手会随大溜。鲜为人知的是，大多数专业人士也会像天真的多数人一样从众。图2表明了机构手中的现金百分比，并将其与标准普尔500综合指数联系了起来。你可以看到，两个数据系列的移动路线基本相同，表明职业基金经理就和公众一样，具有随着市场起伏的从众行为。

专业人士也遵循从众形式。金融教授罗伯特·奥尔申最近做了一项研究：公司分析师估计的4000个公司的利润。罗伯特·奥尔申得出了这个结论：

专家们的利润预测显出了盲目乐观和过分消极。这些缺点通常被归咎于一个组合：不完整的知识、能力的缺乏、和/或虚假的陈述。本文表明，人类对一致意见的渴望导致了利润预测者的从众行为。②

---

① Bishop, J. E. (1987, November 17). "Stock market experiment suggests inevitability of booms and busts." *The Wall Street Journal.*

② Olsen, R. (1996, July/August). "Implications of herding behavior for earnings estimtion, risk assessment, and stock returns." *Financial Analysts Journal*, pp. 37-41.

奥尔申的研究表明，分析师错得越厉害，他们的从众行为就越强。① 分析师的错误是另一个压力来源。

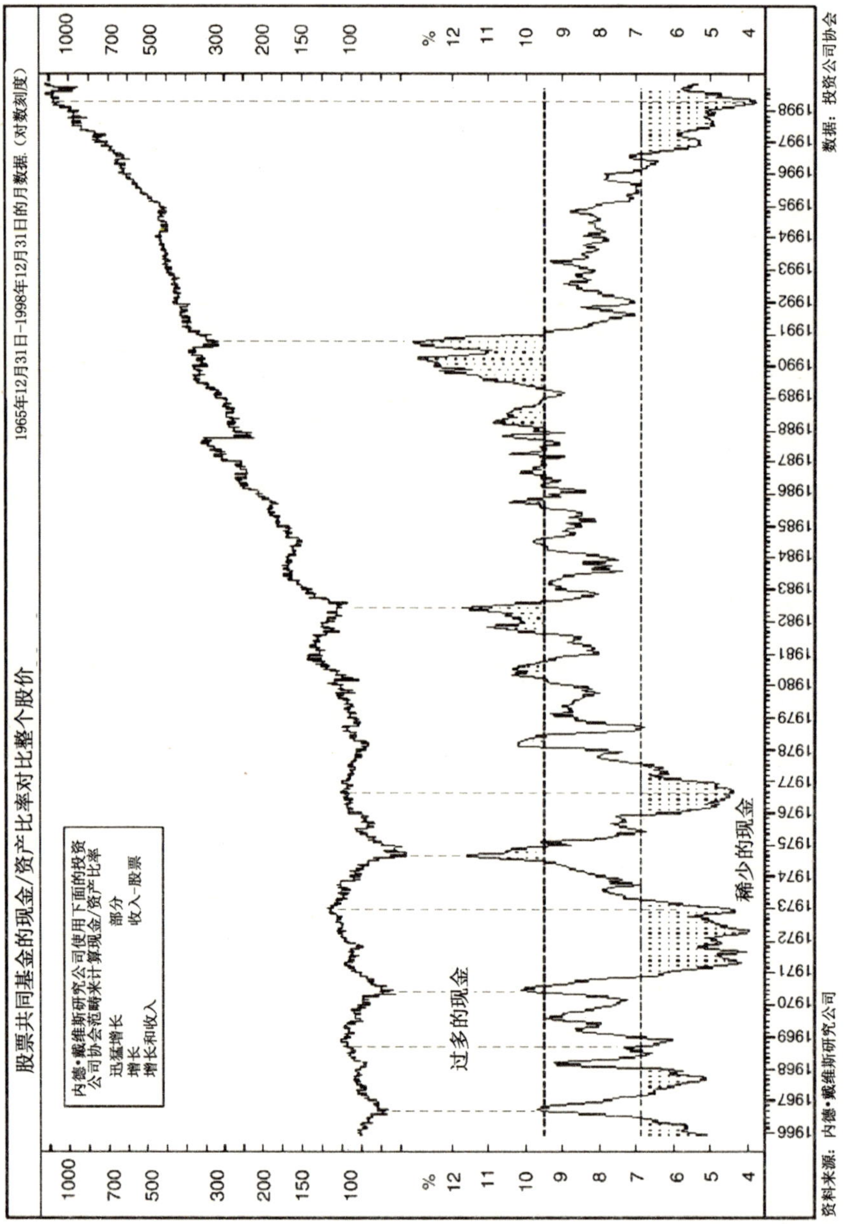

图2

① 几乎所有压力来源都能导致从众反应。麦克莱恩幽默地提及了政府和大学对紧张局势的反应——设立特别委员会。

看似理性的专业人士为什么会完全受同事观点的操控，以至于他们不仅保持同样的观点，还为了附和集体的观点而改变自己的看法？回想一下，在功能上，新皮层和边缘系统是没有联系的。这意味着，一己之见可能会与不同人的完全相反的想法联系在一起，对于同一个人的不同阶段也是如此。换句话说，同一个脑可以支持具有同样强烈情绪的相反的观点，由脑的边缘系统根据生存需要来进行判断。这一事实与金融市场参与者的行为直接相关。某一天，这些参与者可能信心高涨；第二天，他们可能就会彻底丧失信心，惊慌失措。耶鲁大学经济学家罗伯特·席勒说，“你会认为开明的人”对市场“不会固执己见”，“但他们确实如此，而且还总是处于变化之中。”① 在整个从众过程中，无论市场是真的还是仿真的，无论参与者是新手还是专业人士，对于每个价格水平的股票估价，他们都坚信其正确性。这种信仰强大、情绪化、不容争辩。

与他人一致以寻求自我保护不仅是对积极价值的追求，还是对消极价值的避免。在这种情况下，强化从众行为的情绪甚至更强。爬行动物和鸟类骚扰陌生人。如果一只家禽有伤或者有缺点，一群家禽会啄死它。同样，如果认为互相之间存在区别，人们会成为彼此的威胁。那么，表明自己的共同点以便避免遭拒，就是一个生存优势。D. C. 盖杜谢克研究了一个长期不为人所知的石器时代部落，这个部落从未见过西方人。D. C. 盖杜谢克很快注意到部落里的人模仿他的行为。每当他抓头或者把手放在嘴唇上时，整个部落也这么做。② 麦克莱恩说，“事实表明，这种模仿表示，‘我像你’，可能具有某种保护价值。”他补充说，“从种系发生上说，这一行为形式是根深蒂固的。”③ 因此，从众行为的另一个优势就是避免表面上的分歧，以便消弭攻击的借口。

边缘系统生硬地认为所有的“我不像你”陈述都充满危险。因此，从众和模仿就是保护行为。从众和模仿是强大的，因为它们受原始的精神作用系统驱动，把理性放在了一边。尽管它们不了解情况，但它们在努力拯救你的生命。

和许多有用的原始精神作用工具一样，在现代金融猜测领域，从众行为会对成功起阻碍作用。如果一个金融市场在飙升或者暴跌，边缘系统感觉到了机会或者威胁，命令你加入群体，以便增加你成功或者生存的概率。边缘系统产生的情绪支持者这些冲动，

---

① Passell, P. (1989, August 25). “Dow and reason: Distant cousins?” *The New York Times*.

② Gajdusek, D. C. (1970). “Physiological and psychological characteristics of stone age man.” Symposium on Biological Bases of Human Behavior, Eng. Sci. 33, pp. 26-33, 56-62.

③ MacLean, P. (1990). *The triune brain in evolution*, p. 239.

其中包括希望、兴奋、谨慎和恐慌。受此推进的行动使人们不可避免地走向生存和成功的对立面，这就是大多数人推测失败的原因。[①] 在许多情况下，希望和从众会给你带来福祉。不是在金融市场里。在许多情况下，随着别人一样恐慌和逃跑减少了你的危险。不是在金融市场里。在金融市场方面，要点是一再失败通常也难以阻止这一行为。如果反复的失败和痛苦无法克服边缘系统的冲动，那么，边缘系统肯定能够自由控制相对温和的社会环境。

对金融市场来说，这些冲动不合时宜。但是，它们不是非理性的，因为它们有目的，无论在现代生活中应用得有多么糟糕。然而，它们也不是理性的，它们处于人们的潜意识之中，也就是处于基底核和边缘系统之中。基底核和边缘系统的作用就是在理性的有意识输入之外操作，并推翻理性的有意识输入。那么，这些冲动服务于理性基本目标，但是却在太多的具体环境里得到了非理性的应用。

个体和集体无意识精神作用形式中的黄金分割率

此时，我们已经确定了人类个体的无意识的且冲动的心理过程。在这一过程中，人们以社会环境中同伴的行为来支配自己的行为。如果我们猜想这些冲动是有形式可依的，我们的猜想是否符合逻辑？当潜意识运作起来时，不能随机进行，因为那就毫无思维可言了。潜意识必须以自己特有的形式运作。实际上，当个体处于集体之中时，个体的边缘系统反复产生同样的行为形式。有趣的观察资料是，形式是如何程式化的？当我们调查这一主题的统计和科学材料时，尽管稀少，但我们还是发现，我们的斐波那契结构的神经细胞和微管［请看《科学正在证实波浪原理概念》（Science is Validating the Concept of the Wave Principle）］参与了斐波那契精神作用形式。

---

① 有一个神话，经纪公司和国税局后台管理系统雇员以外的几乎所有人都相信这个神话：许多人擅长金融预测。实际上，几乎所有的人预测都归于失败。期货经纪公司的领导曾向我透漏一个秘密：在他们公司的历史上，总的来说，顾客从来就没有哪年能够获胜。甚至在股市里，当公众或者甚至大多数专业人士获胜的时候，这也只是个暂时的现象，尽管有时还是个长期现象。如果他们不见好就收，下一个熊市通常把他们消灭。如果他们及时收手，消灭的就是后来入市的人。尽管现在大家都普遍认为股市最终总会到达新的高点而且今天的投资者是“英明的”，被消灭的命运还是不会改变。姑且不说“永远屡创新高”这种信仰的荒谬之处【在中世纪，罗马股市在哪里？】，关键是人们采取行动的时机，错误的时机带来了毁灭性的打击。

或许，这个领域里最精确的工作是由心理学家完成的，心理学家完成了一系列关于选择的研究。1955年，G. A. 凯利提出，每个人都用一个两极概念系统来衡量自己周围的世界。[1] 比如，当评判他人的时候，每一极的终点都代表了最积极的特征，另一极则代表了最消极的特征，比如诚实/虚伪，强大/虚弱，等等。凯利认为，在价值中立条件下，平均回应应该是0.50。凯利错了。实验表明，人类倾向于有利条件和乐观主义，因而价值中立条件下的回应比率是0.62，也就是黄金分割率。大量极-选择实验重演了这一发现，不管实验对象有什么样的概念类型、年龄、国籍或者背景。这里仅举几个例子，当选择“和”而不是“但”来连接性格特征时，当衡量工作环境中的因素时，当衡量囚徒困境的合作选择频率的因素时，62/38比率就产生了。[2]

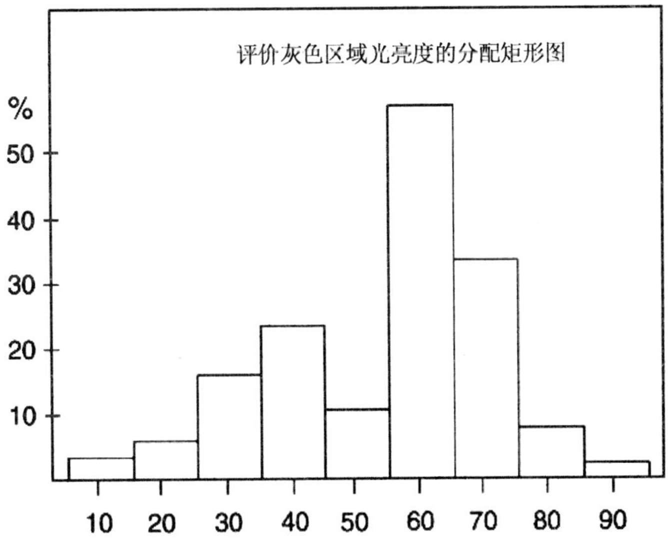

图3

加利福尼亚大学欧文分校社会科学院心理学家弗拉基米尔·勒菲弗、布罗克大学的杰克·亚当斯-韦伯证实了这些发现。勒菲弗要求实验对象在两个选项中选择一个。对

① Kelly, G. A. (1955). *The psychology of personal constructs*, Vols. 1 and 2.

② Osgood, C. E., and Richards, M. M. (1973). *Language*, 49, pp. 380-412; Shalit, B. (1960). *British Journal of Psychology*, 71, pp. 39-42; Rapoport, A. and Chammah, A. M. (1965). *Prisoner's dilemma*. University of Michigan Press.

于这两个选项，实验对象都没有什么强烈的感情而且/或者对两个选项都知之甚少。实验对象的答案往往分成斐波那契比例：62%比38%。勒菲弗要求实验对象把难以区分的物体分成两堆，实验对象往往把这些物体分成62/38这样一个比率。当要求实验对象参照纯白和纯黑评价灰纸的光亮度时，实验对象往往会标示62%或者38%的光感[1]，且更喜欢62%。（请看图3）亚当斯-韦伯要求实验对象根据两极特性评价他们的朋友和熟人，他们在平均62%的时间里选择积极一极。[2] 亚当斯-韦伯要求实验对象认定别人和他有多少共同的特性，实验对象认为平均共性是0.625。[3] 心理学家还给实验对象一个要求诉讼的局面，问有多少比例的人会采取好行为对抗坏行为，他们的答案平均是62%。[4] "当人们说他们对一个对象的感觉是50/50时，更有可能是62/38。"[5]

勒菲弗从这些发现中得出结论，"我们可以假定，在一个人身上有一个专门的对数负责处理独立于特定物体之外的密码。"[6] 这一观点符合麦克莱恩结论，也得到了勒杜的证实：边缘系统可以产生情绪和态度，这些情绪和态度独立于脑皮层的客观所指对象之外。如果这些统计资料揭示了人类思维的一些秘密，那么，这些统计资料表明，在许多个人之中，或许在所有个人之中，当然也对整体的平均数而言，观点预先确定了一个62/38倾向。就每个个体的决策而言，相关数据的呈现、先前经验的影响和/或后天习得的偏见，会在任何特定的情况下修改这一比率。然而，黄金分割率是心智开始的地方。每当参数不清或者信息不足，难以做出完全客观的评价时，就默认为黄金分割率。

这是个重要的数据，因为它表明了个体以决策为基础的斐波那契精神作用趋势。如果个体精神作用反映了黄金分割率，那么，我们就可以顺理成章地认为，同样反映黄金

---

[1] Poulton, E. C., Simmonds, D. C. V. and Warren, R. M. (1968). "Response bias in very first judgments of the reflectance of grays: Numerical versus linear estimates." *Perception and Psychophysics*, Vol. 3, pp. 112-114.

[2] Adams-Webber, J. and Benjafield, J. (1973). "The relation between lexical marking and rating extremity in interpersonal judgment." *Canadian Journal of Behavioral Science*, Vol. 5, pp. 234-241.

[3] Adams-Webber, J. (1997, Winter). "Self-reflexion in evaluating others." *American Journal of Psychology*, Vol. 110, No. 4, pp. 527-541.

[4] McGraw, K. M. (1985). "Subjective probabilities and moral judgments." *Journal of Experimental and Biological Structures*, #10, pp. 501-518.

[5] Washburn, J. (1993, March 31). "The human equation." *The Los Angeles Times.*

[6] Lefebvre, V. A. (1987, October). "The fundamental structures of human reflexion." *The Journal of Social Biological Structure*, Vol. 10, pp. 129-175.

分割率的波浪原理也是黄金分割率的集体产物之一。为了更加顺理成章地得出这个结论，我们必须证明黄金分割率出现在了现实世界的集体精神作用之中。斐波那契形式的个体决策是否导致了斐波那契形式的集体决策？20 世纪 30 年代和 20 世纪 90 年代的数据证明确实如此。

勒菲弗和亚当斯-韦伯的实验清楚地表明，个体决策总结得越多，就越接近黄金分割率。换句话说，在个体的两极决策中，以黄金分割率为基础的偏见可能略有不同，但是，大量的此种决策就相当精确地反映了黄金分割率。在现实世界的社会环境下，勒菲弗用事例指出，一百多年来，加利福尼亚公民表决提案的平均投票比率是 62%。对美国十年①内的所有公民复决投票和瑞士 1886 年到 1978 年的复决投票进行研究表明，同样的比率依旧成立。②

在 20 世纪 30 年代初，这些实验还没有进行，这些模型还没有提出。股市分析师罗伯特·雷亚（Rhea）对 1896 年到 1932 年的牛市和熊市进行了一项统计研究。罗伯特·雷亚对斐波那契一无所知，但他对金融市场进行了研究。8 年后，R. N. 艾略特发现了斐波那契联系。庆幸的是，罗伯特·雷亚把成果发表了出来。不过，罗伯特·雷亚说，他看不到这些数据有什么直接实际价值。这里是他的总结：

牛市已经持续了 8143 天，接下来的 4972 天是熊市。这些数字之间的联系有助于说明，熊市时间是牛市所需时间的 61.1%……牛市【的】……净发展是 46.40 点。牛市是通过 4 个主要振幅分阶段实现的，分别是 14.44 点、17.33 点、18.97 点和 24.48 点。这些发展总共是 75.22。如果用净发展 46.40 除以发展的总和 75.22，结果是 1.621。第二次回跌的总数折回了净发展的 62.1%。③

归纳一下他的发现，无论就价格还是时间而言，股市通常发展 1，撤退 .618。

勒菲弗和他人的工作表明人们作选择时有一个自然倾向：61.8%的乐观和 38.2%的悲

---

① Lefebvre, V. A. (1992). *A psychological theory of bipolarity and reflexivity*. Lewinston, NY: The Edwin Mellen Press. And (1997). *The cosmic subject*. Moscow: Russian Academy of Sciences Institute of Psychology Press.

② Butler, D. and Ranney, A. (1978). Referendums Washington, D. C., American Enterprise Institute for Public Policy Research.

③ Rhea, R. (1936). *The story of the averages: A retrospective study of the forecasting value of Dow's theory as applied to the daily movements of the Dow-Jones industrial & railroad stock averages*. Republished January 1990. Omnigraphi. (See discussion in Chapter 4 of Elliott Wave Principle by Frost and Prechter.)

观。勒菲弗和他人的工作直接反映了罗伯特·雷亚的数据。罗伯特·雷亚的数据表明，牛市往往会启动价格并保持在62%，而熊市是38%。在完全净中立的评价环境里，牛市和熊市是乐观主义和悲观主义的典型表现形式。另外，牛市和熊市是由许多人形成的。这些人决策风格的个体差异相互抵消，留下了一幅纯斐波那契表现形式的画面。两极决策实验总体上也产生了同样的结果。理性认识绝不会产生这种数学一致性，这一图画肯定来自于边缘系统的冲动原始精神作用。边缘系统是脑的一部分，诱发了从众现象。

雷亚的数据需要更多的统计研究来证实，然而，证实的前景看来是光明的。比如，1996年，索奈特和约翰森对对数周期结构展开了研究，调查了1987年暴跌前后的连续振荡周期，发现每一个周期（t_n）都等于数值（1）的n次幂，n是该周期在序列中的位置，那么 $t_n = 1^n$。然后他们直截了当地阐述了1斐波那契比率的意义，他们发现了1的斐波那契比率：

"艾略特波浪"技术……描述了由不同"波浪"组成的股价时间序列。这些不同的波浪通过斐波那契序列彼此相关，【其数字】集中在一个常数上，（所谓的黄金分割率1.618），表明基本波浪有着近似的时间刻度几何序列。【这一想法】与上面对比率1@1.5-1.7的估计相符。①

这一时间现象与R. N. 艾略特描述的1930年-1939年时期的价格振幅相同。《波浪原理高级教程（上）》第5章列举了这些价格振幅。

在过去的3年里，研究人员通过实验进一步证明了艾略特的说法：黄金分割率和股市是相互联系的。1997年10月的《新科学家》报道了一项研究。这项研究得出了一个结论：决定股市分形维数的股市赫斯特指数②是0.65③。这一数字非常接近斐波那契比

---

① Sornette, D., Johansen, A., and Bouchaud, J. P. (1996). "Stock market crashes, precursors and replicas." *Journal de Physique I France* 6, No. 1, pp. 167-175.

② 赫斯特指数（H）是根据其创始人哈罗德·埃德温·赫斯特命名的。[ref: Hurst, H. E., et al. (1951). Long term storage: an experimental study]。赫斯特指数通过下面的公式与分形或者豪斯多夫维数（D）联系在了一起。E是嵌入欧几里得维数（2是平面情况下，3是空间情况下）：D = E - H。如果E是生成欧几里得维数（1是在直线情况下，2是在平面情况下），公式也可以表述为D = E + 1 - H。因此，如果线形图的赫斯特指数是.38，或者 Φ^{-2}，那么分形维数就是1.62或者Φ；如果赫斯特指数是.62或者 Φ^{-1}，那么分形维数就是1.38或者 $1+\Phi^{-2}$。[source: Schroeder, M. (1991). *Fractals, chaos, power laws: Minutes from an infinite paradise*. New York: W. H. Freeman & Co.] 因此，如果H是与Φ联系在一起的，那就是D。

③ Brooks, M. (1997, October 18). "Boom to bust." *New Scientist*.

率。然而，从那时起，金融拍卖市场活动的数字变得更加接近。《欧洲物理快报》刚发表了卡尔达雷利、马尔西利和张①的市场仿真研究结果。这项仿真仅仅涉及十几个实验对象，这些实验对象每次交易一个假定的货币关系。虽然如此，这项仿真的价格波动结果还是酷似股市的价格波动。在测量这些形式的分形持久性时，作者们得出了如下结论：

价格“收益”的标度行为……与现实经济中所遵循的非常相似。这些分配满足了标度假说……指数 H = 0.62。②

那么，这一集体动力的赫斯特指数是0.62。虽然这些作者并未指出，但这还是个斐波那契比率。回想一下，我们神经细胞的分形维数是黄金分割率。这两项研究表明，股市的分形维数与黄金分割率是相联系的。那么，股市与我们的神经细胞有着同样的分形维数因素，而且两者都是斐波那契比率。这是一个强大的证据：我们的神经生理学符合，因而也密切联系着，波浪原理的产生。

为什么科学家们在平均个体精神作用和集体精神作用的每个方面都发现了黄金分割率？勒菲弗解释了其中的原因：

黄金分割源自迭代过程……只有在满足两个条件的情况下，这一过程才能出现在【精神作用】之中：（a）两个选择都是极化的，也就是一个选择扮演积极一极的角色，另一个选择扮演消极一极的角色；（b）做出选择所依据的功利主义喜好没有判断标准。③

这一描述符合人们与股市的精神作用斗争，符合人们在总的社会生活中的参与，符合波浪原理。

非常令人感兴趣的是，卡尔达雷利等人的研究有意将所有的新闻或者“基本原理”的外部输入排除在外。换句话说，该研究只记录了“玩家在努力超越他人时的所有钩心斗角和足智多谋。”④ 勒菲弗的工作预期，在这种非客观性环境里，实验对象默认为黄金分割率。艾略特模型和最新研究表明，它们在现实世界的金融市场里也恰好默认了这一数字。

---

① 张（Zhang）也有可能是“章”或者其他姓氏。译者注。

② Caldarelli, G., et al. (1997). “A prototype model of stock exchange.” *Europhysics Letters*, 40 (5), pp. 479-484.

③ Lefebvre, V. A. (1998, August 18-20). “Sketch of reflexive game theory,” from the proceedings of *The Workshop on Multi-Reflexive Models of Agent Behavior* conducted by the Army Research Laboratory.

④ Caldarelli, G., et al. (1997). “A prototype model of stock exchange.” *Europhysics Letters*, 40 (5), pp. 479-484.

结论

在上述任何一个情况都还不清楚的时候，R. N. 艾略特发现，人类对自身高效益企业，即股市的评价形式有斐波那契特性。这些论文和统计资料认为，产生波浪原理和人类下意识的机制有着无数与斐波那契相关的特性。这些发现符合斐波那契假说。

普莱切特

《艾略特波浪理论家》

2002 年 9 月

物理现象中可能的艾略特波浪趋势的另一个迹象

《波浪原理高级教程（上）》第 21 章在一幅水泥红外光吸光率图中表明了可能的艾略特波浪。最近，查尔斯 · V. 伯尼给出了他 1973 年关于三氟乙酸【trifluoroacetic acid（CF_3COOH）】光谱学的一篇论文①，想知道类似的形式是否显而易见。论文中包括，固体和液体三氟乙酸中子非弹性散射光谱图。

在附图中，我用头脑中的波浪原理标示了这些图片。这些形式不是艾略特波浪，因为对每个例子来说，它们表现出了波浪一和四价值的“搭接”。在社会趋势中，冲动波浪四不进入波浪一的价值领土。然而，这些图片好像表现出了强烈的艾略特波浪趋势，你可以通过标示看出。

没人全面研究过艾略特波浪趋势在非生命现象中的存在。这是个有趣的话题：在自然界中，除了生命形式中的此种趋势之外，特定的无生命化合物中是否也存在着此种趋势？

---

① Berney, C. V. (1973.) “Spectroscopy of CF3COZ Compounds. V. Vibrational Spectra and Structure of Solid Trifluoroacetic Acid,” *Journal of the American Chemical Society*, 95, 708.

三氟乙酸光谱学中可能的埃利奥特波浪趋势

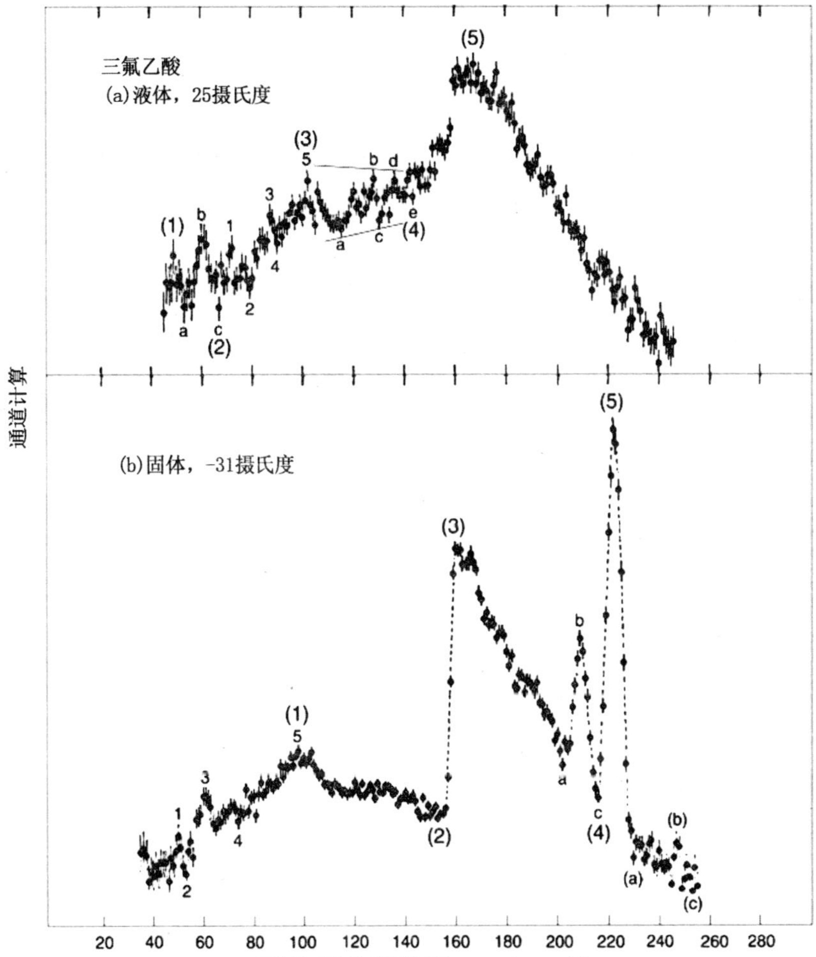

Figure 2. Neutron inelastic-scattering spectra of CF_3COOH. Wave number equivalents of some of the channels are indicated (458. . .27 cm^{-1}). Intense Bragg peaks are observed in the solid for neutron wavelengths of 5.23 and 5.55 Å; they can be interpreted as the 100 and 002 reflections of a monoclinic unit cell with parameters a = 5.25, b = 9.165, c = 11.142 A, and β = 85 .

普莱切特

《艾略特波浪理论家》

2002年7月

自然界的树和波浪之间联系的有一个例子

《波浪原理高级教程（上）》（1999）第3章提出了下面的假说：

自然界的发展波浪、派生阿卜拉姆【即树】和扩张螺线是一回事吗？图3-15、3-16和3-2用三种不同的方式表示了斐波那契序列：作为树木、螺线和波浪……自然进程也表达了这一交叉代表特性。比如，进化这一进程产生了波浪、螺线和阿卜拉姆……这种变化可能还包括了其他类型的分形。比如说……当水、雪或者花朵填满缝隙的时候。请看图3-20。价格趋势也确实可以用这种方式绘图，显示出来的不是个线条，而是一条螺线……所有的这些图片都类似自然界的许多生长和扩张形式【或者衰退和衰败】从生命形式到星系。另外，就它们的本质而言，自然界的进步形式之间可能几乎没有区别。唯一的区别可能是自然界设计它们时使用的模板不同。①

一位科学家在分形几何学领域的工作让我们看到了这一理念的另一个例子。贝努瓦·曼德伯特最近的书籍《高斯自仿射性和分形》（Gaussian Self-Affinity and Fractals）（2002）给出了一个高度程式化的树形图，“平面中的皮亚诺（Peano）运动。”这幅图可以被看作“流进黑‘海’的河流”或者被看作有着“枝枝杈杈”的树，如图1所示。这是一个简单的程式化阿卜拉姆（派生分形）。

图2的描画更有趣，图2展示了“极限曲线的图 φ”，即“图1皮亚诺运动的 $X(t)$ 坐标函数。”② 图1的树可以被表现成图2的波浪，这一事实支持了上文引用自《波浪原理高级教程（上）》的说法。

---

① Prechter, Robert R. (1999). *The wave principle of human social behavior and the new science of socionomics.* Gainesville, GA: New Classics Library, pp. 75-82.

② Mandelbrot, Benoit B. (2002). *Gaussian self-affinity and fractals.* New York: Springer. 注释：作者解释说，为便于展示，图1里面的图片把1维分枝扩大成了2维分枝。

资料来源：曼德伯特《高斯自仿射性和分形》（2002）

图1

图1中的阿卜拉姆，作为一个波浪绘图

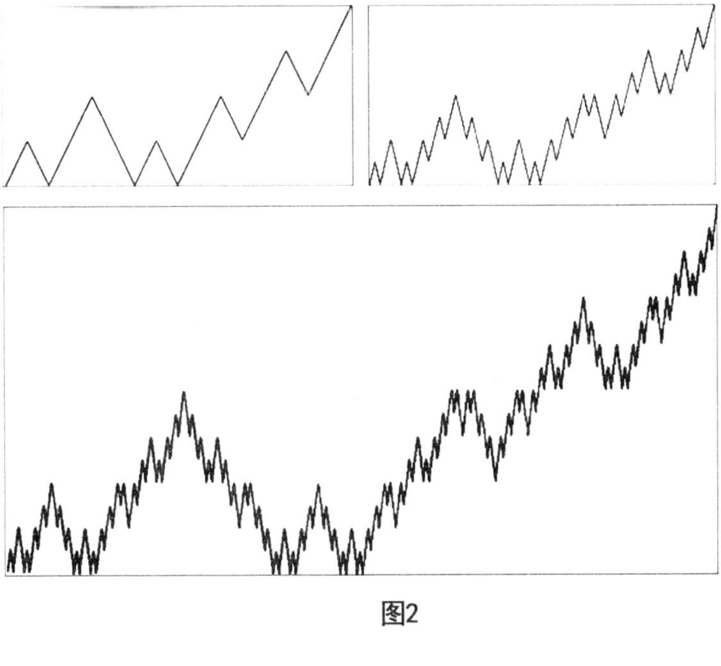

资料来源：曼德伯特《高斯自仿射性和分形》（2002）

图2

几乎是个艾略特波浪

就像图 3 所详细表明的那样，对于受过训练的眼睛来说，结果的细节甚至更迷人，图 2 的自仿射分形反映了 R. N. 艾略特波浪原理所描述的 5-3 净进步形式。它严格遵循艾略特的市场行为观点：波浪二和波浪四交替更迭（请看《艾略特波浪原理》第 61 页-63 页）。那么，这一程式化的树并未反映千篇一律的线性分形，而是反映了近乎理想的艾略特波浪。

形式的细节有趣。校正在前一个波浪四的水平触底，就和波浪原理所说的一样。交替更迭则展示了“波浪 2”位置的短长下跌形式和“波浪 4”位置的长短形式。

图1中的阿卜拉姆，按照埃利奥特方式标示

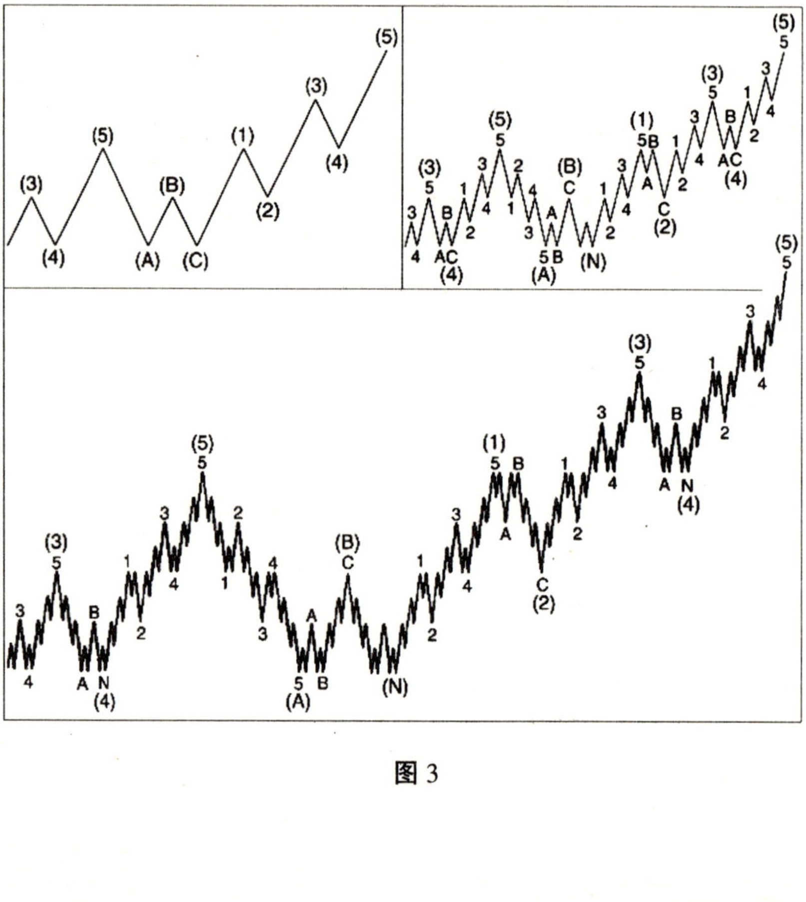

图 3

这里是艾略特波浪结构规则的两个主要变体。第一个是，这一形式的波浪四持续下跌至波浪一顶点的水平，这在金融市场是从未发生过的。第二，波浪原理下应该是波浪C的位置发生了交替更迭，本该细分成5个，却细分成3个。（我在图3中把这一个结构标示为“N”。）就标准而言，还有其他的变体。比如，在图3中，所有的发展分枝波浪都长度相同，在金融市场或艾略特模型中通常不会发生，反映了现实。

扩张后的假说

给程式化树木的一个方面画图产生了程式化的艾略特波浪，因此，我们可以反复重申一个疑点：在自然界中采用阿卜拉姆形式的强分形的画图方面可能会产生叫作艾略特波浪的强分形，这些强分形具有我们从金融市场表现形式所了解的所有自然次序和变体。它们应该具有这一特性，因为阿卜拉姆和艾略特波浪都描画了自然生长形式的一些方面。实际上，就像《波浪原理高级教程（上）》所显示的那样，它们可以描画同样的自然生长形式，比如进化中产生的动物区系中科的数量。

图1的程式化之树和图2的程式化发展波浪或许都能够通过螺线表示出来，如图4和5所示。（还请看《波浪原理高级教程（上）》图2-29和图3-14。）因此，我们又一次在一个进程中囊括了自然界的所有3种主要生长形式的表现形式。①

---

① 科学家已经与波浪原理近在咫尺，触手可及。一只熟练的手就可以把波浪原理掌控在内。具有讽刺意味的是，曼德伯特对艾略特模型的冷漠为波浪实践者提供了一个有感而发的机会。

图1中的阿卜拉姆所暗示的螺线

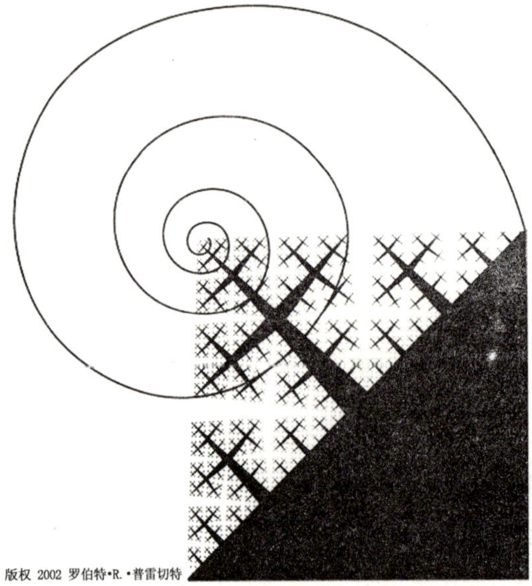

图 4

图2中的波浪所暗示的螺线

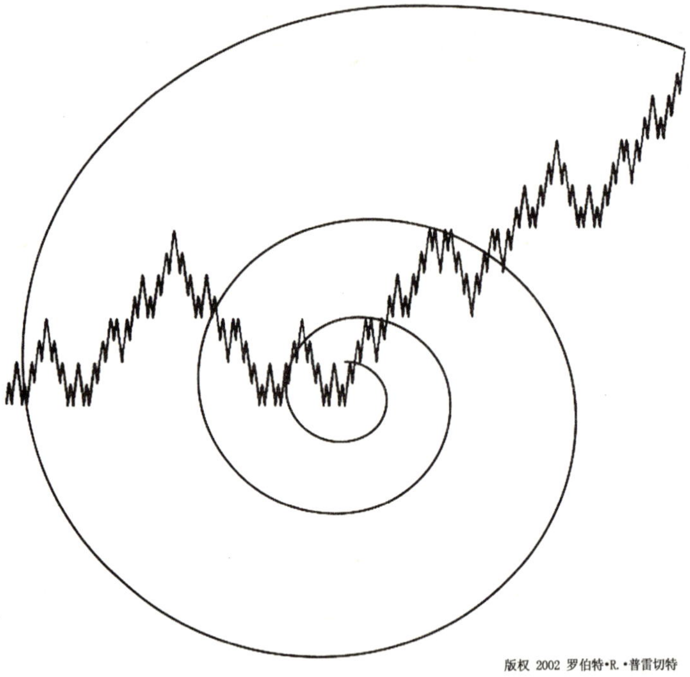

图 5

争议和正确性

普莱切特先生：

如果你还没有这么做下面的事情，那就做下面的事情：冲到当地的报摊上，抓起1999年2月版次的《科学美国人》。1999年2月版次的《科学美国人》中有一篇文章《多重分形沿着华尔街漫步》（A Multifractal Walk Down Wall Street），作者正是贝努瓦·曼德伯特。我读了这篇文章，大吃一惊——太像波浪原理了。

——J. 乔治·沃顿（Wharton），美国建筑师协会（AIA）项目建筑师

1999年2月1日

普莱切特

《艾略特波浪理论家》

1999年3月4日

争议

我恳求你找本1999年2月版次的《科学美国人》。1999年2月版次的《科学美国人》的封面文章是《多重分形沿着华尔街漫步》。在这篇文章中，一个著名的科学家提出一个新的理念：金融市场可以模型化成多变的等级体系分形。图示对市场进行了描画：市场拥有的形式可以细分成相同的小形式。这一理念要归功于R. N. 艾略特。这篇

文章的作者知道 R. N. 艾略特功不可没，这篇文章的作者仔细全面地阅读了艾略特的著作，截取其中的只言片语，以便在 1997 的著作中对艾略特进行诋毁。当你看这些图并阅读文章正文时，你不仅会认为艾略特遭到了剽窃。拿来这本杂志，并做出你自己的判断。

读了这篇文章之后，你可以给《科学美国人》的编辑写封信，地址是 415 Madison Ave.，New York，NY 10017，或者发电子邮件给 editors@ sciamer. com。我已经做了简单的回复，这家杂志说可能会发表在 6 月的版次里，6 月的版次会在 5 月中旬出版。在即将出版的《艾略特波浪理论家》中，我要提醒你注意一个更详细的回复，我会把这个回复挂在我们的网站上。

……和确认

就像我们近年所看到的那样，好消息是尖端科学工作正在向波浪原理靠拢。科学界即将证实和证明艾略特理念。实际上，一个证据进一步证明了波浪原理的正确性，一个知名科学家认为，在艾略特的著作中至少有一点至关重要，值得称赞（这一称赞恰当与否是科学界需要决定的问题）。波浪原理的支持者振作精神：这些理念的重要性正在被迅速认可。

普莱切特

《科学美国人》

1999 年 6 月

写给编辑的信

分形和金融

我不禁指出贝努瓦·B. 曼德伯特的文章《多重分形沿着华尔街漫步》【2 月】提出的大多数理念源自拉尔夫·尼尔森·艾略特。对现实世界中的市场来说，在拉尔夫·尼尔森·艾略特1938年的著作《波浪原理》中，提法更全面、更精确。图1是一幅来自艾略特著作的图片，描画了市场中的【等级体系】多重分形本质；图2表示的是曼德伯特的观点。这些图中具体形式的细微区别并不相关，因为曼德伯特争论的不是具体形式，只是多重分形自仿射性。要了解曼德伯特文章的详细回应，请访问万维网（World Wide Web）的下列网站 http：//www. elliottwave. com/response. htm on。

——佐治亚州盖恩斯维尔

艾略特波浪国际总裁

小罗伯特·R. 普莱切特

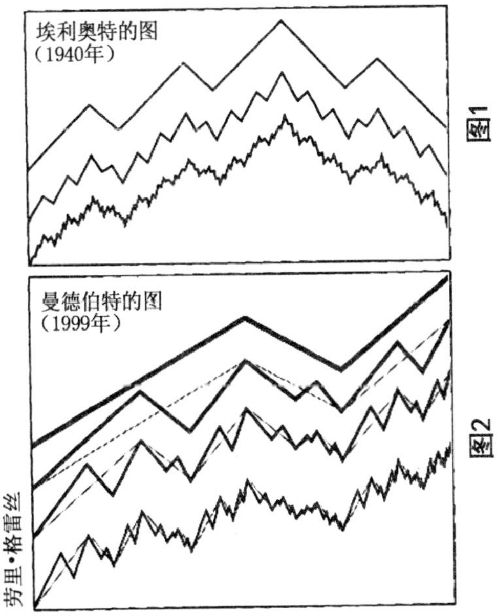

普莱切特

《艾略特波浪理论家》①

1999年6月

个人注释：1985年，我高兴地看到贝努瓦·曼德伯特受到了媒体的推崇。他之所以受到推崇，是因为他持有一个观点：分形普遍存在于自然界之中。本着合作的精神，

① 这一章是原先观点的扩充。

我给他发送了材料：描述了 R. N. 艾略特于 1938 年在金融方面的同样发现。贝努瓦·曼德伯特没有回复。出于对一个伟大科学家的敬重，虽然贝努瓦·曼德伯特在其 1997 年的著作中对艾略特加以诽谤，我还是选择了保持沉默。然而，在 1999 年 2 月版次的《科学美国人》上，贝努瓦·曼德伯特占有了艾略特的许多著作，因此，我不得不处理这些问题。如果今天有人因为自己的英雄令人失望而悲伤，那么，今天对我来说就是悲伤的一天。①

——罗伯特·普莱切特

实至名归

贝努瓦·曼德伯特发表在《科学美国人》上的封面文章（1999 年 2 月《多重分形沿着华尔街漫步》）② 是个好读物，包含着重要的知识。他唯一的疏漏是，没有把《多重分形沿着华尔街漫步》中提出的大多数理念归功于拉尔夫·尼尔森·艾略特。对现实世界中的市场来说，在拉尔夫·尼尔森·艾略特 61 年前的著作《波浪原理》中，提法更全面、更精确。③

相似性研究

图 1 表明了 R. N. 艾略特于 1938 年对市场分形本质的描画。图 2 表明了曼德伯特 1999 年的描画。图 3 是直接描摹自艾略特的著作。图 4 是《科学美国人》对曼德伯特论点的描画，来自曼德伯特提供的一幅图。④ 要理解重要的一点：这些图中具体形式的

---

① 罗伯特·普莱切特的意思是，以前他把贝努瓦·曼德伯特当作英雄，但现在贝努瓦·曼德伯特让他失望了。译者注。

② Mandelbrot, Benoit.（1999, February）. “A multifractal walk down wall street.” *Scientific American*, p. 70.

③ Elliott, Ralph Nelson.（1938）. *The wave principle*. Republished: Prechter, Robert（Ed.）.（1980/1994）. *R. N. Elliott's masterworks — The definitive collection*. Gainesville, GA: New Classics Library.

④ 2002 年 5 月 11 日，在埃默里大学（Emory University）做演讲的时候，曼德伯特用幻灯片放映了图 4。

细微区别与恰当的归功无关，因为曼德伯特争论的不是具体形式，只是多重分形自仿射性。

这些图片的相似性是无可否认的，然而，曼德伯特只在自己的文章当中列举了 4 个参考书：曼德伯特、曼德伯特、曼德伯特和曼德伯特。①他的文章包括下面的自我引用：

“我宣布，金融价格的变体可以用一个模型来解释，这个模型来自我的分形几何学著作。”

“这些……新建模技术旨在表明看起来难以捉摸、错综复杂的金融市场有着次序。”

“我自己的著作【与现代投资组合理论和随机漫步相抵触】。”②

实际上，是 R. N. 艾略特在 1938 年③仔细描述了市场形式的分形自仿射性。1978 年的著作《艾略特波浪原理》包含了艾略特发现的意义，其中一个意义是“在任何情况下，艾略特波浪原理都挑战了随机漫步理论”。④

图 1 直到图 4 展示的建模技术已经六十多年的历史，曼德伯特知道这一点。曼德伯特显然知道这一点，因为在 1997⑤ 年摒弃艾略特的时候，曼德伯特引用了一卷书⑥。这卷书里包括艾略特的所有主要著作，其中就包括图 1 和 3 中的图片。

---

① Mandelbrot, Benoit.（1982）. *The fractal geometry of nature.* W. H. Freeman & Co. Also（1997）. *Fractals and scaling in finance: Discontinuity, concentration, risk.* Springer-Verlag; And（1997）. “The multifractal model of asset returns,” discussion papers of the Cowles Foundation for Economics, #1164-1166, Yale University; And（1999）. *Multifractals and 1/f noise: Wild self-affinity in physics.* Springer-Verlag.

② Mandelbrot, Benoit.（1999, February）. “A multifractal walk down wall street.” *Scientific American*, p. 70.

③ Elliott, Ralph Nelson.（1938）. *The wave principle.* Republished: Prechter, Robert（Ed.）.（1980/1994）. *R. N. Elliott's masterworks — The definitive collection.* Gainesville, GA: New Classics Library.

④ Frost, Alfred John, and Prechter, Robert R.（1978）. *Elliott wave principle — Key to market behavior.* Gainesville, GA: New Classics Library, p. 184.

⑤ Mandelbrot, Benoit.（1997）. *Fractals and scaling in finance — Discontinuity, concentration, risk.* Springer-Verlag.

⑥ Prechter, Jr., Robert Rougelot（ed.）（1980/1994）. *R. N. Elliott's masterworks — The definitive collection.* Gainesville, GA: New Classics Library.

埃利奥特分形发生器模型（1938年）

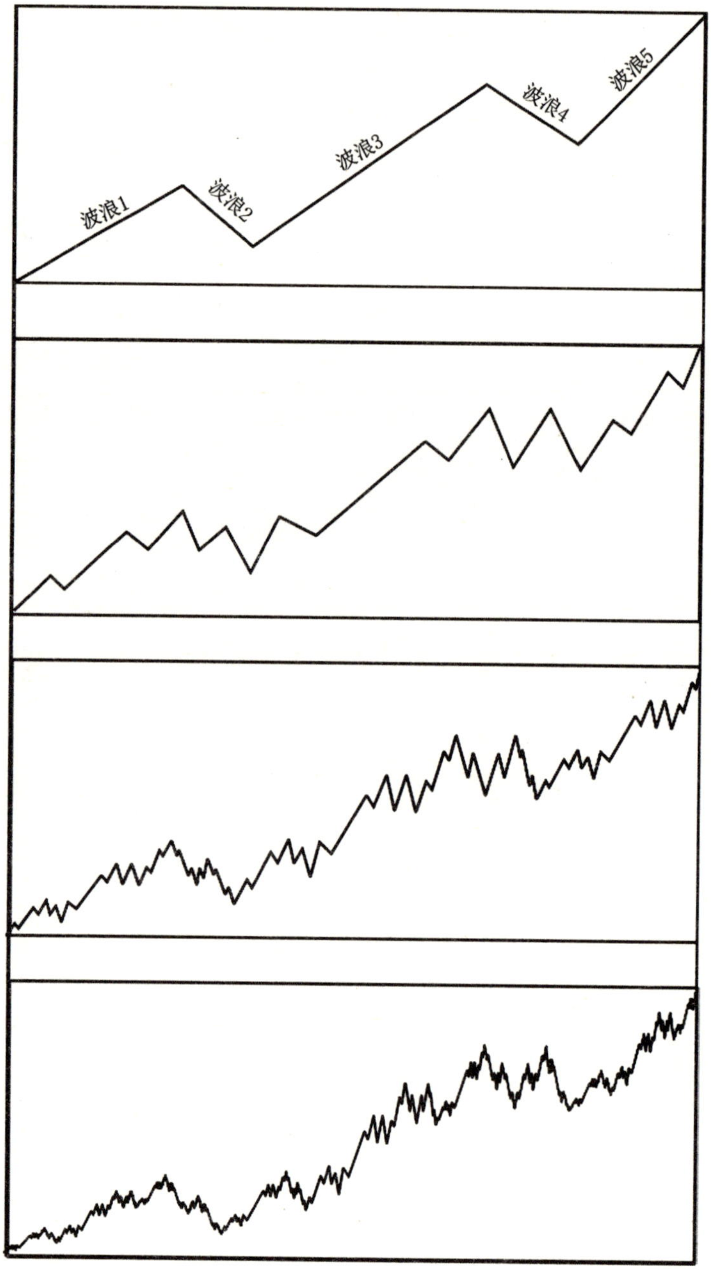

图 1

曼德伯特分形发生器描画（1999年）

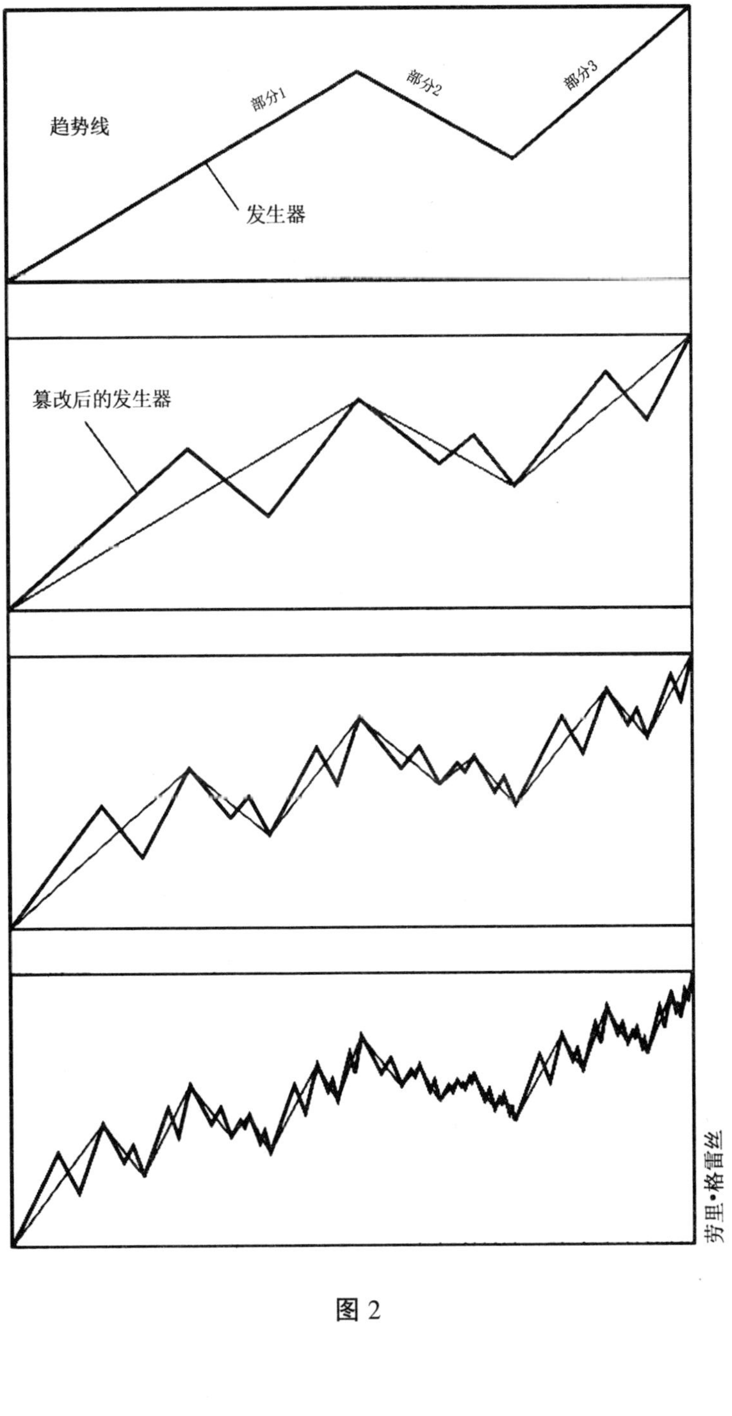

图 2

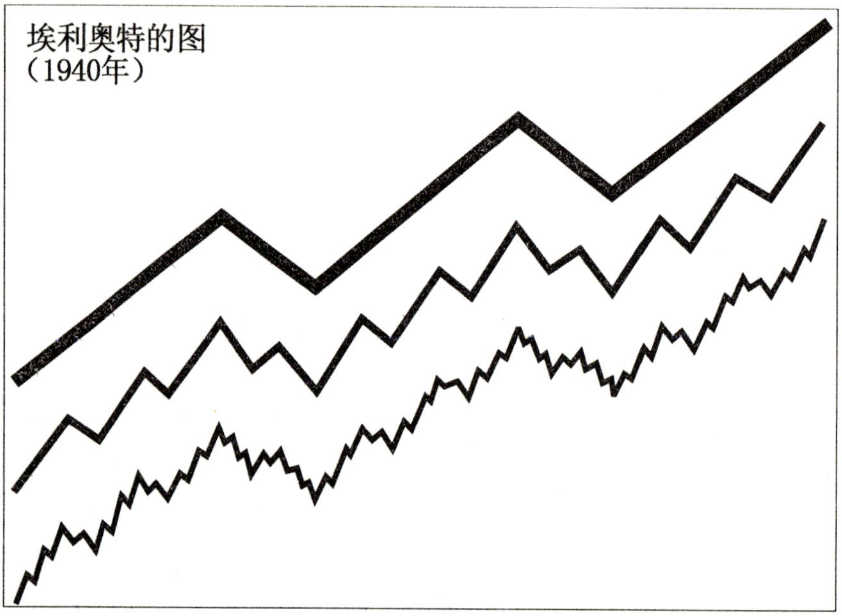

图3

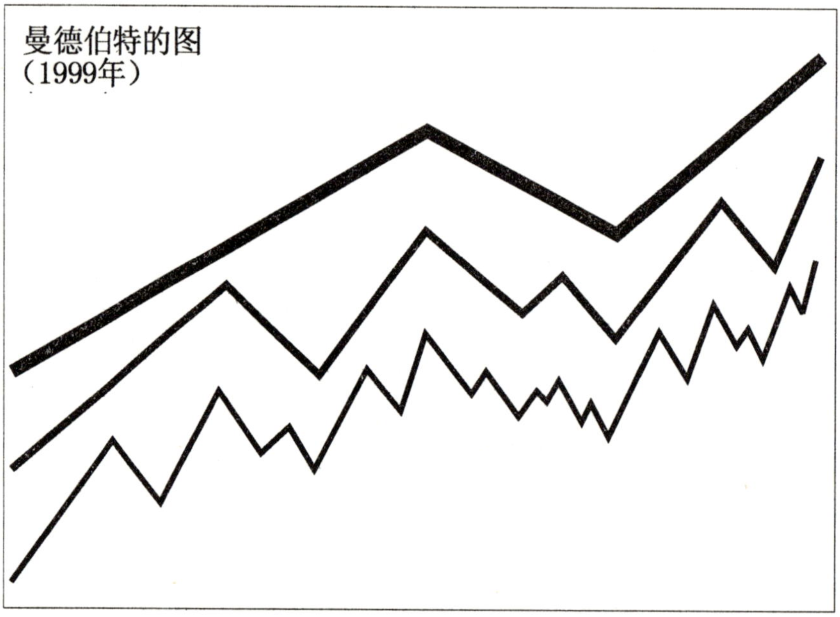

图4

有一个存在多年的问题：艾略特著作的意义。对于这个问题，曼德伯特给出了一个姗姗来迟的回复：对艾略特的发现写下了简短傲慢批驳。在即将到来的讨论中，你会看到，曼德伯特对艾略特的总结一半是人身攻击，一半是虚假陈述，其净效果是通过影射和删节来诽谤艾略特。然而，比傲慢更糟糕的是，如果曼德伯特在《科学美国人》上的文章可以表明任何情况的话，曼德伯特好像如此行事是为了忽略艾略特，并把前辈艾略特的突破据为己有。

甚至在批驳之中，曼德伯特本人还是无法避免阐述一个明显的真相："在质上，艾略特的图片让人想起了特定的自仿射发生器【在我的书中】……"① 在《科学美国人》写文章之前，曼德伯特就知道这一点，然而文章中依然写道："新鲜感和（惊奇）是这些自仿射分形曲线展示了丰富的结构——这既是分形几何学的基础，也是混沌理论的基础。"② 这不是新鲜感或者惊奇，而是有着六十年历史涉及六位主要作者的观察资料。自从 1938 年，这些作者几乎不间断地写出关于波浪原理的著作。如果像曼德伯特所说的那样，这些曲线实际上揭示了分形几何学和混沌理论的基础，那么，根据曼德伯特本人的重述，我们可以把发现和阐述这一现象的功劳归于艾略特。

曼德伯特的话（和相应的缺失）表明，在科学界，艾略特是个无名小卒。但，这不是事实。迪迪埃·索奈特供职于洛杉矶加利福尼亚大学地球和太空科学系和地球物理学与行星物理学研究所，与同事约翰森和布绍系统地研究了市场的分形本质。研究成果是"股市暴跌、先驱和复制品"，发表在法国的《物理学杂志》上，指出，"我们推测'艾略特波浪'……可能是股市内在关键结构的识别标志。"③④

---

① Mandelbrot, Benoit.（1997）. *Fractals and scaling in finance — Discontinuity, concentration, risk.* Springer-Verlag.

② Mandelbrot, Benoit.（1999, February）. "A multifractal walk down wall street." *Scientific American*, p. 70.

③ Sornette, D., Johansen, A., and Bouchaud, J. P.（1996）. "Stock market crashes, precursors and replicas." *Journal de Physique I France* 6, No. 1, pp. 167-175.

④ 这段引用的省略号代替了不恰当的说法，"……深深植根于金融分析师的民俗之中……" 索奈特等人用这种方式提到了波浪原理，但是，或许我们可以原谅他们，即使"民俗"术语是错误的。之所以可以原谅他们，是因为至少他们认真地给出了恰当的资料来源。感兴趣的人可以从这些资料来源里发现真相。另外，索奈特现在更精确地提到了波浪原理"一个市场模型假说"。对于充分理解艾略特原著的人，比如曼德伯特，如果使用术语"民俗"，就不能得到原谅了。

作为光明磊落的科学家，在这篇论文以及其他几篇论文中，索奈特等人引用了恰当的参考文献（《艾略特波浪原理》）。对于自己的“新建模技术”之前的其他知识，曼德伯特只是这样提了一提：

……这一概念不是无源之水，而是理论重述，理论重述的对象是市场民俗中简单朴实的一点——即，当把市场图片扩大或者缩小以便符合同样的时间和价格刻度的时候，股票和通货看起来都是相同的。①

在这段话里，曼德伯特提到了一个假定的现实世界基础。在这个基础之上确实就是他所谓的“无源之水”。但是，曼德伯特没有提及，为了打下这一基础，艾略特在二十多年的时间里进行了实证工作。曼德伯特把他援引的实证基础归为“市场民俗”。就“市场民俗”的起源而言，就这种理念广为接受的意义而言，这些基础都并非“市场民俗”那么简单。民俗是街谈巷议、道听途说，其起源模糊不清，然而，这一理念的起源在于书面记录。曼德伯特的意思是自仿射性是普遍知识，但是，大多数经济学家，甚至大多数金融家，都把经济状况和政治的长短期趋势原因归为“心理”。无论是就原因而言，还是就表现来说，他们都既不拥护也不接受金融市场自仿射性理念。（我个人已经孤独地战斗了23年。）

如果情况就像曼德伯特描述的那样，那么，他的文章就基本上是多此一举，所谓的“新鲜感”无从谈起。那么，是什么呢，“新鲜感”或者“简单朴实的市场民俗”？曼德伯特努力兼而有之，但是，他描述的两个方面相互矛盾，漏洞百出。既不是新鲜感也不是民俗。在金融领域，有一个理念：所有级别的市场运动看起来都是相同的。事实是，这一理念完全属于波浪原理的范围。艾略特发现了自己理念的独创性，称其为“新发现的现象”。② 对于这一主题，艾略特写了两本书、12篇文章和4篇自创论说文。所有这些著作都包括在了曼德伯特引用的那卷书里。

这一“民俗”评论，没有任何其他的资料来源，来自知道这一理念真正来源的人，好像是刻意为了避免提及艾略特的功劳。艾略特发现金融市场形式是多变和自仿射的等

① Mandelbrot, Benoit.（1999, February）. “A multifractal walk down wall street.” *Scientific American*, p. 70.

② Elliott, Ralph Nelson.（1938）. *The wave principle.* Republished: Prechter, Robert（Ed.）.（1980/1994）. *R. N. Elliott's masterworks — The definitive collection.* Gainesville, GA: New Classics Library.

级体系分形。

艾略特有时也会马失前蹄，给曼德伯特提供了批驳的弹药。但不管人们怎么想，马失前蹄也不会减少艾略特的成就。把一个人的著作贬得一文不值是一回事，把别人的著作据为己有是另一回事。把两种行为混为一谈是伪善行为。

曼德伯特在自己的文章当中宣称为市场自仿射性提供了“理论重述”。事实并非如此。这可能只是他自己的思想的重述，在这种情况下，阅读艾略特的著作好像起了推动作用。考虑到术语和形式的不同，曼德伯特的模型“分形发生器”中没有波浪原理作家未提到的内容。跟曼德伯特的模型“分形发生器”相比，波浪原理作家的提法没有什么不同，或者更好。

曼德伯特一直忽略（就像我们将要看到的那样，曼德伯特还嘲笑）艾略特的重大发现：市场的分形本质。但是，在这篇文章当中，曼德伯特好像特别想占据一个关于潜在性的功劳：市场可能是离散等级体系。艾略特肯定地阐述自己在这方面的信念，既是事实，也是在理论上站得住脚的模型。相反，曼德伯特从来没有证明金融市场不是不定分形，像云和海岸。如果曼德伯特认为艾略特的模型——或者艾略特模型的变体——可能是正确的，那么，这就能解释为什么他企图通过图 2 和 4 描绘的分形发生器把这方面的研究成果据为己有。

曼德伯特引用了“新建模技术”说：

在使用层面，这一发现表明分形发动机可以在历史市场数据的基础上发展。实际的模型并不只是调查市场在昨天或者上个星期做了什么……这些图片产生自这一模型的发生器，可以在先前市场活动的基础上仿真另外的方案。①

这几乎不是一个可以在目前源自曼德伯特“发现”的“新建模技术”。发展“基于历史市场数据的分形发生器”恰好是艾略特的功劳。在六十年的时间里，许多实践者著书立说，坚持不懈地使用“基于历史市场数据的分形发生器”来生产“基于先前市场活动的另外的方案”。曼德伯特使用的语言几乎与多年前的《艾略特波浪原理》一样，《艾略特波浪原理》具体描述了在“有效的选择”之中“安排相对可能性”来发展“预

① Mandelbrot, Benoit. (1999, February). “A multifractal walk down wall street.” *Scientific American*, p. 70.

想的方案”。[①] 1986 年，我的公司雇用洛克希德公司（Lockheed Corporation）来开始发展计算机化专家系统，把艾略特模型应用于股市预测任务。这一系统考虑到了上迄世纪之初的股市数据，并按照级数给交替更迭计算分类，这些交替更迭计算符合理想化的模型。（要了解细节，请看《波浪原理高级教程（上）》第 4 章。）换句话说，曼德伯特仅仅提出了我们多年来一直在做的东西。

1993 年，一个记者写信给我的公司，回应一篇关于物理学家探求金融市场混沌的文章。这位记者说：“在亚历山大·金的故事里，一个人住在瑞士一个与世隔绝的村庄里，不知不觉中重新发明了打字机。好像类似故事中主角的这些人会重新发现艾略特波浪。”[②] 在与世隔绝的状态下重新发现情有可原。知道先前的发现并据为己有就不可原谅了。

形式认可

20 世纪 80 年代末，在一篇热情洋溢的《纽约时报》文章以及全国畅销书《混沌》之中，詹姆斯·格雷克（Gleick）让曼德伯特教授成为名人。格雷克公开支持曼德伯特，但还是不由自主地给出了下列直率的讨论。其他科学家认为这些评论表明了曼德伯特作品冗长枯燥的倾向：

曼德伯特【的】……书……充满了第一人称：“我宣布……我构想并发展了……并实施了……我已经证实……我表明……我发明了……”无论混沌引向何方，曼德伯特都有一些基础来宣称是他首先到过那个地方……一个崇拜者甚至也大声疾呼，“曼德伯特谁的成果都没借鉴。”【原文的重点】[③]

无论曼德伯特的癖好达到了什么程度，曼德伯特丧失了礼貌和诚信，令人无法原谅。曼德伯特一生当中都要求实至名归，因此曼德伯特无礼貌不诚实的行为尤其显眼，格雷克描述了这一突兀行为：

在成功的顶点，曼德伯特遭到一些同事的辱骂。同事们认为他心醉神迷，摆不正自

① Frost, Alfred John, and Prechter, Robert R.（1978）. *Elliott wave principle — Key to market behavior.* Gainesville, GA: New Classics Library, p. 184.

② （1993）Personal letter to R. Prechter from J. Barnes, Wetumpka, Alabama.

③ Gleick, James.（1987）. *Chaos: Making a new science.* New York: Penguin Books, pp. 111-112.

己在历史中的位置。同事们说曼德伯特威吓他们给予应得的赞誉……有时，一些面世的文章使用了分形几何学理念，曼德伯特会打电话或者写信给作者抱怨对方没有提及自己或者自己的书。①

有一点是可以让曼德伯特安心的，艾略特死了。② 所以艾略特就无法发出同样的抱怨。对于科学发现历史中的正义来说，幸运的是，我们中的一些人知道事实。

在曼德伯特文章的一幅小图里，曼德伯特要求我们“查找错误”。这是个诱人的邀请，但我要拒绝回答，因为我尊重曼德伯特这位聪颖的数学家，曼德伯特极大地促进了分形几何学的发展，为全世界做出了重大贡献。然而，为世界做出了重大贡献之后，这位数学家是否真的应该提出更多的要求呢？对牵涉分形的大部分著作历史，1993 年的著作《分形经典著作》（Classics on Fractals）③ 把事实摆得清清楚楚。我 1999 年的著作《波浪原理高级教程（上）》④ 讨论了艾略特著作的许多意义，因为艾略特那无可争议的巨大成就而不吝赞美之词。曼德伯特不能也这样对待自己的前辈吗？

曼德伯特反驳艾略特，普莱切特作出回应

1998 年，曼德伯特对 R. N. 艾略特的简要反驳由一位热心读者通过电子邮件发送到我们的网站，要求我们回复。出于对著名科学家的尊重，我退避三舍。但是《科学美国人》上的文章变本加厉，置公平正义与不顾，因此我不能再避让了。下面是曼德伯特著作《金融中的分形和标度——不连续性、集中和风险》（Fractals and Scaling in Finance——Discontinuity, Concentration, Risk）（1997 年）的原文引用：

---

① Gleick, James. (1987). *Chaos: Making a new science*. New York: Penguin Books, pp. 111-112.

② 著名的研究人员把艾略特的著作据为己有，并不是第一次发生。埃德森·古尔德，用笔名比尔斯（Beers）·古尔德写作，在 1941 年 5 月 19 日的《巴伦》文章中给出了一堆艾略特的原创理念。就在 8 个月之前，艾略特发表了这些理念。古尔德是市场预测领域冉冉上升的明星，锐意创新，显然认识到了艾略特著作的重要性，并希望自己能挤进创始人的行列。（是不是听起来熟悉？）在这种情况下，艾略特是活着的，所以，艾略特可以义正词严地抗议。要了解关于这个情况的更多信息，请看 “A Biography of R. N. Elliott” in *R. N. Elliott's Masterworks*. (1980/1994). Prechter, Jr., Robert Rougelot. (Ed.). Gainesville, GA: New Classics Library.

③ Edgar, G. A. (ed.) (1993). *Classics on fractals*. Reading, MA: Addison-Wesley.

④ Prechter, Robert. R. (1999). *The wave principle of human social behavior*. Gainesville, GA: New Classics Library.

艾略特波浪原理：这一节是个合集，适合提到 R. N. 艾略特（1871 年–1948 年）。艾略特以前曾在多个地方担任会计师，还是个餐馆管理专家。艾略特研究了斐波那契、大金字塔的秘密（Secrets of Great Pyramid）、梅尔齐–塞蒂克（Melchi–Zedik）的预言，并于 1938 年宣布了大“发现”——“波浪原理”，真正能够进行预测的原理。有一个说法：艾略特首先把分形应用在了金融之中。这个说法促使我【在】1994 年浏览了艾略特。在质上，艾略特的一些图片确实让人想起了特定的自仿射发生器。我在第 E6 章的第 4 节研究了这类自仿射发生器。也就是说，艾略特的这些图片体现了这一节之前引用的斯威夫特质暗喻的智慧，但仅此而已。艾略特的著作没有达到客观性和重复性的要求：用他自己的话说，“需要大量的经验来对【其】进行正确解读”而且“只有【他或他的直接受许可人】的解读【是】有效的”。①

下面是标上数字的话语，继之以我的回复。这些欢愉组成曼德伯特的整个评论。

（1）“这一节是个合集，适合提到 R. N. 艾略特（1871 年–1948 年）。艾略特以前曾在多个地方担任会计师，还是个餐馆管理专家……”

这纯粹是傲慢无礼的说法。在艾略特的领域，艾略特不是陌生人，而是先驱。一个包罗万象的合集不“适合”讨论一位先锋，除非有人想要埋葬这位先锋。为什么艾略特以前是个会计师，因为他死了吗？或者因为作为公司重组专家在会计行业工作了四十年之后，艾略特在 67 岁的时候出版了一本关于股市的书？如果曼德伯特在 67 岁的时候出版一本关于音乐的书，那么，他以前就是个数学家？曼德伯特的说法“多个地方”暗示，艾略特像是皮包公司的一个四处流窜的二把刀。艾略特不光是个会计师，还是几家大公司和几条国有铁路的主管会计。在美国占领尼加拉瓜（Nicaragua）期间，受柯立芝内阁国务院（State Department）的任命掌管尼加拉瓜的金融。在两年的短暂时间里，他确实写了关于餐馆管理的几篇文章和一本书，以便利用 20 世纪 20 年代全国范围内的茶室疯狂（与之相对应的是今天时髦的咖啡馆）。曼德伯特煞费苦心地引用了艾略特企

① Mandelbrot, Benoit.（1997）. *Fractals and scaling in finance — Discontinuity, concentration, risk.* Springer–Verlag.

业家身份这一方面，好像是别有用心的：贬损艾略特的金融几何学发现。①

（2）“……艾略特研究了斐波那契、大金字塔的秘密、梅尔齐-塞蒂克的预言，并于 1938 年宣布了大‘发现’……”

这段文字经过了精心策划，后面还隐藏着欺诈，令人震惊。这个说法中起作用的词句全是曼德伯特自己创造的，曼德伯特从艾略特第二本书和最后一本书的两页上的一些词句做出了这个推断。② 艾略特没有研究或者引用大金字塔的秘密或者任何人的预言。艾略特的做法是给一本书起了个不幸的名字《梅尔齐-塞蒂克的预言》（Prophecies of Melchi-Zedik），这是关于大金字塔高度的一点信息来源，向艾略特表明大金字塔的建造者知道斐波那契数字。无独有偶，在我和弗罗斯特 1978 年的著作《艾略特波浪原理》中，我们引用了《大金字塔的秘密》（Secrets of Great Pyramid）的作者彼得·汤普金斯（Peter Tompkins），以便证明结构的维数是由黄金分割率联系的。我们的集体观点只是斐波那契数字和比率的知识已经存在了漫长的时间。至少，艾略特（我们可能也是这样）有一点过失：不知道科学敏感性。但是，仅此而已。科学家理所应当地拒绝任何神秘之处，但是，艾略特在这方面的参考书并不属于这一类。更重要的是，这个参考书、艾略特整本著作中来自宗教的两个相关评论，都与接近 300 页的上下文风马牛不相及，不属于一类范畴。曼德伯特字斟句酌，暗示艾略特思想的中心是一个奇幻思维错误，是错误的。另外，在 300 页的书中找到这个模糊的句子，表明曼德伯特煞费苦心地搜寻任何一点能找到的只言片语，以便诋毁前辈，即使这样做需要断章取义和歪曲事实虚假陈述。

曼德伯特用句子结构进一步表明他归于艾略特的研究先于艾略特的发现以及发现声明，因而他归于艾略特的研究也就是艾略特发现以及发现声明的基础。实际上，在第一本书里发表了分形图示两年之后，艾略特探索了植物学中的斐波那契数学。引用的简短的参考书出现在第一本书出版 8 年之后。曼德伯特有艾略特的著作，也就知道艾略特著

① 有了资金雄厚的公司和大学的支持，曼德伯特肯定不需要屈尊以贸易维生。他对这个主题持不屑一顾的态度，反映了一种恼羞成怒的心态——肯定好像是否定的东西——科学领域之外的人、需要在贸易界谋生的人——创造了金融分形理念，并在该领域做出了许多重大发现。就这个粗野的回复而言，发脾气是个难以令人信服的解释。

② Elliott, R. N.（1946）. *Nature's law*. Republished:（1980/1994）. *R. N. Elliott's masterworks — The definitive collection*. Prechter, Jr., Robert Rougelot.（Ed.）. Gainesville, GA: New Classics Library.

作的先后顺序，所以，曼德伯特的错误暗示显然是别有用心的。

曼德伯特在引用中使用“发现”这个单词更是傲慢无礼。曼德伯特一次又一次地把重大发现据为己有，但却不把自我表功放在引用之中。

到目前为止，曼德伯特的介绍展现都是同一种语言风格，就好像他在努力宣称他近来编造了进化论理论，并对达尔文进行了批驳：“犹豫不决、满世界乱跑、长期晕船、只能劳神费力写点自己未竟的理念。”这些话可能有点真相，但是，作为总结，这是个虚假陈述，混淆视听、卑鄙无耻。

（3）“……‘波浪原理’，‘真正能够进行预测’的原理。”

在《科学美国人》的文章中，曼德伯特这样说他的模型：

这些技术……提供一个概率估计：市场会怎么做，人们可以怎么做来应对不可避免的巨变……实际的模型并不只是调查市场在昨天或者上个星期做了什么【，但是】这些图片产生自这一模型的发生器，可以在先前市场活动的基础上仿真另外的方案。

换句话说，他肯定地声明自己发现了“真正能够进行预测”的技术。他与艾略特说法相同，但是他却因为这个说法而嘲笑艾略特。

艾略特声明自己为预言提供了一个基础，曼德伯特对此加以嘲讽，但并没有引用事实来证明自己的嘲讽。艾略特是对是错？如果是错的，为什么呢？从科学的立场来看，更糟糕的是，曼德伯特没有描述任何使用自己模型来实现戏剧性声明的方法。曼德伯特的声明是，“提供一个概率估计：市场会怎么做”或者让人们“在先前市场活动的基础上仿真另外的方案”，更不用说“应对不可避免的巨变”。这些豪言壮语非常容易误导人。仔细阅读这篇文章会发现，曼德伯特能够提供的只是市场过去涨落的目录，任何市场学者随意浏览历史图片都可以搜集到这些资料。曼德伯特可以给出神秘预测来证明自己关于模型预言能力的声明？一个没有。以后也不会有，因为曼德伯特的模型假定具体事件具有随机性，更不用说曼德伯特提出了发生器不自然的 3 波浪-3 波浪结构。曼德伯特的模型仅仅可以在涨落、幂律和不定分形的意义上仿真“变数的同样形式”，而无法为预测细节提供基础。曼德伯特含糊其辞地抗辩，《多重分形无法确定地预言未来》，就好像能完全预言未来一样。事实上，甚至就有用的概率而言，不定分形也无法用来预言任何具体的未来事件。曼德伯特文章的题目是《多重分形沿着华尔街漫步》，逗弄了伯顿·马尔基尔（Burton Malkiel）的《在华尔街随机漫步》（A Random Walk Down Wall Street）。但对于实际预测目的而言，曼德伯特的文章也可以采用同一个题目。

詹姆斯·格雷克在 1985 年的一篇文章中证实："曼德伯特对股市和河流图的模仿，无法帮助预言特定的回升和洪水。"① 14 年后，情况依然如旧，因为曼德伯特只是模仿了股市和洪水形式的一个非常粗略的方面：它们的分形不规则性的程度。曼德伯特甚至没有像艾略特所做的那样去考虑，更不用说去发现其中所展示的形式了。曼德伯特声明自己做出了预测而且预测具有实用价值。但是，无论是就预测模型来说，还是就预言任何事物的企图来说，艾略特的声明都未经证实。但是，R. N. 艾略特以及后来的作者阐述了具体的预言方法，采用的是波浪原理。

曼德伯特关于可预测性的断言就像是孤注一掷的赌博：宣称拥有艾略特的领土，但却没有必要的物质进行实际占领。相反，艾略特做出了一些有史以来最出色的股市预测，而且这些预测已经记录了下来。② 就两人宣称的预测价值而言，主要的区别是艾略特成功了。

（4）"有一个说法：艾略特首先把分形应用在了金融之中。这个说法促使我在 1994 年浏览了艾略特。"

在这句话中，我们首先要注意一些善于观察的人确实发现是艾略特首先把"分形用于金融之中"。这一认识肯定会让曼德伯特暴跳如雷采取行动，而曼德伯特采取的行动就是这一讨论的焦点。"首先"这个说法有误导作用，而且傲慢无礼。艾略特并没有提前分形在金融之中的应用时间。艾略特创始了这一理念，并进行了详细阐述。另外，艾略特实际上并没有影响——实际上是广泛影响——"分形在金融中的应用"。而曼德伯特并没有做到，也不能做到。

另外，如果曼德伯特在 1994 年之前没有"浏览艾略特"，就砍我的头。因为我把艾略特的文章发给了曼德伯特（曼德伯特没有回复），所以，早在 1986 年，曼德伯特就拥有了《艾略特波浪原理》（1978 年）、我的文章《社会进步的分形设计》（Fractal Design of Social Progress）（1986 年）③。有人在职业生涯中对金融和分形感兴趣，但却对波浪原理一无所知，这让人难以接受。甚至早在 1962 年之前，他就了解波浪原理，当时他

① Gleick, J.（1985, December 8）. "The man who reshaped geometry." *The New York Times*.

② 要看更好的总结，请看《波浪原理高级教程（上）》第 5 章。要看艾略特的完全记录，请看《R. N. 艾略特的杰作》（1980 年/1994 年）和《R. N. 艾略特的市场信函》（R. N. Elliott's Market Letters）（1993 年），新经典文库。

③ 在本书的第 269 页重印。

在调查棉花价格的分布。①《银行信贷分析师》（Bank Credit Analyst）的著名编辑 A. 汉密尔顿·博尔顿担任金融分析师联合会（Financial Analysts Federation）主席。从 1953 年到 1966 年，从他在魁北克（Quebec）蒙特利尔（Montreal）的办公室，A. 汉密尔顿·博尔顿每年都发表广为流传的“艾略特波浪原理”附录。在 1960 年，A. 汉密尔顿·博尔顿还就这个主题出版了一本书，书名《艾略特波浪原理——一个关键评价》，使波浪原理在华尔街进一步大行其道。1960 年，曼德伯特第一次有了“……一点想法，一个模糊不清的形象……”格雷克说，也就是在 1960 年，曼德伯特开始分形研究。这一时间次序或许能够解释，曼德伯特对自然界分形的研究开始于金融市场（具体来说是棉花市场，艾略特在 1946 年的著作中指出棉花市场遵循波浪原理），而不是海岸线、山或者云。如其不然，曼德伯特至少应该在 1978 年之后的某个时间听说过波浪原理。1978 年，《艾略特波浪原理》出版，市场上的波浪开始在新闻界制造波浪，尤其是在 1983 年之后。

现在，考虑一下曼德伯特无礼之言：花点工夫浏览艾略特。从引文（1）（2）（3）和（8）可以看出，曼德伯特找出了一些模糊的只言片语，因此，他的说法是谎言，也表明实际上他从头到尾仔细研读了艾略特著作。曼德伯特好像想要表现出无私的态度，但是我们看到的却并非如此。他处心积虑地恶毒攻击，他小心谨慎地把别人的功劳据为己有，这些都表明他是有目的的。

（5）“在质上，艾略特的一些图片确实让人想起了特定的自仿射发生器。我在第 E6 章的第 4 节研究了这类自仿射发生器。”

喔，这是一个关键性的认可。然而，即使在这里，艾莉奥特的图片还是无法让人想起后来的发生器。“想起”还有个内涵意义：只是最模糊的重现相似性。这个精心挑选的单词因而好像是在引导读者认为艾略特是个事后诸葛亮。就先后顺序来说，是曼德伯特的一些图示像艾略特的图示，而不是反之。如果要恰当地归功的话，就应该这么说。

（6）“也就是说，艾略特的这些图片体现了这一节之前引用的斯威夫特质暗喻的智慧……”

---

① Mandelbrot, Benoit.（1962）. Sur certains prix spéculatifs：faits empiriques et modèle basé sur les processus stables additifs de Paul Lévy. *Comptes Rendus*（Paris）：254, 3968-3970. And（1963）. The variation of certain speculative prices. *Journal of Business*：36, 394-419. Reprinted in Cootner 1964：297-337. University of Chicago Press.

在这里，曼德伯特说艾略特体现了乔纳森（Jonathan）·斯威夫特的智慧，就好像诗人斯威夫特关于跳蚤的寥寥数语有着科学分量，或者甚至（在较大的诗歌上下文中）在某种程度上处理了自仿射性。事实并非如此。

（7）“……但仅此而已。”

就金融市场行为来说，艾略特的发现比曼德伯特（忘了斯威夫特）多得多，两者无法相提并论。如果艾略特和曼德伯特对各自模型的阐述有所不同的话，那就是，前者相对丰富，后者相对薄弱。艾略特著作的主要内容表明，股市不仅仅限于一般分形性。艾略特著作的主要内容详细描述了实际金融市场分形的形式特色，而曼德伯特在建模领域的唯一新贡献只是个空中楼阁。在文章当中，曼德伯特的主要论点是，金融市场可以建模成任何数量的机械分形和多重分形，沿着一条轴或者另一条轴进行控制——不是自然而然，而是由建模者决定的——与艾略特的强①分形模型相比，具有任意性、原始性和随机性。通过详细列举形式构成的细枝末节，艾略特揭示了强分形模型。

艾略特用十年的大部分时间研究实际市场价格运动，然后才在较高级别上重复的基本形式得出结论。艾略特在现实世界中进行了观察：上涨趋势通常细分成五波浪，而下跌趋势三个波浪。因此，艾略特所详细描述的模型与现实世界一致，而曼德伯特的分形发生器确实是，用他自己的话说，“无源之水”。曼德伯特没有提出具体形式，但却被迫发明了一个形式用以进行描述。曼德伯特只是朝着每个方向画了3条线（他称其为“部分”）来仿真市场分形性。曼德伯特揭示了自己的模型的任意性本质，要求我们“想象一个骰子，每一面的形象都是发生器6个部分排列中的一个。在每一次篡改之前，就掷一次骰子，出现的那个排列就被选了出来。”（然后，选出来的排列就可以进行无限操纵！）如果市场波动的依据是随机掷骰子而不是波浪原理，那么就不会出现有着65年历史②大获成功的艾略特波浪预测。

就像曼德伯特自己说的那样，曼德伯特多重分形模型优于现代投资组合理论（Modern Portfolio Theory），但却语焉不详。跟现代投资组合理论（MPT）相比，多重分形模型唯一的改进是增加了一个警告：迅速的大规模运动会在任何时间以任何级别出现。投资组合经理简单回顾一下市场历史就能轻易查明这一事实。艾略特的强分形把这

---

① 《波浪原理高级教程（上）》第5章解释了这一术语。

② 追溯至1934年艾略特写给柯林斯的第一封信，艾略特在其中做了简短宏观的市场预测。

些简单的多重分形模型意义考虑了在内。实际上，艾略特的强分形模型做得好得多，因为它做出了如下解释：什么时候会有坡度的变化、市场中上涨率和下跌率、会以何种级数上涨或下跌。市场实际上不是多重分形，而是强分形，所以，虽然多重分形模型或许可以仿真市场涨落，但却不能仿真市场。当提到实际市场遵循“未知规律”时，曼德伯特承认了这一点。波浪原理是否正确揭示了这些规则？这个问题有待讨论。但是，这并未改变一个事实：曼德伯特没有提出什么新观点。而且，如果波浪原理是正确的，那么，曼德伯特的市场建模方法与艾略特的方法不可同日而语。

艾略特的分形发生器也比曼德伯特的分形发生器连贯得多。人类社会活动的两个方面是波动和净进步。艾略特的模型自然而然地调和了这两个方面。要实现波动，一个波浪模型至少在每个方向都要拥有 3 个波浪，曼德伯特辨认出了这一点。然而，要实现净进步，鉴于没有另外的假设，一个方向必须比另一个方向多两个波浪。那么，采用尽可能简单的模型，艾略特的描述既提供了波浪，也提供了净进步，反映了自然界在实现目标方面的效率。相反，曼德伯特对每个方向的 3“部分”指定是任意的，因为它省略了本质之中的净进步。曼德伯特的模型让人会问，“上涨线为什么比下跌线长？”对于上涨偏好，曼德伯特无法给出理论解释。因此，同样数量的上涨和下跌波浪应该暗示了一个产生不了净进步的循环。曼德伯特可以描述净进步的唯一方式是，在两个方向之一中延长波浪，他不加解释地这么做了。曼德伯特没有声明这么做的原因是市场实际上如此，因为他否认市场遵循他的分形发生器描述。因此，延长一个方向的波浪是专门对真相做出让步，真相就是股市和人类一样随着时间的流逝而取得进步。与曼德伯特模型形成鲜明对比的是，就自然意义的进步而言，艾略特的交替更迭 5-3 概念是符合逻辑的。而且，艾略特的交替更迭 5-3 概念是从现实世界的观察资料中发展而来的，因而是客观的。

曼德伯特已经对科学做出了历史性的贡献：他阐述了分形维数，发展了衡量粗糙性的数学，辨认出了分形规则所能产生的大量变化，发现分形普遍存在于世界之中。这些是丰功伟绩。不幸的是，如果要创造精确、实用、预测性的金融市场行为模型，这些丰功伟绩就无用武之地了。所以，曼德伯特无法占领这块领土。而艾略特的主张有经验主义和 65 年应用的支持，是一个可以证明的成功。

曼德伯特贬低艾略特假说并不是因为无知，因为他有艾略特的著作。艾略特列举出了现实世界中出现的形式，一个金融分形科学家可能企图辩驳艾略特的著作，但不会摒弃它或者忽视它。如果金融分形科学家对艾略特的详细观察资料或者广泛结论持异议，那么，他就应该说出来并解释其中的原因，而不是单纯地嘲笑其为虚假“发现”。我忍不住想，曼德伯特是不是希望艾略特的发现就没出现过，因为（至少在我看来）艾略特的思想深邃，而且如果被证实的话，甚至是伟大的曼德伯特对金融知识所做的贡献都会相形见绌。

（8）“艾略特的著作没有达到客观性和重复性的要求：用他自己的话说，‘需要大量的经验来对【其】进行正确解读’而且‘只有【他或他的直接受许可人】的解读【是】有效的’。”

艾略特在第一本书中写下了这个“警告”，这样，读者就会小心机会主义者的愚蠢预测。虽然对该主题一无所知，但机会主义者却可能想着一夜暴富。如果有人认为艾略特有条有理的股市出版物是关于波浪原理的权威著作，那么，这只是一个商业决定。艾略特从来没说过波浪原理知识是任何一个人脑的特产。实际上，在1938年和1946年的两本书中，在1939年《金融世界》一系列12篇文章当中，甚至通过在纽约城所教授关于这一主题的课程中，艾略特都对自己的工作进行了反复解释。在曼德伯特引用的那本书的传记里就包含这些信息。这些事实以及艾略特著作的整个剩余部分，与曼德伯特断章取义的描述相抵触。我们会问，曼德伯特自己的（未经证实）有用概率预测权利是否被一个对分形“一知半解”的人利用。如果不行的话，曼德伯特会不会说他证实了自己的模型不客观且不可重复？当然不会；不是一回事。

像曼德伯特那样显然聪明伶俐之人都知道，不能从艾略特的书或者文章之中摘取只言片语就给定下大罪：不客观且不可重复。脱离上下文引用这些词句是一个烟幕，避开了问题。如果曼德伯特能够表明艾略特的著作没有达到客观性和重复性的要求，那么，他就应该做到。否则，他就无权说得像真事一样。波浪原理的陈述是客观的，相关书籍详细说明了波浪原理的理念。拿我来说，我认为主观性在这一领域无一席之地。波浪原理是否真实是另外一个问题，但是，曼德伯特一生的工作支持波浪原理的正确性。简单地说，曼德伯特对波浪原理的摒弃是一个笼统的断言，根本无科学性可言，没有就事论事，却假装做到了。

艾略特的发现

在引文（5）中，曼德伯特只是承认艾略特的图片让人“想起”【原文如此】了特定的自仿射发生器。曼德伯特避免提及艾略特就社会进程中自仿射性这一主题所说的话，这些话就在曼德伯特引用的书里，在时间上也先于关于这一主题的所有现代评论。这里是艾略特的一些评论，介绍了当时的革命性概念，丝毫未受他人的影响：

对所谓的人类活动进行的广泛研究表明，几乎所有源自我们社会经济进程的发展都遵循一个规律。这个规律使它们在相似且不断循环的一系列波浪或者冲动中自我重复，这些波浪或者冲动都有着固定的数量和形式。对所谓的人类行为进行的广泛研究同样还表明，就强度而言，这些波浪或者冲动彼此之间协调一致，与时间段也协调一致。

“人类活动”这个词包含如下项目：股价、债券价格、专利（申请）、金价、人口、公民从城市向农场的移动或者反之、商品价格、政府支出、生产、人寿保险（购买）、电力生产、汽油消费、火灾损失、股票交易所会员资格价格、流行病、房地产、商业、政治【和】对快乐的追求。① 在那些自由市场里，公众广泛参与价格运动，人类活动尤其明显。

学者们应该认识到循环之内还有循环。大型波浪细分成中型波浪，中型波浪接下来细分成小型波浪。一个循环只是成为另一个运动或者更大运动的起点，而这个运动本身又是较小运动的一部分，和较小运动一起受着同一个规律的支配。这一基本规律不能被法令或者禁令所颠覆或者撤销。时事新闻和政治发展只起到次要作用，转瞬即忘；它们对市场趋势的影响只是大家推测的而已，并不像普遍认为的那样重要。无论在哪个领域，在这个进展的下面都是固定的、控制性的原理，或者是支配自然活动的总则。这一专著利用股票的价格运动来说明这一现象，但是，在人类活动所涉及的每个领域，本书阐述的所有原理都可以应用于波浪运动。②

—— R. N. 艾略特，1938 年、1939 年、1940 年、1946 年

显然，艾略特对事实一清二楚，用曼德伯特自己的话（这篇论文的开头引用了曼德伯特的话）说，在他自己原创的“分形几何学著作”中，他创造了“新建模技术”，这些“新建模技术”“表明”市场行为“有着次序”。艾略特不仅画了分形图，还理解了

---

① 艾略特在《波浪原理》（1938 年）给出了这些活动的图片。

② 这些句子搜集自 pp. 92，147，157，183，192，217，218，228，229 of *R. N. Elliott's Masterworks ——The Definitive Collection*（1980/1994），该书包括 *The wave principle*（1938）、*The Financial World* articles（1939）、“The basis of the wave principle”（1940）and *Nature's law*（1946）。为阅读时清楚起见，我省略了省略号和单字母的括号。

分形图的意义和含意。第一，市场分形是强分形，而不是自同一分形或者不定分形；第二，艾略特发现斐波那契数学支配着市场行为。这两点最终在人类进步形式和自然界无数其他生长形式之间建立起了密切的关系。先有了这些观点，然后，曼德伯特才发现分形普遍存在，曼德伯特的这一发现具有相同的含意。实际上，直到几十年之后，像上文引用的那些话才作为分形几何学的结果出现。我相信，尤其是艾略特的那些图片足以证明是艾略特引入了一个理念：分形的自仿射性支配着社会进程，因而是自然界的基础。其实，因为艾略特热衷于经验主义，拥有数学见解，创建了包容性的假说，具有广泛的视角，所以，我认为，虽然艾略特是个商界人士，不习惯于科学规程，但是艾略特还是配得上“科学家”的称号。

道路的分叉

别管曼德伯特在何时听说了艾略特的著作，曼德伯特肯定都决定忽视它，希望它会离开。它不会离开。好像在 20 世纪 90 年代末，曼德伯特就情不自禁、迫不及待地去占领艾略特的领土。因为曼德伯特喜欢居功，所以曼德伯特别无选择，只能避免把金融市场分形发生器描绘成 5 波浪或 3 波浪，因为他在历史上的位置为下降：证实并继续了 R. N. 艾略特所开创的工作。他大着胆子像艾略特那样描绘了金融市场分形“发生器”，但一个方向只有 3 个波浪。在其 2002 年的书中，曼德伯特断言，自己“新创造”的术语“砖块自仿射性”，为“几乎所有的基本分形或者多重分形”提供了图画，可能由此就包括了艾略特的波浪原理。

考虑到上文引用的曼德伯特的评论，至少我们知道，在曼德伯为《科学美国人》写文章之前，曼德伯特就听说过艾略特的著作。不管怎么说，曼德伯特都该在自己的资料来源中引用艾略特，因为他正是从艾略特的著作中得到了想法：分形发生器图示。但是，这样做就要承认艾略特创造了这个想法。依我看来，从道德上说，也意味着从实际来说，曼德伯特都应对欠佳。

如果有谁想对这个主题以及艾略特赢得的褒奖形成自己的观点，只需阅读下列 3 本中的一本：

（1）《R. N. 艾略特的杰作》（1980 年/1993 年），包括艾略特所有的原创书籍、文章、主要论说文以及一篇自传。

（2）弗罗斯特和普莱切特的《艾略特波浪原理——市场行为的钥匙》（1978年/1998年），是艾略特著作的简写本。

（3）普莱切特的《波浪原理高级教程（上）和社会情绪经济学这一新科学》（1999年）。

这些书由新经典文库出版，新经典文库还出版了波浪原理其他每一位主要实践者的历史性著作。要看书目的话，请访问 www. elliottwave. com/books，或者使用下面的联系信息：地址：P. O. Box 1618，Gainesville，GA 30503；电话：770-536-0309；传真：770-536-2514；电子邮件 customerservicc@ elliottwave. com。

续篇

曼德伯特或许也体现和占有了其他艾略特波浪实践者的一些原创想法或者陈述。比如，前几页做了这样的讨论：曼德伯特谈到自己模型预测价值时的措辞，反映了《艾略特波浪原理》中出现的陈述。或许下面的引文可以进一步证明曼德伯特阅读并吸收了《艾略特波浪原理》中的陈述。比较以下这个引文：

你能否用理论化并遵守这一点：股市和许多自然现象一样，在同样的数学基础上运作？答案是肯定的……就最广泛的意义来说，波浪原理表明了一个想法：塑造生命和星系的定律也同样植根于所有人的精神和活动之中。①

——弗罗斯特和普莱切特，《艾略特波浪原理》（1978年）

与下列引文，这是曼德伯特文章开头的一段话：

描绘海岸形状和星系形式的几何学也阐明了股价飙升和暴跌的方式。②

这一想法在文章当中做了重复，如下所示：

分形形式不仅出现在证券价格变化之中，也出现在整个宇宙的星系分布之中，【还】出现在海岸的形状之中……

---

① Frost，Alfred John，and Prechter，Robert R.（1978）. *Elliott wave principle — Key to market behavior.* Gainesville，GA：New Classics Library，p. 184.

② Mandelbrot，Benoit.（1999，February）. "A multifractal walk down wall street." *Scientific American*，p. 70.

——曼德伯特，《多重分形沿着华尔街漫步》，（1999 年）

我想说个俏皮话：所有的这些话语都是同一个分形物体的一部分。但是，我要留给你自己去判断它们的相似性。

狐疑之人经常反对《艾略特波浪原理》中的评论，比如上文引用的那个。因为他们觉得其中的含义太宽泛。你可以看到，世界上一个最著名科学家的说法如出一辙。

市场预测？

曼德伯特的文章以这样的话结尾："新建模技术……也认识到海员的警告，就像最近的事件所证明的那样，需要加以注意：即使在最平静的海面上，大风也可能就在地平线上肆虐。"人们可能认为，这句话只是一个笼统的评论：市场分形的主要运动具有突然性，只是其意象市场恐慌所特有的。这本杂志的目录表介绍是，"道琼斯指数何时达到 10，000 点，何时暴跌?"因此，与这个介绍一样，曼德伯特文章的结语也表明，当股市确实暴跌的时候，曼德伯特可能会庆幸自己的引用。好像有先见之明一样。然而，曼德伯特的方法没有提供预料任何事物的基础。曼德伯特方法的任何含意都是错误的。只有波浪原理——或者可能还有一些其他的具体市场模型——可以做到先知先觉。如果有人认为曼德伯特的结语表明曼德伯特知道即将到来的事件，也表明曼德伯特看跌股市，那么，我们要问他的观点有什么依据。人们希望曼德伯特不要单纯地偷窃艾略特波浪分析师的长期股市观点。在无数书籍和文章当中，艾略特波浪分析师的长期股市观点已经驰名世界。

普莱切特

回答和回应

曼德伯特的回答

对于曼德伯特的文章，我做出了一波又一波的回复（请看下一节）。在 1999 年 6 月版次的《科学美国人》中，曼德伯特对这些回复进行了如下回答：

在某个点上，拉尔夫·艾略特的“原则”和我的动画仿真都使用了递归内插法。其中，每个部分都是整体的缩小版本。这是一个古老的想法，但是，他的用法和我的用法截然相反。艾略特画了一个非随机“波浪”，艾略特声称这个非随机“波浪”能够“真正预测”每个现实世界市场；然而，这个过分简单的波浪先是被拉长、压缩或者在其他情况下由手工调整。相反，分形或者多重分形模型必须遵循严格的数学规则，自始至终允许的是量化发展，就像我的一样。在任何事件中，随机和非随机动画本身都无关紧要，它们的作用只是介绍我的价格变体模型中精妙的量化特性和工具——多重分形时间里的分数布朗运动（fractional Brownian motion）。这一模型的规则不是递归的，而是完全数学细化的，而且可以调整来适应历史金融数据。①

……以及普莱切特的回复

普莱切特在艾略特波浪国际网站上给出了下列回复：②

“在某个点上，拉尔夫·艾略特的‘原则’和我的动画仿真都使用了递归内插法。其中，每个部分都是整体的缩小版本。”

这是我们的观点，然而，更确切地说，艾略特没有使用递归内插法，而是在实际股市里描述了递归内插法。曼德伯特傲慢地使用引用以及“原理”的小写字母，但是这个模型有名字，曼德伯特很清楚，而且，这一理念完全配得上它的名字。

“这是一个古老的想法……”

可别这么说。递归内插法（对艺术等等）可能是个古老的理念，但是，使用递归内插法来描述市场并为市场建模可不是个古老的理念。它起源于艾略特。

“……但是，他的用法和我的用法截然相反。”

确实如此。

“艾略特画了一个非随机‘波浪’，艾略特声称这个非随机‘波浪’能够‘真正预

① Mandelbrot, Benoit.（1999, June）. Letters to the Editor. *Scientific American*, p. 6.

② 原文丢失了，所以我尽可能回忆重写了一遍。如果谁下载了原先的评论，请告诉我，谢谢。

测’每个现实世界市场……”

实际上，波浪原理就是非随机的。波浪原理的细节让波浪原理能够有所作为。就概率而言，波浪原理在不同级数上获得了成功，波浪原理确实能够用来预测大多数现实世界市场。

“……然而，这个过分简单的波浪先是被拉长、压缩或者在其他情况下调整……”

在这个评论中，我们发现了错误和矛盾。艾略特没有把市场建模成一个简单图画，然后拉长、压缩或者调整。艾略特在描绘事实，而事实本身是变化多端的。曼德伯特的指责就像是说，有人画了 12 种树的图案，然后提出了一个树形图综合模型“开始于过分简单的树模型，然后拉长、压缩并在其他情况下调整”。这是倒行逆施。

曼德伯特的描述存在着矛盾，因为实际上他的描述准确刻画了他在创造自己的“多重分形模型”时的所作所为。他开始于一个简单的分形发生器，然后对其进行调整：在纵坐标轴上拉长它，在横坐标轴上压缩它，完全是随心所欲，如图 1 所示。图 1 直接摘自曼德伯特的文章。

“……由手工”

艾略特在 1934 年就用上电脑了？

“相反，分形或者多重分形模型必须遵循严格的数学规则，自始至终允许的是量化发展，就像我的一样。”

一定是这样吗？需要区分一点：我们可以准确操控的模型、现实模型。精确建模能力需要数学刚性。但是现实模型需要忠于真相，因而可能排除数学刚性，至少在知识有限的模型形成阶段是这样。结果好像对生命系统，非常适用，尤其适用于人类行为。一个有着严格数学规则的旨在对你的朋友查理进行预言的模型是荒唐的，一个让查理为所欲为的模型是无用的。然而，就金融市场而言，在曼德伯特的模型中，我们可以找到上述两个模型。人们肯定能够建立一个关于查理过去和潜在行为的模型，但是这个模型既不会有基础，也不会有结果。考虑一个问题：树是否遵循“严格的数学规则”。或许遵循，但是，目前所知的使用这些规则的模型都没用，无法预测任何一棵树的最终结果。在另一方面，一个基于丰富经验的强模型——使用数学刚性和概率陈述——或许能帮你预料树的大部分结果。艾略特的模型就是这种模型。

上面的讨论根本没有承认曼德伯特的声明：只有他的模型可以用数学来描述。艾略特的模型可以按照严格的数学规则量化。因此，我们能够创造自己的艾略特波浪分析和测定专家系统①来根据艾略特规则和准则标示数据系列。然而，我并不心存幻想：我们由此创造的系统捕获了市场行为的每个可能的细节，完美地界定了其概率范围，消除了所有可能的形式，完全概括了波浪原理模型。所有的这些还都需要学习。

拉长、压缩和调整

（曼德伯特的分形模型，附有相关评论，1999年2月《科学美国人》）

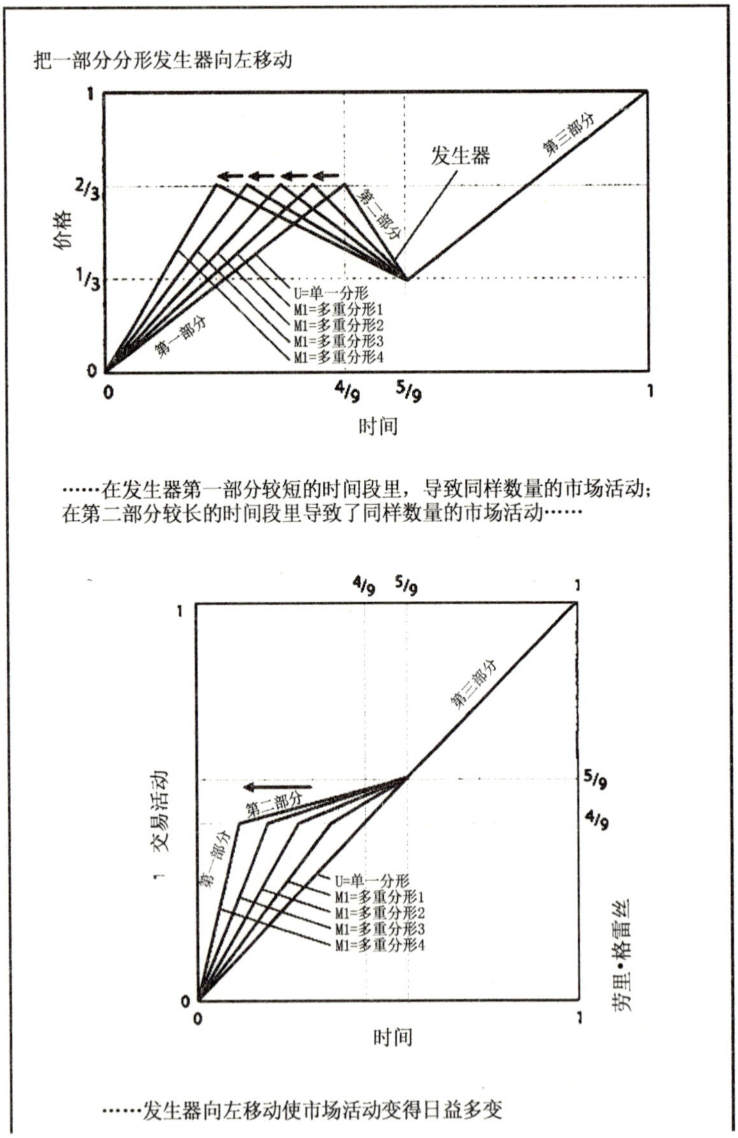

图 1

---

① 请看《波浪原理高级教程（上）》第 4 章。

这一讨论也没有承认曼德伯特的声明：是曼德伯特首先给股市建模。曼德伯特宣称自己的模型“遵循严格的数学规则”，但是曼德伯特的模型没有遵循任何有用的形式规则，而是允许无限操控。如果曼德伯特声称只要市场上下波动，市场就完全可以为所欲为，那么，你能否想象曼德伯特对 R. N. 艾略特做出了摒弃性的回应。那是一种什么模型，这种“严格的数学规则”有什么实际价值？你能否想象一个承认随机“自始至终量化发展”的模型，而现实情况却并非如此？随机漫步理论家也可以用数学精确地描述自己的模型，但并不因此与股市相关。艾略特模型和曼德伯特模型都允许量化发展的无穷变化，只是艾略特的模型限制了可能会发生的变化的各个方面，使之在现实世界预测中发挥作用。曼德伯特的模型没有消除潜在的市场事件（只是说价格不可能在时间上逆转！）。曼德伯特所谓的模型体现了价格行为的无限可能性，，实际上与随机漫步没什么区别，因此从实际上说，也就根本不是模型。

“在任何事件中，随机和非随机动画本身都无关紧要……”

在 1997 年的书中，曼德伯特给出了类似于前一章图 2 和 4 的图片，还给出了一些其他的图片，使用具体的形式（比如 3 上、3 下，使用一定的长度），以便展示多重分形自仿射性理念。他把这些图示成为“动画”。在这种情况下，这或许是个恰当的单词。因为，就艾略特阐明的金融市场行为实际形式而言，这些图示代表了任意结构或者潜在性，而不是事实。我们可以看到，曼德伯特之所以使用上文这种宽泛的术语，是想把艾略特的图片包括在这种“动画”之中，所以曼德伯特才会选择这个孩子气的单词。然而，艾略特的图示既不是动画，也不是现实主义者的详细画作。艾略特画出了现实的各个方面，而不是抽象的结构。因此，艾略特的非随机动画对成千上万人来说举足轻重。实际上，艾略特的动画可靠地反映了现实①，而且还具有理论含意，因而具有迷人

① 这封电子邮件来自一个职业投资组合经理。在学习了波浪原理之后，他在 2002 年开始密切关注市场。这封电子邮件是昨天到的：“我重生成了波浪人！！！！严肃地说，这是我所见过的最令人惊奇的工具。我是密歇根州立大学（Michigan State University）詹姆斯·麦迪逊学院（James Madison College）的董事会成员。詹姆斯·麦迪逊学院是一个文科学院，鼓励学生阅读所有的西方思想巨著。我要让一些教授适应波浪原理。”我一直都在收到这种信息，因为波浪原理确实做到了给现实建模，而且效果良好。

1999 年 6 月版次《科学美国人》这样开头，“2 月版次的贝努瓦·B. 曼德伯特的文章“多重分形沿着华尔街漫步”招来了读者的无数回复。”这些回复处理了艾略特问题，只有普莱切特的信件发表了出来。幸运的是，在这许多未发表在杂志上的信件当中，有一部分转发到了我们网站的公告板上，所以我们可以在这里再现这些信件。

的气质。曼德伯特的随机动画就乏善可陈了。（在此基础上，我要把这一判断延伸到他的整个模型。）

如果艾略特的描画对曼德伯特来说无关紧要，这是好事。曼德伯特把这个事实记录下来是非常不利的，因为有一天波浪原理模型可能被证实。但是曼德伯特是否应该激动不已，因为发现试图描画真实股市行为的人记录了一个结构，而他的模型复合这个结构？显然，就承认这个丰功伟绩而言，问题是艾略特几十年之前就完成了这个丰功伟绩。如果在未来的十年里有人做出了这样的描画，曼德伯特就可以说自己的模型已经先知先觉，虽然是模糊的先知先觉。考虑到真实的先后顺序，在学术讨论中承认艾略特的波浪原理，就使曼德伯特处在了后来者的位置。这样曼德伯特就有两个选择。一，给予艾略特的模型更多的辩护。二，提出一个更广泛的派生伞，来考虑市场分形性，只有当艾略特模型被证伪的时候，这种派生伞才有理论价值（虽然还是没有实际价值）。这就是为什么对曼德伯特来说，波浪原理“无关紧要”。

如果曼德伯特对汽车进行理论建模，他或许就能说自己是创造车型图的功臣。只是有一个事实：人们已经造出了汽车。但这个事实与曼德伯特的声明没有关系。曼德伯特可以把汽车贬抑成“无关紧要的非随机动画”。

我们应该进一步指出，在看到艾略特描画波浪原理的图示之前，曼德伯特从未创造任何动画，也从未使用过这一术语。除了波浪原理之外，曼德伯特的动画及其相关评论可能有一些价值，但是它们的时间安排和描述好像是为了至少达成一个愿望：把艾略特的模型包括在他的工作范围之内，并同时把艾略特的模型贬低得几乎一文不值。当艾略特的具体观察资料被科学界接受的时候，这一策略，如果确实如此的话，就会被认为是无法完成任务，并压倒金融市场建模贡献之间暗含的相互意义。

“……它们的作用只是介绍我的价格变体模型中精妙的量化特性和工具——多重分形时间里的分数布朗运动。”

曼德伯特的动画就是这么做的。艾略特的模型没有描绘布朗运动；描绘的是股市运动。两者大相径庭。

“这一模型的规则不是递归的……”

曼德伯特的模型可能不是递归的，但是曼德伯特的分形发生器是递归的；图 2 和 4 表明的就是这一点，曼德伯特本人说：“……我的动画仿真……使用递归内插法……”如果没有递归，那么，除了侵占艾略特的地盘之外，这些图示还有什么作用？艾略特的模型不是严格地递归；波浪原理内部有许多变化。最后，股市强势递归的，一个做不到强势递归的模型——比如曼德伯特的模型——就没有抓住股市的本质。

"……而是完全数学细化的，而且可以调整来适应历史金融数据。"

再说一遍，如果一个模型是"完全数学细化的"，但其结果无异于说，"股市可以为所欲为"，那么，这样的模型有什么价值？艾略特的模型做出了这样的描绘：股市运动的什么方面是确定的，什么方面是不确定的。其中就体现了艾略特模型的巨大价值。

曼德伯特自豪地说他的模型"可以调整来适应历史金融数据"。就在几个句子之前，我们是不是读到了这样的话：艾略特的模型是个笑话，因为它"调整"来适应实际市场行为，即历史数据？除了注意这个虚伪之处，请看这个关键性的区别：艾略特从"历史金融数据"之中派生出了自己的模型。应用艾略特模型的人无须调整来使用新的数据。实际上，艾略特的模型足以预料未来的金融数据。

不管人们对这些事情怎么看，曼德伯特的完全数学细化声明都根本无法达到让艾略特发现声名狼藉、惨遭唾弃的目的。他们的模型之间所存在的区别不会减少艾略特的成就，更不会让艾略特销声匿迹。那么，如果艾略特的模型一点数学都没有呢？达尔文没有从进化中得出一点数学。至少，艾略特得出了数学的一个重要部分，比如，斐波那契的关键支配地位，曼德伯特还没有发现和承认这一点。因为达尔文的进化模型——别忘了是个分形过程——没有包括"严格的数学规则"，所以我们就说它无关紧要或者不是个模型？否。达尔文的模型使我们对现实的理解发生了巨变。达尔文的接班人有没有因为想出了一些相关数学，而被看作是进化论的创始人？没有。功劳归于这样的人：他有着开天辟地般的见解，而其他人则忽略了这个见解。就社会行为而言，这样的人是R. N. 艾略特，他揭开了一个极其重要的真相：集体行为创造了波浪的分形动力。达尔文的接班人有没有因为发明了一个无法预言哪怕一个进化趋势的数学结构，而得到为进化论建模的功劳？没有。功劳归于这样的人：他的模型可以预料现实中的事件。是R. N. 艾略特描绘了波浪原理并制订了规则和准则，来预料即将到来的趋势。这两项成就都已经记录在案，所有人都能看到。《科学美国人》的读者理应回避曼德伯特的严重疏漏，我理应挑战曼德伯特贬低艾略特成就的行为。

写给《科学美国人》编辑的信

今天，我阅读了贝努瓦·曼德伯特的文章《多重分形沿着华尔街漫步》。在这篇文章当中，贝努瓦·曼德伯特表现出色，反驳了现代投资组合理论中心那些流行的假设。（这些假设依然植根于学术经济学家的心中，即使交易场地的人知道这些假设是错误的。）曼德伯特还利用自己的建模方式推进了对股价的理解。不幸的是，跟几年前，甚至几十年前的一本著作相比，曼德伯特的模型有着极大的相似性。曼德伯特的模型从 R. N. 艾略特 20 世纪 30 年代的著作中借用了大量内容。这部著作已经由罗伯特·普莱切特和 A. J. 弗罗斯特进行了完善。如果把曼德伯特的文章与先前出版的著作进行同步比较，会发现相似性惊人。比如，跟 1978 年出版的弗罗斯特和普莱切特的《艾略特波浪原理》相比，曼德伯特的图 1 只是弗罗斯特和普莱切特的图 1-2 到 1-4 的简化版本。那已经是 21 年前的书了。1978 年，弗罗斯特和普莱切特还没有提到市场价格或者把市场价格描绘成分形的模型。分形这个术语依然是个新词，分形方法和概念还太神秘。然而，十年来，像普莱切特、比尔·威廉斯等人那样的当代作家、投资者和分析师，已经理解、讨论和出版了关于市场和波浪分形本质的著作。然而，曼德伯特的文章当中什么都没提到，延伸阅读中所有的条目都完全是他自己的著作。我从未想过要把曼德伯特这样的天才称作门外汉，但现在我发现有必要。如果我的研究生写出只引用自己著作的论文，我就会让他到图书馆进行更多的研究！我期待着曼德伯特未来的著作，曼德伯特未来的著作会有更多的数学精确性，有助于我们理解下面的内容：市场价格的分形本质、市场追随不同时长波浪的趋势。它会有助于该领域的发展。但是，它还会有助于一个已经存在的领域的发展，不管他是否承认。我知道我应该尊重《科学美国人》的公平正义。我期待着将来的版次中会出现社论，纠正一个另有他用的文章所留下的错误印象。

——詹姆斯·J. 多诺万（Donovan），博士

1999 年 2 月 15 日

这条信息是关于《科学美国人》1999 年 2 月版次上贝努瓦·B. 曼德伯特的文章《多重分形沿着华尔街漫步》。我发送这条信息有两个原因：（1）我要说，把这篇文章放在封面上，干得漂亮，（2）提出抗议，曼德伯特没有给予 R. N. 艾略特应得的功劳，

艾略特才是第一个使用多重分形给金融市场建模的人。在这个股价高企的时期，应该发表科学的观点。曼德伯特理应说当前的模型表现欠佳而且需要较好的模型。他那相当简单的使用分形的市场模型迅速表明，就为市场建模而言，分形比现代投资组合理论贴切得多。曼德伯特的文章和声誉给这个令人神魂颠倒的研究领域带来了许多必需的信任。然而，虽然曼德伯特给金融建模带来了这个好处，但曼德伯特的公平正义受到了影响。在文章第二页，曼德伯特说："我宣布，金融价格的变体可以由一个模型来解释，这个模型来自我的分形几何学著作。"注意曼德伯特是怎么说的，"我的分形几何学著作"。读者会认为是曼德伯特首先使用分形来给金融价格建模。曼德伯特使用的模型确实可以给金融价格变体建模，但是，曼德伯特不是第一个这么做的人。

曼德伯特应该在科学上讲诚信，引用 R. N. 艾略特作为第一个发表分形方法的人，早在 20 世纪 30 年代，R. N. 艾略特就用分形方法分析金融市场。单词"分形"不是在当时创造的，但这显然是艾略特做出的贡献。即使是曼德伯特文章图示 1 所展示的图片，也与艾略特著作中所发表的那些图片惊人地相似。艾略特图片的例证是《波浪原理》（1938 年）的图 3 和 4、《自然法则》（Nature's Law）的图 5 直到 13。艾略特的出版物可以在《R. N. 艾略特的杰作》中找到，《R. N. 艾略特的杰作》由新经典文库出版，包含上述以及其他出版物。曼德伯特已经出了一本书批评艾略特，因此我们知道曼德伯特知道艾略特的著作。这本书是《金融中的分形和标度——不连续性、集中和风险》——列在了文章的"延伸阅读"里——所以曼德伯特不能说自己不知道艾略特的著作。曼德伯特先生因自己的分形和混沌著作而声誉卓著是理所应当的，但是他对待艾略特贡献的态度缺乏职业水准。

《科学美国人》有一个有价值的机会推进自己对科学的贡献：把这场争论推向前进。科学争论总是健康的，尤其是当争论影响到我们生活方式的基础时。我们生活方式的基础是钱。你们的杂志可以发表关于 R. N. 艾略特的一篇文章来提供一个平衡的观点。小罗伯特 · R. 在佐治亚（Georgia）盖恩斯维尔领导艾略特波浪国际的普莱切特先生是个合适的人选，他了解艾略特，能够提供这样的文章。

——澳大利亚悉尼（Sydney），尤金 · 莫罗（Morrow）

1999 年 4 月 4 日

再次沿着华尔街！

一个投资者的主要问题是：“我明天怎么赚钱？”在《多重分形沿着华尔街漫步》中，贝努瓦·曼德伯特搞成了一团乱麻：声明、自我挫败式的反声明。有一个错误的暗示，使用分形几何学原理，投资者的问题已经得到了解答。在此过程中，他未加引用就借用了大量内容，激起了艾略特波浪原理许多支持者的怒火。或许，伯顿·马尔基尔的支持者也是如此。伯顿·马尔基尔在我的母校工作，是曼德伯特的同事，是《在华尔街随机漫步》的作者。要理清这些错综复杂的关系真不容易。

曼德伯特劳神费力，要让自己的多重分形类似价格历史的一个具体时期。不幸的是，本着这个指导方针，所有的其他技术，包括不成熟的手工蜡笔画，都应该完成同样的最低噪音结果。按照逻辑发展，曼德伯特先是认为股价波动是由自己所未知的规则支配的。曼德伯特论证自己可以使用一组 3 矢量来复制股票图中的一段现实，这组 3 矢量分成多个嵌套的 3 矢量后代。但是，然后，曼德伯特错误地认为，现实规则自动适用于两幅图画，而且通过分形几何学的某种魔力，他的模型以某种方式包含了原始价格图中所不具备的有价值新信息。

曼德伯特自己承认，自己的仿真基本不具备预言力量。有一篇文章由两部分组成，这篇文章叫作《技术分析师的伪证券》（Pseudo Securities for Technical Analysts），不久就会发表在《股票和商品技术分析》（Technical Analysis of Stocks and Commodities）（www. Traders. com）上。在这篇文章当中，我用图片演示了建模的基本问题，曼德伯特的复制品就存在这个问题。实质上，人们可以做出大量大不相同的数学模型。在有限的时间跨度里，这些模型好像精确地模型了现实。然而，要想让这些模型对投资者有效，就要满足一个条件：在超过分析跨度限制的时间里运作时，这些模型继续精确地模仿先前的历史，更重要的是模仿未来。因果规则还是好像被忽略了，出了问题就由曼德伯特负责。

曼德伯特的压力测试是要把自己的“模型”比作自己所抄袭的原始数据来源。我们不会感到奇怪：他可能去除这两个并在图示中得到小区别噪音信号，不管涨落级数如何。我们并不清楚一点：投资组合经理会怎样把投资组合（或者证券）比作选定的时间跨度里有意识的不精确的自身近似值，以便有利可图地对投资组合（或者证券）进行压力测试。

最终，曼德伯特的意思是，经过进一步的工作，他的发明可能成为预言未来股价的有用工具。实际上，你们这些读者应该知道，这种事情已经发生了。在 20 世纪 30 年代，R. N. 艾略特发现市场是一系列曲折线条“波浪”，由 5 上然后 3 下核心结构组成。有一个看似符合逻辑的情况：艾略特考虑了较为简单的 3 波浪结构。然后，在制订市场行为最终模型时又否定了 3 波浪结构。艾略特和曼德伯特都辨认出现实生活的基本形式是分形，这些分形由自身的小型复制品组成，自身又可以与相同的分形组合起来，形成更大的类似结构。当然，分形这个单词不是在艾略特时期创造的。艾略特波浪原理继而得到了广泛研究和应用，并在某种程度上得到了完善，用在了几个软件产品中。这几个软件产品用于现代家用电脑。

艾略特的基本方法与曼德伯特的基本方法恰恰相反。艾略特的理论有许多规则和准则，源于历史记录的精妙结合，以便为零星的分形找到真正的基础，以便不辞辛劳地确定市场将它们组合起来的各种方式。这就是曼德伯特想要在未来实现的目标。

——马萨诸塞州（MA）卡莱尔（Carlisle）查尔斯·E. 米勒（Miller）

1999 年 3 月 5 日

我买了一份今天的《科学美国人》并阅读了曼德伯特的文章。我发现这是一篇有趣的文章，尤其是鉴于一个事实：曼德伯特在 1997 年写到了艾略特的发现，但是曼德伯特却根本没有【把】功劳【归于艾略特】。我还发现一个有趣之处：这篇文章给出了一点迹象：“多重分形”如何用于模仿金融市场行为。但是，我沮丧地发现，曼德伯特的图片没有太多意义，也难以与现实世界中的事件相联系。

——安迪·麦肯齐（Andy Mackenzie）

1999 年 2 月 16 日

我读了贝努瓦·曼德伯特 2 月份的文章《多重分形沿着华尔街漫步》，阅读的过程充满了兴趣、乐趣和失望。我发现这是个有趣的话题，而且来得正是时候，因为美国股市处于历史性的牛趋势之中，而且最近已经处于了躁狂状态。我觉得好笑，因为曼德伯特的行为就好像他发现了什么新东西。实际上，曼德伯特论点的本质已经被知晓和描述了多年。R. N. 艾略特在 20 世纪三四十年代的所得到和出版的观察资料就谈到了这种市场形式。曼德伯特没有因艾略特的著作而归功于艾略特，我感到有点失望。但更让我失望的是，曼德伯特没有用例子和讨论证明他的假说。我认为曼德伯特的例子证明不了什么，他对例子的描述不充分。

但是，有些人想要追寻这个推理线路，并把这种推理切实用于当今的金融市场之中。对与这些人来说有个好消息。艾略特的著作已经由艾略特波浪国际搜集和出版，有两个容易的联系方式：www.elliottwave.com 或者 1-800-336-1618。实际上，艾略特波浪国际已经对艾略特形式做了总结和详细的描述（免费），并印刷了每日和每月业务通讯（付费），在艾略特形式的基础上解读和预言美国和世界市场运动。

曼德伯特可能会引用的相关题目最终名单列举如下：

R. N. 艾略特的著作：

《波浪原理》（1938 年）

《金融世界》文章（1939 年）

《自然法则——宇宙的秘密》（Nature's Law——The Secret of the Universe）（1946 年）

A. J. 弗罗斯特和罗伯特·R. 普莱切特的《艾略特波浪原理——市场行为的钥匙》（1978 年，1998 年修订）

小罗伯特·R. 普莱切特的《在浪潮的顶点——大熊市预测》（At the Crest of the Tidal Wave——A Forecast for the Great Bear Market）（1995 年）

——马里兰州（MD），杰伊·哈姆

1999 年 2 月 4 日

对于一个特别喜欢金融理论的人，只阅读一下曼德伯特先生的论文题目就可以发现它肯定和艾略特波浪原理有关。几乎在七十年之前，艾略特波浪原理就第一次得到了描述。但是，随着阅读的继续，好奇和享受开始让位于惊讶，并在文章的结尾变成了无比震惊：没有提到 R. N. 艾略特、罗伯特·普莱切特、A. J. 弗罗斯特等人？怎么会这样呢？是否曼德伯特先生傲慢无比，认为别人不值得一提；或者因为曼德伯特先生孤陋寡闻，从未听说过那些描述金融市场分形几何学的书籍和论文？我们难以想象曼德伯特先生没有意识到他人做出的这些贡献，因此，我们得出结论：曼德伯特先生这么做的原因是傲慢。曼德伯特先生的态度是承认无名小卒的著作并只建议"延伸阅读"自己的书。这种态度好像是自吹自擂，不属于合理科学行为标准差的范畴。好像科学自我中心性会以躁狂的形式爆发，就像市场参与者的行为偶尔会在"非理性奔腾"中爆发。曼德伯特并不是第一个自恋狂科学家。这一现象的知识促使我们提出了另一个问题：《科学美国人》有没有同行评议之类的东西？如果答案是否定的，那么，这家杂志或许应该学习这个经验并考虑建立这样的系统——只是为了保住自己的声誉。如果答案是肯定的，而且如果曼德伯特的论文确实经过了评议，那么，《科学美国人》是否意识到所有推荐的

“延伸阅读”写的都是作者的名字？在投资领域，文凭主义无休止地反复出现、无法根除。近来，资本受“资深专家”的误导，世界处于金融灾难的边缘。科学领域的文凭主义可能对大众危害较小。但是对于那些受到影响的人来说，一样令人不安。或许，文凭主义这种机制，引起了对曼德伯特先生论文的随声附和：如果主题与分形几何学相关，有谁敢对写下那本分形巨著的人说三道四？要成为一个良好的评议人，光了解相关科学领域是不够的。人们必须也能理解，甚至是最有成就的人，无论是科学家、艺术家、政治家还是什么人，都还是人，经常无法征服最基本的人类本能和情绪。因此，良好的评议人必须能勇敢地面对本领域的名人。此时，自我、骄傲和人类本性的其他成分，威胁要压倒正当科学行为的既定规则。

——爱德华·J. 博茨（Eduard J. Botz）

1999年2月16日

贝努瓦·曼德伯特的“发现”是市场展示出了价格行为那样的分形。你那关于贝努瓦·曼德伯特“发现”的文章引起了尖锐的回复，因为曼德伯特教授的见解比R. N. 艾略特晚几十年。R. N. 艾略特的“波浪原理”从20世纪40年代就存在于公共领域，埃德森·古尔德等高企市场操作者利用“波浪原理”获得了巨大的成功。

长期以来，“艾略特人”遭到主流投资理论和学术界的贬低。在广泛的技术分析学科中，“艾略特人”会告诉曼德伯特教授如何把他的数学应用于市场之中。技术分析师通常欢迎学者们增长中的意识：在我们的贸易之中对工具的熟练使用，产生了市场活动预测中一定程度的成功。然而，好像相当具有讽刺意味的是，学术机构一直以来都在嘲笑技术分析尤其是艾略特，却突然发现了技术分析和埃利奥特的作用，并承认技术分析和艾略特的功劳。

我以艾略特理论实践者的身份写信给你，我使用艾略特理论预测利率和货币市场每天的运动。我每天的工作都具有高度的精确性，我的客户是大机构。我可以向你保证，我知道并使用曼德伯特教授所谓的见解已经有多年的时间了。曼德伯特的新奇断言荒唐可笑。如果你想就此采取一个平衡的观点，我建议你咨询艾略特波浪国际的罗伯特·普莱切特。鲍勃是世界上最杰出的“艾略特人”。自从20世纪70年代以来，鲍勃一直是艾略特工作的火炬手，把艾略特著作传递给下一代市场分析师。

——大龙头研究公司（Pendragon Research Inc.）总裁尼娜·G. 库珀（Nina G. Cooper）

1999年2月22日

你在1999年2月版次的《科学美国人》收录了一篇上面作者的文章，题目是“多重分形沿着华尔街漫步”。你可能需要知道一点：你收录这篇文章玷污了《科学美国人》的形象，因为作者在写这篇文章的时候好像大量借用了他人的想法，却没有给予别人应有的功劳。实际上，相当可悲的是，作者过早已经选择摒弃R. N. 艾略特的著作，但同时又借用了大量艾略特的市场理论。未来在收录同一主题的文章时，你或许想要熟悉R. N. 艾略特以及罗伯特·普莱切特的著作。我希望你那时能够找出像曼德伯特先生那样的艾略特-效颦者（Elliott-Wannabes），或者至少强迫这种作者在对待艾略特时做到实至名归。附言：请把这个信息传递给曼德伯特先生，因为知道了作为和不作为的后果之后，他的自我就无法得到宽恕。

——E. L.

1999年2月16日

亲爱的编辑，我感到惊骇万分：像《科学美国人》这样广受尊重、广泛阅读的出版物竟会发表一篇如此公然的抄袭之作——曼德伯特先生的文章。我感到非常吃惊，我一直非常喜欢阅读你这样的期刊，但是贵刊竟然侮辱所有研究艾略特波浪原理的人：容忍作家的不诚实，这些作家只是所谓的追求真理的科学家。失望的

——拉希德·A. 巴特（Rashid A. Buttar）博士，急诊医学（Emergency Medicine），预防医学（Preventive Medicine）

1999年2月16日

致《科学美国人》编辑们：为了“自相似”目的，那位曼德伯特博士创造了自己的单词，达到过于活跃的自我。你们2月份的文章支持这个【结论】。或许，在曼德伯特通过几个复杂系统证实拉尔夫·艾略特20世纪30年代的发现之前，不能说曼德伯特是否知道拉尔夫·艾略特20世纪30年代的发现。但是，到目前为止，曼德伯特应该足够客观，与他那杰出的前辈分享这一功劳。对于一篇涉及艾略特研究领域金融市场的文章来说，更是如此。你们允许这个疏漏，就是不幸地成了历史上错误文字的合作者。

——新罕布什尔州（New Hampshire），中心三明治（Center Sandwich）安德鲁·罗宾（Robin）

1999年2月15日

贝努瓦·B. 曼德伯特发表在《科学美国人》2月版次的文章，没有见解和才智，更

不用说简单的真相。但是，这篇文章没有提到任何 R. N. 艾略特、A. J. 弗罗斯特、R. R. 普莱切特①等人的文章，这就太明目张胆、说不过去了。自从艾略特在 20 世纪 30 年代引入分形分析以来，市场技术人员一直在使用分形分析，虽然据我所知分形这个术语首次【与波浪原理联系起来】是在普莱切特 1986 年的报告《社会进步的分形设计》中。

曼德伯特的分析最好被当作对这一先前著作的完善。这一点可以清楚地非常直观地用图片表示出来：迅速比较一下曼德伯特文章图示 1 的 4 幅图与弗罗斯特和普莱切特 1978 年著作《艾略特波浪原理》中的图 1-1 到 1-4；也请看普莱切特饶有兴味的 1995 年续集《在浪潮的顶点》（都由新经典文库出版）。这些金融经典肯定应该在推荐阅读书目中占有一席之地。

——弗吉尼亚（VA），斯塔福德（Stafford），威廉·E. 特雷尔（Terrell）

1999 年 1 月 30 日

令人惊骇万分的是，在曼德伯特的著作面世几十年之前，R. N. 艾略特就对其做了抄袭。

——皮特·谢姆兰（Shamlian）

1999 年 5 月 24 日

写给艾略特波浪国际的后续信件

我是一个科学家。当实至名归无法实现时，我总是感到愤怒。在我的职业生涯之中，我碰到过形形色色的科学家，有的自我引用，有的不愿承认他人的著作，（幸运的是只是偶尔）有的剽窃他人的想法并据为己有。因为这些行为是在公共场合进行的，所以，反驳和谴责也应在公共场合进行。我恳请你在《科学美国人》特别报道中提交这些材料。我希望他们会让双方畅所欲言。

——佛罗里达大学（University of Florida）化学系（Chemistry Department）博士朱迪·V. 约翰逊（Jodie V. Johnson）

1999 年 5 月 21 日

---

① R. R. 普莱切特（R. R. Prechter）即小罗伯特·R. 普莱切特（Robert R. Prechter, Jr.）。译者注。

我认为这是个无关紧要的问题，没人从这场争论中受益。在数学之中，重要的是数学特性描述，所以——就像曼德伯特一开始用数学定义分形一样——曼德伯特确实需要发现分形和金融中的分形。我本人直接看到，这样做给曼德伯特带来了敌意（在经济部门和金融之中）。

就艾略特而言，与布朗运动的类比可能令人大开眼界。布朗运动以罗伯特·布朗命名，因为罗伯特·布朗首先于 1827 年观察了 * 宏观 * 环境下的现象，即使布朗本人引用了至少一个较早的关于现象的观察资料。这个关于现象的观察资料在广角范围内的具体环境之中。

然而，布朗运动的第一个数学描述是 1900 年由路易斯·巴舍利耶（Bachelier）和 1905 年由阿尔伯特·爱因斯坦独立做出的。所以，可以这么说，后两个人“发现了”布朗运动。但是，当然，数学家想要的是缜密得多的发展。直到 1923 年，才由诺伯特·威纳（Norbert Wiener）实现了缜密得多的发展。所以，威纳创造了布朗运动（“威纳过程”）。

和布朗的道理一样，艾略特显然观察了金融市场中的分形，可以说已经“发现了”金融分形。但是，和巴舍利耶以及爱因斯坦的道理一样，曼德伯特“发现了”分形，因为他定义了这个术语，并给出了具体的数学特性描述。只是因为曼德伯特，学术环境中的大多数人才注意艾略特。（这样解释真相可能难以自圆其说，但事实就是这样。）

当我第一次遇到罗伯特·普莱切特的时候，【1984 年，在费城地区 64 频道金融新闻网（FNN）】，然后接触到了“艾略特波浪”这个术语，我立即承认其是金融市场的分形方法——虽然在我看来，这是个开放性问题：这些分形的结构是否一定遵循由艾略特规定的形式。

所以，对于你的（罗伯特·普莱切特的，任何什么人的）所说艾略特发现了金融市场分形，我没有问题。显然，艾略特确实发现了金融市场分形。显然，普莱切特有理由采用“分形”这个名称来描述艾略特的描述。对于曼德伯特的说法他发现了金融市场分形，我也没有问题，因为曼德伯特创造并推广了整个数学概念。如果你阅读曼德伯特的书籍，你会看到曼德伯特特地指出了各位前辈。而且，如果曼德伯特认为艾略特平淡乏味，那么，他——以及所有人——都有这个权利。但是，我认为你应该相当主动地（而且不是出于保护性地）忽视曼德伯特的这一点。

——J. 奥林·格拉贝（J. Orlin Grabbe）博士

1999 年 6 月 11 日

普莱切特的回答：这或许确实是个无关紧要的问题，如果大家承认艾略特和曼德伯特都发现了市场中的分形，只是资格和量化的数量不同。存在争议的唯一原因只是曼德伯特想独吞功劳。我相信需要出让太多的功劳。请再次看图 1 直到图 4。你能否想象，之所以会出现怒吼的声音，是因为，今天有人写了一篇文章，描绘了曼德伯特集合的复制品，并称其为“新鲜感”、“惊奇” 和 “我自己著作” 的复制品？曼德伯特已经用数学描述了多重分形市场模型，但是，这和用数学描述股市完全就是两回事。事实是，曼德伯特只是把数学应用于（当然是采用聪明的方式）金融市场分形的一个方面：粗糙性标准。曼德伯特已经追寻并阐明了这一方面，但这可能只是需要阐明的所有内容中的一个小方面。如果有人以数学精确性描述大象的周长，这并不意味着这个人描述了大象。所以，还远远不能说曼德伯特已经定义了金融市场分形。根据艾略特的说法，形式——定义本身——之中有着大量信息，曼德伯特已经意识到了这一点。1938 年，艾略特给金融市场分形建模；1940 年，艾略特描述了支配自己模型的斐波那契数学；而且，如果模型是精确的，那么市场形式就也是如此。如果其他人因曼德伯特的成就而对他怀有敌意，那就是一件不幸的事情。然而，在这种情况下，是曼德伯特的敌意需要一个回应。对于“指出了各位前辈”，一个科学家的电子邮件①列举了 5 个资料来源，说，“世界上的几个集体先前已经注意到，更精确的自仿射模型和多重自仿射（曼德伯特含糊地称其为多重分形性）模型可以更好地描述实际股市。” 另外，如果我要保护的是艾略特，那么保护性几乎就不是个问题；忽视攻击和疏漏是不公平的。

我多年没跟你说过话了，但是，我想祝贺你，因为你对《科学美国人》上关于曼德伯特的文章做出了回应。多年来，我阅读了许多曼德伯特写的文章和书籍。我完全支持你反驳曼德伯特最近写的文章。实际上我非常幸运，我订阅了 5 月份的刊物（已经阅读了曼德伯特在《科学美国人》上的文章），不知道你会反驳曼德伯特的声明，但高兴地看到你对他迎头痛击。在我自己多年来的一些研究中，在整个商业行为中，我发现了一个趋势：人们把各种革新据为己有。这一行径对研究人员骚扰极大（在本质上是非保护性的），因而，你的反驳更加令人心旷神怡。实际上，我想，你分析这篇文章的方式、你仔细滤过每个词句的方式，堪称一流。

——斯蒂芬·巴雷特（Barrett）

1999 年 6 月 11 日

---

① 几个科学家以类似的震惊做出了回复，并给我发邮件表示支持。他们拒绝发表自己的评论，因为他们怕反对如此著名的人物会带来风险。

感谢你那证据充分、仔细周密的文章。你的文章表明，在知识方面，曼德伯特剽窃了 R. N. 艾略特重要著作中的理念、甚至原则。我也惊骇万分：曼德伯特竟然使用贬抑之词，曼德伯特唯一的目的就是诋毁并摒弃那些先于他的“粗陋之作”的奠基之作。令人耳目一新的是，我发现还有人坚持“实至名归”原则。我认为许多理念已经离开了这个星球，或者至少离开了我所居住的这隅角落。“实至名归”就是这许多理念中的一个……

——pclv. com，K. 斯金纳（K. Shinner）

1999 年 5 月 21 日

至关重要的是，《科学美国人》不是一个科学杂志。我本人从未向这家杂志提交过任何东西，但是，我相信这家杂志从不进行出版之前的同行评议。我没听说过哪家科学或者数学杂志不经过专家评议就发表文章，我不相信哪家杂志发表的论文所附的参考文献只是作者以前的出版物。我还没看到一家，而且我已经在过去的 60 年里阅读和评议了几千份物理化学论文。我也没看到有谁使用这样的说法“我宣布”！至多，人们能接受的是“我提出……”我要说的只是，如果你要投出一篇有价值的文章，为什么把它发表在《科学美国人》上？答案是，没有一家自我尊重的杂志会在没有评议的情况下接受稿件。也有人未承认（我）先前在化学方面的投稿，我能同情你的失望：曼德伯特没有承认艾略特的原著，也没有承认你和弗罗斯特对此做出的发展。

——哈里·戈弗雷·奥斯温（Harry Godfrey Oswin）

1999 年 5 月 31 日

他肯定相当仔细地研究了艾略特，因而能够捏造出下面的话：

“2）艾略特研究了斐波那契、大金字塔的秘密、梅尔齐-塞蒂克的预言，并于 1938 年宣布了大‘发现’”。我也和你一样义愤填膺。

——约瑟夫·F. 乔伊斯（Joyce）

1999 年 5 月 21 日

我喜欢鲍勃的汽车发明者类比【张贴在艾略特波浪国际的公告板上，并用在了本章引用的文字里】，但是，我有一个更好的类比。记得那个时候吗，香草冰（Vanilla Ice）

（摇滚明星）推出了一首歌曲，“冰孩（Ice Ice Baby）”。这首歌曲的曲调确实容易上口（低音反复吟唱）。这个曲调真棒，并迅速变得大红大紫。只是有一件事情，香草冰从女王乐队【和戴维·鲍伊（Bowie）】的一首歌里偷窃了基本曲调，这首歌叫“压力之下（Under Pressure）”（这还是一个音乐视频）。嗯，一天，当香草冰如日中天、功成名就的时候，他接受了一次电视【我认为是音乐电视（MTV）】采访，香草冰被问到了这个问题。采访人直截了当地说，“你没有偷窃女王乐队的成果吗？”你知道香草（曼德伯特）冰说什么吗？他说，“没有，我没有我的曲调是原创曲调。女王乐队的‘压力之下’曲调是这样的：‘嘟嘟嘟……哒……哒嘟嘟……嘟嘟……嘟嘟嘟……哒哒嘟嘟……嘟嘟……’但我的曲调是这样的：‘嘟嘟嘟……哒哒嘟嘟……嘟嘟……嘟嘟嘟……哒哒嘟嘟……嘟嘟……’”采访人有点难以置信地看着他，但是你知道怎么回事，香草一本正经。香草确实相信微不足道的停顿【在“嘟嘟嘟”和“哒哒嘟嘟”之间】实际上使那首歌成为他的成果。不用说，他的人气在接下来的几年里暴跌。

——里奇·德罗莎（Rich DeRosa）

1999 年 5 月 21 日

【对于】曼德伯特，我以前看过。曼德伯特在偷窃艾略特的成果，而且曼德伯特也清楚自己的偷窃行为。

——全球市场战略公司（Global Market Strategies，Inc.）史蒂文·W. 波泽（Steven W. Poser）

1999 年 5 月 14 日

对于围绕着曼德伯特和 R. N. 艾略特的争议，我要做出评论。我 16 岁了，在宾夕法尼亚州（Pennsylvania）上都柏林中学（Upper Dublin High School）。我们正在研究数学中的分形。我们的课本里信息不多，所以，我们的老师使用程序和最近的文章来给全班教授分形。老师告诉我们，曼德伯特是个天才、先驱，几近 20 世纪里的数学之神。我坐下来写了一篇古怪的关于分形的论文，文章有 4 页。我的主题不具有想象力，是关于曼德伯特激起棉花价格的历史。我相当忙，而且这一主题好像是可以着手的最简单的主题。我发现了一个好网站，上面有曼德伯特的童年和分形历史。发现这个好网站之后，我回到搜索引擎，看到的只是争议。我确实不知道该想些什么。我头脑中浮现了这样的一幕：一个小个子法国人，留着爱因斯坦式的头发，有一个良好的国际商用机器公司电脑，正在为《科学美国人》重写艾略特的书籍。这是真的吗？当然不是。我理解引用资料来源的必要性。抄袭会被学校开除。我只是不明白曼德伯特的动机，甚至是分形也无法代表他的现实！我感到困惑，所以我希望能有人回答我的问题。曼德伯特是否愚弄了自己，让自己相信，在发明者创造了第一款汽车之后 70 年，自己“发明了汽车”？或者曼德伯特真是个天才，用严格的数学程序汇编了这些形象和预言？

——戴维·温格特（Wengert）

1999 年 5 月 25 日

普莱切特的回答：曼德伯特肯定是 20 世纪的数学之神之一。曼德伯特发现了分形的普遍存在，并揭示了分形数学，由此从根本上、不可估量地扩张了几何学领域，这一成就可以和欧几里得（Euclid）的贡献相提并论。所以，曼德伯特确实是个天才；只不过不是唯一的天才。艾略特发现了金融世界的等级体系本质，列举了金融世界的准几何学形式，解释了金融世界的数学基础，把金融世界的整个过程与普遍形式联系在了一起，然后发展了市场进展的分形模型。所有的这些工作都是靠艾略特自己在 60 岁生日之后的 15 年时间里完成的，没有借助电脑的帮助。如果这不是天赋异禀，又是什么？

艾略特和曼德伯特的金融模型不同。艾略特宣称（在我看来是正确的）发现了金融市场背后的形式，这是个具体的（强）分形。曼德伯特没有探索形式，曼德伯特的工作方式就好像把市场当成了不定分形。曼德伯特的数学与艾略特的模型并不抵触；曼德伯特的数学支持艾略特模型。

曼德伯特以明显的偏见对艾略特进行人格侮辱，好像是阻止任何人探索艾略特的著作，并在没有任何相反证据或讨论的情况下草率地摒弃了艾略特的形式模型。不管人们怎么看金融市场分形的特性，艾略特确实是先行者，曼德伯特确实阅读了艾略特的著作。或许，曼德伯特（就像一些同事好像相信的那样）回避了一种可能性：他享有的敬意可能会部分让渡给他人。如果艾略特是错误的，科学会告诉我们。如果艾略特是正确的，艾略特的天赋就足以和曼德伯特的天赋相媲美。如果艾略特还活着的话，艾略特会当仁不让，不过会比曼德伯特要彬彬有礼。

普莱切特先生，你澄清了我关于曼德伯特的困惑，我最后写出了自己的金融分形论文。感谢你花费时间回答我。谢谢。

——真诚的，戴维·温格特

普莱切特

在2002年继续进行

2002年5月11日，星期天，下午四点，我参加了贝努瓦·曼德伯特的演讲。地点在亚特兰大埃默里大学白厅（White Hall）208房间。那个晚上，埃默里大学要授予贝努瓦·曼德伯特荣誉博士学位。很少有机会听到这个著名的数学家讲话。

曼德伯特罗列了一串分形先驱，小心地指出了他们的缺点。比如，曼德伯特面部扭曲地笑着指出，康托尔集合的发明者格奥尔格·康托尔"不幸，因为他的论文没有被摧毁"，这些论文揭露了一点：格奥尔格·康托尔相信分形组成"与现实世界毫无瓜葛"。

曼德伯特提到了分形历史上的6位人物，尽管他在《科学美国人》上的文章遭到了回复，但是，他还是对艾略特只字不提。我失望地发现，这个伟大科学家继续同步做两件事情：忽视艾略特，占有艾略特的领土。

在讲话之中，曼德伯特放映了图画的幻灯片，本章开头的图2和4已经提供了这些图片。图2也出现了曼德伯特的新书《高斯自仿射性和分形》的第51页。在这本书里，曼德伯特做了如下评论——

这是个很特别的结构群，为此，第H2章提出了一个（新创造的）术语，"砖块自仿射性"。然而，由于多种原因，这一非常严格的结构群被证明变化无常。尤其是这一术语包括——因此彼此联系——具体的例子。这一些例子几乎为M1997E和M1999N【即曼德伯特的论文】、本书以及其他著作中研究的每个分形和多重分形行为提供了"动画"。①

或许，这张大网也捕获了艾略特的"动画"。就曼德伯特而言，需要说的就只有这些。

在任何活动的每个领域，尤其是科学领域，都要与不公正做斗争。在科学领域，事实最重要。需要指出的是，曼德伯特的著作表明了一点：从宏观上说，就其5-3波浪结构而言；从微观上说，就艾略特针对现实世界金融分形的具体观察资料而言，曼德伯特都没有支持金融行为的具体模型。假如科学界最终能够接受波浪原理的有效性，那么在

---

① Mandelbrot, Benoit. (2002). *Gaussian self-affinity and fractals.* New York: Springer, p. 52.

这个时候，我们应当记得曼德伯特抛弃了波浪原理。

曼德伯特认为艾略特扯不上边儿。曼德伯特的这一态度直截了当地把自己置于了科学发现的浪潮路径之中，科学发现正在指向相反的结论。复杂性理论领域和自然分形几何学的新发现，尤其是生物学的新发现（请看《波浪原理高级教程（上）和社会情绪经济学这一新科学》第一部分和第三部分），正在迅速产生更多的知识，支持一个事实：波浪原理正确描述了金融现实。依我看来，这肯定会是个重大发现。时间和科学在我们这一边。真相终将大白，艾略特会实至名归。我号召每个相关科学家帮助保证艾略特得到了应得的荣誉：创始了金融中的分形建模理念并首先加以应用。

社会情绪经济学和量子物理学

普莱切特

2002 年 11 月

物理学和社会科学的平行革命

序言

我最喜欢的那些书一举就消除几十年、几百年，或者几千年的误解。错综复杂、长盛不衰的“误解”叫做“错误金字塔”。或许，硬科学历史上建造的最大的错误金字塔是围绕地心宇宙错误前提修建的。因为这个错误，一些行星好像举止怪异，比如，对于地球来说，水星是逆行的。天文学家进行了复杂的计算，并创造了复杂的理论，以便解释想象中的地心太阳系中的行星运动，甚至还想做出完美的预言。然而，哥白尼 1543 年关于天体力学的著作《天体运行论》（On the Revolution of the Heavenly Spheres）起到了彻底的拨乱反正的作用。我只阅读了一些完成类似功业的书籍，但是这些书籍都令人愉悦。

一个可以相提并论的成就是托马斯·卢尼（Looney）的《莎士比亚正身》（Shakespeare Identified）。[①] 这本书攻击了莎士比亚的真实身份鉴定问题：一个思想开阔的侦探对事实感兴趣，调查了莎士比亚的真实身份。这本书还调查了这些事实的指向。书中没有进行推测，而是根据事实说话。《莎士比亚正身》给出了真正作者的连贯图画。到目前未知，集体“哎哟”花了 80 年才显示出来。以前每隔十年，声音变大一点。现在每隔一年，声音就变大一点。当还在发行空洞无物的莎士比亚“传记”的“斯特拉特福派”最终放弃了。这个见解横扫的书籍可能是哥白尼见解横扫书籍的一千倍。百科全书会因为卢尼而重写。改为还在发行空洞无物的莎士比亚“传记”的“斯特拉特福派”最终放弃之时，这个见解横扫的书籍可能是哥白尼见解横扫书籍的一千倍。百科全书会因为卢尼而重写。

另一本同样功勋卓著的书籍是伊曼·维尔肯（Iman Wilken）的《特洛伊遗址探秘》（Where Troy Once Stood）。[②] 我充分了解莎士比亚，确信卢尼是正确的。但是对荷马（Homer）的伊利亚特（Iliad）和奥德赛（Odyssey），我不敢肯定。然而，维尔肯彻底融合了荷马著作和标准学者在地中海（the Mediterranean）以及地中海周边定位历次战役与旅行的努力，两者协调一致得令人震惊。概言之，维尔肯说，这些故事精确描述了凯尔特人时期（Celtic-era）英国和欧洲大陆军事力量的战争，精确描述了大西洋中的海上航行，采用占星意象来便利航行。荷马是怎么知道这些故事的，读读这本书你就明白了。不幸的是，这并不容易知道。这本书于 1990 年出版，已经售罄，你只能从旧书商那里得到这本书。这一事实好像证实了叔本华（Schopenhauer）的名言：“每个原创思想家都无一例外地被攻守同盟所包围。”[③] 学有所成的学者应该就这本书表明立场，是赞成还是反对，都要说出为什么。毫无疑问，一些书理应被忽视，比如，新时代的巨著。然而，即使在这种情况下，一个精心策划的回复也能让人觉得一本书一无是处，而且历来如此。在另一方面，对巨大的努力保持沉默表明了顽固和恐惧。对于那些发表传统解读著作的学者来说，维尔肯的论点是不是太有挑战性？如果是这样的话，我们就能

---

① Looney, J. Thomas. (Reprinted 1996). *Shakespeare Identified.* Northampton, MA: The Oxenford Press.

② Wilkens, Iman. *Where Troy Once Stood.* 1990, London: Rider Press; 1991, New York: St. Martin's Press.

③ Hawkins, Gerald S. and White, John B. (1965). *Stonehenge Decoded.* New York: Dell Publishing.

解释这种沉默了。一个评论家预料传统学者会采取这样的保护措施，“荷马并不缺乏想象力。”莎士比亚为什么能对宫廷生活做出细致入微的描述，斯特拉特福派也给出了这样的解释。如果那是维尔肯给我们的是真相，那么当真相被人接受的时候，传统的从希腊角度映射《伊利亚特》和《奥德赛》的企图就会显得愚昧无知。它们都会是由于一个顽固的前提，来自一个合理的——然而在面对相反证据时最终解释不通的——作者的希腊语和书中的“希腊”名字及其主要内容的关系假设。这是头脑简单的演绎，也同样控制着斯特拉特福主义（Stratfordianism）：“莎士比亚”这个名字在封面上，所以作者肯定是有着这个名字的人。【把这句话告诉萨姆·克莱门斯（Clemens）。】

我还要在我的功勋书单上加上霍金斯和怀特（White）的《巨石阵解密》。有人傲慢地认为，巨石阵的设计者是一群神秘的德鲁伊特。在一卷简短的学术内容里，霍金斯让这些观点烟消云散，向我们表明巨石阵的设计者实际上是一批睿智的石器时代的天文学家和工程师。

或许，这个功勋书单上还可以加上医学博士罗伯特·C. 阿特金斯（Atkins）的《阿特金斯博士的饮食革命》（Dr. Atkins' Diet Revolution）①。罗伯特·C. 阿特金斯的论点已经在《地带》（The Zone）②、《蛋白质力量》（Protein Power）③ 这类书中进行了更新和扩充。这些作家提供了人类学和生物学证据：健康饮食是高蛋白、高脂肪、多蔬菜、低淀粉、低糖。这一论点几乎颠覆了标准的“食物金字塔”。而在20世纪，标准的“食物金字塔”受到了营养学家和政府的大力提倡。直到最近，引用阿特金斯的人还被称作异类。但是，哈佛的最新研究正在证实这种饮食结构。

最后是刚出的一本书，叫作《酒鬼、毒品和借方》（Drunks, Drugs and Debtis）④，作者是道格·托尔布恩（Doug Thorburn）。或许，这本书可以取个更好的名字《混乱——如何发现你生活中隐秘的嗜酒者和瘾君子》（Turmoil——How to Spot the Secret Alcoholic/Addict in Your Life）。道格从各种各样的资料来源得出这样的观点：有心理问题的人不会成为瘾君子，但是，瘾君子会有心理问题，这是由基因排列决定的。症状和原因与大多数人想的相反。一批心理学家和精神病学家花费多年的时间给人们治疗——有时

① Atkins, Robert C.（1972）. *Dr. Atkins' Diet Revolution.*（Republished 2002, M. Evans & Co.）

② Sears, Barry, Ph. D and Lawren, Bill.（1995）. *Enter the Zone.* New York: Harper Collins.

③ Eades, Michael R. and Eades, Mary Dan.（1996）. *Protein Power.* New York: Bantam Books.

④ Thorburn, Doug.（2000）. *Drunks, Drugs and Debits.* Northridge, CA: Galt Publishing.

使用更多的药物——几个严重的心理问题。实际上，这几个严重的心理问题是未察觉的成瘾症状。康复训练错误地着眼于症状，而着眼点却应该是原因。一个精神分析师朋友告诉我，道格并不是提出这一论点的第一人。我没有理由怀疑这位朋友的说法。但如果道格不是第一人的话，这一论点差不多被忽略了。托尔布恩的书是一个独立调查和综合巨著。读了这本书之后，你就能基于行为形式报告诊断可能的瘾。诊断对象可以是你身边的人，也可以是远方的人。如果他成功地推广这个信息，这个信息就能拯救许多生命，并节省无数的金钱。我喜欢这本书的论点，因为它逆转了假定的因果关系。在《波浪原理高级教程（上）》中，我也在努力逆转假定的社会事件和社会行为之间的因果关系。

这一论文将向你介绍我的书单上的一本新书，这本书还未出版：刘易斯·E. 利特尔的《基本波浪理论——量子现象的因果解释》（Theory of Elementary Waves——A Causal Explanatin of Quantum Phenomena）。[①] 这一论点与上面列举的大多数论点相反，在于硬科学，具体地说是在于物理学。这一论点具有特殊的重要性，因为作者最终会引发的革命有个平行项目：我希望社会情绪经济学会引起社会科学的革命。

前言

在最终写成这篇论文之前，我走过了一条道路，这条道路有着一定的重要性。在大学里，我转了两次专业，因为我拒绝在一些东西上浪费时间。比如，花了一天时间学习康德和黑格尔（Hegel）的哲学书籍之后，我发誓无论付出什么代价都不学哲学课程了。黑格尔的闪烁其词好像是有目的的，就好像作者是故意选择让大家跟不上他的思路。康德对现实的挑战及其知觉是个聪明人游戏，但却自相矛盾、漏洞百出，因而没有必要学习。

我迅速放弃了前两个专业：物理学和经济学。原因类似。在物理学中，最大的主题是量子理论，量子理论听起来荒唐可笑。量子理论提出，当一个亚原子微粒没被看到，而是压缩成正在观察到的存在之上的亚原子微粒，那么，亚原子微粒同时具有多个身

---

① Little, Lewis E., *The Theory of Elementary Waves — A Causal Explanation of Quantum Phenomena*; in progress. Chapter 1 published on the Internet at http: //www. yankee. us. com/TEW/.

份。一个著名的类比是盒子中的一只猫，这只猫不是死的，或者活的，而是同时既是死的，又是活的，要确定最后状态只能是有人打开盒子看看。① 我们被告知，从广义上说，人的意识可以改变现实的本质，只需决定看上一看。把这个想法介绍给你的人会带着恶作剧般的笑容，就好像他们聪明透顶，而你的怀疑被看作可悲的无知。我不能想象一辈子就研究这些想法。

我对经济学感兴趣，所以我在大学一年级选择了经济学课程。很快，我决定把经济学作为自己的专业。然而，当我通过塞缪尔森的《经济学》（Economics）进行深入学习的时候，我开始灰心丧气。《经济学》是一本学术著作，涉及面广，但许多准则都太“牵强”了，忽视了人们的变化性，而且这本书藐视一些事物：中央银行业、收入强制再分配、其他的政府垄断和干涉。我认为这些事物在原理上是错误的（同样也是邪恶的），政治——使用暴力——和经济因素的结合让我目瞪口呆，就好像两者是一体的。（当然，现在我意识到，合法结合理念是经济学家的主流观点。）在课程的最后一周里，我们的老师深吸了一口气说：“我拿薪水，教给你们，现在这个任务已经完成。但是，你们可能会吃一惊，因为大多数这些东西我都不信。”我们中的 5 个人——你四周看看就能发现——坐得笔直，迅速集中了热切的注意力。他最终会摒弃所有的错误吗？他会不会从凯恩斯主义（Keynesianism）开始给我们讲？“实际上”，老师说，“我是个马克思主义者（Marxist）。”5 个身躯瘪了下去，缩进了座位里。接下来的时间里，我们听他描述，每个社区应该如何在每个星期六举行一次群众性集会，以便投票决定谁做什么工作以及得到多少报酬。此后，我就没有上过其他的经济学课程。

摇摆不定了两年之后，我最终选择心理学。至少老师们诚实地说出了这一学科的短处以及推测本质。多年之后，我才意识到，我选择心理学做专业就是选择宏观经济学做专业。这一道路指引我，通过 R. N. 艾略特，阐明我所相信的是宏观经济学因果关系的革命理念。所以，事实证明这终究是条正确的道路。或许，在某种意义上，我选择的这条道路还有一条平行道路，我只能寄希望于在量子物理学中探索这条道路。量子物理学是我的下一个主题。

---

① 提出者是 E. Schrodinger, *Naturwissenshaften* 23, 807 (1935)。我希望我在当时就知道刘易斯·利特尔的话。刘易斯·利特尔说，“有一个观念认为看着一只猫就能或是杀死这只猫，或者决定这只猫是活的，这一观念可能是当前量子力学中最荒唐的一个预言。这就等同于一个生机论心灵致动。”

20世纪的量子力学出了什么问题

科学家已经精确地观察了亚原子微粒发射扩散的形式，然而，结果是，他们已经就宇宙得出了怪诞的结论。这是对情况的高度简化版本：亚原子微粒以波浪行进。波浪的强度影响从源头发射的微粒到达探测器的概率。问题是波浪，因此是微粒，好像不像我们想的那样运动。著名的“双缝”实验表明，当有着多个轨迹的微粒由障碍物中的狭缝放映时，到达障碍物另一面平面屏幕探测器表面不同点的微粒就会形成分布形式。好的。但是，对于固定的微粒源头和固定的狭缝障碍物而言，当探测器向前或向后移动时，到达探测器上的微粒形式继续保持恒定，但不是根据源头的直线轨迹，而是根据探测器的表面。这意味着，微粒轨迹沿着承载微粒的波浪，根据探测器的位置而变化。[①] 物理学家非常难以解释这一现象。一旦一个微粒脱离了源头，它就必须以直线运动，然而，探测器位置不同，直线也不一样。所以，物理学家提出，现实本身是随观察者而变化的。沃纳·海森伯格在1925年描述了量子力学，在1927年阐述了后来所谓的“不确定性原理”或者“测不准原理”，沃纳·海森伯格假设，“只有当我们观察的时候，【亚原子微粒的】‘道路’才会形成。”[②] 为了符合这一结论，物理学家试图不把波浪和亚原子微粒描述成事物，而是描述成共生潜力。共生潜力就是“波浪微粒”。只要没被观察，“波浪微粒”就同时拥有符合所有可能探测器位置的道路。只有当被观察的时候，这些虚无之物才会“坍塌”进现实。观察这个行为本身几乎创造了实际的微粒。瞧。但是看一看这个行为就把未解释的（也无法解释的）潜力变成了实体，在探测器上表

---

① 要了解“双缝实验”的详细解释，请看利特尔波浪粘贴在 http：//www. yankee. us. com/TEW/上的那篇论文和一章。

② Heisenberg, uncertainty principle paper, 1927, as quoted on pages 1 and 2 of http：//www. aip. org/history/heisenberg/p08c. htm

现出了观察者正在使用的潜力。①

从不确定性原理提出的那天起，大多数物理学家就接受了它：宣布量子行为的精确测量在原理上是不可能的，因为亚原子微粒存在本身就取决于观察者行动与否，所以，试图观察这些微粒这个简单的行为就改变了现实，使得我们无法在不扰乱亚原子系统因而不改变测量法的情况下，探测和测量任何亚原子系统。② 我们那改变现实的心理/视觉力量的依据是我们是否想改变现实，因此，这就给认识现实带来了无法解决的障碍，因为没有恒定的现实可供认识。不可避免的进一步结论是，一个物理事件与另一个物理事件之间没有直接因果关系；所有都取决于意识，意识又在时间上逆转影响微粒的道路。

如果没有有意识的生命观察原子微粒，原子微粒的行为模式如何？对此没有满意的解释。如果原子微粒的住所——脑——建立在非实际潜力之上，意识如何保持恒定？对此没有满意的解释。原子微粒的多个潜在身份是由它们所组成的观察者的意识决定的，同时也是由其他观察者决定的。如果组成我们的实体——原子微粒——有着多个潜在身份，那么特定的有意识实体——我们，观察者——如何保持单一身份？这个问题太复杂了，甚至还没有加以处理。

德国哲学家伊曼纽尔·康德提出，在探测任何现实问题时，不能相信我们的认知方式，即我们的感觉；而且，我们的感觉实际上把个人现实与“真实”现实分离了开来，

---

① 这很像分析师和记者“解释”当今股市运动时所持的立场。在任何一个典型交易日，各种各样的新闻都被报道出来，记者们做好准备，就好像正在应用传统量子理论，接受一个事实：在交易日结束之前，所有的新闻都有着无穷的潜在因果关系；在交易日结束的时候，所有的这些潜力都会坍塌成实际因果关系。分析师通过观察创造了现实，只有在观察之后，分析师们才在无数潜在原因之中发现哪一条原因符合结果！如果有人预先给这些记者和分析师提供当日的每一点新闻，但唯独不提供股市运动，那么，他们就不可能确定股市的走向，因为实际上新闻对情绪没有因果关系。(实际上，几乎无人是通过研究历史来揭示这一事实。) 实际上，在知道市场当天的走势之前，大多数新闻事件都附有两个相互矛盾的因果论据。比如，(1) 战争对消费者的情绪有害，进而对股票有害；战争对经济有益，进而对股票有益，(2) 利率下跌使投资者排斥债券，进而对股票有益；或者利率下跌表明经济走弱，进而对股票有害。等等。

② 海森伯格的不确定性原理有一个平行项目：金融分析师们偶尔表示的假设。金融分析师们强调指出，任何公开分析和预测市场的企图都注定要失败，因为，一旦这个企图变得受人欢迎，就会影响市场行为，不但摧毁了预测，还摧毁了预测的基础。你可以读一百本关于股市的书，每本书里都会有这个论点。又一次，真正的因果关系反其道而行之。一个预测的人气不会使人们改变针对股市的情绪，因而使情绪归于无效；人们对于股市的情绪决定哪个预测会风靡一时，而按照定义来说，这些预测在当时是不会成功的。结果一样，但解释是错误的，就和海森伯格的不确定性原理一样。

因而在原理上是不可知的。康德的构想肯定是不确定性原理的哲学起源。有一个想法："如果我们确切地了解现在，我们就能预测未来。"海森伯格挑战了这一想法，说，"错的不是结论，而是前提。"① 换句话说，甚至现状也是不可知的，因为现实是非恒定的。

无论是表述成哲学，还是表述成量子物理理论，这一想法都既虚假又矛盾。如果没有恒定的现实，什么是探测器？什么是微粒？什么是你？什么是你的心智？如果没有可能的定义或者现实，这些事物就没有定义或者现实。如果有这种信念，你甚至无法讨论你的哲学，因为人们不能相信你的哲学有任何意义，你可以想象维持这种矛盾想法是多么劳神费力。人类心智的敏锐观察者乔治·奥韦尔曾经说过，"有些想法错误百出，只有聪明绝顶的人才会相信这些想法。"② 只要具备常识就可以摒弃这些生搬硬套的无稽之谈，但是，需要客观主义智力活动才能辨认出这些想法的基本错误，并在原理上加以挑战。爱因斯坦知道量子力学的结论是错误的，因为，就像爱因斯坦所说的那样，"你相信掷骰子的上帝，而我相信作为实际物体存在的世间万物的完美法则。"换句话说，协调一致的物理因果关系是普遍原理。爱因斯坦婉转地阐明了自己的观点：量子力学因而是"不完整的"。③ 我们不久就会看到，爱因斯坦的看法现在已经得到了证实。

金融中的平行错误

就像《波浪原理高级教程（上）》所主张的那样，已被接受的社会因果关系"解释"同样开始于错误的前提——纯粹的假设；如果恰当地应用证据，就能对此进行驳斥。这一错误前提是社会事件塑造社会情绪。这一错误前提支持着一个长期存在的错误金字塔，这个错误金字塔由许多社会因果关系文献组成，包括宏观经济学、金融和历史。这一基本错误充斥于社会预测活动之中，因此，预测几乎无一成功（不像量子物理学，量子物理学的预言是精确的）。人们会推测，自从人类出现，这一错误就如影随形，因而是人类思维中的长期错误之一。我们已经探索了传统量子力学的魔法思想，所以，

---

① Heisenberg, in his uncertainty principle paper, 1927, as quoted on page 2 of http://www.aip.org/history/heisenberg/p08c.htm.

② 我认为，传统的社会因果关系理念也是这样。只是普通人和知识分子一样迅速相信了这一点。对于量子理论的含义来说，普通人不像知识分子那样轻信。

③ As quoted on page 3 of http://www.aip.org/history/heisenberg/p08c.htm

让我们转向一个问题：为什么一些金融家和经济学家，或许在没有意识到的情况下，也在使用魔法来“解释”事物的运作方式。

第一，我们被迫迂回曲折，因为今天的宏观经济学知识乏善可陈。优秀的经济学家知道股市经济的唯一最佳先导指标，但是优秀的经济学家凤毛麟角、很少被新闻界引用。大多数经济学家非常缺乏本领域的知识，甚至没有意识到社会情绪趋势先于相符的社会行为。报纸和电视整天提供对经济学家和金融教授的采访，经济学家和金融教授对股市做出“预测”。“预测”的是根据当前的事件，或者猜测什么未来事件会使股市运动。他们忘却了一个事实：作为共同情绪即时记录器，股市趋势先于符合这些趋势的事件。物理学中有一个类似情况：大多数物理学家没有意识到波浪轨迹先于微粒探测。他们都知道这个事实，因为他们是科学家，关注细节。

碰巧，一些金融专业人士实际上非常善于观察，看到了股市趋势先于经济趋势。为了解释这一先后顺序，他们提出了一个想法“股市预计到未来。”换句话说，大多数经济学家相信当前事件导致了当前的股市股价运动，但是，这些金融家相信，未来事件导致了当前的股价运动。它们的前提的本质——社会事件支配市场趋势——是一样的；只是先后顺序不同。

股市预计到未来，这个想法已经存在了至少一个世纪，《华尔街日报》创始人查尔斯·道（Dow）的著作就是个证据，查尔斯·道去世于 1902 年。继任的杂志编辑威廉·彼得·汉密尔顿整合并详述了道的想法。在 1911 年，威廉·彼得·汉密尔顿写道——

肤浅的观察者总是惊奇地发现，股市未能回应突如其来的重大发展；这些发展好像是由太模糊而无法追踪的冲动指引的。有意无意地，价格运动反映的不是过去而是未来。当即将到来的事件预先施加影响时，影响落在了纽约证券交易所。①

汉密尔顿 1922 年出了一本书《股市晴雨表》（Stock Market Barometer），题目精确反映了汉密尔顿的观点。在这本书里，汉密尔顿进一步说道：“价格运动代表了华尔街的整个知识，最重要的是代表了即将到来的事件的整个知识。”② 道氏理论家（Dow Theo-

---

① Article in *The Wall Street Journal*, March 27, 1911, as quoted in *The Dow Theory* (1932) by Robert Rhea, p. 20.

② Hamilton, William Peter. (1922). *The Stock Market Barometer*. Reprinted 1960 by Richard Russell Associates, New York, pp. 7-8.

rist）罗伯特·雷亚在1932年的书《道氏理论》中使用了相似的词句：

平均指数预计到一切。每当一群市场学者聚在一起的时候，其中有的人就几乎总会挑起争论：股价能否通过自身的运动预计到个人投机者无法预测到的事件？了解道琼斯理论的所有学者肯定都会知道这是事实。①

就像市场预测者E. 乔治·舍费尔所说的那样，投资者从自己的天性出发，浏览新闻，对此做出看涨或者看跌反应。所以，平均指数的运动，通过投资者购买或者出售股票的意愿，反映集体投资思维的总和。结果是，商业趋势总是在6个月或者1年之前就被预计到了。②

这个想法非常普遍，我这个星期在杂志上还看到过，顾问和货币经理达成了共识："股市是预测未来的机制，尤其是能预计到未来两三年的每股收益。"③ 如果所有的经济学家都理解股市和事件的先后顺序，这一社会因果关系理论就会毋庸置疑地像量子理论那样得到物理学家的广泛认可，甚至能被成功地预测宏观经济趋势。问题是这一成功后面的理论是否正确。

我不想贬抑思想大家道、汉密尔顿和雷亚的聪明才智。一个世纪之后，他们依然在许多方面领先时代。领先的这些方面根本与观察一个事实无关，这个事实就是股票平均指数的先于相符的经济活动。今天的学究们习惯性地"惊奇地发现，股市未能回应突如其来的重大发展"，因为他们固执己见，错误地认为股市对新闻做出反应。汉密尔顿做出了英明的调和，说这一过程是由"冲动指引的"，并且其发生是"有意无意的"。这些说法预料了社会情绪经济学的元素。然而，我们是否真的能接受这样的想法：价格运动反映未来。就好像未来是一个固定建筑，对现状施加影响。我们能否接受这样的想法：股价通过自身的运动预计到个人投机者无法预测到的事件。就好像一群个体知道单个个体所不知道的事情。我们能否接受这样的想法：即将到来的事件有提前预示的作用。即时间的逆转，6个月之前的投资者真的能猜到今天的报纸吗？

一些金融家旗帜鲜明地拥护这一信念。无独有偶，物理学家也旗帜鲜明地拥护传统量子理论。坦率地说，它们荒唐可笑。并不存在的社会未来年月如何能给当前存在的一

---

① Rhea, Robert.（1932）. *The Dow Theory*. Barron's, New York, p. 19.

② Schaefer, E. George（1960）. *How I Helped More Than* 10, 000 *Investors To Profit in Stocks*! Englewood Cliffs, NJ: Prentice-Hall, p. 22.

③ Quickel, Stephen W.（2002, September）. "Excessive Stock Prices?" *On Wall Street*.

群人留下印象？大多数投资者肯定不知道社会未来，因为社会未来还未发生。如果认为全体投资者猜到了未来，那么这个想法懒惰地解释了通过恰当的观察所得到的股市趋势和平行经济趋势之间的先后顺序。我非常怀疑有人停下来想想自己对这个理论所发表的看法。实际上，我从未看到令人信服的对此加以解释的尝试。有一个典型的例子，麻省理工学院教授对这个想法的讨论包括（1）事件因果关系的基本错误，（2）一个想法，认为大多数人可以猜测经济未来趋势，（3）一个事实，不可能人人都做到如此。所有的这3条都出现在同一个叙述里。在其经典教材里，他说：

有一个古老的问题，是股市追随商业活动，还是商业活动追随股市？对于这个问题，没有一个简单的答案。有一点合情合理、显而易见，商业活动、国家收入、公司利润决定股价而不是反之亦然；另外，心理对市场运动的影响不再那么重要。但是，股市仍能偶尔预料国家收入和总购买力的变化。因此，股市好像是在引领商业活动、国家收入、公司利润，但实际上是在追随预计中的商业活动、国家收入、公司利润的走向。

如何投资：从股市挣钱并没有一个言简意赅、简单明了的规则。任何可以精确预言商业活动未来道路的人都能兴旺发达；但是这样的人并不存在。①

请注意这个矛盾：没有个人能够预言一点社会未来，但是据估计，大多数投资者始终都具有这个能力，而且也做到了。

为了调和这一矛盾，雷亚和沙弗（Schaeffer）的解释做出了如下断言：个体可以推测自己的个人商业未来，由此引发的小推测聚集创造了股市趋势，但没有一个个体可以推测整个过程。② 显然，自始至终，如果大多数投资者甚至能够猜到自己未来的商业成功，那么，他们也就猜对了宏观经济趋势，所以，针对个体和集体推测所提出的术语大全站不住脚。对于个体推测理论来说，更痛苦的是数据与个体推测理论相对立。市场登顶时以及在市场登顶之后，市场心理学指标通常显示极度看涨的态势；市场触底时以及在市场触底之后，市场心理学指标通常显示极度看跌的态势。要看到一些良好的例子，请阅读《在浪潮的顶点》第11章和《征服暴跌》第6章和第7章。当然，这是，也肯定是，因为投资者（出了社会情绪经济学家之外）只意识到了当前和过去的事件和环

---

① Samuelson, Paul.（1967）. *Economics: An Introductory Analysis*, 7th edition, McGraw-Hill, Inc.

② 真正的二分法与先知理论相反：大多数投资者对未来没有精确的认识，但是偶尔一个见多识广的个体可以应用社会情绪经济学来成功地预测下一个趋势。

境，而不是未来的事件和环境。下面的话来自《波浪原理高级教程（上）》，处理了“先知”理论的这一方面：

根据形势预先对市场进行推理

有一种看法认为新闻影响市场，这一种看法是最低水平的误解。还有一种较高水平的误解，至少承认了一个事实：市场在各个事件之前有所行动。技术人员说，利润落后于股价的原因是，聪明的投资者预料或者“预计到”了未来，换句话说就是猜对了未来。

在解释事件滞后于股价的原因时，这一立场是一个由来已久的优秀尝试。但我相信这个立场是错误的。他们的想法是，大多数投资者几乎对经济未来无所不知。这一想法难以自圆其说。这一想法没有对下面的情况给出原因：1928年，市场预见到的只是蓝天；在1929年，极其突然预见到了萧条；在20世纪30年代初预料复苏永远不会发生。

有人可能想努力去证实，当聪明的投资者在工作中遇到一点困难时，聪明的投资者会看股票。如果经济通常在股票之前转向，或者甚至与股票同时转向，那么，这一论点可能还说得过去。但是，股票领先于经济，通常领先几个月。那么，就出现了一个问题，当你问投资者他们有什么想法时，他们并不知道未来的经济变化。实际上，总的来说，他们总是无法做到先知先觉，想法总是与未来的趋势背道而驰。当牛市趋势开始的时候，绝大多数人看跌，大多数人都是错误的；当熊市趋势开始的时候，大多数人看涨，大多数人也是错误的。①

到目前为止，我已经投入时间在非艾略特波浪的基础上挑战两个传统观点，但是有一个捷径可以理解这两个传统观点为什么是错误的。有一个事实：股市场是程式化的，依据的是波浪原理。这一事实奠定了社会情绪在金融市场评估的重要地位，使事件无足轻重。就像《波浪原理高级教程（上）》所说的那样，

因为市场是程式化的，所以如果认为有接近完美的集体预测，那就错了。否则，未来事件的程式化就要依照波浪原理，而且，集体也就可以完美地预测每个微妙之处。这

---

① Prechter, Robert.（1999）. *The Wave Principle of Human Social Behavior*. Gainesville, GA: New Classics Library, pp. 331-332.

是一个站不住脚的立场。

有一个想法：投资者根据未来的事件给股票定价。这一想法有一个平行项目：传统量子力学理论的一个巨大错误。利特尔说，“【当前的】量子力学【理论】迫使人们得出结论……事件可以彼此影响，在时间上逆转……”当前的“先知理论”恰恰是这么看社会因果关系的，也是错误的。“如果有人相信莫名其妙的现象是存在的，那么别人应该如何评价?”利特尔就自己的领域提出了这个问题。“这就如同中世纪理念的回归——可能是现代方法推翻了中世纪的理念。”① 先知理论同样如此。这些平行错误有平行解决方法。

社会情绪经济学清除了明显先知先觉的神秘

R. N. 艾略特把金融带出了中世纪。R. N. 艾略特恰当地说，“新闻顶多是对力量的滞后认识，而这一力量已经发挥了一段时间的效力。”②说得更明白些就是，新闻是这些力量的滞后表现形式。下面的话，引自《波浪原理高级教程（上）》，恰当地解释了股市趋势为什么先于经济趋势：

真相是，股市并不像预言论所表明的那样能洞悉未来；股市即时反映未来的原因。乐观的人购买股票，并决定扩充业务；消沉的人出售股票，并决定收缩业务。此后经济结果表现为明显“可预见的”未来。日益奔放或者悲观的社会情绪刺激着人类的行为，使利润上涨或者下跌。上涨的利润是牛市的结果，下跌的利润是熊市的结果。③

社会情绪经济学解释摒弃了时间逆转的因果关系，完全依赖先后顺序因果。这样，社会情绪经济学就摒弃了魔法。利特尔在使量子物理学发生革命的时候，就恰恰是这么做的。

---

① Little, Lewis E. (1996). "The Theory of Elementary Waves." *Physics Essays*, volume 9, number 1, pp. 100-132.

② Elliott, R. N. (1946). *Nature's law: the secret of the universe*. Republished: (1994). *R. N. Elliott's Masterworks — The Definitive Collection*. Prechter, Jr., Robert Rougelot. (Ed.). Gainesville, GA: New Classics Library, p. 277.

③ Prechter, Robert. (1999). *The Wave Principle of Human Social Behavior*. Gainesville, GA: New Classics Library, pp. 331-332.

刘易斯·E. 利特尔清除了量子力学的神秘

对于解释量子力学这个问题，刘易斯·E. 利特尔从一开始就给出了正确的思路。因为，和爱因斯坦一样，刘易斯·E. 利特尔知道传统解释自相矛盾，也就意味着传统解释是错误的。刘易斯·E. 利特尔并不是想知道传统解释是否错误；刘易斯·E. 利特尔知道传统解释是错误的。无独有偶，人们不能恰当地“想知道”幽灵，无论是作为实体还是非实体，无论是有形的还是无形的，幽灵都难以定义，就像今天的“波浪微粒”也难以定义一样。利特尔说，传统的解释量子力学的努力是错误的：“传统理论的证据宣称矛盾是无法避免的，但是，这些证据无法证明这些矛盾是真实的。这些证据倒是证明这些证据的前提包含着矛盾。”① 对于传统量子力学理论来说，恰当的定位是根据这些进行摒弃，因为按照形而上学，现实先于意识，而且也独立于意识之外。有意识意味着对某物有意识以及在某物之中有意识，其中的每个都要存在，而且都要有身份来让意识发生。

理解了思维的基本错误之后，利特尔就去寻找量子行为的恰当解释，不依赖幽灵和心灵致动。有一个想法：观察——只是意识——决定了量子活动的测量法。利特尔先是认识到这整个想法都是无法得到保证的结论，因为物理学家表明的影响亚原子微粒的唯一因素是物理探测器的位置。这与意识截然不同。就这样，把物理原因与形而上学结论隔离开，利特尔的心智铺就了解决问题的道路。

利特尔把20世纪的量子力学描述成硬科学中曾经出现的第二大错误金字塔，利特尔深吸一口气，使劲把这个错误吹得无影无踪。1996年，《物理论文》(Physics Essays) 出版了利特尔那开天辟地的论文“基本波浪理论（The Theory of Elementary Waves）”。利特尔的论文挑战了传统的量子力学观点，并提供了一个新理论，把亚原子水平的活动与所有其他物理学置于同样的因果基础之上。“贝尔定理（Bell's theorem），”利特尔说，“以及实验证实了相关的量子力学预言，当并不像经常宣称的那样‘驳斥了现实’。”恰恰相反，量子力学“可以以客观的方式来理解，按照这种方式，事实就是事

① 本文原始出处。

实，因果关系是有效的，现实是真实的。”① 这样，利特尔挑战了量子物理学家的一个未经检查的前提，一个纯粹的假设。恰当加以应用的证据驳斥了这个前提。

利特尔的见解来自基本波浪：

波浪方向与传统的假设相反

这是利特尔言论的总结：

传统理论家正在作出错误推测。传统理论家假设，携带亚原子微粒的波浪和微粒一起朝着同一个方向旅行。虽然假设看起来自然而然、合情合理，但是并没有什么证据(实际上，跟证据相矛盾)。这好像是个符合逻辑的假设，但却导致了愚蠢的理论。实际上，利特尔提出，波浪实际上朝着相反的方向旅行。波浪从微粒探测器向微粒源头旅行。如果波浪强度足以仿真微粒发射，那么，那个微粒沿着仿真波浪的路线返回波浪起源的探测器。发射的微粒数量取决于仿真波浪的强度。发射体的质量也影响其对波浪回应所要发出的微粒的数量。在整个宇宙中，波浪从所有物体（包括探测器）表面的所有点朝着四面八方旅行，刺激了无数的微粒发射。然后，每一个这样的微粒旅行回到对发射进行刺激的波浪源头。波浪不停旅行，持续刺激发射。微粒对自己所追随的波浪没有影响。初始因果关系的方向不是从微粒源头到目的地，而是从目的地到源头。其他每个人都在朝着逆转的方向看它。

来自艾略特波浪的社会情绪经济见解：

因果关系方向与传统假设相反

你可以想象，当我在两年前读到刘易斯的见解时，我高兴了起来。别忘了，对于社会因果关系，我已经得出了同样的结论，与刘易斯的见解平行，如下所述：

传统理论家正在作出错误推测。传统理论家假设，任何把社会事件与社会情绪关联起来的影响都遵循从事件到情绪的方向，虽然假设看起来自然而然、合情合理，但是并没有什么证据（实际上，跟证据相矛盾）。这好像是个符合逻辑的假设，但却导致了愚

① 本文原始出处。

蠢的理论。实际上，我提出，影响实际上朝着相反的方向运行。波浪来源于社会情绪。如果波浪强度足以仿真社会行为（一个“事件发射”），那么，这一行为与产生这一行为的情绪就具有同样的性质。按照共同的说法，行为“返回”影响波浪的源头社会。社会情绪中参与者的数量和强度取决于仿真波浪的级数。个体的质量也影响其对波浪回应所要采取的社会行为的程度。在整个世界中，波浪以许多方式驱动不同的集体，仿真无数社会行为，然后影响社会，社会的波浪仿真他们的出现。波浪不停发展，持续仿真行为。行为对产生行为的波浪没有影响。因果关系的方向不是从社会行为到社会情绪，而是从情绪到行为。其他每个人都在朝着逆转的方向看它。

两个新理论纠正了同样类型的错误

量子物理学家恰当地做好了数学工作，所以，对于微粒在探测器上的出现，他们可以做概率预测。这样看来，他们的理论好像“奏效”了。先知理论几乎从不应用于宏观经济预测，但是，当用于宏观经济预测时，好像也是“奏效”的。这位罕见的金融家不空口说白话，而是能观察股市并成功预测经济变化。这位金融家假设股市具有什么的能力，可以预知经济的未来道路。这个想法类似量子物理学解释。相反，两个新理论所提供的解释都依赖直接因果。基本波浪先于并仿真微粒发射；艾略特波浪先于并仿真社会活动。

物理学家不能预言每个微粒发射，社会情绪经济学家不能预言每个社会事件，但是，我们都可以分别对物理和社会未来做出概率陈述。社会情绪经济见解使社会学与利特尔的量子物理学并驾齐驱，提供一个合适的理论来解释一个事实：未来的某些方面是可以预言的，至少达到了概率和概括的程度。

完美类比的区别

基本波浪理论和艾略特理论有着惊人的相似性。在探索这种相似性之前，我们应该注意它们不是恰好相似的。至少在我看来，这里是该方面的一些不完美之处，并提供了一些可能的解决方法。

（1）根据利特尔的理论，基本波浪是基础，即不能减缩成成分或者原因。对于普遍意义的生长形式来说，艾略特波浪可能是基础，原因是，进化之类的情况好像是按艾略特波浪进行的，[1] 人类思维与此过程不相关。艾略特波浪可以被进一步看作社会学的基础波浪，因为它们仿真行为，就像利特尔波浪仿真微粒发射一样。没有艾略特波浪，可能就不会有社会生长和进步，或许就根本不会有社会行为。然而，在人类社会中，认为艾略特波浪可以减缩成更基础的原因，比如所有人类心智中都普遍存在的合作从众冲动[2]，或许还可以减缩成某个我们尚未意识到的原因。[3]

（2）在利特尔的物理学中，波浪和微粒是离散的物体。波浪原理在物理物体之内运作，并实现物理实体之中的行为。但我并不确定艾略特波浪本身是否是物理物体。对于脑和神经系统中包含的电脉冲来说，它们是物体，但是我倾向于称其为艾略特波浪过程，而不是物体。同时，对于两种波浪的表现形式来说，也存在着相似方面。我们看不到艾略特波浪，但是我们可以把艾略特波浪的不同效果——比如针对正确价格的决策——画在一张图上，使这些效果显而易见，就好像它们是物理物体。同样，我们不能用肉眼，甚至借助仪器来观察基本波浪，但是我们可以把它们的效果——比如到达探测器的微粒形式——画在一张图上。因此，利特尔假设了一个基本波浪理论；如果我们能看到，那就不是一个理论问题了。艾略特波浪和社会情绪经济假说也是如此。

（3）两种波浪的结果是相同的，但是，它们确实好像类似：基本波浪刺激物理发射，艾略特波浪刺激物理行为。

（4）实体之内的微粒把环境基本波浪组成相互一致的基本波浪，然后刺激来自其他实体的微粒发射。社会环境中离散的边缘系统或许同样把不同个体的心理波浪组成相互一致的艾略特波浪，但它们之后通常刺激行为，行为来自参与这些波浪的同样的一些实体。一个模仿这些基本波浪结果的可能例外是，在一个人群之中，艾略特波浪刺激非情绪化个体的行为，也就是说在行为过程中是不动感情的（比如，有人基于艾略特波浪在鼓动大会或者股市上出售饮料）。

（5）在利特尔的理论之中，所有物体表面的微粒都反映和组织基本波浪，尽管只有

---

① 请看《波浪原理高级教程（上）》图 13-1 直到图 13-3。

② 请看《波浪原理高级教程（上）》第 8 章。

③ “天体经济学家”假设电磁波浪轰击地球是由月亮和行星的位置控制的，而且这些波浪又会影响人类整体心理状态。别管正确与否，一些人确实提出了共同情绪极值的外因，这又会成为支配艾略特波浪的外因。

一些物体做出回应，发射微粒。艾略特波浪可能是相同的：所有人都参与艾略特波浪的组织，但只有一些人采取行动回应特定的艾略特波浪。然而，甚至在那时，物理学之中的微粒发射体也与刺激微粒的波浪源一点都不一样。采取社会行为的人总是艾略特波浪的参与者，艾略特波浪刺激了这些人的行为。

（6）利特尔断言，“较大系统的行为来自各部分的行为。（甚至‘新兴’特性可以——必须——这样产生。）在基本波浪理论中，波浪仅仅是存在，有着不同的特性。它们是现实的主要组成部分。因此，没必要从任何事物之中推断它们的行为。”对于艾略特波浪来说，我们可以用几个方法来观察这个声明。（1）艾略特波浪是主要的，就像基本波浪一样，不需要组成部分行为的解释。（2）和基本波浪不同，艾略特波浪是来自于主要组成成分的新兴特性，即，社会趋势中个体参与者的无意识精神作用。（3）前提错了。在形式①逻辑系统中，整个系统的行为是自身组织形式的函数，较小的部分遵循这个函数。比如说，原子组成了人类，除了原子的行为特性以外，人类还有着总的行为特性。各部分的行为是整体行为的函数，而不是反之。②艾略特波浪是个形式逻辑系统，不是组成部分特性之和。经济学家哀叹“蝴蝶效应”摧毁了所有预言社会事件的能力，而实际上，这一系统不仅是混沌的，还是形式逻辑的，因此，基本预言——具体到社会行为性质的预言——是可能的。个体理性思维并不在艾略特波浪中出现；只有冲动从众行为才出现，所以，除了艾略特波浪动力以外，个体理性特性也是并存的。没有其他人来模仿的情况下，个体边缘系统的从众冲动，不能在艾略特波浪中表现自己。这是一个更大的环境，把形式赋予了自己的组成部分。

（7）物理世界是完全确定的。社会世界不太是这样，个体更不是这样。就边缘系统刺激和回应来说，有着基本的集体决定论，因为这些无意识心理过程产生了艾略特波浪。然而，个体知识的不同、理性和自由意志排除了个体思维中的决定论，这些不同还排除了个体行为和具体社会行为的决定论。具体社会行为类似于受“蝴蝶效应”控制的混沌过程。这个混沌过程中，前一个行为或条件影响下一个行为或条件。然而，量子物理学依然具有不可预测性，不像艾略特波浪那样。比较一下这些构想就能看到一个区别：

---

① 要了解关于这个问题的讨论，请看《波浪原理高级教程（上）》。

② 这一理念源自古希腊人，古希腊人认为形式是自然界的主要力量。

来自利特尔的论文："与非决定论相反，这个理论存在某种不可预测性，因为我们并不能提前知道，在发射特定微粒光子的时候，源头会对哪个波浪做出回应。然而，和通常理论的情况相比，这里的不可预测性可以做下述描述：源自随机过程，遵循普通的概率分配。所有的波浪状态都作为真实波浪存在。那么，当对每个偶发波浪的强度做出回应时，源头只是有一个恒定的概率。因此，随机性反映了对源头一些参数价值的无知，而不是代表基本非决定论。"

关于社会情绪经济学：这个理论之中既有不可预测性，也有非决定论，因为，就采取特定的行动而言，我们提前并不确切地知道谁人会回应波浪，也不知道它们具体的回应方式。所有的波浪都有刺激行动的潜力。人类的边缘系统只是有一定的对每个波浪强度进行回应的概率。具体个体和社会行为不完美的不可预测性反映了两点：第一，对个体边缘系统参数缺乏了解，第二，可以理解该个体所拥有的自由意志和变动。这些特性排除了具体社会事件决定论和个体回应决定论。具体社会事件决定论和个体回应决定论在这些领域产生了不可预测性。

来自利特尔的论文："微粒动力的确切价值是不可预测的。我们不知道何时哪个波浪会导致微粒发射，因此也无法提前知道描述特定微粒的参数价值。但是，现在，这仅仅是因为对发射系统参数价值的无知，而不是由于任何基本不确定性。"

关于社会情绪经济学：对于未来社会行为的性质和强度，波浪提供了可预测性。但是，对一个波浪做出回应的任何一个具体未来行为的确切细节是难以预测的。我们不一定知道哪个人或者社会团体会对一个波浪做出回应，也不知道何时会作出回应。这是因为人类自由意志和理解具有非决定论，也是因为我们不知道个人边缘系统的阈值。

为了进行类比，我或许没有表达出基本波浪和艾略特波浪之间所有的不同和可能的相同。类比还不完美，或者如果类比是完美的，我还没有掌握完美之处——说这些就足够了。

这篇论文的其余部分会详细论述利特尔的论点，并探索利特尔论点与社会情绪经济学之间的相似之处。因为这一类比并不完美，所以，下面一对一对的引文有时严丝合缝，有时则需要牵强附会：把其中一个从严格的上下文中拿出来，或者暗示那些缺乏支持的社会情绪经济推测。我意识到了这些迥异的说法，但还是把这些说法收录了进来，因为它们可能具有融洽性。

两个新理论——"基本波浪"理论和"艾略特波浪"理论在物理学和社会学之间

的主要相似之处

基本波浪理论和艾略特波浪/社会情绪经济理论具有大量相似之处，令人兴奋。这里是一些关键相互关系：

（1）基本波浪和艾略特波浪都是继起行为的基本原因。

（2）艾略特波浪对亚原子微粒发射进行了仿真，艾略特波浪对个体和/或社会行为进行了仿真，两者是相互联系的。

（3）基本波浪不是从发射体旅行到到探测器，而是从探测器旅行到发射体。与之类似，共同情绪的艾略特波浪不是从行为“旅行”到心智，而是从心智“旅行”到行为。

（4）这两个新理论恰当地解释了下列问题：微粒方向为什么与探测器位置相关（在第一种情况下），社会行为性质为什么与社会趋势相关（在第二种情况下）。

（5）微粒发射的规模随着基本波浪强度变化，基本波浪刺激了微粒源头。与之类似，在社会行为中，参与者的数量以及受影响人员的数量——以及施动和受动的强度——随着的艾略特波浪的级数变化，艾略特波浪刺激了这些行为的源头。

（6）传统量子力学把因果与恰当的先后顺序隔离了开来，断言现在的观察者可以影响过去的微粒道路，这意味着未来的观察者可以影响当前微粒道路。传统社会行为观点认为股市预计到经济未来，与传统量子力学类似，把原因放在未来，把结果放在现在，断言未来的事件影响当前的投资者情绪，这意味着当前的事件已经影响了过去的投资者情绪。基本波浪理论遵循恰当的先后顺序，因为可以证明的波浪结果和微粒的发射发生在未来。社会情绪经济假说遵循恰当的先后顺序，因为可以证明的艾略特波浪结果和社会行为发生在未来（无论是紧随其后还是在以后，取决于行为的本质）。

（7）艾略特波浪决定社会情绪趋势，这些趋势刺激行为，这些行为被说成是事件。行为和事件，就像物理学中的微粒发射，是最终结果。就改变或者加强刺激它们的波浪而言，行为和事件并不是没有自身的后果。事件“轰击”心智，因此经常塑造心智主人所采取的具体的行为，但是，事件并不改变或者影响共同情绪趋势波浪。同样，微粒轰击探测器，并因此实现原子水平的具体行为，但是，微粒并不改变或者影响基本波浪。

（8）在量子物理学中，当观察者四处移动探测器的时候，观察者好像在影响微粒的未来行为，事实确实如此。无独有偶，当观察者—参与者上下移动股市时，观察者—参与者好像在影响未来社会行为，事实确实如此。

关于两个理论——基本波浪理论（TEW）和艾略特波浪理论的一些相似之处陈述

在这一节中，我直接引用了利特尔的论文和书籍章节，并系统阐述了其与社会情绪经济学的相似表述。其中的一些文本可能只是心理运动；那些我认为强大且/或重要的表述，都在开头用黑体标出了。

基本波浪理论：“【传统量子物理学中的】非定域性表明远方的事件可以不通过物理手段对彼此产生即时影响。但没有手段就没有效果。”

艾略特波浪理论：传统先知理论表明，遥远时间点的事件可以不通过物理手段影响当前的人类思维。但没有手段就没有效果。

基本波浪理论：“……这只是一个假设：【波浪和微粒】都必须干扰性移动，因为彼此的方向都是相同的。……常识好像也规定波浪是干扰性的。”

艾略特波浪理论：这只是一个假设：因果关系的移动方向必须是从事件到情绪。常识好像也规定因果关系必须朝着这个方向移动。

基本波浪理论：“所给出的答案有一个非常简单的本质：是量子波浪本身在反向移动。”

艾略特波浪理论：所给出的答案有一个非常简单的本质：因果关系在时间上向未来移动。

基本波浪理论：“通过直接观察，我们知道微粒是前进运动的……所以，唯一反向移动的是量子波浪本身。”

艾略特波浪理论：通过直接观察，我们知道行为在时间上向未来移动，所以，与传统假设移动方向相反——即前进运动——的唯一事物是思维和行为之间的因果关系。

基本波浪理论：“所有支持隐藏变量的证据实际上都证明了反向运动。”[①]

艾略特波浪理论：有一个想法认为市场预计到未来。所有支持这个想法的证据实际上证明了因果关系的反向。

基本波浪理论：“前进波浪理论试图解释双缝，其中涉及的矛盾——在任何解读之

---

① 本文原始出处。

中，传统解读、博姆（Bohm）的解读以及其他解读——都是，努力探究对屏幕位置的依赖，而且没有任何针对这种依赖的物理手段。”①

艾略特波浪理论：先知理论试图现在（股价）和未来（经济）的联系。其中涉及的矛盾是努力探究对未来的依赖，而且没有任何针对这种依赖的物理手段。

基本波浪理论：“这部著作表明，当前所认可的许多微粒特性实际上只是波浪的特性。”②

艾略特波浪理论：比方说，一般认为影响共同情绪并导致具体回应类型的社会事件特性，只是波浪的特性。

基本波浪理论：“这个理论中所有的微粒发射都被波浪所仿真。”③

艾略特波浪理论：这个理论中所有的社会行为都被波浪所仿真。

基本波浪理论：“如果有人想证实【传统】波浪-微粒理论，那么，只是说构想好像是奏效的并不够。人们还必须能够基于实证证明进一步的物理假说是正确的。明确地说，人们必须能够证实波浪向前移动，而不是反之。但波浪-微粒理论做不到这一点。”

艾略特波浪理论：如果有人想证实【传统】“先知”理论，只是说构想好像是奏效的并不够。人们还必须能够基于实证证明进一步的物理假说是正确的。明确地说，人们必须能够证实波浪倒退，而不是向前移动。而不是反之。但先知理论做不到这一点。

基本波浪理论：“对任何假说的检验都是这样的：这一假说是否符合所有的事实，没有矛盾？……如果人们接受事物的未来-波浪图，人们就被迫接受非定域行为的存在：没有物理手段的长距离互动。但是，互动一点都不矛盾。”

艾略特波浪理论：对任何假说的检验都是这样的：这一假说是否符合所有的事实，没有矛盾？……如果人们接受事物的过去-波浪图，人们就被迫接受非先后顺序行为的存在：没有物理手段的在时间上指向过去的互动。但是，互动一点都不矛盾。

基本波浪理论：“显然，反向波浪暗示了一个完全不同的理论。波浪根本不再是微粒。说得确切一点，波浪已经在环境中存在了，然后微粒追随这些波浪。”

④显然，未来波浪因果关系暗示了一个完全不同的理论。波浪根本不再是未来行为

---

① 本文原始出处。

② 本文原始出处。

③ 本文原始出处。

④ 艾略特波浪理论：

的产物。说得确切一点，波浪已经在环境中存在了，然后行为追随这些波浪。

基本波浪理论：“人们总是认为波浪与微粒一起，（或者作为）微粒，向未来移动。反向波浪‘信息’导致的物理效果只能通过一种或者另外一种非定域互动来解释。”

艾略特波浪理论：人们总是认为（情绪或者知识）波浪从未来的行为向过去移动。时间向过去移动“信息”所导致的心理效果只能通过一种或者另外一种非先后顺序互动来解释。

基本波浪理论：“在屏幕的每个点上，到达的微粒数量都与该点发射到达微粒源头的波浪强度成比例。”

艾略特波浪理论：被激发采取社会行动并受社会行动影响的人类数量，与正在进行的波浪级数成比例。

基本波浪理论：“波浪存在于任何时刻，并不仅仅是在微粒发射的时候。”

艾略特波浪理论：波浪在任何时候都在行动，并不仅仅是在历史社会事件结果的时候。

基本波浪理论：“波浪是波浪，微粒是微粒，二者在任何时候都有着确切的状态。【微粒不同时是波浪。】”

艾略特波浪理论：波浪是波浪，行为是行为，二者都有着自己的状态。未来的行为不同时是在时间上向过去旅行的波浪。这些波浪触发了预料这些行为的先知先觉。

基本波浪理论：“【传统观点认为】，衡量微粒穿过设备后状态的行为，好像影响了较早的过程……但是，当然，这种逆时因果关系是不可能的。我们这里拥有的是反向时间序列的直接实验证据。”①

艾略特波浪理论：传统观点认为，较晚的事件好像影响了较早的情绪变化过程……但是，当然，这种逆时因果关系是不可能的。我们这里拥有的是未来时间序列的直接实证。

基本波浪理论：“不是让波浪作为光子发射，而是光子只是一个发射的微粒，对已经存在的‘现有状态’波浪进行回应。”

②波浪不是与事件发射的，而是事件被发射，对已经存在的波浪进行回应。

---

① 本文原始出处。

② 艾略特波浪理论：

基本波浪理论：“为了能让这些现有状态影响发射系统，这些现有状态必须向系统移动。也就是说，方向与微粒发射后移动的方向相反。”

艾略特波浪理论：为了能让这些波浪影响物理行为，这些波浪必须与这些行为有着相同的性质。也就说，不管是积极的还是消极的，移动“方向”都等同于行为人的方向。

基本波浪理论：“现在，过程的因果关系讲得通了。‘怪诞’已经消除，但并没改变数学。”

艾略特波浪理论：现在，因果关系讲得通了。‘怪诞’已经消除，但并没改变时间序列。

基本波浪理论：“除了基本粒子之外，这些波浪独立存在……它们是现实的主要成分，与基本微粒处于同一水平。”

①除了社会行为之外，这些波浪独立存在。它们是社会现实的主要成分，与行为处于同一水平。没有波浪，就没有行为。没有行为，就没有社会现实可以经历。

基本波浪理论：“……微粒物体并不真正地发射这些波浪。波浪持续存在，强度恒定。【微粒物体】所做的只是，在波浪启动时，在波浪之间建立相互一致性。一个组织被强加在了已经存在的波浪之中。然后是相互一致性导致了被观察的干扰效果。”

基本波浪理论：“源头的波浪强度决定一个概率：微粒被源头发射，对特定波浪做出回应。”②

艾略特波浪理论：波浪的级数，因此还有波浪的强度，决定一个概率：个体采取社会行为，对特定波浪做出回应。

基本波浪理论：“在现行理论之中，波浪函数并没有被看作真实的物理波浪，而相反仅仅是被当作‘奏效’的‘形式体系’的一部分。……新理论中的反向波浪是真实的物理波浪，不仅仅是被当作‘奏效’的形式体系的一部分。”③

艾略特波浪理论：在现行理论之中，未来事件的逆时效果并没有被看作真实的物理波浪，而相反仅仅是被当作“奏效”的“形式体系”的一部分。新理论中的未来波浪

① 艾略特波浪理论：
② 本文原始出处。
③ 本文原始出处。

是真实的因果波浪，不仅仅是被当作“奏效”的形式体系的一部分。

基本波浪理论：“所有的微粒动力都由波浪决定。微粒本身不需要携带任何一般被归结到微粒的‘古典’动力数量：质量、动力、能量等等。所有的这些特性都只描述了波浪，然后是波浪由此行动……有人可能会说微粒有质量或者动力你有什么。但是，实际数字数量是由波浪携带的。”

艾略特波浪理论：所有的行为动力都由波浪决定。行为本身不需要携带任何一般被归结到行为的‘古典’动力数量：质量、动力、能量等等。所有的这些特性都只描述了波浪，然后是人们由此行动。有人可能会说微粒有质量或者动力你有什么。但是，实际数字数量是由波浪携带的。

基本波浪理论：“微粒被发射，回应特定频率/动力的波浪。微粒的行为然后确切反映了波浪动力。”

艾略特波浪理论：行为被采取，回应特定位置、级数和动力的波浪。行为类型然后反映了波浪的位置、级数和动力。

基本波浪理论：“源头‘随机’对不同的到达源头的波浪‘部分’做出回应。然而，就源头中额外的变量——所谓的‘隐藏变量’——而言，随机性现在可以理解了。人们只是有一个恒定的与波浪强度成比例的概率：源头会对每个特定的波浪‘部分’做出回应。”①

艾略特波浪理论：每个身份未定之人的边缘系统“随机”对不同的到达本人的波浪“部分”做出回应。然而，就每人的额外变量——所谓的“隐藏变量”——而言，随机性现在可以理解了。人们只是有一个恒定的与波浪强度成比例的概率：每个身份未定之人会对每个特定的波浪“部分”做出回应。

关于这些隐藏变量，每个个体都有自己的触发点——受到刺激并根据波浪采取行动。一些人回应得早，对温和的刺激做出回应；一些人回应得晚，对强烈的刺激作出回应；如果波浪从不超出一些人的特定反应门槛，这些人根本不回应。这解释了一点：为什么买或卖得早或晚，或者首先或最后采取新的流行时尚，或者选择不参与。（人们不大可能一生都保持稳定的反应概率。当人们年龄增加时，当人们的人生经历增加时，概率就会变化。）

---

① 本文原始出处。

基本波浪理论：“因为波浪是自成体系的，所以，无须采用什么措施来从那些微粒之中得到波浪的规律，而通常的权威量化程序是这么做的。通过被观察的微粒行为，人们确定了一个事实：波浪是存在的。人们还确定了波浪的特性；但是，一旦人们知道了波浪的性质，人们只会说波浪是存在的。”

艾略特波浪理论：因为波浪是自成体系的，所以，无须从那些社会行为之中推导出社会波浪的规律。通过被观察的行为（比如，在证券交易所的买卖），人们确定了一个事实：波浪是存在的。人们还确定了波浪的特性；但是，一旦人们知道了波浪的性质，人们只会说波浪是存在的。

基本波浪理论：“以量子力学为基础，反向波浪理论因而消除了所有的物理论据。量子力学提出理由，证明现实的本质以某种方式与人类历史捆绑在了一起。”①

艾略特波浪理论：以先知理论为基础，前进理论因而消除了所有的论据。量子力学宣称，未来社会现实以某种方式被当前人类意识探测。

基本波浪理论：“一个物体只‘发射’这样的波浪：波浪符合它要吸收的微粒。”

艾略特波浪理论：人们只参与这样的波浪：波浪能够刺激行为，而行为是人们做出的回应。

基本波浪理论：“有人可能会说，在源头的两个波浪的效果‘纠结’，也就是说，每一个光子发射都受到两个波浪的影响，但不是受到波浪本身的影响。”

艾略特波浪理论：有人可能会说，社会行为源头的两个波浪（比如，一个大型级数原动型波浪中的中型级数校正型波浪）的效果‘纠结’，也就是说，行为的潜在发射都受到两个波浪的影响，但是任何一个时间的波浪本身都是一个整体。

基本波浪理论：“只有在微粒发射的实际刺激中，才会出现波浪之间的干扰问题。只有在影响发射概率的时候，波浪干涉之中才会出现取消。”②

艾略特波浪理论：只有在行为的实际刺激中，才会出现波浪之间的干扰问题。只有在影响发射概率的时候，波浪干涉之中才会出现取消。

换句话说，任何时刻的波浪都自然地“调和”其自身在整个结构中的位置。只有效果被波浪所混合，比如原动型向上波浪中的校正型向下波浪中的原动型向上波浪。

---

① 本文原始出处。

② 本文原始出处。

基本波浪理论：“在这个理论中，反向波浪无时不在，不仅是在有微粒追随的情况下才存在。”①

艾略特波浪理论：在这个理论中，未来波浪无处不在，不仅是在人们明显照其行事的情况下才存在。

波浪首先是个心理现象，一些个体可能不对其做出反应，或者作出不被察觉的细微反应，或者花费时间表现出来，比如，今晚做出决定要在明天或者下个月做什么。另外，有时，人们在根据波浪行事，但是，因为波浪处于平静状态，所以，由此引发的行为不够戏剧性，无法给大多数人留下印象：这是共同情绪的产物。

基本波浪理论：“一个微粒必须总是追随现有波浪——通过这个波浪产生微粒；这个波浪决定了动力。如果这个波浪消失，光子就必须跳进另一个新波浪的‘一致性’；它不能保持原有状态，因为相关波浪消失了。”

艾略特波浪理论：一个社会行为必须总是追随现有波浪——通过这个波浪产生社会行为；这个波浪决定了动力。如果这个波浪消失，行为就必须跳进另一个新波浪的‘一致性’；它不能保持原有状态，因为相关波浪消失了。

比如，一个大级数上涨艾略特波浪可能刺激一个和平谈判并决定其动力。如果这个发展波浪结束，下跌波浪开始，那么，和平进程必将最终与新波浪达成一致性，这意味着和平进程会分崩离析，因为产生和平进程的心理趋势已经逆转。相反，大级数下跌艾略特波浪可能刺激一个波浪并决定其动力。如果这个下跌波浪结束，发展波浪开始，那么，战争必将最终与新波浪达成一致性，这意味着战争必须结束，因为产生战争的心理趋势已经逆转。

基本波浪理论：“凯泽公司（Kaiser）解读了这一点，表明缩小带宽的继起行为——在穿过干涉仪之后——影响了前一个波浪组合的带宽也影响了前一个波浪组合的相干长度。这是当前量子力学许多逆时因果关系例证中的一个，当然是讲不通的。”

艾略特波浪理论：金融实践者解读了这一点，表明影响前一个波浪状态的继起行为——包括其方向和强度——当然是讲不通的。这是当前金融理论中的主要逆时因果关系例证。

基本波浪理论：“如果未来波浪理论所需的所有冗余行李都被消除，那么，对读者

① 本文原始出处。

来说，就有明显的一点，反向运动的大量实证已经盯着物理学家几十年了。”①

艾略特波浪理论：如果过去波浪理论所需的所有冗余行李都被消除，那么，对读者来说，就有明显的一点，未来因果关系运动的大量实证已经盯着经济学家和社会学家几十年了。

基本波浪理论：“在当前的理论中，迫使人们把基本不确定性加在微粒头上的是波浪的前进运动。通过假设波浪从源头到探测器，并假设波浪是微粒，人们被迫推断微粒以多种状态同时存在，以便解释涉‘宽’现象。”

艾略特波浪理论：在当前的理论中，迫使人们把基本不确定性加在社会未来头上的是假定的波浪过去运动。通过假设波浪从未来行为到当前情绪，并假设该行为因此产生了波浪，人们被迫推断未来行为以多种状态同时存在，以便解释涉及爆炸性新闻的现象。市场短暂地对爆炸性新闻做出反应，就好像没有意识到这一未来事件。

基本波浪理论：“光是相对现象就提供了足够的基础来推断出基本波浪理论，至少对光子来说是这样的，只要有人认为事实就是事实。”

艾略特波浪理论：光是先后顺序现象就提供了足够的基础来推断出社会情绪经济假说，对各种社会现象都是如此，只要有人认为事实就是事实。

基本波浪理论：“当干涉时，真正的波浪不会消失，干涉的只是它们的效果。”

艾略特波浪理论：当干涉时，艾略特波浪不会消失（比如，当一个中型上升趋势出现在大型下降趋势之中时）；干涉的只是它们的效果，缓和由此引发的社会行为。

基本波浪理论：“一旦一个微粒变得与波浪一致，那么，它就只能对这个波浪做出回应。”

艾略特波浪理论：一旦一个行为变得与发生的波浪一致，那么，这个行为就无可挽回。社会行为与刺激社会行为的波浪具有一致的方向，因此，社会行为就能只对这个波浪做出回应，沿着同样的道路前进。

比方说，只要波浪还在朝着积极方向继续，股市发展就能继续；如果和平进程开始了，只要刺激和平进程的艾略特波浪朝着同一方向继续并支持和平进程，和平进程就能进行。

基本波浪理论：“微粒追随波浪的‘随机性’有一定的级数。微粒内在的‘隐藏

① 本文原始出处。

的’参数决定了微粒会对几个相互一致波浪中的哪一个在某个顶点做出回应。”

艾略特波浪理论：某个未知个人采取行动回应波浪的“随机性”有一定的级数。个人内在的‘隐藏的’参数决定了个人会对几个相互一致波浪中的哪一个在某个顶点做出回应。

基本波浪理论：“但是，和以前一样，因为不知道内在参数的价值，随机性只是明显而已。并不缺乏因果关系。”

艾略特波浪理论：但是，和以前一样，因为不知道个体内在参数的价值，随机性只是明显而已。并不缺乏因果关系。

有人早回应，有人晚回应，有人完全回应，有人部分回应，有人根本不回应。但是，总的来说，艾略特波浪出现，所以，原因有了结果。

基本波浪理论：“现在，动力和能量可以用波浪‘图’来界定，不用管由此引发的行为。”

艾略特波浪理论：现在，动力和能量可以用波浪‘图’来界定，（比如，表明社会处于波浪Ⅲ的（Ⅴ）的Ⅴ的5的（3）的3之中，这就告诉了你所有需要知道的内容）不用管由此引发的行为。

基本波浪理论：“刺激微粒发射的波浪、微粒所追随的波浪，在‘探测器’和源头之间有着多条道路。所以，不同的波浪之间存在着干涉。波浪所旅行的整个空间——不只是微粒旅行的离散线条——然后会影响微粒过程的概率。”

艾略特波浪理论：刺激微粒发射的波浪、行为所反映的波浪，在波浪合作生成过程和可能采取行动回应的个体之间有着多条道路。所以，不同的波浪之间存在着干涉。波浪所旅行的整个社会结构——不只是波浪反映的离散线条——会影响个体和社会行为的概率。

基本波浪理论：“原始微粒回应恰好依赖扰动发生时自身的位置。但是，位置又依赖到达那一点的特定道路，道路又依赖微粒的内部参数。因此，整个运动不再只是所有微粒初始运动的函数，就像经典物理学所阐明的那样。内部参数也扮演一个角色。人们不能通过对初始运动状态的了解，就预言一个系统的运动。”

艾略特波浪理论：社会行为的具体回应恰好依赖波浪产生影响时行为人的布局。但是，布局又依赖社会中人到达那一点的特定道路，道路又依赖社会和个人的内部参数。因此，采取的具体社会行为不只是艾略特波浪初始推动力的函数，个体的内部参数也扮演一个角色。人们不能通过对当前个体和社会行为状态的了解，就预言具体的个体和社会行为。(然而，在没有任何此类知识的情况下，我们能够预言社会行为的性质。)

基本波浪理论："实际上，我们从不直接观察量子波浪，我们只观察'量子'或者微粒。包括我们的眼睛在内的任何一个探测器，都对微粒做出回应，而不是对波浪作出回应。波浪形式的出现，只是对无数单个微粒观察的结果。微粒携带光信号，而不是波浪。"①

艾略特波浪理论：实际上，我们从不直接观察艾略特波浪，我们只观察艾略特波浪引起的行为。包括我们的眼睛在内的任何一个探测器，都对这些行为的记录做出回应，而不是对波浪做出回应。波浪形式的出现，只是对无数单个微粒观察的结果。微粒携带波浪信号，而不是波浪本身。

股市图是对人类行为（在这种情况下，就是买卖）的记录，是对波浪做出回应而发生的。股市图不是对波浪本身的记录。

基本波浪理论："从一个地方到另一个地方时，波浪本身并不携带任何能量或者动力；只有微粒这样做。如果你愿意的话，这一波浪只是充当微粒运动的向导。"

艾略特波浪理论：从一个地方到另一个地方时，波浪本身并不携带任何能量或者动力；只有行为这样做。如果你愿意的话，这一波浪只是充当行为的向导。

基本波浪理论："使用权威量化程序，当前理论开始于经典物理学方程式，然后对其'量化'，由此获得了量子力学方程式。这里的前提是，经典定律以某种方式占据了主要位置，然后量子力学从中而来。但是这里有些东西是倒退的。"

艾略特波浪理论：把数学方程式加于心理过程之上，当前理论开始于经典物理学方程式，然后对其"社会化"，由此假定了社会力学的特性。这里的前提是，物理定律以某种方式占据了社会行为的主要位置，而且情绪是对行为的机械回应。但是，这里有些东西不仅是错误的，还是倒退的。支配无意识心理过程的定律不同于物理学定律。

基本波浪理论："在基本波浪理论中，量子力学数学的所有方面都符合真实的东西……我们完全不需要断定真实情况和我们观察的情况之间存在抵触，也无须断定我们的知识与关于这个物体的知识之间存在抵触。"

艾略特波浪理论：在艾略特波浪理论中，因果力学的所有方面都符合现实。我们完

---

① 本文原始出处。

全不需要断定真实情况和我们观察的情况之间存在抵触，也无须断定我们的观察与时间前进方向或者直接因果关系方向之间存在抵触。

基本波浪理论：“这一叙述代替了通常的叙述：反-（波浪-）微粒如何是负频率（波浪-）微粒，在时间上倒退。在基本波浪理论中，没有什么是倒退的。因为，当然任何想要代表实际物体的理论都一定是真实的。”

艾略特波浪理论：这一叙述代替了任何企图做出的叙述：反-（波浪-）行为如何是负频率（波浪-）行为，在时间上倒退。在艾略特波浪理论中，没有什么是倒退的。因为，当然任何想要代表实际过程的理论都一定是真实的。

基本波浪理论：“通常描述需要修改的只是波浪方向，‘原理函数’传播的方向。通常描述必须加以逆转。”

艾略特波浪理论：通常描述需要修改的只是因果关系方向，‘原理函数’传播的方向。通常描述必须加以逆转。

基本波浪理论：“所以，每一步都有完全的因果关系，对微粒如此，对波浪也是如此。”

艾略特波浪理论：所以，每一步都有完全的因果关系，对行为如此，对波浪也是如此。

基本波浪理论：“如果一个理论导致荒唐的结论，那么，这个理论就是错误的。现实不会犯错，只有物理学家会犯错。”

艾略特波浪理论：如果一个理论导致荒唐的结论，那么，这个理论就是错误的。现实不会犯错，只有经济学家会犯错。

基本波浪理论：“【基本波浪理论】大多数已经完成的内容只是遵循一个认识：波浪反向运动。”

艾略特波浪理论：社会情绪经济学大多数已经完成的内容只是遵循一个认识：因果关系与普通假设呈反向运动。

基本波浪理论：“一旦纠正了一个错误，几乎所有的20世纪物理学原理神秘就都会消失。”

艾略特波浪理论：一旦纠正了一个错误，几乎所有的传统宏观经济学原理神秘和社会预言长期错误就都会消失。

基本波浪理论：“所有的这些都归结为一个理论，这个理论比当前的量子力学理论简单得多。奥卡姆剃刀（Occam's razor）没说较为简单的理论是正确的。但是，奥卡姆剃刀确实说，如果没有额外的证据，就无法有效增加一个理论的更多方面，这些证据超越了较为简单的理论所能解释的范围。”

艾略特波浪理论：所有的这些都归结为一个理论，这个理论比当前的先知理论简单得多。奥卡姆剃刀没说较为简单的理论是正确的。但是，奥卡姆剃刀确实说，如果没有额外的证据，就无法有效增加一个理论的更多方面，这些证据超越了较为简单的理论所能解释的范围。

基本波浪理论：“反向波浪理论的简单性肯定是有益的，但最重要的是一个事实：反向波浪理论不存在任何矛盾、非物理学的方面。”①

艾略特波浪理论：前进波浪理论的简单性肯定是有益的，但最重要的是一个事实：前进波浪理论不存在任何矛盾、非先后顺序的方面。

基本波浪理论：“量子力学实际上是个错误金字塔——人类历史上最大的错误金字塔”②（至少在自然科学领域是这样）。

艾略特波浪理论：关于社会情绪的社会事件因果关系理念实际上是个错误金字塔——人类历史上最大的错误金字塔（至少在社会科学领域是这样）。

基本波浪理论：“显然，反向基本波浪这一事实已经被证明。一个简单的假说就解释了如此多的事物。不可能得出其他结论。”

艾略特波浪理论：显然，前进社会情绪经济因果关系这一事实已经被证明。一个简单的假说就解释了如此多的事物。不可能得出其他结论。

基本波浪理论：“另外，这一理论实现了多年来梦寐以求的目标：单一的框架，在这个框架中，所有已知的物理现象都能得到理解。”

艾略特波浪理论：另外，这一理论实现了多年来梦寐以求的目标：单一的框架，在这个框架中，所有已知的社会现象都能得到理解。

---

① 本文原始出处。

② 本文原始出处。

两个理论——“基本波浪”理论和“艾略特波浪”理论解释狭义相对论

基本波浪理论简单明了地解释了狭义相对论，没有诉诸矛盾和魔法。对于矛盾和魔法可以举一个粒子：当观察者移动时，物体改变形状；而同时，对于不移动的观察者来说，物体却不改变形状。① 用利特尔的话说：

“有一个事实，光与所有的观察者都有同样的旅行速度 c。基本波浪对此提供了一个简单的物理解释。并因此足以解释洛伦茨变化……我们看到的是微粒光子，不是波浪。是微粒把能量或者动力给予了视网膜，由此产生了视觉效果……但是，如果微粒光子动力是由来自观察者的波浪决定的，那么，决定速度的就是观察者的精神状态。与观察者相关的 c 恒定由此得到了解释。”

“那么，光并不仅仅是从物体移动到观察者，或者从观察者移动到物体；而是两者兼有。光还不仅仅是一个波浪，或者仅仅是一个微粒。光包含如下内容：从观察者到物体的波浪、从物体到观察者的微粒。……在标准差中，人们认为，两个观察者看到的光在物理上是同一的，都是同一批光子。然后，【理论】扭曲了空间和时间，以便解释一个事实：两个观察者看到了一个球形脉冲。但是，这是因为光是不同的，而不是因为空间-时间的变形。处于两个不同精神状态的两个观察者不是看到的同一批光子。”

“当人移动时，物体确实好像也变化了。但是，事实就是事实；事实并不因为观察的不同而变化。所以，有人确切地知道，当一个人移动时，变化的是观察方式，而不是被观察的物体。但是，只有当观察方法涉及观察者释放的事物时，观察者的运动才会影响观察方法。”

“考虑到洛伦茨变形这个事实，洛伦茨变形出现在基本波浪理论中的所有后果都和当前理论一样。移动的物体好像变短了，移动系统中的时间旅行好像膨胀了，等等。然而，这些明显的变化都不需要物体本身的任何变化。只有它们的外观改变了，原因是光

---

① 利特尔还摒弃了愚蠢的理念：“太空”是“弯曲的”，或者有什么特性。利特尔解释，“别忘了，太空是虚无的。太空只是个空间，里面有实际物体……虚无没有特性……基本波浪是完全的，太空不是弯曲的。”利特尔的解答是，“电磁领域……本身实际上只是个基本波浪，微粒光子追随这个波浪。”

的变化……光的本质是微粒，追随来自观察者的波浪，这一本质规定了同时性的相对性。……因此，显然，下面的事实不存在矛盾。这个事实是，处于相对运动中的两个观察者都认为在另一个观察者的精神状态中物体较短……对所有观察者来说，现实是相同的。‘任何事物都是相对的’不是事实。”

“有一个事实：解释了量子现象的理论同时也解释了狭义相对论。这一事实足以让我证明这一理论的正确性。如果狭义相对论还没有被发现，那么，反向波浪理论就能够预言狭义相对论！”①【光是这一段】

如果经济学家和物理学家一样富有创造性，那么，他们就会设计自己的不确定性理论和狭义相对论理论。他们就会观察到，当自己的未来事件探测器——股市，从一个趋势或者水平向下一个趋势或者水平移动时，未来就会一直随之变化！他们会推断，即使有了完美的知识，未来也是不可知的。当然，他们会认为肯定有无数先存在的未来社会现实，或者“波浪未来”，其中的经济同时既强又弱，猫同时既死又活。观察者，即社会，可以把这些未来中的任何一个带进现实，方法只是改变青睐股票胜过现金这一金融立场，或者反之亦然。这种“量子经济学家”不会认为，假定的探测器之后的观察者②实际上产生了引领未来——唯一的未来——事件的社会情绪波浪。社会情绪经济学家也能看到，社会因果关系拥有自己自然产生的狭义相对论。当社会经历情绪变化时，社会未来一直随其变化，因为情绪趋势产生了行为趋势。换句话说，就产生社会未来的当前观察者情绪而言，社会未来是恒定的。现在，我们知道了原因，答案不需要时间因果关系的魔法逆转。相反，因果关系是直接和明智的。

这一类比所暗示的社会情绪经济学的一些潜在问题和含义

（1）基本波浪理论：“实际上，基本波浪并不像上文所述那样是由观察者发射的。观察者只是重新安排了起伏波浪的结构。”和基本波浪一样，艾略特波浪是否无处不在，用宇宙中的生命体刺激有组织的行为？或者，他们是否源自生命体内部？

（2）基本波浪理论：“符合所有可能自由微粒状态的波浪无时不在。在没有微粒的

① 本文原始出处。

② 这个类比有一点不同，因为在社会学中，人类思维是原因；在物理学中，物理行为是原因，而人类只是观察者。

情况下，波浪是‘无序的’。微粒有一个效果：把连贯组织强加于波浪之上。”和基本波浪一样，支配生命过程的波浪是不是无序的，直到生命单位把结构强加于它们之上，它们也由此变成了艾略特波浪？生命形式在本质上是不是有组织的？人们的下意识是不是独立存在的无序社会波浪的组织者？

（3）基本波浪理论：“在基本波浪理论中，波浪只是存在而已，有着不同的特性。它们是现实的主要成分。因此，无须从任何事物之中推断它们的行为。”和基本波浪一样，艾略特波浪是不是社会现实的主要成分，或者艾略特波浪是不是内在过程的产物？

（4）在量子物理学中，“波浪强度——振幅平方的绝对值——在屏幕的任何点上都给出了一个屏幕在这里被观察的概率。”① 利特尔纠正了这一构想，说，“平方表现在源头；给出了微粒发射的概率，而不是微粒观察的概率。”② 无独有偶，人们对艾略特波浪回应的行为强度，好像是随着算术级数的增加而增加的。一个级数波浪的效果经常是较低波浪效果的1.618倍、2.618倍，或者4.236倍（比方说，整个股票估价极值和战争死亡人数）。“要使$\cos^2\theta$依赖讲得通，关键是要平方在源头出现。”转化成艾略特波浪理论就是，波浪表现形式的趋增强度出现在行为的源头，并不是波浪本身的特性，其级数呈算术变化。

（5）基本波浪理论：“这些不是媒体中的波浪，信号也不是由波前携带的。有一个观念：任何周期性‘事物’必须作为场方程的结果繁殖。这一观念是对经典物理学的继续。通过波浪传播媒体的物理学，人们可以推断经典波浪的波浪方程式。这一观念然后被应用于量子波浪之中，虽然没有媒体牵涉其中。但这是错误的。”艾略特波浪是不是通过媒体传播的并不好说。当然，人类脑的心智包含电脉冲，电脉冲携带从众命令，但是，我们能否说，通过许多心智合作的电脉冲一致性是由媒体完成的？心智之间没有物理学联系，另外，人类社会之外有艾略特波浪在进行，比如描述地球物种数量消长的艾略特波浪。我们至少可以得出一个结论：艾略特是外在实体，不是媒体中的内在波浪，而且它们不是从外界塑造生命过程，因此迥然不同的部分符合整体。就像不同的原子那样，分子和复合物参与进人体之中，而人保持其身份，所以，不同的人参与进艾略特波浪之中，而艾略特波浪保持其身份。在《波浪原理高级教程（上）》中，我把艾

① 本文原始出处。

② 本文原始出处。

略特波浪称作形式逻辑系统，而不是一个线性或者非线性因果关系，原因就在于此。这种外在波浪足以“解释”或者说明一点：形式逻辑系统是外力的产物。

（6）基本波浪理论：“如果有人确实达到了最‘基本’的水平，此人就只能描述存在的东西，而不能解释它……如果波浪是主要的，没有任何媒体，那么，此人就只能描述波浪。”我经常觉得光是描述艾略特波浪就足够了。它们存在，我可以在图上看到它们的效果。《波浪原理高级教程（上）》的几章试图解释它们从何而来，但最终，这些解释描述的主要是它们的媒体和普遍存在，而不是它们的原因。艾略特波浪可能和基本波浪一样基本。或许，就像《波浪原理高级教程（上）》第 21 章所假设的那样，它们是费门森的一个表现形式，一个与熵对立的力量。

（7）基本波浪理论：“屏幕上的每个点【以及所有物体上的每个点】实际上都在发射【更精确地说，是在组织和重新引领】所有频率的波浪，这些波浪符合所有可能的能量、质量和微粒的其他特性。”① “微粒的发射回应特定频率/动力的波浪。然后，微粒的行为恰好反映了波浪的动力……一个物体只‘发射’那些符合其将要吸收的微粒的波浪。”人们可以波浪所导致的所有类型的波浪，但是人们的心智每次只参与那些与其相关的波浪。无论人们参与什么波浪，波浪都会刺激符合这些波浪的行为；只有那些拥有内在“隐藏变量”的人才能用行为回应这些波浪。

（8）基本波浪理论：“因此，反向波浪理论预言的不只是相对分布，还有到达屏幕任何一点的微粒的准确数字。”了解了艾略特波浪对于人们的效果，社会情绪经济学家就能大致预言艾略特波浪效果的质量和能量，比如，每次不同级数经济收缩中的失业人数、处于和平或者战争中的地球人口百分比。已经有证据表明波浪的效果随着级数变化，就像《波浪原理高级教程（上）》第 7 章和第 16 章所表明的那样。

结论

利特尔简明扼要地说，“只有那些能够毫无矛盾地解释所有实验证据的物理学理论才能被接受。”② 这一事实不仅毁灭了传统量子理论，还毁坏了关于社会因果关系的传

① 本文原始出处。

② 本文原始出处。

统假设和理论。传统宏观经济学充满了矛盾。比如，经济学家断言，从逻辑上说，“正在下跌的利率是股价上涨的标志”，但并不总是如此；实际上，在通货紧缩的时候，健康债务利率一直随着股价跌到非常低的水平。所以，宏观经济的断言与证据相抵触。传统社会学家告诉我们，“恐怖分子攻击和公司丑闻使人们变得不那么乐观，也更担心投资”，但是，事实与此断言恰恰相反。我们研究了攻击和丑闻之中和之后的实际乐观主义和投资趋势，证明事实与传统社会学家的论断恰恰相反。市场先知理论的效果刻意让时间逆转，更是与现实格格不入。

“在把一个解释基于现实的某个方面之前，”利特尔说，“必须有证据——可观察的证据——证明正在被讨论的方面实际上是存在的。否则，人们只能拥有幻象，而不是科学解释。”① 这恰恰是传统社会和宏观经济学因果关系的问题所在。它们不是科学解释，而是基于错误前提的幻象，没有得到证据的支撑，实际上还与证据相矛盾。

基本波浪理论纠正了传统量子力学理论中的基本错误。社会情绪经济学纠正了传统社会因果关系理念中的基本错误。在许多方面，基本波浪理论和社会情绪经济学是平行科学革命。

附录

艾略特波浪对物理学家和诺贝尔委员会心理状态的印象

图 A 提供了一些轶事证据：在波浪结构的类似点，艾略特波浪刺激了类似的行为。你可以看到，图中所示的两个艾略特波浪在形式上几乎是相同的，尽管它们在持续时间绝对数量和百分比上涨方面存在 3 倍的区别。

海森伯格于 1927 年阐述了其不确定性原理，利特尔于 1993 年创立了基本波浪理论。就艾略特波浪位置而言，这些年几乎恰好相似。换句话说，我们可以推测，这些艾略特波浪协调了心理能量，心理能力使个体量子物理学家几乎在艾略特波浪形式进展的同一时刻经历了历史性的“啊哈”。时间分别是早期的 1921 年至 1929 年循环波浪 V 的大型波浪⑤、1974 年至 2000 年循环波浪 V 的大型波浪⑤。量子物理学家们通过这些见解阐述了宏大的理论，改变了科学的方向。

---

① 本文原始出处。

在其中的所有时间里，物理学家殚精竭虑，解释并并详述了海森伯格的观点。换句话说，他们的独立思维不如从众思维那么活跃。

海森伯格“因为创立了量子力学”而荣获诺贝尔物理学奖，获奖年份不是1925年、1926年、1927年、1928年、1929年、1930年、1931年、1933年或者之后的任何一年。海森伯格的获奖年份是1932年。这个获奖时间不大像是个巧合。1932年7月是两个世纪之中最大股市暴跌的底部。这意味着，总的来说，就这个时期而言，人们［至少在西方（the West）］在此时对社会未来最没有把握。此时，诺贝尔奖委员会在心理上倾向于弥漫于宇宙之中的“不确定性原理”，也就不足为奇。

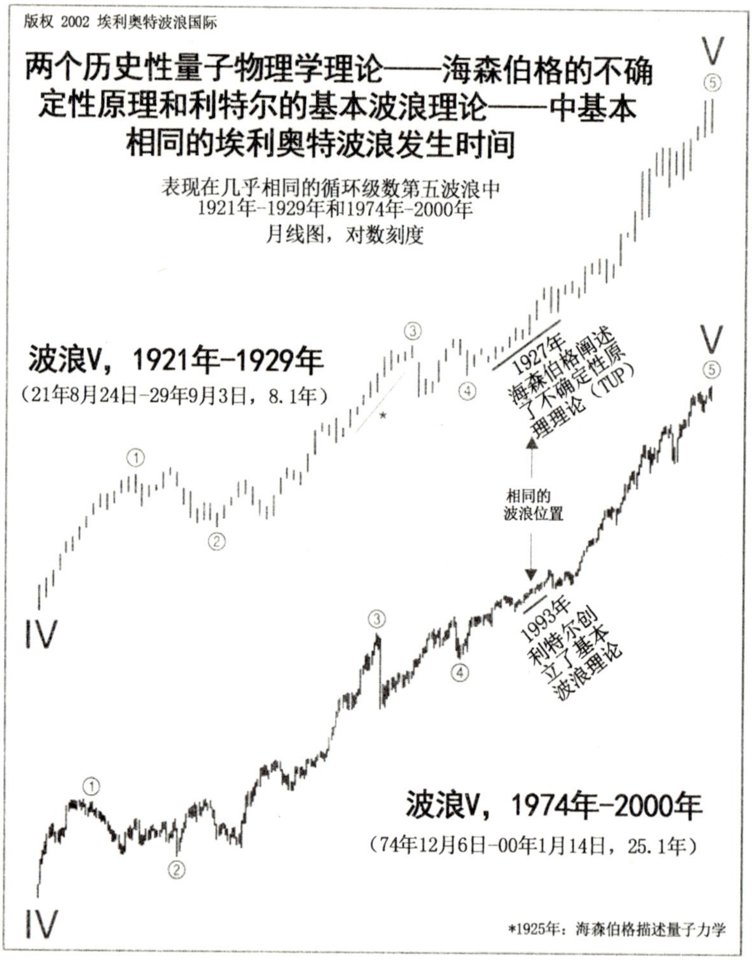

图 A

社会情绪经济见解的提出是在1985年之后的那些年里，与1999年的牛市一起达到了顶点。基本波浪理论是在1993年提出的，其最终阐述仍在进行之中。那么，两个新的物理学和社会学理论有两个共同点。第一，几乎都是纠正了各自科学领域先前的思想。第二，几乎是同时发展起来的。在大超循环波浪（V）的循环波浪V的大型波浪⑤，两个理论都进入了总结性阐述阶段。这一时间平行性可能也不是巧合。

各种各样的文章、信件、演讲和言论

普莱切特

《艾略特波浪理论家》

1998 年 2 月 26 日

《波浪原理高级教程（上）》第 13 章讨论了个体生命形式中的波浪原理证据。按照戴维·古德曼对人类心理生物节律的研究，我们可以得到更多的证据。

波浪原理在人类心理生物节律中的证据——进一步研究的起点

循环研究基金会出版了一本杂志《循环》。第 46 卷里有会员戴维·古德曼的一篇文章，戴维·古德曼精确记录了自己二十年来的情绪振幅，从 1977 年 1 月直到 1996 年 9 月。戴维·古德曼并没有发现一个规则循环，而是发现自从 1977 年以来，情绪振幅的循环逐步缩小，从 30 天变成 30 个小时。现在，这可能没有意义；一个简单的例子几乎没有概括的价值，而且这仅仅是接触了科学研究中被忽视的领域。然而，如果事实证明这个研究确实反映了人类心理的一个方面，那么意义何在呢？或许可以表明人类的心理循环随着年龄而缩短，大概可以解释人类变老的时候为什么会觉得时间加速了。（我喜欢的理论是人们把时间作为年龄的百分比来经历。）数据的一些线索指向了另一个解释。

图 1 是古德曼的图片，但是被倒转了，并加上了注释，以便揭示一个熟悉的形式：

一个艾略特波浪，标示从1直到5。这一图片表明，在艾略特波浪生产过程中，个人情绪形式和社会情绪形式之间存在着联系。

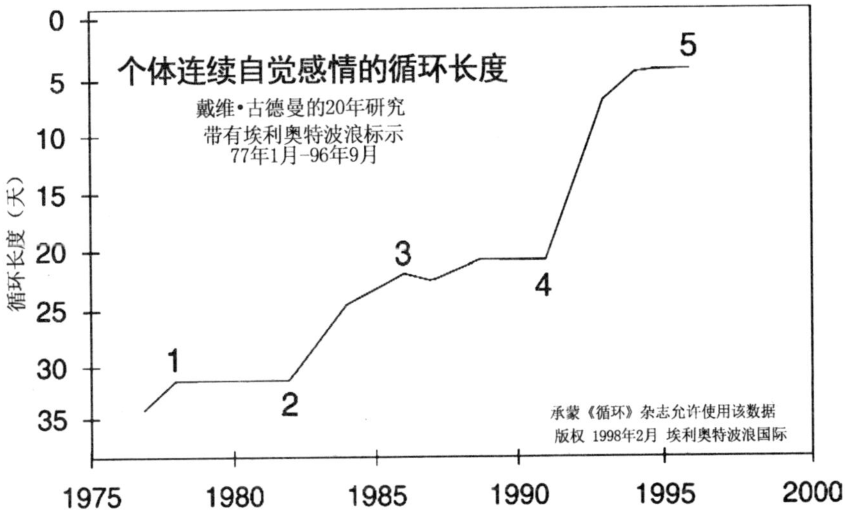

图1

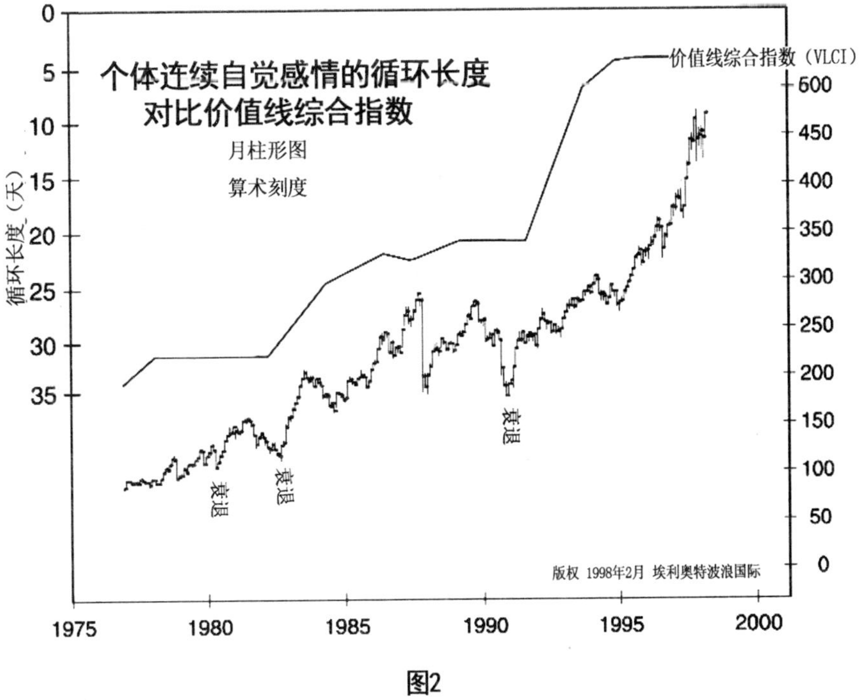

图2

更让人感兴趣的是，单向较长时期趋势及其中断时机高度反映了股市同步发展，出现了该领域的两次暂停：1979 年至 1982 年的校正时期、1987 年至 1991 年的校正时期。请注意，在图 2 中，5 波浪序列反映了同样的股市发展。这个平行表明了一个可能性：社会情绪趋势与人类情绪振幅频率相关。现在，请观察，与股价上升加速同步，古德曼先生的情绪循环长度在 1982 年之后迅速下跌，在 1991 年之后再度迅速下跌。这两个时间恰恰是衰退结束的时候。我们已经知道，在衰退结束之前，或者在衰退结束的时候，股市底部表明社会情绪趋势是整个生产率的发动机。现在，我们可以假设，加速生物节律支持越来越积极的社会学，导致（还有其他的）生产和购买股票的欲望，而低速生物节律引起了呆滞，导致紧缩、保守主义和股票出售。情绪振幅的上升或许解释了一个问题：运动为什么在牛市大行其道，而在熊市一蹶不振。这或许解释了下面的现象：在牛市之中，体育明星的个人表现明显上升，反之亦然，“篮球和牛市（Basketball and Bull Market）”（1996 年）揭示了这一点。或许，情绪振幅频率与牛市的快速音乐喜好相关，也与熊市的慢速音乐喜好相关。总之，情绪变化频率或许与方向相关，方向又驱动我们这些社会情绪经济学家观察的社会事件。

要说这是个推测，那就是贬低了其作用。但是证明这种可能性具有巨大的潜在价值，因此，我们应该探索这个求知渠道。如果我们发现一个社会的众多成员在制造类似的图片，那么，可能性就增加了；如果变化在几个牛熊循环中都始终如一，那么，它就变成了一个概率。一个得到证实的相互关系，会增加社会情绪趋势的可预测性，并因此增加社会事件品性的可预测性。

有重要的一点需要指出，心理循环理念的创始人赫西（Hersey）下了一个结论：在大多数情况下，生物节律在一个月之内是规则的。然而，赫西的研究主要是在 20 世纪三四十年代做出的，当时处于超循环级数熊市之中。古德曼的研究表明，循环长度可能是一个月，也可能是一天。在古德曼的经历中，一个月变化出现的时候接近大熊市低点。在这种情况下，赫西进行了自己的研究。

古德曼还基于荣格、保（Pao）、格罗夫（Grof）的工作，列举了描述性词汇，反映了自己所想象的心理循环 4 阶段，详情如下：

（1）平静、满足、友好、轻松、有创造力、有想象力、幽默。

（2）精力充沛、幸福、充满深情、满腔热情、成功、有影响力、充满爱意的。

（3）疲惫、悲伤、遭禁、害怕、处于危险之中、痛苦、不安全。

（4）紧张、焦虑、怀疑、愤怒、有攻击性、有敌意、有对抗性。

请仔细阅读这些词汇，你会发现社会逐渐把情绪注入股市循环的四个阶段之中：上升趋势、顶点、下降趋势、底部。大致说来，在循环级数中，20 世纪 20 年代是（2）、20 世纪 30 年代初是（3）、20 世纪 30 年代末和 20 世纪 40 年代中期是（4）、20 世纪 50 年代是（1）、20 世纪 60 年代初是（2）、20 世纪 60 年代末直到 20 世纪 70 年代是（3）和（4）、20 世纪 80 年代是（1）、20 世纪 90 年代是（2）。你可以看到，如果投资者逐渐地像上面那样想，他们就会这样买卖股票，产生牛市和熊市。

总之，生物节律情绪振幅频率可以决定社会节律情绪的性质。在大多数情况下，每个社会节律循环开始于较高的保留生产价值基础，所以，对于整个进步来说，所需额只是重复生物节律频率的艾略特波浪。社会情绪变化的分形本质又会表明，总的来说，生物节律遵循频率和持续事件的艾略特波浪形式，因而产生人类进步和退步的艾略特波浪。

普莱切特

《艾略特波浪理论家》

1998 年 3 月

社会情绪经济学家看破产

一个记者想知道，“如果美国形势大好，为什么破产率如此之高呢？”实际上，截至 9 月份，1997 年有 137 万人破产，创下了另一个历史新高。这里有个好像符合逻辑的说法：破产在繁荣中默默无闻，在衰退/萧条中大行其道。是不是这样呢？金融经常不那么简单。这幅 1930 年到 1997 年的年度破产申请图表明，债权人申请救济的上升趋势并不能可靠地表明经济下跌。相反，尽管对 20 世纪 30 年代的破产法规做了债务人—友好型改变，破产申请亦然平平。自从 1942 年，破产几乎和股市沿着同一条道路上升，产生了艾略特 5 波浪发展。有一点没有展现出来，在繁荣的 20 世纪 20 年代，破产数量有着类似的情况：增至原来的 4 倍。这些数字继续渐渐上升，在 1932 年达到了顶点，股市在当时触底。这些数字最终于 20 世纪 30 年代末和 20 世纪 40 年代初下跌，保守主义在当时回到了金融之中。

在20世纪20年代末，一个总统委员会寻求方法来强化破产法规。无独有偶，今天的国会也在讨论一些方法来逆转1978年的法律。1978年的法律进一步弱化了对债务人的束缚。

与好像具有逻辑性的趋势相比，破产趋势为什么大多背道而驰？答案是破产率是借出质量的函数：当债权人更加自信的时候，他们就更积极，这是处于上升趋势之中。今天史无前例的破产反映了领导人史无前例的意愿：向资质较差的债务人借出更多的资金，这是好时光的症状，不是坏时光的症状。我要这样回答订户的问题，破产率高是因为形势大好。在接下来的熊市和萧条里，破产率会继续高位运行，然后下跌。

普莱切特

《就技术而言》

（市场技术员协会业务通讯）

2000年6月

讨论会发言人总结

迈克·卡尔（Carr）

主题演讲，2000 年 5 月 18 日

艾略特波浪国际特许市场技术分析师（CMT）罗伯特·普莱切特，很少在公共场合发言，但是在星期五的晚餐之后发表了主题演讲。题目是“波浪原理和社会情绪经济视角（The Wave Principle and the Socionomic Perspective）”。普莱切特要在这次演讲中解答一个问题：司法部针对微软的反托拉斯诉讼会对整个市场产生什么影响。

首先，普莱切特分享了一个关于艾略特波浪原理的见解：理想化的波浪进展包含在通道之内。普莱切特注意到，如果较低的通道线被打破，那么，第五个波浪预计会打破较高的通道线。这让普莱切特相信我们处于伸展波浪 V 的最后阶段，完成了始于 1932 年底部的结构。

其他技术指标支持普莱切特对波浪结构的解读。普莱切特发现情绪极值与波浪顶点和低谷相关。使用道琼斯工业平均指数股息率，情绪处于有史以来的顶点，暗示我们接近了市场超循环顶点。波浪 V 预计不会表现出波浪 III 那样的技术力量。正在弱化的发展/下跌线在波浪 III 中达到顶点，支持这一理念。

预计经济和金融基础也会在波浪 V 中变弱。跟波浪 III（1942 年到 1966 年）中的情况相比，关键经济标准，比如实际国内生产总值、工业产量、产能利用率、失业，通常都会在当前波浪中变弱。金融基础包括下列标准：家庭资产折现力、经济各部门的债务、最优惠贷款利率、当前账户盈余或者赤字。在当前波浪中，所有这些标准都通常较弱。

普莱切特相信技术产生基础。而且，众所周知，股市是经济的先导指标。实际上，最近 12 个衰退中的 11 次出现在股市登顶之后。按照普莱切特的理论，反映在艾略特波浪中的是社会情绪。支配经济的是社会的社会情绪。

如果这是真的，那么，预计在社会情绪愤怒的时候，战争就会爆发。实际上，从独

立战争直到第二次世界大战，我们国家所参与的战争都发生在 C 波浪之中，或者紧接着 C 波浪发生。当时的情况和社会情绪处于最糟糕的时候。

对于这个牛市的力量，一般来说，许多人都鼓吹“消费者”人口统计数据和股市之间的相互关系。普莱切特的著作、学者们的著作发现，40 年之久的“消费者”人口统计数据和股市之间没有相互关系。然而，普莱切特确实发现人口统计数据和市场之间存在另一种相互关系。普莱切特看到决策是积极情绪的反映。把出生率调回一年来反映怀孕的时机，普莱切特就能够把人口统计数据与股市联系起来。这一方法反映了 1932 年的底部和 1974 年的底部。更流行的方法是把出生率向未来移动 40 年或者更多来解释生育高峰期中人（Baby Boomers）的退休储蓄。这一方法没能解释这两个底部。

回到原来的问题，普莱切特解释说实际问题应该是，“当政府针对那些最成功的企业展开反托拉斯诉讼时，美国的社会情绪如何?”普莱切特发现这种诉讼发生在大顶点之时，而紧急援助发生在底部。这些顶点符合社会情绪和股市。

总之，普莱切特给出结论：股市情绪是真正的基础，而我们研究的图片又反映了这一情绪。对于社会情绪形势和进展，艾略特波浪原理提供了一个见解。

普莱切特

私人书信

回应一篇论文

1999 年

挑战市场理性的另一个神话

我喜欢你 1999 年的论文，希望其能艳压群芳。我有个不同观点。理论和经验必须相符。如果不相符，肯定有一个错了。

高效市场假说及其对“市场理性”的依赖处于毁灭过程之中。你的著作帮助把这个过程推向前进，但是你的模型还是包含了一个遗物，随机性论点的关键支柱，也就是市场理性。你提出，当泡沫加速的时候，买家在理性地要求越来越大的收益——就资本收益而言——因为暴跌的风险也在增大。这一理念把经济学定律用在金融定律之中。乍一听好像是合情合理，类似于因较危险的电影特技支付给特技替身演员更高的报酬，这是理性的经济行为。这个理论存在几个问题。

首先，在加速市场发展中，给投资者的实际和潜在收益加速下跌。股价迅速上涨，以股息为形式的实际收益就迅速下跌。所以，股息对股权风险的补偿越来越少，而股息是最可靠的补偿。至于潜在资本收益，随着股价的每一次滴答向上，因为股价可能会继续上涨，所以收益下跌的可能性也增加了。股市上涨越快，不可避免的逆转就来得越快。一个真正理性的投资者会把这些因素考虑在内。在迅速上涨的虚高市场里，买家必须知道毁灭迟早会到来，因而他们的买进行为是不理智的；或者他们忽略或者没有没有意识到事实。别管是哪种情况，这就像同意玩俄罗斯轮盘（Russian Roulette）赌一样，投入越来越多的钱，直到开枪打死自己。这不是经济行为或者理性行为。这是金融行为，其不同点就是冲动。

你的理论的实证问题是一个事实：投资者并不汇报理论所需的精神状态，而实际上汇报的恰恰相反。市场心理统计资料表明价格上涨和自满情绪之间存在协调一致的相互关系。当价格上涨时，投资者对市场暴跌的担忧也减少。一个又一个民意测验证明了这一点。在主要市场顶点，对市场下跌的担心几乎没有。那么，你的理论和经验完全是背道而驰。特技替身演员会告诉你，危险越大，他们的要价也越高。投资者说的相反。投资者认为风险较小，所以安然无恙地买进，价格迅速上涨恰恰是因为这个原因。你的理论认为，对买家增长的风险认识来说，向上加速的市场是理性经济回应。这一理论没有描述新买家的实际刺激。如果投资者的实际想法不支持他们根据理性理论所预计的想法，那么，这个理论肯定存在问题。

金融市场行为的抛物线—上涨—和—下跌结构挑战了理性理念。理性并不导致这些类型的形式。你在观察的是一个原始精神作用冲动。这种思想有理性目的（求生），但是这种思想并不是基于理性。证据是这种思想导致了错误，原因是下意识错误地把冲动应用到了金融之中。市场因人们的冲动而惩罚人们，市场因真正的理性而回报人们，只有当人们理解市场心理动力时才会出现这种情况。

那么，为什么市场呈指数级上涨，然后暴跌？泡沫加速不是因为人们更害怕暴跌，而是因为随之股市上涨，人们越来越肆无忌惮。市场暴跌，不是因为人们认为市场会暴跌，而是因为人们觉得市场不会暴跌。当这种信念达到临界点（到了一个艾略特波浪的终点）并不能进一步扩张的时候，市场就停止向上。人们没有金钱也没有空间来扩张自己的看涨信念。当社会情绪变化而且人们普遍对价格悲观失望的时候，熊市就大行其道了。

你的科学观察资料是重要的，但是，对此提出的解释讲不通。抛弃理性论点并采取无意识冲动论点，会强化你正在观察的极为真实的现象的理论基础。

普莱切特

1999 年 3 月

为什么年轻人引领社会表达的狂热

年轻人为什么如此广泛且热情地参与自我表达狂热？跟成年人相比，他们是不是更加整齐划一地从众？显然，跟成年人相比，年轻人更依赖脑的原始部分，从众冲动就在脑的原始部分里。这里是一个讨论，来自美国广播公司新闻报道的文字记录，主题是年轻人脑活动对比成年人脑活动：①

年轻人是不是真的和成年人有如此大的区别？喔，是的，哈佛医学院脑形象中心（Brain Imaging Center）的研究人员说。这里，他们把年轻人还有我这个年纪的人放进磁共振成像（MRI），这样他们就能观察我们脑的工作。负责的医生德博拉·尤尔格伦-托德（Deborah Yurgelun-Todd）说，当我和其他的成年人回答问题时，我们使用我们脑的理性思维部分“背外侧前额叶”，而年轻人用的另外一个部分。【德博拉·尤尔格伦-托德（DYT）】：“孩子们使用的区域在后面，叫作扁桃核。”这是他们脑的本能部分。这或许可以解释他们的创造力。在生命的这个阶段，我们可以做出一些较好的创造性工作，因为这是不会拘泥于窠臼“我应该做这个，或者我不应该做这个。”

哈佛研究人员说，年轻人更容易使用创造力强的那部分脑，不大使用具有批判性思维的那部分脑，具有批判性思维的那部分脑帮助人们做出成熟的判断。年轻人使用具有“本能”的那部分脑。年轻人使用的是更情绪化且自动的部分；我们这些精明的成年人使用我们的批判性思维。【德博拉·尤尔格伦-托德（DYT）】：“这个非常正确。你对

---

① Stossel, John.（1999, March.）“Teenagers.” 20/20, ABC Network.

这个区域的刺激更多，而我们今天看到的男孩对这个区域刺激更少。”

普莱切特

2002 年

对一位知名科学家一个问题的回答

问题：你的论点是外因不影响股市，这一论点的本质是什么？

回答：为什么情绪支配事件性质，而不是反之亦然？对此，有两个主要论据。

第一，如果波浪原理是正确的，那么，股市就是一个等级体系形式。有一个推测：外部事件移动市场价格。如果要坚持这个推测，就只能断言这些外部事件具有产生波浪原理的完美形式。这好像难以自圆其说。

第二，别管波浪原理是否正确，只要你注意一下就能看到事件滞后于股市趋势。我总是能指明上涨或下跌的社会结果，但是，甚至在几十年之后，经济历史学家也经常无法查明或者商定市场运动的假定原因。在最近的一次国际经济高峰会议上，声名显赫的参会者承认，虽然可以追溯到 1928 年至 1930 年的数据和新闻，他们还是搞不清股市历史性下跌的原因。（经济学家埃尔南·科尔特斯就此主题写了一篇论文。）在另一方面，你可以不费力地看到其在大萧条中的结果。一旦理解了暴跌性社会情绪是有后果的，那么，你就会轻易地理解结果是什么。

最后，无论波浪原理是否正确，都有更精妙、或许不那么引人入胜、但也站得住脚的一点：市场是个有着具体维数的分形，意味着市场在各个级别上都有着类似的粗糙性。即使人们只接受这个事实，这个事实也确实弱化了“外因”论点，因为人们必须采取一个立场：市场变化的外因也是有着同样具体分形维数的分形！这一立场会使几乎所有的经济评论一文不值。所有的主流经济学家都认为美联储（他们认为美联储是个“外因”）控制着股市。现在，这些经济学家不得不偃旗息鼓。如果美联储平稳地控制着经济，那么，股市就不会是个分形了。他们会提到的每个假定的外力都是如此。如果所有的力组合在一起是个不定分形，那么，讨论这些力或者预测任何事物还有什么意义？正直的外在因果关系拥护者会低眉顺眼地咕哝道，“股市会波浪”，仅此而已。

普莱切特

1995 年

写给一位好奇的客观主义者的一封信

客观主义者肯定应该对波浪原理和社会情绪经济学敞开怀抱，波浪原理和社会情绪经济学是对群体性心理活动的观察资料。详情如下：

（1）许多，即使不是大多数个体，都有着归属集体的欲望和被集体所接受的欲望，也有在认识论上获得二手信息的倾向。这种欲望和倾向使他们的下意识在充满情绪的社会环境中控制了意识。

（2）当下意识居于控制地位时，其控制方式并不是随机的（这就意味着根本没有思维），而是采取特定的形式。

（3）由此引发的行为具有重复性，以醒目的形式出现。

（4）你一旦感知了社会行为形式并理解了其通常的发展方式，你就有了一个基础，可以偶尔推测一下社会行为未来道路的概率。

（5）形式机制好像反映了整个自然中发现的形式群的数学特性。这一事实导致了一些推测。第一，这些形式为什么会存在。第二，从生物学和进化上说，这些形式如何出现的。

从先后顺序上说，上面的第 3 点先出现，因为驱动思路的是经验。波浪原理开始于感知，而且可以被缩减为感知。实质上，我可以指一指并说："看。"

想一想在广场上听希特勒演讲的暴民。如果在这种情况下上述各点对你有意义，那么，你就能看到，对于诸如拍卖之类的高度情绪化社会共同经历来说，上述各点也是有意义的。拍卖之类的高度情绪化社会共同经历是群体心理力量的温床。股市是一个拍卖会，拍卖的是虚无缥缈的商品。当价格上涨时，这个商品对一般参与者的吸引力就增加。这是一个关键点，使经济供应/需求/价格公式无法应用于市场分析之中，由此隔离了经济学科和金融。

如果你能接受上面的 5 点，那么，从哲学上说，你就能与波浪原理和平共处。唯一潜在的问题具有科学性，即，你是否能充分调查证据来证实那些表明投资行为具有形式的数据——或者拒绝这些数据，或者指出这些数据并不充分。

我相信社会情绪经济学会成为第一门真正的社会科学，与那些空想形成对比。那些空想通常是基于心血来潮的想法，讨论了社会力量并就社会力量做了理论化说明。我的论点挑战了这一领域大多数专业人士的错误前提，所以他们中的许多人不希望调查这些前提，或许是因为他们觉得根本没有必要把心力用在这个挑战之上。这个挑战的对象是他们觉得显而易见的理念。然而，我并不在乎提出反对意见，所以，如果你确信相反的观点站得住脚，我就会做出回应。心醉神迷之人给了我更多的信息。我要说的是，他们非常怀疑我针对市场的个人见解，因为他们的经历与他人所预见的情况相反。客观主义者应当相当热诚地接受这一新科学，一些人已经接纳了这一新科学。

就像我提到的那样，人们理所应当地会遇到一个问题：到目前为止，我的书大多是关于我所知道的实际应用，而不是对其阐述。不幸的是，波浪原理研究中没有阿特拉斯神（Atlas），所以我不能斩钉截铁地告诉你波浪原理的源头。十年之后，我会写一写波浪原理的源头，那时还不会有人提及它。

对你来说，你有时候可能觉得我的评论自相矛盾。但是，只要你觉得我的社会情绪经济评论不那么尽善尽美、逻辑严密，那么，我非常乐于听取你的看法。客观主义包含或者暗示了许多表面上的自相矛盾，深刻的真理就是这样。比如：帮助穷人的最差的方式就是给穷人施舍……如果你真的自私，你就应该友好善意……诚实的品质要视情况而定……“你不应该杀戮”不是叫人从善……由独立的人们组成的社会是最和谐的社会……要得到幸福，你必须严格自律，不要耽溺于愉悦和享乐……真理和希望具有毁灭性。如果有人逐个接触这些想法就觉得你发疯了，并摒弃这些想法。他们必须从广义上去“理解”，然后才能理解个例。他们必须关心特定的理念领域，不辞辛劳。在我的领域也是这样。

附言：我感到忐忑不安，因为一些客观主义者（我听说过的两个）在鼓吹“黄金标准”，就像是在为丰田汽车（Toyotas）摇旗呐喊。换句话说，这应该是个技术偏好，而不是哲学偏好。这些要点是支持自由市场货币。那些说政府应该采取黄金标准的实际上是在说美国应该制造丰田汽车。在这种情况下，你最终会无法拥有真正的丰田汽车（就我们原先崇拜的质量而言）。将来，如果一个国家采用了黄金或者白银标准，恰好就会出现这种情况。所有的金本位货币和银本位货币最后都名不副实。想想英国的“英镑”一开始是什么意思，想一想美元一开始是怎么定义的。

普莱切特

对詹姆斯·格兰特（James Grant）演讲的介绍

市场技术员协会会议

1989 年 5 月

对比金融分析的三个类型

1983 年，吉姆·格兰特（Jim Grant）[①] 离开了《巴伦》，开创了自己的出版物《格兰特利率观察家》（Grant's Interest Rate Observer）。碰巧也就是在 1983 年，《巴伦》的订阅量达到了顶点，随机开始暴跌。现在，我认为这一事实是大有关系的。但是，到底是怎么回事还存在一些争议。让我们看一看这个问题，从一个基础分析师的角度，按照一个技术分析师的眼光，本着艾略特分析师的态度。

一个基础分析师会给出相当具有逻辑性的结论：格兰特的离开《巴伦》团队让《巴伦》读者失望，成千上万的读者溜之大吉。数字实际上表明，吉姆在《巴伦》的最后一年订阅量达到了顶点 299，000 份，随之降到 245，000 份。有了这些统计资料，基础主义者觉得《格兰特利率观察家》有……54，000 订户。最终，基础主义者会指出，每年的订阅费是 495 美元，吉姆·格兰特每年挣 26，730，000 美元。

现在，让我们从技术分析的角度看这个问题。当然，技术分析师也注意到，《巴伦》的订阅量在吉姆离开的时候达到了顶点，但是，技术人员明白一个事实：市场先于基础事件移动。技术人员的推理是，市场预计到了未来。所以，技术人员想知道，《巴伦》的这些订阅量在 1983 年猛增是不是因为预料到吉姆即将离开？如果是这样的话，关于《格兰特利率观察家》当前订户数量和吉姆总收入的结论就会大不相同。这里就有个问题：《巴伦》的 54，000 订户去了哪里？但，毫无疑问，技术人员会推断，这与对冲基金、衍生证券或者程序交易有关。

---

① 吉姆·格兰特（Jim Grant）即詹姆斯·格兰特（James Grant）的昵称。译者注。

艾略特波浪分析师看得简单得多：变化的时候到了。就在需要变化的时候，吉姆结束了生命中的一个形式，开始了另一个形式。

另外，如果吉姆并没有继承那些失踪的54，000订户，那么，吉姆为什么一周又一周的熬夜工作给予我们智慧和明智。吉姆之所以理所应当地声名显赫就是因为他的智慧和明智。是不是因为吉姆有申明重要信息要传达给我们。当然了。是不是因为吉姆痴迷于市场、历史和人类？就是这样。然而，我相信中心原因可以用作家金斯利·埃米斯（Kingsley Amis）的一句话来表达。金斯利·埃米斯说："如果你不能让人厌烦，也就没有写作的价值。"

是什么给我提出了一个问题：人们为什么阅读《格兰特利率观察家》。我认为答案在于另一个见地深刻的引用。这一次是克劳德·科伯恩（Claude Cockburn），克劳德·科伯恩说："任何事物在被正式否决之前都不要相信。"吉姆·格兰特有着这一健康的怀疑论感觉，有着冷静观察的慧眼，有着质疑理所应当之事的倾向，因此，吉姆·格兰特的文章成了"必读读物"。而且现在，我确信我们会发现吉姆·格兰特也是"必听之人"。请欢迎我们的下一个受邀发言人詹姆斯·格兰特。

普莱切特

各种各样的言论

（1988年）华尔街最好的格言之一是"使用停止委托。"到目前为止，这是个好主意。但有一个显而易见的问题，"哪些停止委托？"就像多次指出的那样，波浪原理是为数不多的提供客观建立停止委托方法的市场分析之一。基础方法不使用停止委托。如果你在1982年因为贸易赤字增加转而看跌，你就没有机制来迫使自己改变方法，可能会一直做空头，直到彻底失败。

（1992年）在扩张的顶点，大多数人更亲近动物和树木。当用"让我们一起努力来清洁环境"之类的话来表达时，环境，或者生态，运动就是朝向包容趋势最后阶段的表现形式。在经济大收缩的底部，人们对环境不大感兴趣，关心的是生存。

（1998年）我要反对经济学家们所广泛信奉的观念："战争创造就业机会。"战争创造的就业机会需要金钱。必须要摧毁其他的就业机会才能产生这些金钱。【请看亨利·黑兹利特（Henry Hazlitt）的《一课经济学》（Economics In One Lesson）】。其他的就业机会创造市场所需的商品和服务；战争创造的就业机会不具备这个功能。另外，战争创造的就业机会会大规模地摧毁资本，因而大规模摧毁创造就业机会的手段。所以，从两方面来说，净结果都是战争摧毁就业机会。

（1999年）20世纪五六十年代的牛市与20世纪八九十年代的牛市有着基本相同的政治进展：从保守派（艾森豪威尔/里根）到温和派（肯尼迪/布什）到自由派（约翰逊/克林顿），然后是登顶之后的消费至上保守派（尼克松/G. W. 布什）。在20世纪20年代，进展也朝着同样的方向，但是提前的登顶时机使结果打了折扣：只是从保守派（柯立芝）到温和派（胡佛）。然而，不管怎么说，一个自由派（罗斯福）还是到来了，因为一个民主党人必须取代随着暴跌一路下滑的共和党人。我们可以假设，在相当持久的上涨趋势中，人们往往在早些时候选举保守派，此时他们觉得心存疑惑；然后，当他们觉得更加自信的时候，他们选举温和派；当他们觉得信心倍增的时候，他们往往选举自由派。

（2000年）我认为赌博冲动和投机冲动之间存在重大区别。赌博冲动是变得幸运的欲望，期待着不劳而获。投机冲动是证明你比其他人都聪明的欲望。投机冲动是非常强大的。一些游戏——比如扑克牌游戏——既涉及赌博冲动也涉及投机冲动。

（2002年）约翰·斯图尔特·米尔（Mill）断言："恐慌不会摧毁资本；恐慌只是揭示了资本已经被摧毁的程度。"这个说法接近真相。恐慌确实摧毁资本，但是摧毁方案已经提前确立了。炸药同样摧毁建筑物，但是在此之前，必须有人搜集火药，制造集束炸弹并点燃导火线。伴随着社会情绪上升趋势的力量先于恐慌，实现与这些活动同样的效果。

股票价格指数报告（澳大利亚），第667版次

2002年7月31日

一个手艺人的观点

安德林·皮特（Adrian Pitt）

甚至在追踪这个市场20年之后，这个市场依然让我感到惊奇：艾略特波浪原理真是让人难以置信。这些天，我顺理成章地想到了因果关系应用。不是因为我对计算草率从事，而是因为我浸淫已久，许多内容都可以不假思索，信手拈来。请注意，有许多次需要深刻的思想和分析来确保应用了最精确的计算。但是，如果你靠在椅背上，看着自2001年低结构以来的凹凸线条，看着每个波浪如何被正确的波浪结构所解释，看着市场行为按照每个微笑的形式按部就班地完成，那么，我认为所有人都会惊奇不已。我知道我就是这样的。我可以保证，没有其他方法可以就时间和价格上大致预测未来运动，在所有层面上都是如此，不管是经济层面还是技术层面。

《就技术而言》

（市场技术员协会业务通讯）

2000年2月

书评：《波浪原理高级教程（上）和社会情绪经济学这一新科学》

罗曼·弗兰科

毫无疑问，在技术分析的发展中，罗伯特·普莱切特的新书是一部开天辟地的著作。该书在开头对目的进行了阐述："建立一种理念，在人类之中，无意识的从众冲动推动着社会情绪趋势和变化，社会情绪趋势和变化的特定形式是依据自然增长原理，而自然增长原理又是文化表达和社会行为的发动机。"换句话说，该书的目的是建立一个理念：从人类行为中自然流出的波浪原理是包括市场波动在内的社会变化、历史变化、文化变化和经济变化的主要原因。

我只能说，无论是在意图上还是在范围上，其崭新的论点都令人震惊，独树一帜。从广义上说，这些论点表明了对所有人类努力的研究；从狭义上说，这些论点表明了技术分析在金融市场研究中的位置。今天，技术分析经常被看作市场分析的辅助或者附加形式。人们认为，技术分析依附于对内在因素的研究和解读，只有通过所谓的“基础分析”才能实现这些研究和解读。普莱切特旗帜鲜明，旨在逆转这一因果关系，指出所谓的基础因素和事件最终要依附于波浪原理的活动，就像社会情绪和金融市场先后表现出来的那样。总之，基于波浪原理的技术分析形式研究了因果或者独立变量，而名不副实的基础分析研究的是依赖性金融因素。

这本书分为5个部分，第一部分介绍了波浪原理理念。即使在这里，普莱切特也不仅仅是总结了自己（与杰克·弗罗斯特）先前的（1978年）著作《艾略特波浪原理》——艾略特所发现的5波浪冲动或者“原动型”以及3波浪校正形式，以及支持这些形式的斐波那契数学关系或者以黄金分割率为基础的（.618……）数学关系。重点却是在表明这些形式和关系如何是反复出现形式的证据。这些反复出现的形式叫作强分形。这一分形形式介于自同一分形和不定分形之间。不定分形的相似之处就是在任何级别上都是不规则的。强分形按照派生类的形式在一定区域内复制形式，以5-3波浪形式存在于股市中。贝努瓦·曼德伯特等研究人员还发现强分形存在于整个自然界之中。另外，研究人员正在揭示一点：斐波那契数学控制着所有的分形派生系统，包括扩散限制聚集（不是脱氧核糖核酸）群的分形特性。“另外，从最广泛的意义上来说，波浪原理传达了一个貌似惊人的想法：塑造生命和星系的定律也同样植根于所有人的精神作用（来自理性系统和先于理性系统或者边缘系统的思想）和活动之中。”

在就此侃侃而谈之前，普莱切特用该书的第二部分来证实波浪原理。第一，普莱切特使用规则和建模来证明波浪原理下的解读一致性是可能的。然后，普莱切特继续回顾了1941年到1983年之间艾略特、博尔顿、柯林斯和他本人所做的极为精确的主要历史性预测，来证明波浪原理是预测市场行为的可行方法。普莱切特承认这些艾略特人间或犯下了错误，但是，普莱切特有个相当正确的说法：没有其他任何一种市场预测方法可以为此种预言提供方法论基础，或者更确切地说，无法提供以规则为基础的模型，尤其是无法提供一个振幅之后的预测。

第二部分是个卅大辟地的论点：波浪原理是基于生物学因素、心理学因素和社会学因素。其他的技术分析师先前试图揭示一些原因，比如，当股票反弹回投资者的购买水平时，此前损失资金的投资者开始卖出股票，此时供应过剩为什么会变成阻力。然而，普莱切特试图从因果层面深入分析投资者行为。为什么市场参与者会集体行动创造这种供应过剩？普莱切特提供了一个解释。

普莱切特的基本论点是：“整个股市价格的主要推动力量是群体情绪变化。事实可以证明，群体情绪变化是不受外界影响的。”大多数读者可能会接受这一论点的前半部分。而群体兴趣变化不受外界影响这一观念无疑会引发更多争议。

为了支持这一论点，普莱切特收集整合了令人惊奇的大量论据和证据，可以归结为3个主要步骤。第一步是个讨论：导致情绪回应的人类脑边缘部分为什么比产生理性思维的大脑皮层反应快。然后，普莱切特探究了心理研究。心理研究认为，包括投资者在内的人类是由两个事物互动驱动的。这两个事物是自我保护目标，由情绪驱动的、参与无意识从众行为的边缘系统。“当一个群体‘思考’时，结果不是理性，而是情绪人际超机体动力。情绪人际超机体动力肯定是波浪的源头。”普莱切特用其他几个过程来支持无意识从众行为这一理念，这些过程都有助于解释投资者行为。机灵鬼、海洛因麻醉药品、神奇宝贝（Pokemon）之类的狂热为何从一个脑繁殖到另一个脑？心理感染这一理念对此做出了解释，表明从众模式的个体依赖他人的思维和行为。反馈机制是奏效的，所以投资者决策是道琼斯指数朝着某个方向前进，这方向又影响了其他投资者的决策，等等。

论据的第二步是无意识从众冲动产生了社会互动的强分形形式。研究了人体中发现的强分形之后，普莱切特推断“脑需要参加集体情绪的分形，因为在有些情况下，脑和人体的其他结构和功能一样，以多种方式包含和产生了分形。”

第三步是提供一个证据：无意识从众现象是以斐波那契形式表示的，因为许多研究表明个体决策已经预设了62/38倾向，而且在没有明显参数的情况下默认为黄金分割率。这些影响深远的假说证明了普莱切特具有无与伦比的能力，可以把新出现的证据融汇在一起变成令人震惊的新模型。

该书的第四部分提供了对“社会情绪经济学”的介绍。就像普莱切特估计的那样，还需要10年的时间来构建社会情绪成分、过程和结构的整个理论。普莱切特把这一初步阐述归为观察性总结，还是一个羽翼丰满的假说。一些人可能对社会情绪的一些成分和文化趋势提出异议，普莱切特认为文化趋势是社会情绪趋势的表现形式。普莱切特的论点是历史事件和经济趋势源于社会情绪趋势。普莱切特的论点发人深思。我是一名接受过训练的政治科学家，普莱切特的论点“投票人如何选举总统，投票人如何看待总统的表现？对于这两个问题来说，伴随着牛市或者熊市的社会心理是主要决定因素。”让我感觉心有戚戚焉。

至少对于这个早期前假说而言，包括我在内的许多读者质疑普莱切特那坦率的断言“别管你是否喜欢，艾略特波浪都是历史的第一原因。”普莱切特把自己的论点发挥到了逻辑的极致：“传统的集体行为机械学模型基于针对多个外因（外在的）和最终结果的推测。而社会情绪经济学不同。社会情绪经济学认识到集体人类行为的形式是内源的（内部产生的）、自我引起的、自我管理的、自我强化的，从迄今为止未想到的更大程度上说还是可以预测的。”

考虑到这个视角，我们就不会感到惊奇：普莱切特把该书的第五部分也就是最后一部分的大量篇幅用于驳斥金融市场的传统方法。即使许多技术分析师还没打算认可波浪原理是所有事件的主因，他们也应该能够享受普莱切特的剖析，并反对高效市场假说。高效市场假说是个推测：联邦储备委员会可以通过调节利率以及其他普通的老一套来推动和控制经济增长。

这一评论的读者必须明白，这一评论只是粗略阐述了普莱切特的一些重要假说和观察资料。这一评论刻意避免了普莱切特提出的大多数新术语和概念，因为在一个相对简短的评论中，甚至几乎不可能对其中一些新术语和概念进行充分的解释。普莱切特用这些新术语和概念描述这些理念。还要说明一点：有一些证据具有联想作用，但是不足以令人信服，而且普莱切特也痛快地承认，还有更多的工作要做才能完善自己的论点。

普莱切特关于新科学的主张难以置信？或者至少是早熟的？对于我这个评论人来说，普莱切特的主张肯定不是难以置信的。我本人看到加拿大的两家主要政治学系都改了名，一家是政治经济学，一家是政治研究，都改成了政治科学。这些变化的发生反映了量化方法的应用日益广泛，但是，它们的量化方法还是非常缺乏自然科学中所应用的科学方法。我们还由此得到了提醒：该量化方法的许多实践者还是想要建立羽翼丰满的政治学科学。普莱切特在其介绍性评论里准确地说：“今天的社会科学只有自然科学300年之前的水平。”然而，这并没有阻止社会科学自称科学，可以非常肯定地说技术分析尤其如此。

为了让技术分析加速朝着科学的地位发展，所有严肃的技术分析师都应该首先以一种开放的心态阅读这本书。许多人可能会反对普莱切特的断言“波浪原理之于社会学和相关科学，就如牛顿定律之于物理学。”但是，普莱切特断言：“波浪原理之于社会学和相关科学，就如牛顿（Newton）定律之于物理学”。许多人对此可能持反对意见。但是，对于技术分析而言，其他方法甚至根本没有如此断言的基础。因此，对于我这个评论人而言，他的图书馆收藏了为数不少的且又举足轻重的政治学书籍，但是从中我发现不了一本如此重要的书。他的图书馆里也没有一本书具有同样的潜力，可以在社会事件研究中带来翻天覆地的变化。这些书都比不上我正在评论的这本书。

我必须要指出一点：笃信艾略特波浪方法的普莱切特如果对市场持开放态度并重新考虑自己的信仰——市场“在浪潮的顶点”。那么，针对这些论点价值的客观讨论就能得到促进。在这本书里，普莱切特以质疑的方式应用传统工具（比如第 329 页，上面是道琼斯工业平均指数图通道线的非传统布局）【注释：它们是艾略特波浪的传统方法。——编者。】来继续推进这一论点。普莱切特有着良好的预测记录。但是，普莱切特以为在 20 世纪 90 年代美国股票会下跌，因而招致了许多批评。普莱切特对技术分析的货真价实的重大贡献也因此打了折扣。贬低波浪原理的人也因此拒绝考虑波浪原理的功效和用途。

读了这本书之后，技术分析师应该仔细考虑普莱切特的假说，应该认识到促进这些假说的进一步发展符合我们大家共同的利益。要实现这些假说的进一步发展，其中一个方法就是把所有的相关证据都传送给普莱切特的组织（care of comments @ socionomics. org），以便于进一步阐述这些论点。另一个方法是在国际金融技术分析高级专家协会（IFTA）、市场技术员协会、加拿大技术分析师协会（CSTA）等协会会议上批判地分析这些假设和支持这些假说的证据。受青睐的方法是社会和自然科学家在年度全国性会议上使用的方法：先是主要陈述，然后是两个参会者的回复。这些假说越是就越有说服力，技术分析也就越能理所应当的与传统基础分析相当的地位。

让讨论开始，成为推动技术分析发展的建设性讨论！

罗曼·弗兰科在加拿大金斯顿（Kingston）的女王大学获得加拿大和比较政治学（Canadian and Comparative Politics）博士学位，并在该所大学任教数年。然后，作为政策分析师为加拿大联邦政府工作，后来又继续从事热衷的技术分析工作。

一个新范式

埃尔南·科尔特斯·道格拉斯

艾略特 60 年之后，有了更多的数据和经验的时候，有人可能会问：“为什么没有迹象表明经济学家认可了波浪原理?”答案是，波浪原理是个截然不同的范式。经济学依然热爱牛顿的（Newtonian）物理学范式，主要是热爱一些理念：第一，同样的结果总是产生同样的效果结果；第二，如果你知道了各个部分，你就理解了整体。

艾略特像现代物理学。你不需要为了理解整体来理解各个部分。内容不重要；重要的是形式。如果距今 3000 年的外星人问大教堂是干什么用的，如果他查看砖头的成分和地窖里主教的棺材。他需要观察形式；其中有着通向答案的路径。经济学家不擅长观察形式。经济学家迷恋数学和牛顿物理学的机械因果关系，这与市场和商业循环无关。

私人信件
2002 年

为什么固执己见的多数专业人士难以接受社会情绪经济学

瓦列里·S. 萨福诺夫博士

当阅读《波浪原理高级教程（上）》时，我有许多次意识到：“也就是这么回事。”我又研究了整个领域的其他部分，注意力分散到其他的市场分析领域，我相当清楚地看到，波浪原理并不完美，但却是分析市场行为的最佳理论。

感谢上帝，波浪原理不是一个宗教。当然，波浪原理不仅要让盲目接受它的人信服，还要让真诚的怀疑论者信服（不同于怀有敌意的反对，怀有敌意的反对不会因为任何原因而改弦更张）。友好的探索者应该有充足的机会看到，波浪原理有着科学的、协调一致的、独立可证的基础。当然，要达到这个目的还有一些工作要做。然而，有人想知道，社会情绪经济学到底有没有成功的机会。我认为，社会情绪经济学对学术现状和职业现状提出了强力的挑战。

我要回答你的问题：“传统方法为何依然如此根深蒂固？”（第 385 页。）一个需要注意的相关问题是，波浪原理为何如此迅速地把人们分为爱憎两派。我认为是边缘系统和新皮层导致了这一结果，并明显地表现在“传统壁垒”现象之中。总之，我认为波浪原理近期不可能得到合适的对待，而社会情绪经济学好像根本没有机会。

为了解释其中的原因，我不会停留于一个事实：人们不轻易接受关于自身的任何令人不快的事实。相当明显的是，智人——自然界之王（King of Nature）——达到了进化螺线的顶点，对于智人来说，如果发现自己是石器时代的一部分，靠冲动而不是智慧行事，那就是一件丢脸的事情。

但是，这里有一个实际问题。有时，你异常清楚地表明，第一，就预言能力而言，没有什么能跟波浪原理相提并论；第二，所有的传统经济学家、政治家等等假装自己控制了波浪，但却对不起自己的薪水。波浪原理让传统方法的使用者觉得自己不光愚不可及还岌岌可危，这种状况是非常非常糟糕的。

在价值声明（第 6 页）中，你力促“经济学家和社会学家”认真考虑你书中的材料。他们怎么会这么做？这肯定意味着一点：接受了你书中的论点之后，传统社会科学就会自惭形秽。他们都是靠什么得到薪水，又是为什么会得到诺贝尔经济学奖？格林斯潘先生，你拿着纳税人的钱到底在干什么？有着成千上万雇员的世界银行和国际货币基金组织什么时候才能停止浪费国际基金？权衡民意的社会学家请把你的假设扔进垃圾桶，用这个新的！

那些潜在被社会情绪经济学包围的人必须通过边缘系统认识到，社会情绪经济学对他们的生存本身造成了明显而现实的危险。社会情绪经济学旗帜鲜明地反对庞大的受教育的世界，那些接受教育的人还在学习传统的观察事物方法。（那些自然死亡的学者立刻被他们的学生所代替。）政治规划者和国家领袖也是如此，他们错误地确信自己的效用。社会情绪经济学会毁灭他们的职业生涯，破坏本可以无可挑剔的形象，使他们变得一文不值。对于成群的经济学家、政治家、中央银行家等等，你下了功夫，但是估计他们不会尊崇社会情绪经济学。他们会顽固地在电视和报纸上表达一无是处的“专家看法”，以便继续领导新的“错误不断的悲喜剧”。

现在，各种各样无意识起作用的弗洛伊德保护机制紧紧地保护着现状。还没人能够表明，在波浪原理和社会情绪经济学力有不逮的情况下，经济学或者相关科学可以胜任有余。但是，没人觉得承认这一不足有什么大不了的。幻想性的传统世界是方便的、也几乎没有风险，因为“市场专家”和“社会科学家”不像交易人。如果“市场专家”和“社会科学家”犯错的话，不会直接陷入金融危险之中。因此，这些人的新皮层是非常聪明的：设法避免自己的幻想性世界毁灭。你没有给他们希望，因为你预言他们的幻想性世界会毁灭。你清楚地阐述了成功的两个基本原则（与趋势“和谐共处”，但在关键时刻要“独立行动”）。但对于大多数人来说，独立思考——更不用说对观点的实际逆转——是难以忍受的。

可能需要几代人以进化的方式逐渐取代传统想法的保守心态。最终诺贝尔奖获得者会是艾略特人。较快进化的主要希望是建立关于社会情绪经济学的合适大学课程，学生们成为这一科学的学士、硕士和博士。在这一方面，我有一个梦想：建立俄国或者拉脱维亚（Latvia）社会情绪经济研究学院【Institute of Socionomic Research（ISR）】那样的机构。我已经开始与朋友和同事讨论这个想法。拿我来说，我爱这个理论，急切地想了解我热爱的这个理论的更多情况。

普莱切特

2002 年

关于社会情绪经济学的前景

当我与知识分子以及专业人士讨论社会情绪经济假说时，我发现，一旦探索了这一理念并研究了一个例子之后，一些人能够接受——如果不是热情地接受——社会情绪经济假说。为什么总的来说，人们在一开始没被这一理念所吸引？主要原因是他们认为外部事件因果关系——物理学的一个基本内容——适用于社会情绪，而事实并非如此。一些经济学家拒绝这一理念，因为他们不在意放弃这个幻想：他们的政策可以管理宏观经济趋势（这一幻想在上升趋势中还说得过去，但在下降趋势中却导致不知所措和恐慌）。尽管有这种障碍，真理最终会取得胜利。

在通往这一胜利的道路上，社会情绪经济学不会彻底摧毁旧的职业，而是会创造新的职业。新的职业有价值、有用、引人入胜。直到20年之前，科学或者忽视股市，或者发展和保护错误的市场建模假说。在过去的二十年里，主要取得了如下进展：对几十年来市场分析实践者那较为简单的市场观察资料进行了重述。例外是分形几何学领域和行为金融学领域。在分形几何学领域中，市场的粗糙性得到了测量；在行为金融学领域中，心理学最终被考虑在内。到目前为止，欠缺的是合力。我相信，波浪原理以及在波浪原理基础上建立的社会情绪经济学这一科学构建了这一合力。

学术界需要多长时间才能接受社会情绪经济学？阿瑟·叔本华给出了这个说法：

“所有的真理都经过三个阶段。第一，受嘲笑。第二，遭强烈反对。第三，被接受为不证自明的真理。”

我同意这个说法的大部分内容，尽管叔本华还说过，一开始，崭新的理念根本无人搭理。嘲笑只是一种机制——当回应不可避免的时候才采用——使讨论无法开展。

波浪在第一个阶段苦熬过七十年。最近，波浪原理被推介给了学者们。社会情绪经济学研究所（www. socionomics. org）也宣告成立。这两点足以说明第二个阶段——强烈反对——即将到来。然而，我相信，任何从头到尾阅读本书以及上一卷书的有思想之人，都能完全安安稳稳地待在第三个阶段。我们最终会胜利，新事物最终会战胜旧事物。

附录：除了量化股市之外，还要量化社会计量器

这一部分归为附录，因为这里开展的研究对社会情绪经济见解没什么益处。然而，这些见解对社会情绪经济学还是有一定价值的，因此收录在这里。

普莱切特

量化流行歌曲歌词中的社会情绪

我1985年的论文《流行文化和股市》发表了下面的言论：

股市能够可靠精确地测量情绪和情绪变化，可能一直是唯一最佳指标。虽然如此，其他的社会现象还是可以详述、量化、研究并用来预测社会事件，甚至可以在达到极值的时候预测情绪趋势变化本身。如果有了可靠的社会活动数据而不是股票估价，我们无疑就可以以类似的可靠性级数图示和解读社会事件和情绪趋势变化本身。跟评估股价不同，评估情绪指数非常缺乏社会“科学家”产生的精确数字数据。体育运动的参与人数、流行旋律的音符数量、流行旋律音符数量的变化、流行歌曲的歌词内容、流行书籍的故事内容、裙子离地高度、领带宽度、鞋跟高度、时尚和流行艺术中不同颜色的突出、汽车设计中棱角分明对比圆润、不同建筑风格的建筑、大众情绪的大量其他反映，都可以进行精确的可测量的细化，根据销量来权衡。这样，我们就能像现在读整个股价图那样，读大众情绪图。通过对比股价运动证据，它们的含意就能得到评估，这里提供

的基本假说也就能得到验证。有一点非常有可能：以每天为基础的如此多种多样的流行文化要素净存在和控制图，与整个股价图会非常相似，并反映波浪原理。

实际上，多年以前我就非常喜爱这些话。那时，我还不知道这些话会何去何从。作为一名 19 岁的大学二年级学生，我迈出了试探性的第一步：量化流行歌曲歌词，假设结果的意义。这里提出的是，我们或许可以怎么称呼社会情绪经济学中的旧石器时代（Paleolithic）研究。

对成就动机水平及其含意的调查，成就动机水平表现在了当代青年所喜爱的音乐艺术形式之中

小罗伯特·R. 普莱切特

传播心理学/艺术心理学

1969 年 1 月

背景

出于种种不同的目的，今天的观众媒体给听众提供了大量不同的传播技术。麦克卢汉鼓励我们让视线越过大量不同传播技术的内容，着眼于传播本身的效果。在这篇论文里，我给读者提出了这样的要求：让视线越过个人传播内容的直接目的，去调查传播的结果，不要一个传播一个传播地调查，而是调查一段时间内的集体传播。如果这样观察，我们就有可能发现隐藏的目的。除了极少数情况外，这个目的可能不是故意的，但却是有效果的。

今天的流行音乐把我们的社会信息传递给年轻人，这些信息非常强大又多种多样。这一媒体是我们所能经历的最有效的传播方式。因为，这一媒体在传递信息的同时，还给听众提供了娱乐，因而使得人们能够乐在其中，积极接受。另外，这些传播通常是通过年轻人媒体表达给年轻听众，因而消除了其他传播者所必须一直面对的最困难的心理障碍之一：克服传播者的厌倦、恐惧、不喜欢或者不信任。鉴于这些因素，我觉得好像应该调查这一媒体，以便更充分地理解传播本质，也获得我们因而可能会提出的关于社

会未来的预期目标。今天的年轻人产生了这些传播技术，这些传播技术又影响着今天的年轻人。我已经选择去调查这个媒体的方面。这个方面是成就动机水平的表现形式及其含意。

为了写这篇论文，我做了一些准备。这些准备在本质上是对 D. C. 麦克莱兰（McClelland）著作（1953 年、1961 年）的扩展。D. C. 麦克莱兰著作研究的是成就动机与国家经济增长率之间的关系。麦克莱兰发现，表现在儿童读者故事之中的成就动机水平提供了精确预言的基础，这个基础与一个国家的整个经济增长率相关。这些故事的成就主题风靡一时之后大约 30 年到 50 年，麦克莱兰发现，美国经济通常反映了这些主题。实际上，关于努力工作的价值和竞争的早期儿童训练产生了强烈的成就动机，强烈的成就动机又促进了企业精神；企业精神广泛传播，企业角色胜任有余，因此，我们可以预计结果是积极的经济增长。(请看表 1。)

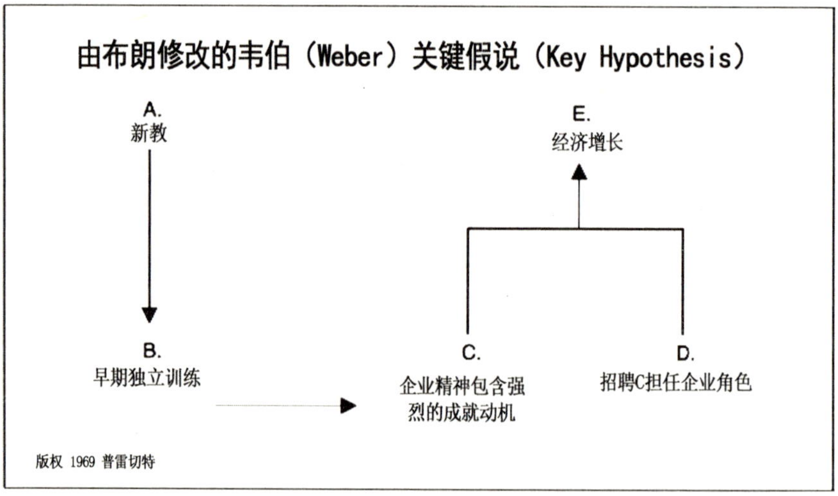

表 1

一个国家的成就集体潜力可以表现在国家经济增长之中。在此之前几十年，文化就反映了一个国家的成就集体潜力。文化中最能反映一个国家成就集体潜力的因素就是艺术。我认为这些反映不是人们高或低成就刺激的原因，而只是衡量一个国家对高或低成就刺激态度的指标。换句话说，在孩子们生长的社会环境中，有的把勤奋看作积极品质，有的把勤奋看作消极品质。社会环境同时也产生了表达这两种情绪的艺术作品。

可以使用几个不同的艺术形式来调查这个关系。文学艺术现代社会有，古代社会也有。在现代社会里，学术界关注的是标准化儿童读者的故事；而在古代社会，比如英国的15世纪、甚至更早的古希腊的公元前900年到公元前100年。在这些古代社会里，使用的指数是每个时代的文学代表作，每个时代的文学代表作又与该国的经济发展相互关联，有着各种不同的衡量方式。比如，在古希腊，发现大型希腊陶罐的区域大小表明了希腊历史上不同时期贸易区的大小。当使用碳14年代测定法测定这些陶罐的年代时，这些陶罐提供了一个指数，可以比较不同时期希腊相对经济健康。也可以使用视觉艺术来给成就动机水平打分。因为印加之前的秘鲁（Pre-Incan Peru）文明没有留下书面记录，所以调查就是给表现出的成就水平打分。秘鲁文明成就水平打分依据的是秘鲁陶器（Peruvian Pottery）上发现的艺术作品的风格选择。由碳14计算方法确定年代的瓮有下列打分依据：S形波浪和对角线的出现、高成就者涂画的风格；多种波浪、低成就者的风格。人们发现，当高成就艺术风格精彩纷呈的时候，秘鲁，在滞后大约三十年的情况下，进入了一个经济增长时期，当时建立的公共建筑的数量和尺寸就表明了这一点。无独有偶，低成就者的绘画先于低增长率时期，甚至先于外敌对秘鲁的入侵。麦克莱兰甚至也使用这一巧妙的方法来比较1925年到1950年的30个现代国家，把各国文学所表明的成就刺激水平与随之而来的人均发电千瓦时水平变化联系起来，也与随之而来的人均国际单位国家收入水平变化联系起来。

索罗金（Sorokin）列出的循环， 可能与这篇论文表明的当前趋势有关
3 1/2-4年——商业循环
7-11年——商业循环
15-16年——政治生活（政府观点）
30-33年——优势文化运动和学校，优势正当和政府政策
48-60年——商业循环（伴随着社会现象，比如革命、战争、社会和政治变化）
300年——巨变：许多王朝、社会机构、宗教机构和政治机构的存亡；文化系统和思想体系的出现、发展和衰落
500年——一些文化和国家生长和衰落的大致时期

表2

麦克莱兰发现的一个重要方面就是一个国家的经济发展水平具有循环性特点。这一现象的原因将在以后讨论。然而，请考虑一下这些循环对美国未来经济前景的含意。（请看表2）美国享受了大约25年的健康经济繁荣。这一繁荣会持续下去吗？有没有什么原因可以预计近来的相对经济活动会下跌？这一答案的一个强烈迹象存在于下列情况中：我们文化里年轻一代所欣赏的艺术形式、对文化里内在成就的态度。我之所以进行这个研究，是因为关于美国经济未来的研究与我们的时代密切相关，还有第二个原因：音乐领域是一个艺术形式，而且据我所知还未应用到这个研究之中。

我的第一个主要假设是基于先前的证据，假设如下：过去十年里年轻一代欣赏、倾听和购买的音乐会包含大众对成就价值所持态度的证据，因此，我希望这些音乐可以提供了一个精确的基础，用于给表现在这一材料中的成就刺激水平打分。我的第二个假设是，就算不是当今年轻人生活中最重要最相关的艺术形式，音乐也是其中之一，所以，这一艺术形式会提供调查可靠来源的大多数保证。对于这一假设的证据，我们可以看1968年11月24日星期日版次的《纽约时报》。其中把整个一节用于"摇滚乐1968"。"摇滚乐只有15年的历史，"录制品编辑西奥多·斯特龙金（Strongin）报道，"摇滚乐已经成为主要文化力量，俘获了全体年轻人的注意力和情绪。"在过去的历史里，从没有一个社会在如此短的时间里产生如此巨量的艺术材料，巨量的艺术材料强烈表达了社会中的年轻人因素。有了这个信心，我开始调查这一话题。

方法

我的任务是以尽可能最为随机的方式挑选相对大量的歌曲，最近的流行音乐不同领域的许多艺术家代表了这些歌曲。然后，我还要按照成就刺激水平给每首歌打分并统计结果。我精挑细选了60位作家的总共700首歌曲，① 这批艺术家和歌曲代表了下列类

① 这里列举了收录的一些艺术家：动物乐队、协会乐队（Association）、披头士乐队、伯德乐队（Byrds）、坎萨姆乐队（Cryan' Shames）、尼尔·戴蒙德、多诺万、门乐队（Doors）、第五维乐队（Fifth Dimension）、赫尔曼的隐士乐队、杰斐逊飞机乐队、奇想乐队（Kinks）、来福班克乐队（Left Banke）、爱满勺乐队（Lovin' Spoonful）、妈妈爸爸乐队、罗杰·米勒（Miller）、门外汉乐队、流氓乐队（Rascals）、约翰尼·里弗斯（Rivers）、滚石乐队、西蒙和加尔丰克尔二重唱组合（Simon and Garfunkel）。

型：摇滚乐、节奏布鲁斯、流行音乐、民谣、独立歌手—歌曲作者。挑选的歌曲大多是过去5年的“畅销”单曲，或者选自广受欢迎的专辑。每首歌的成分都可以归为9种不同类型中的1个或者几个，或者不止一次地归为一些类型。两个主要类型是“亲成就（Pro-Achievement）”和“非成就（Non-Achievement）”，“非成就”细分为“反成就（Anti-Achievement）”和“逃避（Escape）”。这3种类型中的每一个都可以进一步细分为3个较小的类型，标示为“全部主题”、“主要参照”和“次要参照”。依据的是对成就的态度在每个歌曲里表达到了什么程度。

归为“亲成就”类型的歌曲表达了如下想法：对经济进步、社会进步和个人进步相关事情的接受、表扬和成功参与。比如，归为“亲成就——全部主题”类型的一个作品是《这是我的人生（It is My Life）》，由埃里克·伯登和动物乐队（Eric Burdon and the Animals）表演。

“主要参照”类型中，一句典型的值得记录在案的歌词是史蒂维·旺德（Stevie Wonder）《为我的宝贝创造最好的（Nothing's Too Good For My Baby）》中的“为了我的宝贝，我打零工/就在附近的廉价商品店”。对于“次要参照”，一个例子是珀西·斯莱奇（Percy Sledge）的《当一个男人爱上了一个女人（When a Man Loves a Woman）》，表明了对成就责任的接受：“我迫不及待地要看到我的小女孩/当我结束工作回到家的时候。”

刻度的另一边是“反成就”和“逃避”类型。这两个类型分别又有下列对立面：表扬或者成功参与竞争活动、对成就行为的接受。之所以这样划分最后两个类型是为了揭示关于成就非支持方向的更多信息。我先是测试了几首歌，并注意到这一确定的情绪划分，然后我才做了这样的划分。比如说，有一个材料属于“反成就—全部主题”类型，这个材料就是多诺万的《太阳中的作者（Writer in the Sun）》，涉及一个人的冥想，这个人浪费生命去追求“真善美”：“我在城市多年/与先生玩耍”。一句值得收录在“主要参照”类型的歌词是“白天拒绝了我，我的意思不是或许/9点到5点让我无所适从”，来自尼尔·戴蒙德（Diamond）的畅销作品，“因为黑夜而感谢上帝”。理应收录在“次要参照”之内的是“整整一天辛苦疲劳，是谁让我想要微笑/是你，宝贝，是你……”来自妈妈爸爸乐队（Mamas and Papas）的《你这个宝贝（You Baby）》。最终，我们还有“逃避”类型，其中的歌曲拒绝责任并接受非现实或者梦想世界。在“全部主题”下打分的一首歌曲是寻觅者乐队（Seekers）的《我们自己的世界（A World of

Our Own）》，歌曲宣称，“我们要建立自己的世界，没人能够分享/我们所有的悲伤会被抛诸脑后/我知道我们会找到/那里会有心灵的宁静/当我们居住在自己的世界里”。然后，在“主要参照”类型里，我收录的是披头士乐队的《生命中的一天（A Day in the Life）》，有一个人匆匆忙忙去工作，歌词的末尾有这样的话，“跑上楼梯抽口烟/有人在说话，我进入了梦乡……啊啊啊啊啊啊啊……”在“次要参照”下，我收录了这样的歌词“阴霾的一天里，我得到了阳光/外面天寒地冻，我却有了五月的温暖”，来自《我的女孩（My Girl）》，由几个艺术家演唱，包括诱惑乐队（Temptations）、门外汉乐队（Outsiders）和妈妈爸爸乐队。

每首歌都只能在“全部主题”下打分一次。如果“全部主题”已经打分了，其他栏目（“主要参照”或者“次要参照”）就不能在同样的大标题（即“亲成就”、“反成就”或者“逃避”）下打分，尽管这首歌曲可以按照一个不同的主要标题，在“主要参照”或者“次要参照”下打分。如果不是为了任何3个主要标题之一下面的歌曲而给“全部主题”打分，那么，这首歌曲就可以在“主要参照”和“次要参照”类别之下打分无数次。采取这一程序是为了避免一个情况：在“全部主题”给一个歌曲打分，然后又几次在“主要参照”和/或“次要参照”之下给同一首歌曲打分，因而导致评分过高。在这篇论文里，在一个标题之下，每首歌接受的检查都不超过3个。

问题和潜在的反对意见

在报告研究结果之前，我要提一提遇到的一些问题，并回答对我的方法所提出的一些可能的反对意见。我最大的问题是主题模糊性问题。一些歌曲经常有两种相对立的解释。比如，由桑尼（Sonny）和谢尔（Cher）演唱的《五百英里（Five Hundred Miles）》涉及一个发现自己一文不名的人。这个人离家多年，无颜回家：“我身上没有衬衣，口袋里没有钱/上帝，我不能这样回家……”现在，这该被打分为“亲成就”吗，因为他把金融成功看成积极价值；还是被打分为“反成就”，因为他参与了金融过程并失败了，使听众得出结论，“怎么努力都不行，你与成功无缘”？我觉得“亲成就——全部主题”打分非常符合我建构的刻度。我见过一首歌，是妈妈宝宝乐队的《陌生的年轻女孩（Strange Young Girl）》，这首歌阻止了麦角酸二乙基酰胺（LSD）的使用。我觉得这首歌有点相关，因为好像符合“反逃脱”标题，我并没有提供这个标题。然而，只有这首歌存在这个问题，所以我做出决定：因为这首歌不符合我提出的任何一个成就刺激类型，所以我把这首歌归为“无关”歌曲。然而，这种量值的问题几乎没有，所以对我的结果没有大的影响。还有其他的问题：介于“主要参照”和“次要参照”之间的偶尔的好歌词；另外还有，比如，3个“主要参照”与1个“全部主题”对该歌词的打分区别。这一问题是个主观判断，而且存在一个趋势：在范围的两边弥补自己。

对于我的调查，我看到了三个主要反对意见。第一个是我的类型标题的有效性。在评估心理研究对象的故事时，麦克莱兰使用了自己的打分方法（以他们的创造性正在被测试为借口），但我并未采用麦克莱兰的打分方法。为什么？这一点需要细细讨论。麦克莱兰的打分方法有一个基础：研究对象的故事是否“表现出对出类拔萃和成功竞争的关心”。第一，出人头地的愿望不一定意味着竞争。比如，马文·盖伊（Marvin Gaye）（以及滚石乐队）的《搭便车（Hitch Hike）》发誓，“就算搭便车环游世界，我也要找到那个女孩。”这里肯定涉及实现一个目标，虽然不需要有一个标准或者他人的竞争。第二，对于每个可能会进入成就环境的相互关联的因素来说，麦克莱兰的要点分类好像有点武断。而且麦克莱兰更关心的是，故事是否展示了成就意象并达到了何种程度。而不是关心涉及此种活动价值的故事所表达的观点。因而导致了一个混乱：得分为5和得分为11的故事同样有利于成就。最后，麦克莱兰处理的是故事，而我正在测试的是歌曲材料。歌曲材料更有助于情绪的直接表达，而不是环境和结果的代表性表达方式或者象征性表达方式。因此，在歌词中，打分人的解读处于最低点。我看到的第二个反对意见是，或许我的“逃避”类型与成就意象无关，或者应该增加第四极类型，加上“对牵连的接受（Acceptance of Involvement）”之类的标示。就像我先前提到的那样，逃避现实是对责任的拒绝，因而也是对成就大前提的拒绝。另外，所有那些不鼓吹逃避现实的歌曲确实接受了现实，并因此受到牵连。然而，从许多例子中可以看出，一个人可以牵涉进现实之中，但还是对成就表现出消极情绪。因而，“逃避”类型只是把成就接受为价值的反义词。关于把成就接受为价值的阐述是在“亲成就”标题之下打分的。对于我的研究而言，第三个主要反对意见可能是，我挑选的歌曲材料不够随机，因此可能会产生带有偏见的结果。大约有百分之十的歌曲是从一个卡片目录上随机选择的，这个卡片目录上是耶鲁大学广播站伟播客（WYBC）拥有的全部单曲唱片。绝大部分歌曲来自我从耶鲁学者的图书馆挑选的专辑，其中就包括我自己的图书馆，以便在打分过程中广泛收录各类艺术家。我认为，我的选择提供了过去5年较流行录制品的良好代表性样本。但是我的选择不随机。

结果

我的研究结果如下：根据700个受测试的唱片，134个（大约19%）包含相关材料。在这134个唱片中，总共有36个“亲成就”参照和主题，总共128个“非成就”参照，60个在“反成就”类型之中，68个在“逃避”标题之下。对于这些得分的分类，请参照表3。

这些结果明显表明，代表当代年轻人的歌曲所表达的基本态度并不有利于成就、竞争或者勤奋这些价值。在每个小标题下，“反成就”参照都超过了“亲成就”参照，甚至在“主要参照”的情况下达到了两倍多。对受测试的唱片来说，涉及逃避现实和责任的全部主题比另两个类型加起来还多许多。在描述摇滚乐时，斯特龙金（1968年）看到了这一逃避趋势的迹象，摇滚乐“借出点忧伤和‘逃避社会压迫’的感觉”。实际上，对于这个研究中所用的专辑来说，我遇到了4个器乐曲，其中两个有逃避性题目：“飞翔（Flying）”和“胚胎旅途（Embryonic Journey）”。全部主题叙述中第二高的在“反成就”类型之中，表明了他们反对和拒绝勤劳资本家的价值。然而，在整个主题中，亲成就价值和反成就价值的区分并不太大。决定因素是对下面这些人的鼓励。有些人想要逃避现实和责任并迷失在无忧无虑的非竞争世界里，进而极大地增大了“亲成就”类型和“非成就”类型之间的鸿沟。另外，我更仔细地研究了数据，发现，那些收录在“亲成就”类型里的较大比例（23%对6%）是一些涉及忧虑的主题，想要获得与异性成员的更好的爱情关系。这些歌曲通常提出一个计划：通过获得较好的经济或者社会地位来改善一个关系。比如，轮廓乐队（Contours）的“你爱我吗？（Do You Love Me?）”，里面有个男人，他回去问自己的女朋友是否爱他，因为他可以跳出优美的舞蹈，给予了社会成就积极的价值。新兵乐队（Yardbirds）的“为了你的爱（For Your Love）”、动物乐队（the Animals）的“口头承诺（Hey Gip）”都涉及了承诺用财富交换女人的爱情，因而赋予了经济成就积极价值。在另一方面，“反成就——全部主题”标题下的大多数条目都是社会评论。然而，人们是否应该认为这些条目更相关或者反之？这个问题不好说。

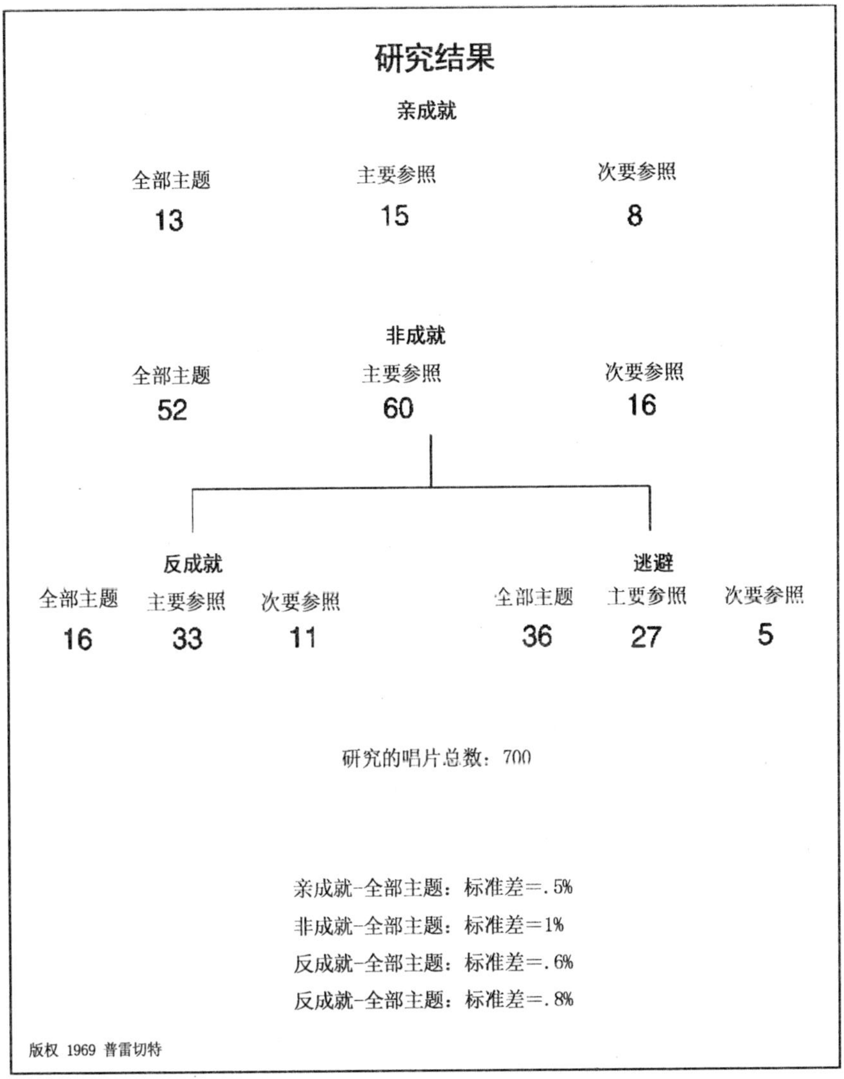

表 3

预 测

关于美国经济发展未来，这些结果表明了什么？如果这一措施和这些结果是可信的，那么，我们就能做出预言：在下跌趋势出现之后，整体的美国经济增长活动会出现为期大约三十年到五十年的下跌。因为我的调查不是按先后顺序进行的，所以我无法推测对成就的这一消极态度何时会大行其道，尽管我们好像可以做出猜测：大约 15 年前摇滚乐出现之后，这一趋势就很快开始了孕育。

可能是什么原因导致了针对成就的社会态度

我们可能会问，是什么导致了针对成就的消极态度？由布朗修改的韦伯关键假说（1965 年）说对了一半。（请看表 1。）韦伯说，思想运动经常推动父母锻炼孩子的独立能力，然后就具有了企业精神，有了企业精神就能保证国家经济增长。但是，就像索罗金（1928 年）和斯彭格勒（Spengler）（1926 年、1928 年、1932 年）所指出的那样，社会具有循环性。接下来，国家经济增长状态产生经济繁荣。因此，一个富足的环境产生了，这个富足的环境助长于孩子的依赖性，由此成为非成就定位成年人。在个人心理层面，埃里克松（Erikson）（1963 年）讨论了人类的 8 个年龄段，表明了自己对麦克莱兰论点的支持。埃里克松认为，缺乏独立能力的孩子之所以出现，是因为他的父母没有对其进行独立训练（就像韦伯暗示的那样）。因为没有对孩子进行独立训练，所以孩子难以或者不可能做出那些预计的行为：脱离家庭，承担高产勤奋的社会角色。这里，发展的关键时期在“勤奋对比低劣（Industry vs. Inferiority）”标题之下。如果不能成功解决，就非常容易导致非成就定位成年人的出现：

孩子在心理上已经是个未成熟的父母。如果孩子变成生理上的父母，那么，在此之前，孩子必须开始工作。性成熟前期即将到来，正常发展的孩子……学会通过制造东西来获得认可。有一个事实，那就是在孩子的家庭内部没有可操作的未来。孩子因此经历了“一个终结感”。孩子形成了一个勤奋感……这个工作原则教给了孩子一点：通过集中注意力和坚持不懈可以完成工作并得到乐趣。

在这个阶段，孩子的危险在于不足感和低劣感。如果孩子对自己的工具、技能、自己在工具伙伴中的地位感到绝望，那么，对于认同工具伙伴以及认可工具世界的一个部分而言，他们可能感到灰心丧气。如果失去了这种“勤奋”联系，孩子就可能陷入更孤立且对工具更不敏感的俄狄浦斯时期家庭竞争之中……就社会而言，这是非常决定性的时期，因为勤奋涉及与人通力合作、共同做事。这是关于分工的第一感觉和关于不同机会的第一感觉。也就是说，对于文化技术特质的感觉是在这个时候形成的。①

如果冲突是国家级的，那么，儿童发展的这个阶段之所以出现非解结果，是因为缺乏勤奋上进的企业家。还因为由此导致的经济下跌趋势。（请看表 4。）这种事态恰恰是美国当前面临的情况。另外，这种反成就情绪的传播不仅是这种感情或者趋势的结果，还是这种感情或者趋势的原因，重申和强化了这种情绪：

"我们年代的人们，我们正在努力表达一些东西，"一个年轻人最近说。"我们表达的方式是一种叫作摇滚的音乐。摇滚表明了我们的感情，对当今社会的方式，对战争，对系统。对今天的关系。"（斯特龙金，1968 年）

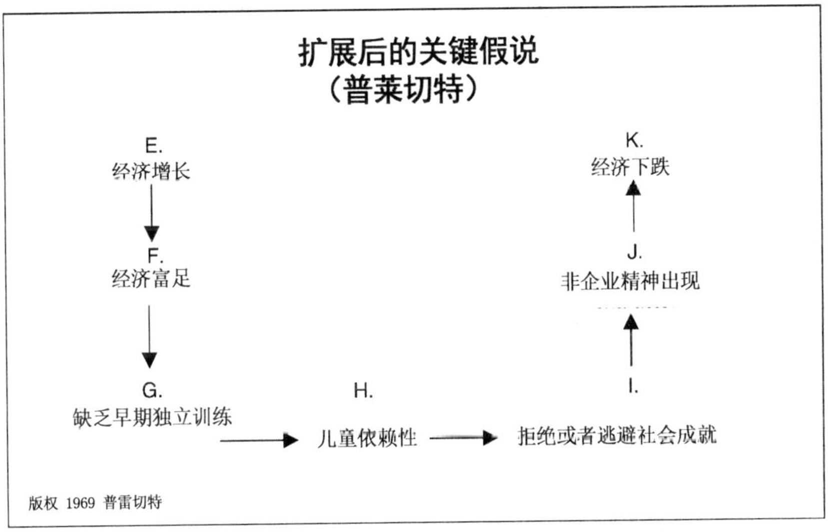

表 4

这些结果在其他社会趋势中的印象

这一研究的结论也表现在其他艺术形式和社会其他领域之中。在视觉艺术中，"印象主义"在很大程度上取代了真正的代表风格。在真正的代表风格中，制造艺术作品的成就更重要一些。今天，人们不会对制造艺术作品那辛苦的工作大惊小怪，而是会对艺术作品对自己造成的影响或印象惊奇不已。巴伦（Barron）和利里（Leary）所支持的

① 儿童发展的下一个时期是"认同对比角色困惑（Identity vs. Role Confusion）"，这好像是新一代的主要问题。"发现自我"这一问题变得越来越重要，越来越常被问到，越来越常被找出。

“致幻”毒品行动打出了“打开、收听、退出”的口号，麦角酸二乙基酰胺成了一种宗教，喜欢迷幻药。所有的这一切都强调超现实主义经历。通常，这一切只是一种手段，用来逃避现实所强加给的责任。社会标号和政治运动甚至也反映了这一反成就趋势。和平运动、废除后备军官训练队（ROTC）行动，拒绝把军事成就价值作为积极品质。在过去的一年半里，为了进行竞争，耶鲁大学学生运动至少对学生的主要要求做了五次改变：废除了字母分级系统，废除了直到被判定为“健康”之前所需的体育教育，废除了新生课程要求，减少了毕业所需的课程学分要求，最后还废除了系主任名单。

前瞻

我选择的题目可以做许多更广泛的涉及这一反成就情绪本质的研究。白摇滚乐和黑“灵魂”或者节奏和布鲁斯相比，表达的感情有什么区别？这里的研究可以让我们发现这两个所面临的问题，并让我们预言他们彼此的相互关系。在过去的10年里，就音乐表达而言，反成就因素是下跌了、上涨了还是原地踏步？对1958年到1968年每年的“前100名（Top 100）”歌曲进行系统的打分或许可以回答这一问题。在视觉艺术方面，与成就动机相关的方面如何，比如离散对比模糊？这些名词适用于音乐质量吗？我有兴趣看到这一调查的结果，因为我确实有兴趣看到这些趋势继续下去，并看看我的预言能否在未来实现。①

① 我是否应该继续置身事外，我是草根乐队（Grassroots）的信徒，草根乐队循循善诱，“为了今天而活/不要管明天……”

根据相关内容打分的134首歌曲（选自700首歌曲）列表

	亲成就			反成就			逃避		
	全部主题	主要参照	次要参照	全部主题	主要参照	次要参照	全部主题	主要参照	次要参照
灵魂列车（Soul Train）						✓			
水晶船（Crystal Ship）							✓		
梦想时刻（Time to Dream）					✓		✓		
你爱我吗	✓								
给我一些爱（Gimmе Some Lovin’）					✓	✓			
新奥尔良（New Orleans）							✓		
加利福尼亚之夜（California Nights）						✓			
博物馆（Museum）							✓		
小道冲浪（Sidewalk Surfin’）								✓	
跳舞的熊（Dancing Bear）				✓					
英格兰摇摆（England Swings）							✓		
自由之人（People Get to Be Free）		✓							
我们自己的世界						✓	✓		
别往后看（Don’ t Look Back）				✓				✓	
叫我闪电（Call Me Lightning）		✓							
为了你的爱	✓								
别烦我（Don’ t Bother Me）							✓		
我会得到你（I’ ll Get You）	✓								
搭便车	✓								
好时光（Good Times）							✓		
再试一次（One More Try）	✓								
玩火（Play With Firc）					✓✓✓				
第19次神经崩溃（19th Nervous Breakdown）					✓				
当泪水滑落（As Tears Go By）					✓				
岳母（Mothcr In Law）						✓			
狂歌劲舞（Groovin’）						✓		✓	
你这个宝贝						✓		✓	
有任何奇妙之处吗（Is It Any Wonder）						✓			✓
别管我（Let Me Be）								✓	
宝贝，那不是我（It Ain’ t Me Babe）					✓				
外在机会（Outside Chance）				✓					
你知道我的意思（You Know What I Mean）									✓
一点帮助/朋友（With A Little Help/Friends）					✓				
生命中的一天					✓✓	✓		✓	
我的女孩									✓✓
公路之王（King of the Road）				✓					
你相信魔法吗（Do You Believe in Magic）								✓	
白日梦（Daydream）							✓		
越飘越远（Up Up and Away）							✓		
城中之夏（Summer in the City）								✓	
红宝石星期二（Ruby Tuesday）								✓	
在寂静的夜晚（On a Quiet Night）					✓			✓	

表 5

	亲成就			反成就			逃避		
	全部主题	主要参照	次要参照	全部主题	主要参照	次要参照	全部主题	主要参照	次要参照
漂亮的巴黎丽娜（Pretty Ballerina）								✓	
交易者和他们的妻子（Barterers and Their Wives）				✓					
懒惰的一天（Lazy Day）					✓				
航船（The Sailing Ship）							✓		
在咖啡馆里（In the Café）					✓			✓✓	
小镇（The Town）							✓		
到屋顶上（Up On the Roof）					✓		✓		
不可靠先生（Mr. Unreliable）					✓				
鹅卵石道路（Cobblestone Road）				✓					
你要隐藏自己的爱（You' ve Got to Hide Your Love/）					✓				
有个地方（There' s a Place）							✓		
美好的爱（Groovy Kind of Love）								✓	
夏季之地（Summer Place）							✓		
城镇的穷困一面（Poor Side of Town）		✓							
迈克尔		✓✓							
吉普赛流浪者（The Gypsy Rover）					✓				
星期二下午（Tuesday Afternoon）								✓	
凌晨幻象（Early Morning Fantasy）								✓	
颓废之日（Turn Down Day）					✓✓				
伊茨库公园（Itchycoo Park）					✓		✓		
当一个男人爱上了一个女人			✓						
我们办不到（We Ain' t Gonna Make It）					✓				
我得到你了，宝贝（I Got You Babe）					✓				
飞翔							✓		
胚胎旅途							✓		
500英里（500 Miles）	✓								
正派人（Straight Shooter）			✓						
加利福尼亚之梦（California Dreamin' ）							✓		
她的尾巴上没盐（No Salt on Her Tail）									✓
为你的晚餐唱歌（Sing For Your Supper）	✓								
你有没有想哭（Did You Ever Want to Cry）								✓	
转转转（Turn Turn Turn）		✓✓✓							
心满意足（Satisfied Mind）				✓					
时代/在变（The Times/Changin' ）			✓✓						
等着瞧（Wait and See）	✓								
铃鼓人先生（Mr. Tambourine Man）							✓		
我所有想做的（All I Really Want to Do）						✓			
别怀疑你自己（Don' t Doubt Yourself）	✓								
这是我的生活（It' s My Life）	✓								
让你回到童年（Gonna Send You/Walker）			✓						
旭日之屋（House of the Rising Sun）		✓✓							
我们得离开这里（We Gotta Get Out/Place）					✓✓	✓			
一点灵魂（Little Bit O' Soul）		✓							
糖镇（Sugar Town）							✓		
只有我（Nobody But Me）	✓								
口头承诺	✓								

表 5（续）

	亲成就			反成就			逃避		
	全部主题	主要参照	次要参照	全部主题	主要参照	次要参照	全部主题	主要参照	次要参照
我要让你爱我（I' m Gonna Make You Love Me）	✓								
为今天而活（Let' s Live for today）				✓					
为了黑夜而感谢上帝（Thank the Lord for the Nighttime）					✓				
海湾码头（Dock of the Bay）					✓				
爸爸也是（Papa Was Too）					✓✓				
没什么太好（Nothing' s Too Good）	✓								
紧张（Uptight）					✓✓				
人们准备好（People Get Ready）							✓		
推太狠了（Pushin' Too Hard）				✓					
着迷的吉普赛人（Enchanted Gypsy）							✓		
到金屏幕之中（Voyage Into/Screen）							✓		
曼陀林人和他的秘密（Mandolin Man and His Secret）				✓					
致多罗尔的书信（Epistle to Derroll）					✓				
前进，山姆（Skip-a-Long Sam）				✓					
曾经（There Was a Time）		✓							
自由之地（Land of Doesn' t Have To Be）							✓		
太阳中的作家（Writer in the Sun）				✓					
格温娜维尔（Guinivere）				✓					
胖天使（The Fat Angel）							✓		
可怜的奶牛（Poor Cow）								✓	
白兔（White Rabbit）							✓		
下定决心（Makin' My Mind Up）								✓	
想我会跑开（Think I' ll Run Away）							✓		
有人告诉/名字（Somebody Tell/Name）					✓			✓	
有人告诉/名字（Somebody Tell/Name）							✓		
闹市区（Downtown）			✓						
然后你可以跟我说再见（Then You Can Tell Me Goodbye）							✓		
阿拉巴马之歌（Alabama Song）			✓						
像我这样的女孩（A Girl Like Me）			✓						
美丽的清晨（Beautiful Morning）								✓	
花朵从不在雨中弯腰（Flowers Never Bend/Rainfall）								✓✓	
涂成黑色（Paint It Black）								✓	
航班（Flight 505）							✓		
本·富兰克林年鉴（Ben Franklin' s Almanack）							✓		
7月									
一个广受尊敬的人（A Well Respected Man）				✓					
一夜狂欢（Hard Day' s Night）		✓							
爱情买卖（Can' t Buy Me Love）				✓					
自己想（Think for Yourself）								✓	
5维（5D）							✓		
太空人先生（Mr. Spaceman）								✓	
利尔喷气机之歌（Lear Jet Song）							✓		
我是一块石头（I Am a Rock）							✓		
我要继续做梦（I Gotta Dream on）							✓		
抑郁之河（Moody River）								✓	
学校完了（School is Out）				✓					
约翰尼·B.·古德（Goode）		✓							

表 5（续）

参考书目

Brown, Roger. (1965). "The achievement motive." Social psychology. New York: The Free Press, pp. 423-476,

Erikson, Erik H. (1963). *Childhood and society*. New York: W. W. Norton & Co., pp. 255-263.

McClelland, D. C., et al. (1953). *The achievement motive*. New York: Appleton-Century.

McClelland, D. C. (1961). *The achieving society*. Princeton: Van Nostrand, 1961.

McLuhan, Marshall. (1964). *Understanding media: The extensions of man*. New York: New American Library.

Sorokin, Pitrom. (1928). *Contemporary sociological theories*. New York: Harper & Brothers, pp. 730-735.

Spengler, Oswald. (1926, 1928, 1932). *Decline of the west*. New York: Alfred A. Knopf.

Strongin, Theodore. (1968, November 24). "Rock 1968." *The New York Times*, section 14.

对结果的讨论

社会情绪经济学认为，20 世纪 60 年代流行歌曲中的情绪表达是与社会情绪表达同步的。由于当时的情绪是逃避的和反成就的，所以当时的情绪可能精确反映了新出现熊市的情绪。这个新出现的熊市开始于 1966 年 2 月，并最终产生了经济（以及其他）后果。

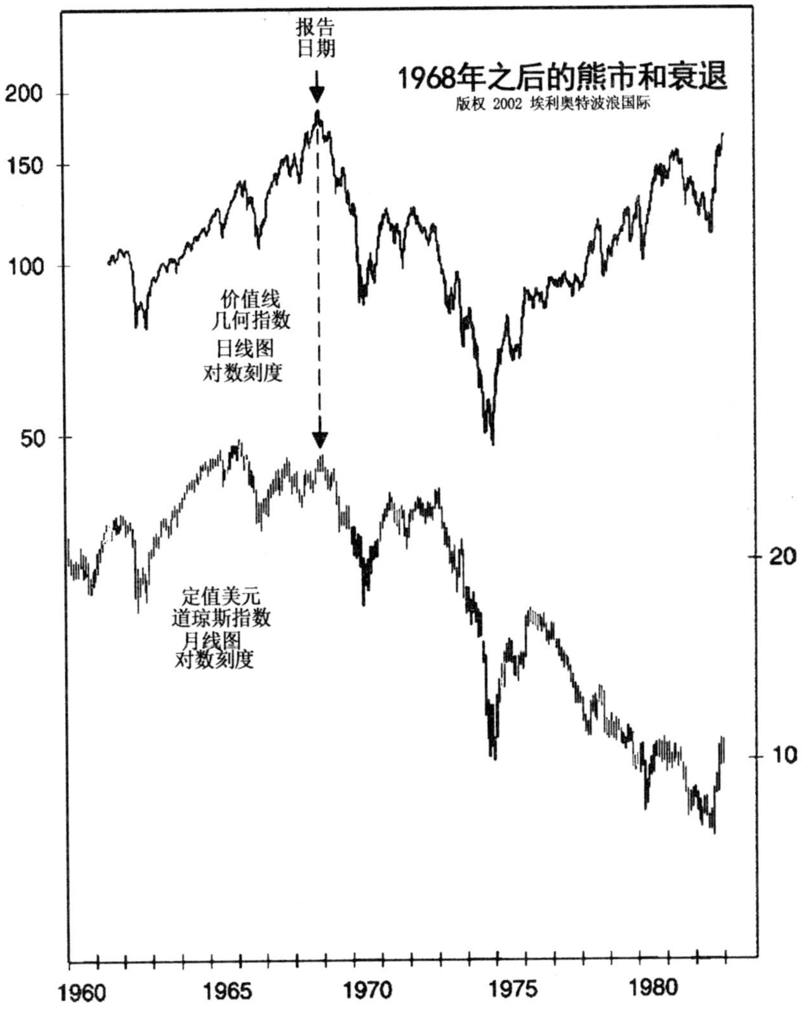

图 1

无论我是否应该信任这一作者对这一主题的幸运时机，或者信任这一信息的预测价值，这里都有一个事实：这一研究可以说来得恰到好处，紧随其后就发生了股票趋势和经济趋势相当戏剧性的变化。这一论文完成于 1968 年 12 月，提交于 1969 年 1 月，此前 8 年没有衰退，创造了美国的空前纪录。你可以在图 1 中看到，股价的价值线几何平均指数在 1968 年 12 月达到了投机顶点，在接下来的 6 年里失去了 74%的价值，带来了 1969 年 12 月至 1970 年 11 月的衰退、1973 年 12 月到 1975 年 2 月的衰退。就定值美元而言，道琼斯工业平均指数在 1966 年达到顶点，在 1982 年 8 月之前都持续走低，带来了两场衰退：1980 年 1 月到 8 月的衰退、1981 年 8 月至 1982 年 11 月的衰退。总的来说，对于1928年至1942年以来的股价和经济来说，这14年是最差的可比时期。换句话说，这一论文所观察的社会情绪有着直接效果。

预测的结果来了

还有一种方法来看待结果，就是这篇论文的推断方法：作为未来几十年经济变化的前兆。在这篇论文里，我引用了麦克莱兰关于时机的结论："这些故事的成就主题大行其道之后大约三四十年，麦克莱兰发现国家经济通常反映这些故事的迹象。"因为没有下文，所以我给出了他会给出的结论："如果这一措施是可信的，那么，我们就能做出预言：在下跌趋势出现之后，整体的美国经济增长活动会出现为期大约三十年到五十年的下跌。"进一步的探究之后我得出结论：流行歌曲歌词的反成就主题趋势开始于1965年，这意味着根据麦克莱兰的说法，经济下跌开始于1995年到2015年的某个时间。[1]20世纪60年代反成就情绪的这一滞后效果是否会根据麦克莱兰的理论出现，还有待证实。但是，这种观点肯定符合《在浪潮的顶点》和《征服暴跌》所表达的艾略特波浪立场的看法。如果股市继续下跌而且萧条随之而来，那么，经济虚弱的序幕可能就像初始研究所说的那样已经按时开始了。

注释

[1] 表达的媒介不是儿童故事，而是青春期青少年故事，所以今天我们可以对预测的时间进行调整，反映10年的区别，在下跌之前产生30-到50-年的范围，而不是20-到40-年的范围。别管怎么样，自从20世纪90年代末之后的30年代表了范围的开始或者中间，这一范围是经济虚弱时期的开始。

普莱切特

【报道祖鲁（Zullow）】

量化流行歌曲的悲观思考

我1969年的论文提出了自己的主要缺点：

我的调查不是按先后顺序进行的……在过去的10年里，就音乐表达而言，反成就因素是下跌了、上涨了还是原地踏步？对1958年到1968年每年的“前100名（Top 100）”歌曲进行系统的打分或许可以回答这一问题。①

就像是响应这个行动号召，在1990年，② 罗格斯大学（Rutgers University）的哈罗德·祖鲁独立采取行动，严谨地量化了为期34年的“流行歌曲悲观思考”的级数，并于次年发表在《经济心理学杂志》（Journal of Economic Psychology）③ 上。对于这个论文，哈罗德·祖鲁挑选了排行榜（Billboard）杂志汇编的1955年至1989年每年前40名（Top Forty）歌曲，并给这些歌曲的“思考”程度进行打分。“思考”是对时间的消极描述或者评估。打分的依据是关注和情绪的程度，对原因所表达出的稳定性、全球性和内在性。结果的先后顺序表在下一页。这里是他的主要结论：

流行音乐歌词中的悲观思考与《时代》（杂志）后来的思考价值密切相关。这些价值包括消费者情绪指数（Index of Consumer Sentiment）、个人消费支出、国民生产总值增长。两年的悲观思考移动平均指数把-.063（p<0.0002）与接下来两年的逐年国民生产总值变化（GNPCHG）平均指数联系了起来。在两阶段最小二乘法（2SLS）分析中，个人消费支出变化（PERSCONS）预言了国民生产总值变化，消费者情绪指数（ICS）则预言了个人消费支出变化。又一个步骤移除了，消极思考和《时代》中的思考预言了消费者情绪。

---

① Prechter, Robert. (1969, January). “An investigation of achievement motive level as expressed in the musical art forms appreciated by today's youth, and implications.” Paper submitted for Psychology of Communication/Psychology of the Arts, Yale University.

② 他的论文出现在21年之后，这本书出现在34年之后，这两个数字都是斐波那契持续时间。

③ Zullow, Harold M. (1991). “Pessimistic rumination in popular songs and news magazines predict economic recession via decreased consumer optimism and spending.” *Journal of Economic Psychology* 12, 501-526.

流行音乐和《时代》杂志中的悲观和思考，1955年-1989年。

年份	思考歌曲	悲观歌曲	悲观和思考	思考《时代》
1955	24.7%	8.53	−2.30	1.9%
1956	31.7	9.77	0.30	1.9
1957	28.7	8.95	−1.06	1.9
1958	31.7	10.07	0.56	9.7
1959	27.2	8.57	−1.72	9.7
1960	32.0	10.29	0.81	13.2
1961	33.4	10.08	0.93	17.0
1962	25.4	8.83	−1.89	13.5
1963	27.9	8.11	−1.97	7.7
1964	27.4	9.87	−0.55	5.8
1965	23.2	9.14	−2.10	15.1
1966	30.3	10.02	0.21	19.2
1967	32.5	10.81	1.37	19.2
1968	35.3	9.83	1.13	30.8
1969	28.6	11.44	1.07	25.0
1970	27.2	9.26	−1.12	36.5
1971	36.8	10.56	2.09	25.0
1972	34.2	9.58	0.67	19.2
1973	36.9	11.24	2.70	41.5
1974	25.4	8.96	−1.78	48.1
1975	29.0	9.41	−0.60	30.8
1976	17.5	8.79	−3.64	23.1
1977	18.0	10.98	−1.63	25.0
1978	35.1	11.37	2.43	32.7
1979	36.6	10.22	1.75	47.2
1980	28.9	12.59	2.14	42.3
1981	30.6	10.43	0.63	44.2
1982	27.5	11.26	0.68	50.0
1983	25.9	8.17	−2.36	44.2
1984	26.5	10.26	−0.41	28.3
1985	26.9	9.78	−0.74	40.4
1986	29.2	12.40	2.04	34.6
1987	30.3	10.97	1.03	48.1
1988	25.8	10.22	−0.60	30.8
1989	30.7	12.08	2.09	63.5

注释：较高的思考百分比、悲观得分、悲观和思考得分表明了较高的思考、悲观和悲观思考。

源自哈罗德•祖鲁，《经济心理学杂志》（1991年）

《时代》中的思考、歌曲中的悲观和思考（PESSRUM）、消费者情绪的悲观和思考成分，密切地联系在了一起：经济增长、衰退一年的出现、假设的消费者乐观和个人消费支出的中介变量。

流行歌曲中的悲观思考提前了一到两年预言了经济增长的变缓。有一个假说认为这一关系是因果关系。貌似有理的影响路径的联立方程证实了这一假说。这一路径是，以幻象为基础的歌词材料悲观思考预言了美国人担心现实事件的级数变化。歌曲中的悲观思考预言了下列内容：《时代》杂志封面事件的思考、全国性调查中的消费者悲观。消费者悲观则预言了个人消费支出的减少，而个人消费支出减少强烈预言了国民生产总值增长的变缓。

考虑到心理变量，当前的国民生产总值并没有预言消费者情绪指数、《时代》杂志中的思考，或者歌曲中的悲观思考。

悲观思考可以比传统的计量经济模型提前一些时间来帮助预测经济衰退和增长，因为悲观思考是一两年之后的个人消费支出变化和国民生产总值变化的早期信号，比许多经济变量都早。

别管波动的原因是什么，流行歌曲歌词中的高悲观思考、《时代》杂志封面的思考已经帮助预言了过去 35 年的消费者乐观变化。

要了解这些相互关系的证据，请看祖鲁的 3 个图片，重印如下。

祖鲁注意到，整个"悲观得分"在 1963 年达到了乐观高点（我看到了披头士狂热的爆发，他的看法并不是与我的观点巧合），在 1980 年达到了悲观低点，标志着按黄金定价，股票达到了低点。在研究的最后一年，也就是 1989 年，祖鲁还发现了许多悲观。祖鲁使用自己的社会计量器进行了成功的预测。

1989 年（尤其是 1989 年下半年）歌曲之中的悲观思考达到了过去 35 年的最高水平之一。1989 年《时代》杂志中的思考达到了历史高点，占据了三分之二的封面故事，尽管这是繁荣的一年，经济增长。这表明，1990 年消费乐观转而下跌，然后是 1991 年的衰退，衰退早在 1990 年后期就开始了——早在 1990 年 5 月我就做出了这个预言。（祖鲁 1990 年）①

---

① Zullow, Harold M. (1990, May). "Pessimistic rumination in popular music and news magazines predicts economic recession, 1890-1990." Paper presented at a joint meeting of the American Association for Public Opinion Research and the World Association for Public Opinion Research, Lancaster, PA.

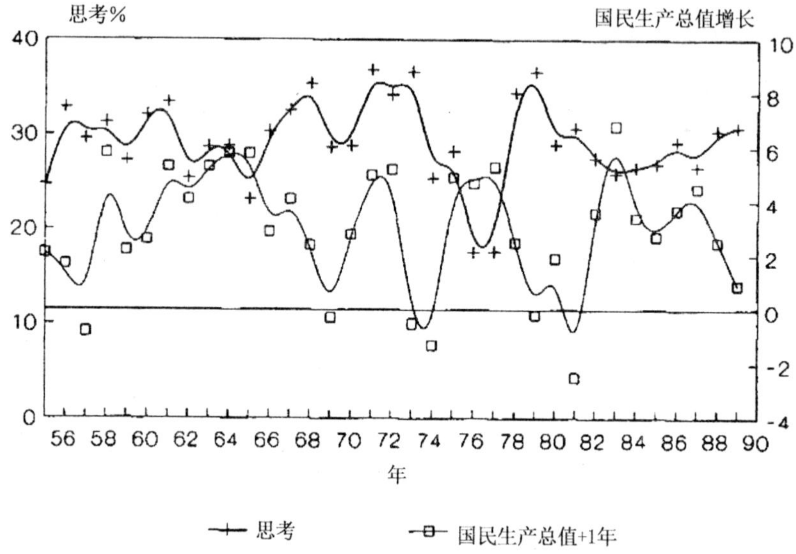

流行歌曲中的思考与一年后的国民生产总值消极相关

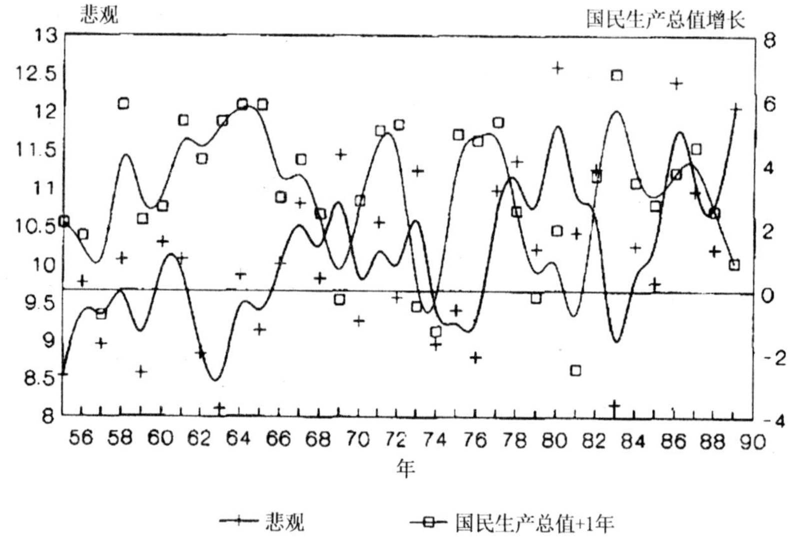

流行歌曲中的悲观与一年后的国民生产总值消极相关

源自哈罗德•祖鲁，《经济心理学杂志》（1991年）

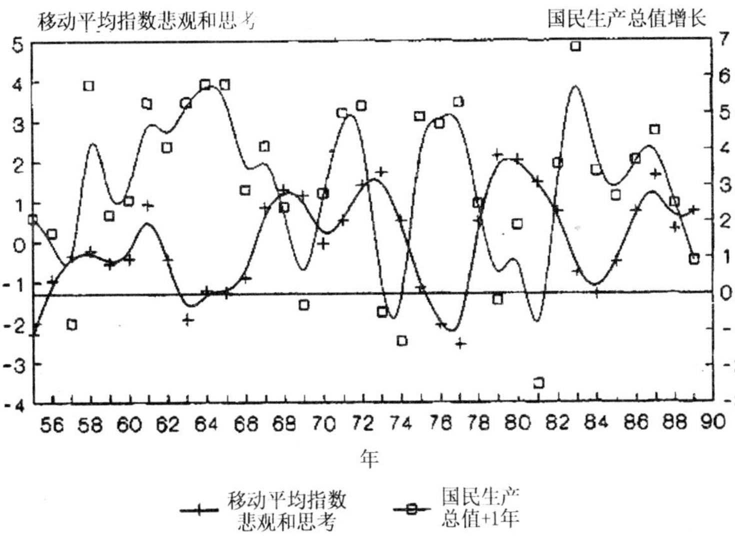

流行歌曲中悲观思考的两年移动平均指数与一年后的国民生产总值消极相关

源自哈罗德•祖鲁，《经济心理学杂志》（1991年）

股市在1989年接近了空前的高点。流行歌曲中的悲观思考为什么会在1989年达到高点？答案是，当时处于大型级数艾略特波浪熊市之中（波浪④）。这个波浪④开始于1987年8月，结束于1990年10月平面形式的终点，或者结束于1991年1月三角形形式的终点。这个波浪④的社会结果包括衰退和战争。（要看这一校正波浪的图片，请看第224页的图2。）我要这样推测：至少直到1990年10月，歌曲的歌词悲观一直保持高点。无论流行音乐的歌词在20世纪90年代会出现什么样的趋势，当股市在波浪⑤中恢复上升通道时，乡村音乐歌词的趋势肯定会戏剧性地转向乐观。

祖鲁问道："那么，消费者乐观和悲观思考为什么波动？"祖鲁试探性给出的答案自然采用了外因。在这种情况下，悲惨的时光可能导致人们追求逃避现实的幻象，而美好的时光可能导致人们"把自己暴露给流行文化中的消极幻象。"这有点类似于我论文中的一个假设，论文中表4所示。然而，他的数据和我的数据都不能强有力地证明经济变化导致情绪变化，或者相反。在脚注中，祖鲁说，"一般情况下，经济学家可能会把个人消费支出变化建模为收入的函数。然而，当预言（个人消费支出）变化时，如果把国民生产总值（变化）引介为独立变量，其贝塔权数就无关紧要。只有消费者情绪是重要的……"换句话说，社会情绪而不是宏观经济振动，与个人消费相互关联。悲观思考往往追随繁荣时期，而不追随悲惨时期，并不是因为因果关系在起作用，而仅仅是由于社会情绪变化的自然涨落。就像祖鲁所说的那样，他的数据相当有效地表明，情绪变化先于经济变化。这恰好与社会情绪经济见解不谋而合。社会情绪是内源的；社会情绪先于经济变化，因为社会情绪导致了经济变化。

新方向

到目前为止，从流行音乐中创造社会计量器的唯一努力涉及歌词内容。我们走这条路部分原因是其简单易行。然而，我相信，流行录制品的其他方面，比如速度、旋律、和声、不协和音、噪声级和说话语气，可能是歌曲背后比歌词更好的情绪标准。我们可以读《紫霾（Purple Haze）》或者《你的爱的阳光（Sunshine of Your Love）》的歌词，并在高兴的时候把它们当作爱情歌曲。然而，我们可以听这两首歌的起始乐音和旋律，并意识到它们大不相同。与之类似，我们可以读《坏月亮升起来（Bad Moon Rising）》的歌词并把其看作毁灭的画面，但我们可以听歌曲那轻快跳跃的节拍，并听到相当善良宽厚的感觉。许多歌曲在各个方面都没有歧义，可以毋庸置疑地归为完全积极或者消极的情绪录制品。在进行更综合性的研究之前，我们只是触及了表面。

普莱切特（祖鲁）

通过民意测验量化社会情绪

密歇根大学经济行为程序（Economic Behavior Program）的乔治·卡托瑙（Katona）显然做出了第一次成功尝试：量化社会情绪而不是股市的仪表，以便有意识地去预测经济。为了达到这个目的，乔治·卡托瑙提出了现在广泛采用的消费者情绪指数。下面的阐述来自祖鲁 1991 年的论文。

自从密歇根大学经济行为程序的卡托瑙等人于 20 世纪 50 年代开始研究消费者乐观以来，有一点变得越发明显，那就是国家情绪的变化先于衰退的发生——通常早 9 个月（卡托瑙 1960 年、1980 年）。在 1977 年之前，一年做 2 到 4 次调查；1978 年之后，每月做一次调查。这些调查询问了全国各地的美国人下列情况：他们当前以及预计的金融环境、经济的当前以及预计的金融环境。回应被包括进了消费者情绪指数。从1978年以来，美国商务部就在使用消费者情绪指数作为经济活动的先导指标。消费者情绪指数预先警告了我们过去7次的衰退，在1966年至1967年的微小衰退之前发出了错误的警报。消费者情绪指数预言了美国消费者购买汽车之类耐用商品时的变化。这些支出反映了自由支配收入的使用，并提供了经济转折点的一个发展指标。

这些发现由其他国家的持续调查一再复制【卡托瑙和斯特普尔（Strumpel）1978年；普雷特（Praet）1985年；威廉斯和德弗里斯（Defris）1981年】。一个国家的普遍（非经济）希望和恐惧也预言了国民生产总值的变化【内勒-诺伊曼（Noelle-Neumann）1984年、1989年】。

在预言经济方面，消费者情绪是不是超过了传统宏观经济变量？一些人发现消费者情绪指数可以主要通过传统宏观经济变量来解释：消费者情绪对经济做出反应，但除了预言经济变化之外没有贡献【夏皮罗1972年；万登·阿比尔（Vanden Abeele）1983年】。相反，卡托瑙等人【亚当斯和克莱因（Klein）1972年；皮克林（Pickering）1977年；普雷特1985年；范拉吉（Van Raaij）和贾诺天（Gianotten）1990年；威廉斯和德弗里斯（Defris）1981年】已经表明，消费者情绪变化至少部分独立于经济变化之外，并有助于预言宏观经济趋势。①

在预料衰退方面，消费者情绪指数有着不俗的业绩，就像股市中的校正艾略特波浪一样。实际上，这一指数和股市一样经常上下波动。这不是股市追踪的唯一指数。祖鲁评论道；

悲观和思考、思考歌曲、悲观歌曲和思考《时代》都密切联系着美国经济咨询局1969年以来全国调查所测量的消费者信心年度平均指数，提供了悲观和思考与消费者信心之间预言关系的独立测定。

所以，股市、消费者情绪、流行歌曲中的悲观级数，都大致同时上下移动。社会情绪经济学家会提出，之所以出现这些同步趋势是，因为情绪变化推动股票价值和歌曲流行性的直接变化：几乎是情绪一变化，人们就可以买卖股票并享受特定的声音录制品。而同时采取的经济行为需要时间来发挥出来，因此对经济有着滞后影响。

下列情况需要指出。一些研究人员试图支持传统社会情绪因果关系观点，以便表明

---

① Zullow, Harold M. (1991). "Pessimistic rumination in popular songs and news magazines predict economic recession via decreased consumer optimism and spending." *Journal of Economic Psychology* 12, 501-526.

消费者只是在对当前的情况做出反应。而到目前为止，大多数研究支持卡托瑙的原始说法：消费情绪变化独立于经济原因之外，并在实际上先于经济趋势。因此，该领域证据的影响支持社会情绪经济见解。

对于支持社会情绪经济见解的证据来说，非常重要的另外一点是，集体情绪的预测价值并不局限于“消费者”预料经济未来。就像上文引用的那样，（内勒-诺伊曼 1984年、1989 年）证明，甚至是公众的一般非经济希望和恐惧也能预言国内生产总值变化。这是个至关重要的数据，支持一个事实：边缘系统产生普遍人类情绪变化（请看《波浪原理高级教程（上）》第 8 章）。普遍人类情绪则在社会行为的所有领域产生结果，不仅仅对经济行为产生结果。

虽然消费者情绪指数大有用处，但是就预言社会情绪变化而言，消费者情绪指数还是不像股市那样直接或者细致。对公众进行民意测验并把结果发表出来需要时间，这一机制并不是为了对公众情绪进行每周、每天、每小时或者每分钟的民意测验。相反，股市总是时刻准备着立即记录最微小的变化。所以，股市是理想的社会计量器。

参考书目

Adams, F. G. and Klein, L. R. (1972). “Anticipations variables in macro-econometric models.” In: B. Strumpel, J. N. Morgan, and E. Zahn (eds.), Human behavior in economic affairs: Essays in honor of George Katona. San Francisco, CA: Jossey-Bass.

Katona, G. (1960). The powerful consumer: Psychological studies of the American economy. New York: McGraw-Hill.

Katona, G. (1980). Essays on behavioral economics. Ann Arbor, MI: Institute for Social Research.

Katona, G. and B. Strumpel. (1978). A new economic era. New York: Elsevier.

Pickering, J. F. (1977). The acquisition of consumer durables. London: Associated Business Programmes.

Praet, P. (1985). “Endogenizing consumers’ expectations in four major EC countries.” Journal of Economic Psychology 5, 255-269.

Shapiro, H. T. (1972). “The Index of Consumer Sentiment and economic forecasting — A reappraisal.” In. B. Strumpel, J. N. Morgan and E. Zahn (eds.) Human behavior in economic affairs: Essays in honor of George Katona. San Francisco, CA: Jossey-Bass.

Vanden Abeele, P. (1983). "The Index of Consumer Sentiment: Predictability and predictive power in the EEC." Journal of Economic Psychology 3, 1-17.

Van Raaij, W. F. and Gianotten, H. J. (1990). "Consumer confidence, expenditure, saving, and credit." Journal of Economic Psychology 11, 269-290.

Williams, R. A. and Defris, L. V. (1981). "The roles of inflation and consumer sentiment in explaining Australian consumption and savings patterns." Journal of Economic Psychology 1, 105-120.

Zullow, Harold M. (1990, May). "Pessimistic rumination in popular music and news magazines predicts economic recession, 1890-1990." Paper presented at a joint meeting of the American Association for Public Opinion Research and the World Association for Public Opinion Research, Lancaster, PA.

Zullow, Harold M. (1991). "Pessimistic rumination in popular songs and news magazines predict economic recession via decreased consumer optimism and spending." Journal of Economic Psychology 12, 501-526. 65).